VIRGILE

ÉNÉIDE

LIVRES IX - XII

COLLECTION DES UNIVERSITÉS DE FRANCE
publiée sous le patronage de l'ASSOCIATION GUILLAUME BUDÉ

VIRGILE

ÉNÉIDE

TOME III

LIVRES IX-XII

TEXTE ÉTABLI ET TRADUIT
PAR
JACQUES PERRET
Professeur honoraire à l'Université de Paris-Sorbonne

Sixième tirage

PARIS
LES BELLES LETTRES
2023

Conformément aux statuts de l'Association Guillaume Budé, ce volume a été soumis à l'approbation de la commission technique, qui a chargé M. Henri Le Bonniec d'en faire la révision et d'en surveiller la correction en collaboration avec M. Jacques Perret.

95 boulevard Raspail, 75006 Paris
www.lesbelleslettres.com

Première édition 1936 - Seconde édition 1980

ISBN : 978-2-251-01304-6
ISSN : 0184-7155

CONSPECTVS SIGLORVM

Codices antiqui

B = Palimpsestus Ambrosianus Cimel. ms. 3. CLA III 306. Saec. V-VI. Cont. I, 588-608 ; 649-668 ; 689-708 ; 729-748 cum uersione Graeca.

G = Sangallensis 1394. CLA VII 977. Saec. V. Cont. I, 381-418 ; 685-722 ; III, 191-208 ; 210-227 ; 457-474 ; 476-493 ; 495-512 ; 514-531 ; IV, 1-18 ; 20-37 ; VI, 655-659 ; 674-684 ; 688-724.

F = Vaticanus latinus 3225 (Fuluii Vrsini schedae Vaticanae). CLA I 11. Saec. IV ex. Cont. I, 185-268 ; 419-521 ; 586-611 ; 654-680 ; II, 170-198 ; 254-309 ; 437-468 ; 673-699 ; III, 1-54 ; 79-216 ; 300-341 ; 660-689 ; IV, 1-92 ; 234-257 ; 286-310 ; 443-521 ; 555-583 ; 651-688 ; V, 109-158 ; 784-814 ; VI, 26-50 ; 219-272 ; 393-423 ; 491-559 ; 589-755 ; 858-872 ; 879-901 ; VII, 5-58 ; 179-329 ; 428-469 ; 486-509 ; 594-646 ; VIII, 71-98 ; IX, 32-68 ; 118-164 ; 207-234 ; 509-535 ; XI, 858-895.

M = Mediceus Laurentianus lat. XXXIX, 1. CLA III 296. Saec. V. Cont. I, 1-XII, 952 sed VII, 581-615 altera manu scriptum est.

P = Vaticanus Palatinus lat. 1631. CLA I 99. Saec. IV-V. Cont. I, 277-IV, 115 ; IV, 162-VII, 276 ; VII, 645-X, 435 ; X, 440-457 ; X, 509-XI, 644 ; XI, 691-736 ; XI, 783-XII, 46 ; XII, 93-952.

R = Vaticanus lat. 3867 (Romanus). CLA I 19. Saec. V-VI. Cont. I, 1-II, 72 ; III, 685-IV, 216 ; V, 37-XI, 756 ; XI, 793-XII, 650 ; XII, 687-758 ; 831-938.

V = Veronensis XL (38). CLA IV 498. Saec. V-VII. Cont. I, 1-26 ; 235-260 ; II, 80-105 ; 158-183 ; 288-313 ; 470-496 ; 623-726 ; III, 561-586 ; 691-716 ; IV, 144-195 ; V, 73-96 ; 241-292 ; 448-499 ; VII, 248-273 ; 326-351 ; 404-429 ; 482-507 ; 586-611 ; 664-689 ; VIII, 14-39 ; 93-118 ; IX, 354-405 ; X, 1-26 ; 53-78 ; 183-208 ; 235-261 ; 549-574 ; 732-758 ; XII, 456-508 ; 667-718.

Codices saeculi octaui uel noni

m = Monacensis lat. 29005, 18. CLA IX 1397. Saec. VIII ex. Cont. V, 704-725 ; 737-758 ; VI, 39-57 ; 73-90.

p = Parisinus lat. 7906. CLA Suppl. 1744. Saec. VIII ex. Cont. I, 1-128 ; III, 682-V, 734.

a = Bernensis 172 cum Parisino lat. 7929. Saec. IX. Cont. I, 1-V, 852 ; VI, 14-XII, 867.

b = Bernensis 165. Saec. IX. Cont. I, 1-XII, 918.

c = Bernensis 184. Saec. IX. Cont. I, 1-XII, 952.

d = Bernensis 255 + 239. Saec. IX. Cont. I, 1-XII, 681.

e = Bernensis 167. Saec. IX. Cont. I, 1-XII, 451 ; XII, 580-771.

f = Oxoniensis Bodl. Auct. F. 2. 8. Saec. IX. Cont. I, 1-XII, 952. Euanuerunt fere II, 389-642 ; V, 84-167.

h = Valentianensis 407 (389). Saec. IX. Cont. I, 1-XII, 952.

r = Parisinus lat. 7926. Saec. IX. Cont. I, 1-XII, 137.

s = Parisinus lat. 7928. Saec. IX. Cont. V, 1-501 ; VI, 705-IX, 639.

t = Parisinus lat. 13043. Saec. IX. Cont. I, 1-II, 284 ; III, 80-XI, 11.

u = Parisinus lat. 13044. Saec. IX. Cont. VI, 130-609 ; VI, 676-VII, 712 ; VII, 748-XII, 364.

v = Vaticanus lat. 1570. Saec. IX. Cont. I, 1-XII, 952.

γ = Guelferbytanus Gudianus lat. 2°. 70. Saec. IX. Cont. I, 1-XII, 952.

codd. = consensus omnium codicum quibus uersus traditur.

Fragmenta papyracea [1]

Π_5 = Pap. Colt 1. Pack[2] n. 2939. Saec. VI. Continet singula uerba Aen. I 262-3, 331-2, 413-24, 457-76, 602-6, 613-5, 668-9 II 26-102, 717-8, 765-6, 788-9 IV 248-497 cum uersione Graeca.

Π_6 = Pap. Ryl. 3, 478 cum Pap. Med. 1, 1 et Pap. Cair. 85644 A-B. Pack[2] n. 2940. Saec. IV[2]. Continet Aen. I 235-43, 247-60, 270-4, 406-13, 418-24, 633-9, 646-51, 703-7, 711-9 cum uersione Graeca.

Π_{10} = Pap. Colt 2. Pack[2] n. 2945. Saec. VI. Continet Aen. II 296-9, 330-33 III 559-63, 591-5, 630-3, 662-6 IV 450-7, 483-90, 517-21, 552-9, 647-50, 683-6 V 8-10, 44-6, 644-8, 676-81 VI 425-34, 459-68, 492-503, 526-37, 561-73, 596-607, 631-43, 665-77, 701-11, 735-45, 769-80, 804-14, 838-45, 874-8.

Π_{11} = Pap. Oxyrh. P.S.I. 7, 756. Pack[2] n. 2946. Saec. IV-V. Continet singula uerba Aen. II 443-456, 468-482, 494-509, 522-537 cum uersione Graeca.

Π_{13} = Pap. Fuad 1, 5. Pack[2] n. 2948. Saec. IV-V. Continet Aen. III 444-468 cum uersione Graeca.

Π_{15} = Pap. Oxyrh. 8, 1099. Pack[2] n. 2950. Saec. V-VI. Continet singula uerba Aen. IV 659-V 6 cum uersione Graeca.

Π_{16} = Pap. Vindob. inu. lat. 24. Pack[2] n. 2951. Saec. V. Continet singula uerba Aen. V, 673-674, 683-684 cum uersione Graeca.

Subsidia

PS. ACRO — Acronis quae dicuntur scholia in Horatium (ed. O. Keller, Lipsiae 1902-1904).

1. Sigla seruauimus u. d. M. Geymonat.
2. Quomodo hae papyri ex uno codice ortae sint illustratur a R. Remondon, *JJP.*, *IV*, 1950, p. 239-251.

adn. Lucan.	adnotationes super Lucanum (ed. I. Endt, Lipsiae 1909).
AGROEC.	Agroecius (*GLK* 7).
Anth. Lat.	Anthologia latina (ed. A. Riese, Lipsiae 1894-1906).
ARVS.	Arusianus Messius (*GLK* 7).
PS. ASCON.	Q. Asconius Pedianus (ut ferunt), commentator Ciceronianus.
ASPER	Aemilius Asper (ed. H. Hagen, *Appendix Seruiana*, Lipsiae 1902).
AVG.	Aurelius Augustinus.
AVSON.	D. Magnus Ausonius.
CHAR.	Charisius (*GLK* 1).
CLAVD. MAM.	Claudianus Mamertus, *De statu animae* (ed. A. Engelbrecht, Vindobonae 1885).
CLEDON.	Cledonius (*GLK* 5).
Comm. Lucan.	M. Annaei Lucani commenta Bernensia (ed. H. Usener, Lipsiae 1869).
CONS.	Consentius (*GLK* 5).
DIOM.	Diomedes (*GLK* 1).
DON.	Aelius Donatus, *Ars grammatica* (*GLK* 4).
DON. *Ter.*	Donatus, *Commentum Terenti* (ed. P. Wessner, Lipsiae 1902-1905).
DOSITH.	Dositheus (*GLK* 7).
DSERV.	Deutero-Seruius, u. praefat., t. I, p. LXII.
ENNOD.	Ennodius (ed. F. Vogel, Berolini 1885).
FVLG.	Fabius Planciades Fulgentius, *Expositio Virgilianae continentiae* (ed. R. Helm, Lipsiae 1898).
GELL.	Aulus Gellius.
GLK	Grammatici Latini ex recensione H. Keil, 1-8, Lipsiae 1857-1880.

HIERON.	Eusebius Hieronymus.
ISID.	Isidorus Hispalensis, *Etymologiae* aut alia opera nominatim designata.
LACT.	L. Caecilius Firmianus Lactantius, *Institutiones diuinae* aut alia opera nominatim designata.
MACR.	Macrobius, *Saturnalia* (ed. J. Willis, Lipsiae 1963).
MACR. *somn.*	Macrobius, *Commentarii in somnium Scipionis* (ed. J. Willis, Lipsiae 1963).
MAR. VICT.	Marius Victorinus, *Ars grammatica* (*GLK* 6).
MART. CAP.	Martianus Capella.
MINVC.	M. Minucius Felix.
NON.	Nonius Marcellus.
OROS.	Orosius.
PHAEDR.	Phaedrus.
POMP.	Pompeius (*GLK* 5).
PORPH.	Pomponius Porphyrio, *Commentum Horatii* (ed. A. Holder, Aeniponti 1894).
PRISC.	Priscianus Caesariensis (*GLK* 2-3).
PROB.	M. Valerius Probus (*GLK* 4).
PS. PROB.	Probi qui dicitur *Commentarius in Bucolica et Georgica* (ed. H. Hagen, *Appendix Seruiana*, Lipsiae 1902).
QVINTIL.	M. Fabius Quintilianus.
RLM	Rhetores latini minores (ed. C. Halm, Lipsiae 1863).
RVFIN.	Iulius Rufinianus (*RLM*).
SAC.	Marius Plotius Sacerdos (*GLK* 6).
SCAVRVS	Terentius Scaurus (*GLK* 7).
schol. Bemb. Ter.	scholia in Terentium Bembina (ed. J. E. Mountford, Londinii 1934).

schol. Bern.	scholia in Vergilium Bernensia (ed. H. Hagen, JKPh, suppl. 4, 1867).
schol. Iuuen.	scholia in Iuuenalem uetustiora (ed. P. Wessner, Lipsiae 1931).
schol. Pers.	scholia antiqua in Persium (ed. O. Jahn, Lipsiae 1843).
schol. Stat.	Lactantii Placidi, ut ferunt, *Commentarii in Statii Thebaida et Achilleida* (ed. R. Jahnke, Lipsiae 1898).
schol. Ver.	scholia in Vergilium quae in cod. V adseruantur (ed. H. Hagen, *Appendix Seruiana*, Lipsiae 1902).
Script. hist. Aug.	Scriptores historiae Augustae.
SEN.	L. Annaeus Seneca.
SEN. R.	L. Annaeus Seneca rhetor, ut dicitur.
SERV.	Seruius, u. praefat., t.I, p. LXII.
TERT.	Q. Septimius Florens Tertullianus.
TIB.	Tiberius Claudius Donatus, *Interpretationes Vergilianae.*
tit. Pomp.	tituli Pompeiani (*CIL* IV cum supplementis).
VEL.	Velius Longus (*GLK* 7).
VICTOR.	Maximus (?) Victorinus (*GLK* 6).

LIVRE NEUVIÈME

LIVRE IX

1\. Iris annonce à Turnus qu'Énée a quitté son camp en quête de renforts ; c'est le moment d'attaquer.

25\. L'armée de Turnus arrive devant le camp des Troyens : mais ceux-ci se retranchent et refusent le combat. Déception de Turnus ; il entreprend d'incendier la flotte des Troyens ; mais les vaisseaux, soudain métamorphosés en nymphes marines, gagnent la haute mer. Turnus essaie de réconforter les siens. Troyens et Rutules se préparent à passer une nuit de veille.

176\. Deux jeunes Troyens, Nisus et Euryale, conçoivent le hardi projet de traverser les lignes ennemies, de rejoindre Énée, de l'informer du péril où se trouve le camp. — **224.** Ils soumettent leur plan au conseil ; chacun les félicite ; Ascagne leur promet de belles récompenses ; Euryale demande avant tout qu'on prenne soin de sa mère s'il ne revient pas.

314\. Départ des jeunes gens ; ils massacrent un grand nombre d'ennemis endormis ; au moment de reprendre leur route, ils sont surpris par quelques cavaliers du parti adverse. Nisus arrive à s'échapper ; Euryale est entouré. Nisus revient sur ses pas pour le dégager ; ses efforts n'aboutissent qu'à précipiter la mort de son ami ; il vend chèrement sa vie. — **450.** Au lever du jour, les cavaliers rejoignent l'armée qui assiège le camp troyen ; ils portent au bout de leurs piques les têtes des deux imprudents. Douleur de la mère d'Euryale.

503\. Après les horreurs de cette nuit, la guerre désormais se déchaîne sans merci. — **530.** Bataille auprès d'une tour, que les Troyens font tomber sur leurs adversaires. — **590.** Premier exploit d'Ascagne, qui châtie un insolent ennemi.

672\. Les deux gardiens de la porte Dardanienne, emportés par une folle audace, ouvrent eux-mêmes la porte dont ils ont la garde, se mettent dans le passage et défient les Rutules d'entrer dans le camp. C'est une ruée. — **691.** Turnus lui-même étend mort l'un des champions ; le survivant, avant d'être tué à son tour, a juste le temps de pousser la porte, mais sans s'apercevoir qu'il vient d'enfermer Turnus dans le camp, comme un tigre dans un bercail. — **756.** Heureusement pour les Troyens, Turnus ne songe pas à rouvrir la porte et à appeler les siens ; tout à la joie de tuer, il multiplie les victimes, mais finit par succomber sous le nombre. — 815. Après avoir traversé tout le camp, il se jette d'un saut dans le Tibre, qui le rend à son armée.

LIVRE IX

Tandis que tout cela se passe en des lieux bien lointains [1], la Saturnienne Junon envoya Iris du haut du ciel vers le fougueux Turnus. Il demeurait alors * en un vallon sacré, dans le bois de son aïeul Pilumnus. La fille de Thaumas lui adressa ces mots de ses lèvres de rose : « Turnus, ce qu'aucun des dieux n'eût osé promettre à tes vœux, voici que d'eux-mêmes, en s'écoulant, les jours nous l'ont apporté. Énée, quittant sa ville, ses compagnons, sa flotte, cherche secours auprès du sceptre, dans les demeures, d'Évandre, seigneur du Palatin. Et ce n'est pas assez ; il a pénétré jusqu'aux villes extrêmes de Corythus *, il fait armer un corps de Lydiens, des paysans qu'il a rassemblés. Pourquoi cette hésitation ? C'est le moment de demander tes chevaux et ton char. Romps tous délais ; confonds et enlève son camp. » Elle dit ; les ailes toutes grandes, elle s'éleva dans le ciel et, s'éloignant, découpa sous les nuées un arc immense. Le héros la reconnut ; il éleva vers les astres ses deux mains et l'accompagna, lointaine, de ces mots : « Iris, parure du ciel, qui t'a fait descendre des nuées pour te conduire à moi sur la terre ? D'où vient cette transparence si claire tout d'un coup ? Je

1. Le livre 8 nous a conduits avec Énée d'Ostie à Pallantée, puis dans le bois de Céré. En revenant aux Latins, la narration nous ramène en arrière, et plus précisément au moment de l'entretien d'Énée et d'Évandre (8, 520). Sur cette chronologie, cf. p. 166.

LIBER IX

Atque ea diuersa penitus dum parte geruntur.
Irim de caelo misit Saturnia Iuno
audacem ad Turnum. Luco tum forte parentis
Pilumni Turnus sacrata ualle sedebat.
Ad quem sic roseo Thaumantias ore locuta est :
« Turne, quod optanti diuom promittere nemo
auderet, uoluenda dies en attulit ultro.
Aeneas urbe et sociis et classe relicta
sceptra Palatini sedemque petit Euandri.
Nec satis ; extremas Corythi penetrauit ad urbis,
Lydorumque manum collectos armat agrestis.
Quid dubitas ? nunc tempus equos, nunc poscere currus.
Rumpe moras omnis et turbata arripe castra. »
Dixit et in caelum paribus se sustulit alis
ingentemque fuga secuit sub nubibus arcum.
Agnouit iuuenis duplicisque ad sidera palmas
sustulit et tali fugientem est uoce secutus :
« Iri, decus caeli, quis te mihi nubibus actam
detulit in terras ? unde haec tam clara repente

11 manum *MRabdfhrt*, DSERV., TIB. : manum et *cesuv* manus $P^1\gamma^2$ manus et $P^2\gamma^1$ || 17 et *MRf*, TIB. : ac *Pabcdehr stuv*γ.

vois s'entr'ouvrir le milieu du ciel * et les étoiles errant autour du pôle. J'obéis à de si grands présages, qui que tu sois qui m'appelles aux armes. » Ayant ainsi parlé, il s'avança vers l'onde, prit un peu d'eau sur la surface bouillonnante, avec beaucoup de prières à l'adresse des dieux, il a rempli l'éther de ses vœux.

Et déjà toute l'armée allait par les plaines découvertes [1] : partout les chevaux, l'or, les vêtements brodés. Messapus conduit les premiers rangs, les fils de Tyrrhus resserrent l'arrière-garde, Turnus, le chef, est au milieu de la colonne. On dirait le Gange aux silencieuses profondeurs, s'enflant des sept fleuves qu'il apaise, ou le Nil aux eaux nourricières quand il reflue, quittant les plaines, et s'est déjà retiré entre ses bords [2]. Alors soudain les Troyens voient devant eux s'amonceler un noir nuage de poussière et des ténèbres s'élever sur la plaine. Le premier, Caïcus, donne l'alarme du haut d'un bastion qui fait face : « Quel est ce tourbillon, citoyens, cette fumée sinistre qui roule vers nous ? Vite, apportez les armes, faites passer les traits, montez sur les murs. Voici l'ennemi. Holà ! » Avec une immense clameur les Troyens se replient par toutes les portes et garnissent le rempart. Car tel était l'ordre qu'Énée, en chef avisé, leur avait donné avant son départ : s'il se produisait entre temps quelque chose, qu'ils ne se risquent pas à dresser leurs lignes, qu'ils se défient des périls de la plaine ; qu'ils assurent seulement l'intégrité de leur camp et de leurs murs, à l'abri du retranchement. Aussi,

1. En fait, la coalition n'a pas encore rassemblé toutes ses forces, cf. p. 177. Le poète a pourtant voulu nous donner l'impression d'une armée formidable, eu égard au petit nombre (cf. p. 186) des Troyens qu'elle va assiéger. — Virgile s'est gardé de rappeler de trop près le catalogue de 7, 641-817 ; c'est ce qui explique sans doute ici l'omission de Mézence.

2. Les eaux recueillies dans les plaines d'Égypte, les torrents de l'Himalaya évoquent le tumulte d'une mobilisation (cf. 8, 1-8), auquel doit succéder le puissant silence d'une armée en marche.

tempestas ? medium uideo discedere caelum
palantisque polo stellas. Sequor omina tanta,
quisquis in arma uocas. » Et sic effatus ad undam
processit summoque hausit de gurgite lymphas
multa deos orans onerauitque aethera uotis.
Iamque omnis campis exercitus ibat apertis
diues equom, diues pictai uestis et auri ;
Messapus primas acies, postrema coercent
Tyrrhidae iuuenes, medio dux agmine Turnus :
[uertitur arma tenens et toto uertice supra est]
ceu septem surgens sedatis amnibus altus
per tacitum Ganges aut pingui flumine Nilus
cum refluit campis et iam se condidit alueo.
Hic subitam nigro glomerari puluere nubem
prospiciunt Teucri ac tenebras insurgere campis.
Primus ab aduersa conclamat mole Caicus :
« Quis globus, o ciues, caligine uoluitur atra ?
Ferte citi ferrum, date tela, ascendite muros,
hostis adest, heia ! » Ingenti clamore per omnis
condunt se Teucri portas et moenia complent.
Namque ita discedens praeceperat optimus armis
Aeneas : si qua interea fortuna fuisset,
neu struere auderent aciem neu credere campo ;
castra modo et tutos seruarent aggere muros.

20 discedere *MPR²abrγ¹*, SERV., SEN. *n.q.* 7, 20 : descendere *st* discendere *v*, TIB. discindere *R¹cefhuγ²* descindere *d* || **21** sequor *PRabcefhrsuvγ*, TIB. : sequar *Mdt* || **29** *hunc u.* (= 7, 784) *habent tantummodo dett. quidam, non interpr.* SERV. *nec* TIB. || **33** nigro *FMRabcdefhrstuv* : magno *Pγ* || **37** ascendite *MPγ¹* : et scandite *F²Rabcdefhrst*, TIB., MACR. 6, 6, 16 et candite *F¹* et ascandite *γ²* et scandere *uv* || **42** aciem *FMPabfrγ*, TIB. : acies *Rcdehstuv*.

quoique l'honneur et la colère les pressent d'en venir aux mains, ils barricadent cependant leurs portes et obéissent à l'ordre reçu ; dans l'intérieur des tours, en armes, ils attendent l'ennemi.

Turnus, volant en avant de tous, avait précédé la pesante colonne ; accompagné de vingt cavaliers d'élite, il paraît à l'improviste devant la ville [1] ; il monte un cheval thrace * tout moucheté de blanc, il porte un casque d'or paré d'un cimier rouge. « Qui va venir avec moi, camarades, qui, premier contre l'ennemi... Sus ! » dit-il, et, brandissant son javelot, il le lance dans les airs pour ouvrir le combat [2] : il s'avance fièrement dans la plaine. Ses compagnons lui répondent par une clameur et le suivent en choquant leurs armes ; le bruit est effrayant. Ils s'étonnent de l'inertie des Troyens, qu'ils refusent de s'engager sur le terrain, qu'ils ne sortent pas, l'arme en avant, comme des hommes, mais gardent timidement leur camp. L'âme en feu, Turnus, à cheval, passe et repasse autour des murs ; il cherche un accès hors des chemins tracés. Tel un loup qui assiège un parc plein de brebis : il hurle auprès des barrières, endurant les pluies, les vents jusqu'au delà de la minuit ; les agneaux en sûreté sous leurs mères poussent leurs bêlements ; hérissé, emporté par sa fureur, il se déchaîne contre les absents ; la faim accumulée depuis de longs jours se fait rage épuisante, son gosier a soif de sang. Ainsi le Rutule, quand il regarde les murs et le camp, sa fureur s'enflamme, le dépit allume un feu dans ses os durs. Comment forcer les accès, par quel moyen jeter hors de leur retranchement, répandre dans la plaine ces Troyens enfermés ?

1. Camp ou ville ? Virgile a voulu cette indécision. Le souvenir du siège de Troie (v. 142-145, 154-155, 598-602) agrandit les événements du l. 9. Cf. p. 172 et n. *ad* 10, 378.

2. Geste de défi, mais où Virgile transpose un élément du rituel archaïque de l'ouverture des hostilités (cf. Liv., 1, 32, 12-14).

Ergo etsi conferre manum pudor iraque monstrat,
obiciunt portas tamen et praecepta facessunt
armatique cauis exspectant turribus hostem.
  Turnus, ut ante uolans tardum praecesserat agmen,
uiginti lectis equitum comitatus et urbi
improuisus adest, maculis quem Thracius albis
portat equos cristaque tegit galea aurea rubra.
« Ecquis erit mecum, iuuenes, qui primus in hostem... ?
En » ait et iaculum attorquens emittit in auras,
principium pugnae, et campo sese arduos infert.
Clamore excipiunt socii fremituque sequontur
horrisono, Teucrum mirantur inertia corda,
non aequo dare se campo, non obuia ferre
arma uiros, sed castra fouere. Huc turbidus atque huc
lustrat equo muros aditumque per auia quaerit.
Ac ueluti pleno lupus insidiatus ouili
cum fremit ad caulas uentos perpessus et imbris
nocte super media ; tuti sub matribus agni
balatum exercent, ille asper et improbus ira
saeuit in absentis, collecta fatigat edendi
ex longo rabies et siccae sanguine fauces :
haud aliter Rutulo muros et castra tuenti
ignescunt irae, duris dolor ossibus ardet,
qua temptet ratione aditus et quae uia clausos
excutiat Teucros uallo atque effundat in aequom.

44 pudor *codd.*, SERV., TIB. : furor NON. 268, 16 || monstrat $F^2MPRabcdefhstuv\gamma$: -ant F^1r, TIB. || **54** clamore $F^1R\gamma^2$: -rem $F^2MPabcdefhrstuv\gamma^1$, TIB., *utrumque agnoscit* SERV. || **66** irae *codd.* : irae et TIB. || duris $FMRabcdefhrstuv\gamma^2$: durus $P\gamma^1$ || **67** quae P^1Rr : qua $FMP^2abcdefhstuv\gamma$, TIB., *utrumque agnoscit* SERV. || **68** aequom $FMP^2Ra\gamma^2$, DSERV. : aequor $P^1bcdefhrstuv\gamma^1$, TIB.

Leur flotte se dissimulait, rangée contre un côté du camp, tout alentour enclose par des levées de terre et par les eaux du fleuve ; il l'assaille aux applaudissements de ses compagnons, il leur fait apporter de quoi la mettre en flammes ; brûlant lui-même, il brandit un pin embrasé. Alors ils pressent l'attaque, la présence de Turnus les stimule, les guerriers s'arment tous de sinistres brandons ; les foyers sont mis au pillage, la torche fumeuse jette sa lumière de poix, et Vulcain vers les astres la cendre où il se mêle.

Quel dieu, Muses, détourna des Troyens si cruel incendie ; qui sauva leurs navires de ces feux redoutables * ? Dites-le : la tradition est bien ancienne, mais éternelle en est la renommée. Dans le temps qu'Énée sur l'Ida de Phrygie commençait à se donner une flotte et préparait son départ vers le grand large, on dit que la Mère des dieux elle-même, la Bérécyntienne, adressa ces paroles au grand Jupiter : « Accorde, mon fils, à sa prière ce dont te prie ta mère bien-aimée, dans cet Olympe soumis à ton pouvoir. J'eus une forêt de pins, qui me fut chère, l'espace de longues années ; c'était un bois sacré, sur les sommets, où l'on m'apportait des offrandes, dans l'ombre des mélèzes noirs et des fûts de l'érable. J'ai donné mes arbres au héros dardanien, comme une flotte lui était nécessaire, et sans regret ; maintenant une inquiétude, une crainte me tourmente et m'angoisse. Dénoue mes appréhensions et donne ce pouvoir aux prières de ta mère : que rien ne les entame, n'en vienne à bout, ni les efforts de la navigation, ni le souffle tourbillonnant des vents ; qu'ils aient ce privilège pour être nés sur nos montagnes. »

Son fils alors, qui fait tourner les constellations du ciel : « O mère, où veux-tu amener les destins ? et que demandes-tu pour ces arbres ? Que des carènes, œuvres de mains mortelles, aient pour lot d'être immortelles ?

Classem, quae lateri castrorum adiuncta latebat,
aggeribus saeptam circum et fluuialibus undis
inuadit sociosque incendia poscit ouantis
atque manum pinu flagranti feruidus implet.
Tum uero incumbunt, urget praesentia Turni,
atque omnis facibus pubes accingitur atris.
Diripuere focos, piceum fert fumida lumen
taeda et commixtam Volcanus ad astra fauillam.
  Quis deus, o Musae, tam saeua incendia Teucris
auertit ? tantos ratibus quis depulit ignis ?
Dicite : prisca fides facto, sed fama perennis.
Tempore quo primum Phrygia formabat in Ida
Aeneas classem et pelagi petere alta parabat,
ipsa deum fertur genetrix Berecyntia magnum
uocibus his affata Iouem : « Da, nate, petenti
quod tua cara parens domito te poscit Olympo.
Pinea silua mihi multos dilecta per annos,
lucus in arce fuit summa, quo sacra ferebant,
nigranti picea trabibusque obscurus acernis :
has ego Dardanio iuueni, cum classis egeret,
laeta dedi ; nunc sollicitam timor anxius angit.
Solue metus atque hoc precibus sine posse parentem :
neu cursu quassatae ullo neu turbine uenti
uincantur ; prosit nostris in montibus ortas. »
  Filius huic contra, torquet qui sidera mundi :
« O genetrix, quo fata uocas ? aut quid petis istis ?
mortaline manu factae immortale carinae

77 quis *MRabcdefhrstuv*γ^2 : qui *P*γ^1 || **91** neu cursu *MRbfr*γ^2, TIB. : ne cursu *Pcdehstv*γ^1 nec cursu *a?u* || **94** uocas *codd.* : trahis SERV.

Qu'Énée en toute assurance traverse les passes les moins sûres ? A quel dieu fut jamais concédé tel pouvoir ? Mais plutôt : dès qu'ayant accompli leur mission, elles seront un jour parvenues au terme dans les ports d'Ausonie, toutes celles qui auront échappé aux flots, conduit aux champs des Laurentes le chef dardanien, je leur ôterai leur forme mortelle, j'ordonnerai qu'elles soient déesses de la grande mer [1], comme Doto, fille de Nérée, comme Galatée ouvrent de leur poitrine l'étendue pleine d'écume. » Il avait dit ; d'un signe il indiqua que c'était juré par les fleuves du Stygien son frère, par ces bords brûlés de poix et de noirs tourbillons, il fit un signe et par ce signe il fit trembler l'Olympe entier.

Le jour promis était donc arrivé, les Parques avaient empli les temps prescrits, quand l'attentat de Turnus avertit la Mère d'écarter la torche de ses vaisseaux sacrés. Et tout d'abord une lumière inconnue éblouit les yeux ; parti des rives de l'Aurore, un nuage immense parut traverser le ciel, et aussi bien les chœurs de l'Ida ; alors une voix redoutable éclate dans les airs, elle emplit les oreilles de tous, Troyens, Rutules *, en leurs bataillons : « N'ayez souci, Troyens, pour mes vaisseaux défendre, et n'armez pas vos mains ; Turnus pourra plutôt mettre le feu à la mer qu'à ces pins sacrés. Vous, quittez le rivage, allez déesses marines ; votre mère vous l'ordonne. » Aussitôt chacune des poupes brise les chaînes qui la retenaient sur la rive ; semblables à des dauphins, plongeant leur rostre, elles gagnent les profondeurs. Puis elles reparaissent, merveilleux prodige, comme autant de formes virginales, et se portent vers la mer.

1. Un navire, en tant que forme instituée par l'homme (v. 95), est voué à la destruction ; un dieu même ne pourrait l'y soustraire (v. 97) ; mais toute matière est soutenue par une âme, capable — si les dieux lui en donnent pouvoir — de l'agencer en d'autres formes, éventuellement immortelles : l'arbre qui frémissait encore dans le bois du navire peut revivre nymphe gracieuse.

fas habeant certusque incerta pericula lustret
Aeneas ? cui tanta deo permissa potestas ?
Immo, ubi defunctae finem portusque tenebunt
Ausonios olim, quaecumque euaserit undis
Dardaniumque ducem Laurentia uexerit arua,
mortalem eripiam formam magnique iubebo
aequoris esse deas, qualis Nereia Doto
et Galatea secant spumantem pectore pontum. »
Dixerat idque ratum Stygii per flumina fratris,
per pice torrentis atraque uoragine ripas
adnuit et totum nutu tremefecit Olympum.

Ergo aderat promissa dies et tempora Parcae
debita complerant, cum Turni iniuria Matrem
admonuit ratibus sacris depellere taedas.
Hic primum noua lux oculis offulsit et ingens
uisus ab Aurora caelum transcurrere nimbus
Idaeique chori ; tum uox horrenda per auras
excidit et Troum Rutulorumque agmina complet :
« Ne trepidate meas, Teucri, defendere nauis
neue armate manus ; maria ante exurere Turno
quam sacras dabitur pinus. Vos ite solutae,
ite deae pelagi ; genetrix iubet. » Et sua quaeque
continuo puppes abrumpunt uincula ripis
delphinumque modo demersis aequora rostris
ima petunt. Hinc uirgineae (mirabile monstrum)
[quot prius aeratae steterant ad litora prorae]
reddunt se totidem facies pontoque feruntur.

99 undis *codd.*, SERV., TIB. : undas *alii ap.* SERV. || **109** sacris *codd.* : sacras DIOM. 437, 4 || **110** offulsit *MRad?r*, TIB. : effulsit *Pbcefhstuvγ* || **121** *hunc u.* (= 10, 223) *habent tantummodo dett. quidam, non interpr.* SERV. *nec* TIB.

Les Rutules sont frappés de stupeur, Messapus même s'effraie et ses chevaux s'affolent [1] ; le fleuve aussi hésite, Tibérinus, avec un grondement rauque, et il ramène ses pas en arrière. Mais l'impétueux Turnus n'a pas perdu son assurance ; bien mieux, il excite le courage des siens ; bien mieux, il les invective en ces termes : « Ces prodiges sont dirigés contre les Troyens ; voilà que Jupiter lui-même leur a ravi leur secours ordinaire ; ils n'attendent ni les traits ni le feu des Rutules *. Donc les mers n'ont plus de route pour eux, il ne leur reste aucun espoir de fuir ; la moitié du monde vient de leur être interdite et la terre est dans nos mains : tant de milliers se lèvent en armes chez les nations italiennes ! Les arrêts du destin, s'il en est dont les Phrygiens se targuent, les réponses des dieux ne me causent nul effroi : les destins, Vénus ont eu déjà satisfaction, puisque les Troyens ont touché les champs de la fertile Ausonie. Mais à l'encontre j'ai mes destins aussi *, maintenant qu'ils m'ont ravi mon épouse, c'est de détruire par le fer cette nation scélérate. Et les Atrides ne sont pas seuls à ressentir un tel outrage, Mycènes n'a pas seule le droit de prendre les armes. Mais, dira-t-on, n'est-ce point assez qu'ils aient déjà péri une fois ? Ç'aurait été assez de faire le mal cette première fois, s'ils avaient ensuite pris en horreur, ou presque, toute la race des femmes ! Le cas qu'ils font d'une palissade dressée entre eux et nous, ces fossés qui doivent nous arrêter, vaine ligne que la mort franchira

1. Sans avoir le relief de Camille et de Mézence, Messapus est un des premiers parmi les alliés de Turnus, et celui dont le nom revient le plus souvent tout au long de la guerre : il organise la mobilisation (8, 6), puis l'investissement du camp troyen (9, 160) ; il sera le tacticien du grand combat du l. 11 (464, 518, 603) et l'un des derniers remparts de la ville de Latinus (12, 661-662). Avec une invulnérabilité qu'il tient sans doute de son ascendance neptunienne (7, 691-692), le poète lui attribue une violence parfois sacrilège et brutale (12, 290, 296, 494).

Obstipuere animi Rutulis, conterritus ipse
turbatis Messapus equis, cunctatur et amnis
rauca sonans reuocatque pedem Tiberinus ab alto.
At non audaci Turno fiducia cessit ;
ultro animos tollit dictis atque increpat ultro :
« Troianos haec monstra petunt, his Iuppiter ipse
auxilium solitum eripuit ; non tela neque ignis
exspectant Rutulos. Ergo maria inuia Teucris
nec spes ulla fugae : rerum pars altera adempta est,
terra autem in nostris manibus, tot milia gentes
arma ferunt Italae ! Nil me fatalia terrent,
si qua Phryges prae se iactant, responsa deorum :
sat fatis Venerique datum, tetigere quod arua
fertilis Ausoniae Troes. Sunt et mea contra
fata mihi, ferro sceleratam exscindere gentem,
coniuge praerepta. Nec solos tangit Atridas
iste dolor solisque licet capere arma Mycenis.
— Sed periisse semel satis est. — Peccare fuisset
ante satis, penitus modo non genus omne perosos
femineum. Quibus haec medii fiducia ualli
fossarumque morae, leti discrimina parua,

123 animi Rutulis *MPabhr*γ^1, DSERV., TIB., ASPER 535, 12 : animis Rutuli *FRcdefstuv*γ^2, SERV., ASPER 535, 14 || **124** turbatis *FMP*^{2}*adefhrstuv*γ, TIB. : -tus *P*^{1}*Rbc* || **131** adempta *FMPabcdefhrstuv*γ, TIB. : dempta *R*, SERV. || est *codd.* : *om.* SERV., TIB. || **132** milia *dist.* TIB. || gentes *FPadefhstuv*γ, TIB. : -tis *MRbcr* || **135** datum *Madhstv*, NON. 409, 4 : datum est *FPRbcefru*, TIB. || **138** nec *codd.*, MACR. 5, 9, 2 : an MACR. 4, 4, 11 || **139** iste *codd.* : ille TIB. || solisque *codd.* : solisue TIB. || **140** satis semel RVFIN. 61, 3 || **141** satis *dist.* *P*^{2}, TIB. || modo *dist.* *M*^{2} || modo non *FMPabcdefhrstuv*γ, SERV., TIB. *in lemm.* : non modo *R* modo nunc TIB. *in interpr.* || **143** discrimina *PRabcdefhrstuv*, TIB. : -ne *FM*γ || parua *abcdefh rstuv*, TIB. : paruo *FMP*^{2}*R*γ paruas *P*^{1}.

si bien, voilà ce qui leur donne courage. Ils n'ont donc pas vu les murs de Troie, édifiés des mains de Neptune, s'abîmer dans les flammes ?

Mais vous, que j'ai choisis, qui de vous se tient prêt pour renverser cette palissade, fer au poing, qui pénètre avec moi dans leur camp tremblant d'épouvante ? Contre des Troyens je n'ai besoin ni des armes de Vulcain[1] ni de mille vaisseaux, dussent tous les Étrusques, d'un seul élan, se joindre à eux comme alliés[2] ; les ténèbres, le lâche larcin du Palladium, une fois égorgés tous les gardiens de la citadelle, qu'ils ne redoutent rien de semblable ; et nous n'irons pas davantage nous enfouir dans le ventre ténébreux d'un cheval. C'est en plein jour, au vu de tous, que j'ai résolu d'envelopper leurs murs de flammes *. Je leur ferai bientôt confesser qu'ils n'ont plus affaire à des Danaens, à cette armée pélasge qu'un Hector tint en respect pendant dix ans. Maintenant donc, puisque s'est écoulée la meilleure partie du jour, pour le reste, compagnons, réparez vos forces, joyeux de nos succès, et comptez bien qu'on vous prépare une bataille. » En attendant, il charge Messapus de tenir les portes avec des gardes et d'allumer des feux tout autour des retranchements. Quatorze Rutules sont choisis pour surveiller les murs, en armes, avec leurs hommes ; chacun en a cent sous ses ordres, guerriers aux rouges aigrettes et étincelants d'or. Ils courent çà et là ; ils organisent les relèves ; allongés sur l'herbe, ils font

1. Allusion aux armes surnaturelles que Thétis remit à Achille (*Iliade*, 19, 1-18). Mais le lecteur ne peut manquer de penser qu'à cette heure même (cf. p. 168) où Turnus affecte de dédaigner les armes de Vulcain, Vénus en revêt Énée son rival (8, 608-616), et que Turnus ne pourra rien contre elles (12, 739-741).

2. Turnus se souvient des paroles d'Iris (v. 10-12). Mais nous savons aussi qu'entre Étrusques et Latins existent de vieilles inimitiés (7, 426) ; Troyens, Étrusques, venus d'Asie les uns et les autres, ont toutes chances de s'entendre contre les Italiens.

dant animos. At non uiderunt moenia Troiae
Neptuni fabricata manu considere in ignis ?
Sed uos, o lecti, ferro qui scindere uallum
apparat et mecum inuadit trepidantia castra ?
Non armis mihi Volcani, non mille carinis
est opus in Teucros, addant se protinus omnes
Etrusci socios ; tenebras et inertia furta
Palladii, caesis late custodibus arcis,
ne timeant, nec equi caeca condemur in aluo ;
luce palam certum est igni circumdare muros.
Haud sibi cum Danais rem faxo et pube Pelasga
esse ferant, decimum quos distulit Hector in annum.
Nunc adeo, melior quoniam pars acta diei,
quod superest, laeti bene gestis corpora rebus
procurate, uiri, et pugnam sperate parari. »
Interea uigilum excubiis obsidere portas
cura datur Messapo et moenia cingere flammis.
Bis septem Rutuli muros qui milite seruent
delecti, ast illos centeni quemque secuntur
purpurei cristis iuuenes auroque corusci.
Discurrunt uariantque uices fusique per herbam

144 at *FMPRabcdefrst uvγ* : an *h*, DIOM. 464, 23, *utrumque agnoscit* SERV. et ARVS. 461, 30 ‖ **145** ignis *codd.* : igni CHAR. 277, 23, SAC. 469, 6 ‖ **146** lecti ferro *coniungit* DSERV. ‖ **151** late *FRbr*, TIB. : summae *MPacdefhstuvγ* ‖ **155** ferant *FPbcrγ*^{1}, TIB. : putent *MRadefh stuvγ*^{2} ‖ **156** diei *FM*^{1}*Pbdrtγ* : diei est *M*^{2}*Racefhsuv*, TIB., NON. 2, 13, PORPH. *Hor. epod.* 16, 15 ‖ **158** parari *codd.*, MACR. 7, 1, 23 : parati MACR. 5, 9, 4 ‖ **160** flammis *MPacdefhstuvγ*, TIB. *in interpr.* : flamma *FRbr*, TIB. *in lemm.* ‖ **161** rutuli *FM*^{2}*PRabcdefhrstuvγ*, TIB. *in lemm.* : -lo *M*^{1}, TIB. *in interpr.* ‖ **162** delecti *FMP*^{2}*R abcdefhrstuvγ*^{2} : dil- *P*^{1}*γ*^{1} ‖ secuntur *FMPacdefhrstuvγ* : secuti *Rb*, SERV., TIB. ‖ **163** purpurei *FMPRabcdefhrsuvγ*^{1}, TIB. : -reis *tγ*^{2}, DSERV., RVFIN. 55, 34.

bon accueil au vin, vident les cratères de bronze. Les feux brillent partout, la garde entreprend de passer grâce au jeu une nuit sans sommeil.

Les Troyens, du haut de leur retranchement, observent tout cela devant eux ; leurs armes ont l'avantage de la position dominante, mais aussi bien l'effroi les fait s'évertuer : ils éprouvent la solidité de leurs portes, jettent des passerelles, articulent leurs ouvrages avancés, apportent des traits. Mnesthée et l'ardent Séreste les pressent, à qui le grand Énée avait confié, si un péril le requérait, commandement des hommes et conduite des affaires. Sur les murs, toute la légion, ayant tiré au sort ses périlleuses tâches, se tient en alerte, assure les relèves pour ce que chacun a mission de défendre.

Nisus gardait l'une des portes, plein d'ardeur sous les armes, fils d'Hyrtacus, un compagnon qu'Énée avait vu venir des grandes chasses de l'Ida[1], rapide à lancer le dard et les flèches légères. Auprès de lui, Euryale son compagnon, plus beau qu'aucun de ceux qui vinrent avec Énée ou revêtirent jamais les armes troyennes ; son visage enfantin, déjà marqué par l'adolescence, ignorait encore le fer. Ils n'avaient qu'une passion * : l'un comme l'autre ne songeaient qu'aux combats de la guerre, et ce jour-là ils partageaient leur faction auprès de la même porte. Nisus dit alors : « Sont-ce les dieux qui mettent cette chaleur en nos âmes, Euryale, ou chacun se fait-il un dieu de la violence de son désir ? Depuis longtemps mon âme ambitionne d'entreprendre un coup de main ou quelque chose de grand, elle ne peut se complaire dans cette inaction paisible. Tu vois quelle assurance possède les Rutules : leurs feux tremblent, espacés ; eux-mêmes, alanguis par le sommeil et par

1. *Ida uenatrix* peut désigner la montagne elle-même (cf. *Georg.*, 3, 44), ou une nymphe de la montagne, mère de Nisus (cf. 9, 673).

indulgent uino et uertunt crateras aenos.
Conlucent ignes, noctem custodia ducit
insomnem ludo.
  Haec super e uallo prospectant Troes et armis
alta tenent, nec non trepidi formidine portas
explorant pontisque et propugnacula iungunt,
tela gerunt. Instat Mnestheus acerque Serestus,
quos pater Aeneas, si quando aduersa uocarent,
rectores iuuenum et rerum dedit esse magistros.
Omnis per muros legio sortita periclum
excubat exercetque uices, quod cuique tuendum est.
  Nisus erat portae custos, acerrimus armis,
Hyrtacides, comitem Aeneae quem miserat Ida
uenatrix iaculo celerem leuibusque sagittis,
et iuxta comes Euryalus, quo pulchrior alter
non fuit Aeneadum Troiana neque induit arma,
ora puer prima signans intonsa iuuenta.
His amor unus erat pariterque in bella ruebant ;
tum quoque communi portam statione tenebant.
Nisus ait : « Dine hunc ardorem mentibus addunt,
Euryale, an sua cuique deus fit dira cupido ?
Aut pugnam aut aliquid iamdudum inuadere magnum
mens agitat mihi nec placida contenta quietest.
Cernis quae Rutulos habeat fiducia rerum :
lumina rara micant, somno uinoque soluti

168 prospectant *codd.*, TIB. : consp- *GLK* 7, 288, 14 || Troes et armis *codd.* : omnia Troes DOSITH. 416, 16 || **171** instat *Pbcde fhrstuvγ*, TIB. : instant *MRa* || **173** iuuenum *codd.* : -ni TIB., *utrumque agnoscit* SERV. || **185** dira *codd.*, SERV. : dura TIB. || **189** soluti *MPRbcefruvγ*, TIB. : sepulti *adhst*, SERV. *et* 3, 41.

le vin, se sont étendus à terre ; c'est le silence au loin, partout. Écoute donc ce qui me tente, l'idée qui surgit maintenant dans mon cœur. Tous, les pères comme le peuple, demandent qu'on rappelle Énée, qu'on lui envoie des messagers qui lui rapportent de nos nouvelles *. S'ils me promettent ce que je vais demander pour toi, car pour moi la gloire me suffit, il me semble que sous cette butte là-bas je peux trouver un chemin vers les remparts et vers la ville de Pallantée. »

Euryale resta interdit, lui-même touché du grand amour de la gloire, et aussitôt il répond à son ardent ami : « Quoi, Nisus, tu écartes l'idée de m'avoir comme compagnon quand l'entreprise est la plus belle ! T'enverrai-je seul * à de tels dangers ? Ce n'est pas ainsi qu'élevé entre les menaces d'Argos et les peines de Troie *, je fus formé par mon père Opheltès, ce guerrier éprouvé ; à tes côtés non plus ce ne fut pas ma conduite, ayant suivi Énée le magnanime et jusqu'au bout sa destinée. Là, dans cette poitrine, réside un cœur qui méprise la lumière du jour et convaincu que l'honneur où tu prétends ne serait pas payé trop cher de la vie. » Mais Nisus : « En bonne foi, je n'éprouvais à ton égard aucune crainte de cette sorte, et ce serait impie. Non, je ne voudrais pas qu'à ce prix * le grand Jupiter me ramenât victorieux vers toi, lui ou quiconque regarde avec faveur cette entreprise. Mais si, hélas ! — tu vois ce qu'on risque en pareille aventure — si un hasard, un dieu m'entraînait dans le malheur, je désire que tu survives : ton âge est plus digne de la vie [1]. Qu'il y ait quelqu'un pour me confier à la terre, repris par les armes ou racheté contre rançon ; ou, si la Fortune par un sort trop commun l'interdit, pour m'apporter malgré mon absence les funèbres offrandes et m'honorer d'un tombeau. Et pour

1. Sans doute parce qu'Euryale a devant lui la perspective d'un plus grand nombre d'années.

procubuere, silent late loca. Percipe porro
quid dubitem et quae nunc animo sententia surgat.
Aenean acciri omnes, populusque patresque,
exposcunt mittique uiros qui certa reportent.
Si tibi quae posco promittunt (nam mihi facti
fama sat est), tumulo uideor reperire sub illo
posse uiam ad muros et moenia Pallantea. »
Obstipuit magno laudum percussus amore
Euryalus, simul his ardentem adfatur amicum :
« Mene igitur socium summis adiungere rebus,
Nise, fugis ? solum te in tanta pericula mittam ?
Non ita me genitor, bellis adsuetus Opheltes,
Argolicum terrorem inter Troiaeque labores
sublatum erudiit, nec tecum talia gessi
magnanimum Aenean et fata extrema secutus :
est hic, est animus lucis contemptor et istum
qui uita bene credat emi, quo tendis, honorem. »
Nisus ad haec : « Equidem de te nil tale uerebar,
nec fas ; non ita me referat tibi magnus ouantem
Iuppiter aut quicumque oculis haec aspicit aequis.
Sed si quis (quae multa uides discrimine tali),
si quis in aduersum rapiat casusue deusue,
te superesse uelim, tua uita dignior aetas.
Sit qui me raptum pugna pretioue redemptum
mandet humo, solita aut si qua id Fortuna uetabit,
absenti ferat inferias decoretque sepulcro.

190 procubuere *codd.* : conticuere TIB. || **197** percussus *codd.* : perculsus TIB. || **199** summis *codd.*, SERV., TIB. : tantis MACR. 6, 6, 16 || **208** non *dist.* M^2, DSERV., TIB. || **214** humo *dist.* F^2M^2, *multi ap.* SERV. || solita *dist.* P^2, *alii ap.* SERV., ARVS. 493, 8, PRISC. 3, 246, 25.

ta mère infortunée je ne voudrais pas être la cause d'une telle douleur, elle qui, seule l'ayant osé entre beaucoup de mères, te suit sans défaillir, enfant, et n'a cure de la ville du grand Aceste. » Mais lui : « Tu assembles en vain des raisons qui n'en sont pas ; mon intention donc n'a pas changé et reste immuable. Hâtons-nous, dit-il. » En même temps, il réveille les gardes ; ceux-ci les remplacent et prennent la faction. Sortant du poste lui aussi, il accompagne Nisus, ils vont trouver le roi.

Tous les vivants, par toute la terre, dormaient, donnant relâche à leurs soucis, à leurs cœurs, dans l'oubli de leurs peines ; mais les principaux chefs des Troyens et l'élite de l'armée tenaient conseil sur les intérêts supérieurs de l'État : que faire, et d'abord qui envoyer à Énée ? Ils sont debout, appuyés sur leurs longues lances, tenant leurs boucliers, au milieu du camp et de la place d'armes. Nisus alors et Euryale avec lui demandent instamment d'être introduits sur l'heure : l'affaire est importante et vaut qu'on s'y arrête. Iule d'abord les a reçus, tremblant d'impatience et donna la parole à Nisus. Alors le fils d'Hyrtacus, en ces termes : « Écoutez-nous avec bienveillance, Énéades, et pour examiner nos propositions ne songez pas à notre âge. Les Rutules, alanguis par le sommeil et par le vin, ont fait silence ; nous avons justement découvert un lieu pour les surprendre, accessible au départ de la porte double qui est la plus proche de la mer [1] ; les feux y sont interrompus, une fumée noire monte vers les astres. Si vous nous permettez d'user de notre chance pour aller à Énée et à la ville de Pallantée, vous le verrez bientôt

1. Le sens de ce vers n'est pas assuré. Il a effectivement existé, à quelque distance du mur ouest de l'Ostie ancienne, une bifurcation d'où l'une des voies rejoint la mer à l'embouchure du Tibre, et l'autre à quelque distance en direction du sud-est. Mais *biuium* peut signifier simplement passage, cf. Stace, *Theb.*, 1, 609.

Neu matri miserae tanti sim causa doloris,
quae te sola, puer, multis e matribus ausa
persequitur, magni nec moenia curat Acestae. »
Ille autem : « Causas nequiquam nectis inanis
nec mea iam mutata loco sententia cedit.
Acceleremus » ait. Vigiles simul excitat, illi
succedunt seruantque uices ; statione relicta
ipse comes Niso graditur regemque requirunt.
 Cetera per terras omnis animalia somno
laxabant curas et corda oblita laborum :
ductores Teucrum primi, delecta iuuentus,
consilium summis regni de rebus habebant,
quid facerent quisue Aeneae iam nuntius esset.
Stant longis adnixi hastis et scuta tenentes
castrorum et campi medio. Tum Nisus et una
Euryalus confestim alacres admittier orant,
rem magnam pretiumque morae fore. Primus Iulus
accepit trepidos ac Nisum dicere iussit.
Tum sic Hyrtacides : « Audite o mentibus aequis,
Aeneadae, neue haec nostris spectentur ab annis
quae ferimus. Rutuli somno uinoque soluti
conticuere ; locum insidiis conspeximus ipsi,
qui patet in biuio portae quae proxima ponto ;
interrupti ignes aterque ad sidera fumus
erigitur ; si fortuna permittitis uti
quaesitum Aenean et moenia Pallantea,

222 uices *dist.* SERV. || relicta *dist. quidam ap.* DSERV. || **229** adnixi *FMPRabcdefhrs tuv*γ^{2}, SERV., TIB. : innixi γ^{1}, NON. 339, 4 || **236** soluti *MPbcd hrst*γ, TIB. : solutis *R* sepulti *aefuv*, DSERV. || **237** conticuere *MRabdfhrst*γ^{2}, TIB. : procubuere *Pceuv*γ^{1}.

présent ici *, chargé de dépouilles, ayant fait grand carnage. Et le chemin est assuré pour notre marche : en nos chasses de chaque jour, nous avons vu, du fond des vallées obscures, les premières maisons de la ville et nous avons reconnu tout le fleuve. »

Ici Alétès, homme chargé d'ans, vieillard au sens éprouvé : « Dieux de nos pères, vous qui restez toujours les maîtres tout-puissants de Troie, non, sans doute, vous ne vous préparez pas à détruire entièrement les fils de Teucer, quand vous avez fait croître une telle vaillance chez nos jeunes hommes, des cœurs si résolus. » Parlant ainsi, il pressait les épaules, les mains des deux amis ; les larmes coulaient sur son visage et sur ses joues. « Quelles récompenses, quelles dignes récompenses imaginerais-je qu'on pût vous offrir, guerriers, pour de tels mérites ? Les plus belles d'abord, les dieux, votre vertu vous les donneront. Quant aux autres, le pieux Énée y satisfera promptement, et Ascagne qui a tout son âge devant lui et qui jamais n'oubliera un si grand service. »

« Non, certes, reprend Ascagne, moi qui ne puis vivre si mon père ne m'est ramené ; je vous conjure tous deux, Nisus, par nos grands Pénates, par le Lare d'Assaracus et le sanctuaire de la blanche Vesta [1] ; tout ce que j'ai de chance et d'espoirs, je le dépose en votre sein : rappelez mon père, rendez-nous sa présence ; rien ne sera plus sombre quand nous l'aurons retrouvé. Je te donnerai deux coupes d'argent massif rehaussées de reliefs, mon père les prit dans Arisba vaincue ; puis deux trépieds, deux grands talents d'or, un antique cratère, présent de la Sidonienne Didon. Mais si le destin m'accorde de prendre l'Italie, d'en saisir le sceptre en vainqueur,

1. Vesta est blanche comme une aïeule, gardienne, aussi, d'un feu immémorial et qui ne doit pas s'éteindre.

mox hic cum spoliis ingenti caede peracta
adfore cernetis. Nec nos uia fallit euntis :
uidimus obscuris primam sub uallibus urbem
uenatu adsiduo et totum cognouimus amnem. »
  Hic annis grauis atque animi maturus Aletes :
« Di patrii, quorum semper sub numine Troia est,
non tamen omnino Teucros delere paratis,
cum talis animos iuuenum et tam certa tulistis
pectora. » Sic memorans umeros dextrasque tenebat
amborum et uoltum lacrimis atque ora rigabat.
« Quae uobis, quae digna, uiri, pro laudibus istis
praemia posse rear solui ? Pulcherrima primum
di moresque dabunt uestri ; tum cetera reddet
actutum pius Aeneas atque integer aeui
Ascanius meriti tanti non immemor umquam. »
  « Immo ego uos, cui sola salus genitore reducto, »
excipit Ascanius « per magnos, Nise, penatis
Assaracique larem et canae penetralia Vestae
obtestor ; quaecumque mihi fortuna fidesque est,
in uestris pono gremiis : reuocate parentem,
reddite conspectum ; nihil illo triste recepto.
Bina dabo argento perfecta atque aspera signis
pocula, deuicta genitor quae cepit Arisba,
et tripodas geminos, auri duo magna talenta,
cratera antiquom quem dat Sidonia Dido.
Si uero capere Italiam sceptrisque potiri

244 primam *codd.*, TIB. : -mum NON. 359, 26 ‖ uallibus *MP*^{1}*Rabcdefhrstuvγ*^{2}, SERV., TIB. : moenibus *P*^{2}*γ*^{1} ‖ **252** laudibus istis *MPRabceuvγ*^{1}, SERV., TIB., *schol. Bern. B.* 5, 81 : talibus ausis *dfhrstγ*^{2}, MACR. 6, 6, 12 ‖ **254** reddet *codd.*, TIB. : -dent CHAR. 194, 26.

de distribuer les prises de guerre, tu as vu le cheval que montait Turnus, les armes sous lesquelles il allait, brillant d'or ; oui, ce cheval, son bouclier aussi, ses aigrettes rouges, je les excepterai du tirage ; dès maintenant, Nisus, ils sont ta récompense. De plus, mon père te donnera en toute propriété douze des plus nobles femmes, et autant de prisonniers, tous avec leurs armes, et encore ce domaine que le roi Latinus possède personnellement.

Pour toi que mon âge approche de plus près, enfant que je révère, je t'ouvre tout mon cœur, je t'embrasse comme mon compagnon dans tous les hasards de la vie ; jamais je ne me chercherai quelque gloire sans toi ; quoi que je fasse dans la guerre ou dans la paix, qu'il me faille agir ou parler, tu auras toute ma confiance *. » Euryale lui répond en ces mots : « Puisse aucun jour ne m'accuser jamais de n'être plus l'homme de telles audaces ; à la seule fortune conviennent les vicissitudes *. Mais à toi, de préférence à tous les dons, je demande une grâce, une seule : j'ai une mère, née de l'antique maison de Priam, infortunée que ni la terre d'Ilion n'a retenue de partir avec moi, ni les murs du roi Aceste. Aujourd'hui je la laisse, ignorante de nos dangers, quels qu'ils soient, et sans lui avoir dit adieu — la nuit, ta main m'en sont témoins — parce que je ne pourrais supporter les larmes de ma mère. Toi, je t'en prie, console son dénuement, secours-la dans son abandon [1]. Permets-moi d'emporter cette assurance de toi ; j'irai avec plus d'audace au-devant

1. Reprise du thème introduit par Nisus (v. 216-218). — Dans l'*Iliade* (6, 447-465) Hector se trouble à la pensée des maux qui accableront sa femme s'il meurt et si les Grecs triomphent. On imagine mal que dans la perspective d'une victoire des siens il aurait semblables inquiétudes. Mais Euryale (et sa mère) sont des gens du commun, dont la détresse risque d'être inaperçue ; Euryale, aussi, est un enfant, enclin peut-être à s'attribuer plus de responsabilités qu'il n'en a.

contigerit uictori et praedae dicere sortem,
uidisti quo Turnus equo, quibus ibat in armis
aureus : ipsum illum, clipeum cristasque rubentis
excipiam sorti, iam nunc tua praemia, Nise.
Praeterea bis sex genitor lectissima matrum
corpora captiuosque dabit suaque omnibus arma,
insuper his campi quod rex habet ipse Latinus.
Te uero, mea quem spatiis propioribus aetas
insequitur, uenerande puer, iam pectore toto
accipio et comitem casus complector in omnis.
Nulla meis sine te quaeretur gloria rebus ;
seu pacem seu bella geram, tibi maxima rerum
uerborumque fides. » Contra quem talia fatur
Euryalus : « Me nulla dies tam fortibus ausis
dissimilem arguerit ; tantum fortuna secunda
aut aduersa cadat. Sed te super omnia dona
unum oro : genetrix Priami de gente uetusta
est mihi, quam miseram tenuit non Ilia tellus
mecum excedentem, non moenia regis Acestae.
Hanc ego nunc ignaram huius quodcumque pericli
inque salutatam linquo — nox et tua testis
dextera —, quod nequeam lacrimas perferre parentis.
At tu, oro, solare inopem et succurre relictae.
Hanc sine me spem ferre tui : audentior ibo

268 dicere $M^{1}Pa\gamma^{1}$, DSERV. 3, 323 : ducere $M^{2}Rbcdefhrstuv\gamma^{2}$, TIB., *utrumque agnoscit* SERV. deicere *alii ap.* DSERV. || **270** clipeum *dist.* P^{2} || **274** quod $M^{2}P^{1}Rbceruv\gamma^{2}$, SERV., TIB. : quos $M^{1}P^{2}a?dfst\gamma^{1}$ quot *h* ? || **283** aut $M^{2}bcdehuv\gamma^{2}$, *praefert* SERV. : haud $afr\gamma^{1}$ aud *st* haut $M^{1}PR$, TIB., *agnoscit* SERV. || **287** pericli $M^{1}PR\ bdfrs\gamma^{1}$, TIB. : pericli est $M^{2}acehtuv\gamma^{2}$, SERV. || **288** testis *codd.* : testes ASPER, 537, 23-25.

de tous les hasards. » Le cœur ému, les Dardanides pleurèrent et plus que tous le bel Iule : l'image de son père si aimant lui étreignit l'âme. Il dit alors : « Promets-toi tout ce qui est digne d'une si noble entreprise. Oui, ta mère sera la mienne, le nom seul de Créuse pourra lui manquer ; pour avoir enfanté un fils tel que toi, notre reconnaissance, et grande, lui reste acquise, quels que soient les hasards qui suivront ton exploit. Je le jure par cette tête, comme hier encore mon père le faisait : ce que je te promets à ton retour et si la fortune te seconde, tout cela restera acquis à ta mère et aux tiens [1]. »

Ainsi dit-il en pleurant ; en même temps, il détache de son épaule l'épée ouvrée d'or que Lycaon de Cnosse avait travaillée avec un art admirable, bien en main dans le fourreau d'ivoire qu'il y avait ajusté. A Nisus, Mnesthée donne la peau arrachée à un lion hirsute, le loyal Alétès échange son casque contre le sien. En armes, sans tarder, ils se mettent en route ; tout le conseil des premiers les accompagne jusqu'aux portes, guerriers et vieillards, avec leurs vœux. Et aussi le bel Iule, portant avant les années le cœur et les soucis d'un homme, leur donnait, nombreux, ses messages à porter à son père. Mais le souffle des vents disperse tous ces discours et, sans effet, les donne aux nuées.

Une fois sortis, ils franchissent les fossés ; dans l'ombre de la nuit ils gagnent le camp où tout doit être contre eux, où cependant ils porteront auparavant la mort à bien des ennemis. De toutes parts, ils voient, perdus de sommeil et de vin, des corps allongés dans l'herbe, des chars, timon en l'air, sur le rivage ; au milieu des

1. Euryale semblait n'avoir d'autre parent que sa mère ; on voit mal ce que peuvent être « les siens ». Et comment Ascagne pourrait-il reporter sur cette vieille femme les promesses des v. 275-280 ? Toute la scène baigne dans une émotion exaltée, touchante assurément, mais qui fait pressentir les imprudences et catastrophes imminentes.

in casus omnis. » Percussa mente dedere
Dardanidae lacrimas, ante omnes pulcher Iulus,
atque animum patriae strinxit pietatis imago.
Tum sic effatur :
« Sponde digna tuis ingentibus omnia coeptis.
Namque erit ista mihi genetrix nomenque Creusae
solum defuerit, nec partum gratia talem
parua manet, casus factum quicumque sequentur ;
per caput hoc iuro, per quod pater ante solebat :
quae tibi polliceor reduci rebusque secundis,
haec eadem matrique tuae generique manebunt. »
Sic ait inlacrimans, umero simul exuit ensem
auratum, mira quem fecerat arte Lycaon
Gnosius atque habilem uagina aptarat eburna.
Dat Niso Mnestheus pellem horrentisque leonis
exuuias, galeam fidus permutat Aletes.
Protinus armati incedunt ; quos omnis euntis
primorum manus ad portas, iuuenumque senumque,
prosequitur uotis. Nec non et pulcher Iulus,
ante annos animumque gerens curamque uirilem,
multa patri mandata dabat portanda ; sed aurae
omnia discerpunt et nubibus inrita donant.
Egressi superant fossas noctisque per umbram
castra inimica petunt, multis tamen ante futuri
exitio. Passim somno uinoque per herbam
corpora fusa uident, arrectos litore currus,

292 percussa *codd.*, TIB. *in interpr.* : perculsa TIB. *in lemm.* || dedere *Me* : -runt *PRabcdfhrstuvγ*, TIB. || **299** sequentur *MRcersuv*, TIB. : sequetur *Pbγ*, SERV. sequontur *adf?ht* || **316** herbam *MPabcefhrstuvγ*, TIB. : umbram *Rd*.

harnais et des roues, des hommes étendus, des armes aussi, des vases de vin. Le premier, le fils d'Hyrtacus ouvrit la bouche : « Euryale, il faut oser d'une main ferme, maintenant c'est la situation même qui commande. Le chemin est par là. Toi, prends garde qu'un bras ne puisse se lever contre nous par derrière, vois-le venir de loin[1]. Je vais faire ici place nette et te conduirai par une large voie. » Ainsi parle-t-il, puis se tait ; aussitôt il attaque à l'épée l'orgueilleux Rhamnès qui, échafaudé sur un monceau de tapis, soufflait son somme à pleine poitrine ; il était roi, augure aussi et, à ce titre, très apprécié du roi Turnus ; mais sa science augurale ne put écarter sa ruine[2]. Tout à côté, il vient fondre sur trois serviteurs étendus au milieu des armes sans précautions, puis sur l'écuyer de Rémus, sur le cocher qu'il a trouvé aux pieds de ses chevaux et dont il tranche d'un coup de taille le col pendant ; puis du maître lui-même il fait tomber la tête, laissant là le tronc d'où le sang jaillit par saccades ; la terre, les lits s'imprègnent, attiédis par un flux noir. Ensuite c'est Lamyrus, Lamus, le jeune Serranus ; celui-là avait passé au jeu la plus grande part de cette nuit, un bel homme, et pour avoir trop fréquenté le dieu[3], lors il gisait, ses membres défaits ; heureux s'il avait égalé la durée de son jeu à celle de la nuit et l'avait prolongée jusqu'au jour. Comme un lion à jeun jette la confusion dans un enclos plein de brebis, une faim sauvage le pousse, il déchire, il traîne les faibles bêtes muettes de peur, il frémit, la gueule sanglante.

1. Cette distribution des rôles rappelle le dispositif adopté par Énée au sortir de Troie (*consule longe* = *longe seruet uestigia* 2, 711). Hélas ! les suites en seront semblables.

2. Cf. *Iliade*, 2, 859. La dérision, plus loin le sarcasme (v. 335-338), prélude à l'horreur ; cf. 2, 426-430 ; 7, 750-758.

3. Il s'agit de Bacchus.

inter lora rotasque uiros, simul arma iacere,
uina simul. Prior Hyrtacides sic ore locutus :
« Euryale, audendum dextra, nunc ipsa uocat res.
Hac iter est. Tu, ne qua manus se attollere nobis
a tergo possit, custodi et consule longe ;
haec ego uasta dabo et lato te limite ducam. »
Sic memorat uocemque premit, simul ense superbum
Rhamnetem adgreditur, qui forte tapetibus altis
exstructus toto proflabat pectore somnum,
rex idem et regi Turno gratissimus augur,
sed non augurio potuit depellere pestem.
Tris iuxta famulos temere inter tela iacentis
armigerumque Remi premit aurigamque sub ipsis
nactus equis ferroque secat pendentia colla ;
tum caput ipsi aufert domino truncumque relinquit
sanguine singultantem ; atro tepefacta cruore
terra torique madent. Nec non Lamyrumque Lamumque
et iuuenem Serranum, illa qui plurima nocte
luserat, insignis facie, multoque iacebat
membra deo uictus ; felix, si protinus illum
aequasset nocti ludum in lucemque tulisset.
Impastus ceu plena leo per ouilia turbans
(suadet enim uesana fames) manditque trahitque
molle pecus mutumque metu, fremit ore cruento.

323 lato *MPRabcdefhrstuvγ*, TIB. : recto MACR. 5, 9, 8 || **328** augurio potuit *codd.* : auguriis poterat MACR. 5, 9, 10 || **329** tela *MPabcdefhrstuvγ*, TIB. : lora *R*, DSERV. 9, 375 || **332** tum *MPRabcdefhstuvγ* : tunc *r*, TIB. || **333** singultantem *dist.* M^2P^2, TIB., *praefert* DSERV. || atro *dist. nonnulli ap.* DSERV. || **341** mutumque M^2P^2*abcdefhstuvγ*, SERV., TIB. : multumque M^1P^1 *Rr* || metu *dist.* M^2, SERV. || metu fremit *coniungunt* P^2, *quidam ap.* SERV.

Euryale ne fait pas moindre carnage[1] ; plein de feu lui aussi et de rage, il surprend au hasard une plèbe innombrable et sans nom, Fadus, Herbésus, Rhétus, Abaris, frappés sans le savoir ; Rhétus seul était éveillé et voyait tout, mais plein de crainte il se cachait derrière un grand cratère. De près, comme il se redresse, Euryale lui enfonça son épée dans la poitrine et en la retirant le laissa déjà mort : il vomit un souffle rouge, rejette en mourant du vin mêlé de sang. Lui, enflammé par ces surprises, ne songe qu'à les poursuivre. Déjà il se dirigeait vers les compagnons de Messapus[2] ; il voyait là les derniers feux s'éteindre et les chevaux qui broutaient le gazon, attachés selon l'usage, quand Nisus dit brièvement, car il sentit qu'il était emporté par l'ivresse et la soif du carnage : « Cessons ; le jour approche, qui est contre nous. Nous avons assez donné à la vengeance, voilà faite notre route au travers des ennemis. » Ils abandonnent beaucoup de butin, chefs-d'œuvre d'argent massif, armes, mais aussi cratères et beaux tapis. Euryale remarque les phalères de Rhamnès et son baudrier à clous d'or ; jadis l'opulent Cédicus en fait don à Rémulus de Tibur, quand il s'unit à lui, de loin, par les liens de l'hospitalité ; Rémulus en mourant le lègue à son petit-fils ; après sa mort les Rutules s'en étaient emparés par guerre et combats. Il s'en saisit et l'ajuste, en vain, hélas ! sur ses fortes épaules. Puis il coiffe le casque de Messapus, bien à sa mesure et décoré d'aigrettes. Ils sortent du camp et se hâtent vers des lieux sûrs.

1. Euryale sort ici du rôle qui lui avait été, fort raisonnablement, assigné (v. 322) ; la facilité de ces exploits (v. 350) lui monte à la tête. Nisus pressent le danger de ce délire (v. 354), rappelle l'essentiel (v. 356 *uia facta* ; cf. 321-323). Mais c'est alors le goût du pillage (cf. 384 *onerosa praeda*) qui va égarer l'adolescent.

2. Sur l'itinéraire des jeunes gens, cf. p. 173, 182.

Nec minor Euryali caedes ; incensus et ipse
perfurit ac multam in medio sine nomine plebem,
Fadumque Herbesumque subit Rhoetumque Abarimque
ignaros, Rhoetum uigilantem et cuncta uidentem,
sed magnum metuens se post cratera tegebat :
pectore in aduerso totum cui comminus ensem
condidit adsurgenti et multa morte recepit.
Purpuream uomit ille animam et cum sanguine mixta
uina refert moriens, hic furto feruidus instat.
Iamque ad Messapi socios tendebat ; ibi ignem
deficere extremum et religatos rite uidebat
carpere gramen equos, breuiter cum talia Nisus
(sensit enim nimia caede atque cupidine ferri) :
« Absistamus » ait ; « nam lux inimica propinquat.
Poenarum exhaustum satis est, uia facta per hostis. »
Multa uirum solido argento perfecta relinquont
armaque craterasque simul pulchrosque tapetas.
Euryalus phaleras Rhamnetis et aurea bullis
cingula, Tiburti Remulo ditissimus olim
quae mittit dona hospitio cum iungeret absens
Caedicus ; ille suo moriens dat habere nepoti ;
post mortem bello Rutuli pugnaque potiti ;
haec rapit atque umeris nequiquam fortibus aptat.
Tum galeam Messapi habilem cristisque decoram
induit. Excedunt castris et tuta capessunt.

348 morte *codd.* : nocte CORNVTVS *ap.* DSERV. || **349** purpuream (-ram *P*) *codd.*, *nonnulli ap.* SERV. *et* TIB. : -reum SERV., TIB. || **358** pulchrosque *codd.*, DSERV., TIB. : pictosque CHAR. 62, 6, *GLK* 7, 293, 13 || **361** dona *dist.* M^2 || hospitio *dist.* P^2.

A ce moment, des cavaliers qui venaient de la ville latine, envoyés en avant-garde tandis que le reste de la légion, en ordre de bataille, s'attarde dans la plaine, arrivaient ; ils apportaient une réponse au roi Turnus *, trois cents cavaliers, tous armés du bouclier, sous la conduite de Volcens. Déjà ils approchaient du camp et atteignaient le mur, quand ils voient de loin les deux hommes se détournant par un sentier à leur gauche*. Dans la demi-obscurité de la nuit, le casque qu'il portait trahit Euryale qui n'y pensait plus et renvoya vers l'ennemi l'éclat d'un rais lumineux. Cette lueur ne passa pas inaperçue. Du milieu de sa troupe, Volcens crie : « Arrêtez-vous, là-bas ! Que faites-vous dehors ? Qui êtes-vous avec ces armes ? Où allez-vous ? » Eux ne songent guère à attaquer [1], mais ils pressent leur fuite dans les forêts et se confient à la nuit. Les cavaliers se déploient, vont se poster à des carrefours qu'ils connaissent et ferment toutes les issues par un cordon de surveillance.

Il y avait sur une vaste étendue une forêt hérissée de buissons et d'yeuses noires, pleine de ronces serrées qui l'envahissaient de partout ; par endroits un peu de sentier s'éclairait parmi les pistes douteuses. Euryale marche avec peine sous l'obscurité des branches et son pesant butin ; son inquiétude le trompe sur la direction des chemins. Nisus s'éloigne ; déjà, ne pensant qu'à fuir, il avait échappé aux ennemis et dépassé ces lieux qui plus tard, du nom d'Albe, furent appelés Albains *, — le roi Latinus y tenait alors ses hautes étables. Dès qu'il

1. Dès l'antiquité cette phrase a embarrassé les lecteurs. Servius suppose que *tendere contra* signifie « répondre » ; la signification directionnelle du verbe n'est pourtant pas douteuse. En fait, ces vers sont écrits dans la perspective des Rutules, qui ne savent pas ce qu'ils ont devant eux et peuvent s'attendre à une attaque ; le poète marque aussi un contraste entre cette fuite et l'exaltation agressive des vers précédents.

Interea praemissi equites ex urbe Latina,
cetera dum legio campis instructa moratur,
ibant et Turno regi responsa ferebant,
ter centum, scutati omnes, Volcente magistro.
Iamque propinquabant castris muroque subibant,
cum procul hos laeuo flectentis limite cernunt
et galea Euryalum sublustri noctis in umbra
prodidit immemorem radiisque aduersa refulsit.
Haud temere est uisum. Conclamat ab agmine Volcens :
« State, uiri. Quae causa uiae ? quiue estis in armis ?
quoue tenetis iter ? » Nihil illi tendere contra,
sed celerare fugam in siluas et fidere nocti.
Obiciunt equites sese ad diuortia nota
hinc atque hinc omnemque abitum custode coronant.
Silua fuit late dumis atque ilice nigra
horrida, quam densi complerant undique sentes ;
rara per occultos lucebat semita callis.
Euryalum tenebrae ramorum onerosaque praeda
impediunt fallitque timor regione uiarum.
Nisus abit ; iamque imprudens euaserat hostis
atque locos, qui post Albae de nomine dicti
Albani, tum rex stabula alta Latinus habebat.

368 dum *MP*^{1}*RVbcdfhrst*, TIB. : cum *P*^{2}*aeuv* ‖ **369** regi *codd.*, TIB., *agnoscit* DSERV. : regis *praefert* DSERV. ‖ **371** castris *MPRVacdefhstuvγ*, TIB. : portis *br*, PRISC. 3, 303, 20 ‖ muroque *MR*, SERV., DSERV. 4, 598, TIB., PRISC. : murosque *PVabcdefhrstuvγ*, DSERV. ‖ **375** agmine *MRVabcdefhrstuvγ*^{2}, TIB. : aggere *Pγ*^{1} ‖ **377** illi *dist. P*^{2}, TIB. ‖ **378** sed *codd.* : et TIB. ‖ siluas *MRabcdef hrstuvγ*^{2}, TIB. : siluis *PVγ*^{1} ‖ **380** hinc atque hinc *codd.* : huc illuc NON. 458, 20 ‖ abitum *M*^{1}*cdeγ*^{2}, SERV., *schol. Ver.* : habitum *suv* aditum *M*^{2}*P*^{2}*RVabfhrtγ*^{1}, TIB., *agnoscunt* SERV. *et schol. Ver.* aditu *P*^{1} ‖ **383** lucebat (-bant *R*) *M*^{1}*Pcdfhrst* : ducebat *M*^{2} *Vabeuv*, TIB., *utrumque agnoscit* SERV.

s'arrêta et chercha en vain derrière lui son ami absent : « Malheureux Euryale, où t'ai-je laissé ? où te rejoindre ? » Reprenant dans l'autre sens tout l'écheveau des sentiers de la forêt traîtresse [1], il relève et suit ses traces, va et vient dans les fourrés silencieux ; il entend les chevaux, les bruits, les appels de ceux qui les poursuivent.

Et long temps ne se passe qu'une clameur ne vienne à ses oreilles et il voit Euryale que déjà tout un détachement a réduit à l'impuissance, avec la complicité des lieux et de la nuit [2], dans le saisissement d'un tumulte soudain, et qu'il entraîne, se débattant vainement de toutes ses forces. Que faire ? Par quel effort, avec quelles armes tenter de leur arracher son compagnon ? Ou va-t-il, pour mourir, se jeter au milieu des ennemis, hâter en combattant une mort glorieuse ? Vite, ramenant son bras en arrière, il brandit un trait ; les yeux levés vers la Lune haute, il l'implore ainsi : « Toi, déesse, assiste-nous, viens soutenir l'effort de notre peine, honneur des astres, fille de Latone, gardienne des forêts. Si jamais mon père Hyrtacus a porté pour moi des présents sur tes autels, si j'y ai moi-même ajouté du produit de mes chasses [3], suspendant ces offrandes à la voûte de ton temple ou les fixant au fronton sacré, permets-moi de disperser cette troupe, et dans les airs conduis mes traits. »

Il avait dit et, rassemblant toutes ses forces, il lance le fer. Le javelot dans son vol fend les ombres de la nuit

1. On verra dans l'apparat les hésitations des Anciens sur la ponctuation de ce texte. — *Vestigia retro obseruata* rappelle un moment de l'épisode de Créuse (2, 753-754).

2. C'était précisément sur les lieux, sur la nuit que les Troyens avaient fondé leur espoir (v. 378).

3. Nisus est un chasseur (cf. v. 177-178, 245) ; sur ces offrandes à Diane, cf. *Buc.*, 7, 29-30.

Vt stetit et frustra absentem respexit amicum :
« Euryale infelix, qua te regione reliqui ?
quaue sequar ? » Rursus perplexum iter omne reuoluens
fallacis siluae, simul et uestigia retro
obseruata legit dumisque silentibus errat.
Audit equos, audit strepitus et signa sequentum.
Nec longum in medio tempus, cum clamor ad auris
peruenit ac uidet Euryalum, quem iam manus omnis
fraude loci et noctis, subito turbante tumultu,
oppressum rapit et conantem plurima frustra.
Quid faciat ? qua ui iuuenem, quibus audeat armis
eripere ? an sese medios moriturus in hostis
inferat et pulchram properet per uolnera mortem ?
Ocius adducto torquens hastile lacerto,
suspiciens altam Lunam, et sic uoce precatur :
« Tu, dea, tu praesens nostro succurre labori,
astrorum decus et nemorum Latonia custos.
Si qua tuis umquam pro me pater Hyrtacus aris
dona tulit, si qua ipse meis uenatibus auxi
suspendiue tholo aut sacra ad fastigia fixi,
hunc sine me turbare globum et rege tela per auras. »
Dixerat et toto conixus corpore ferrum
conicit. Hasta uolans noctis diuerberat umbras

390 Euryale *dist.* P^2, *probat* SERV., *agnoscit* TIB., *improbant schol. Ver.* || infelix *dist.* M^2, *improbat* SERV., *agnoscit* TIB., *probant schol. Ver.* || **391** sequar *huc usque uerba Nisi, ut uolunt quidam ap.* SERV. || **392** siluae *huc usque uerba Nisi, ut uolt* VRBANVS *ap.* SERV. || **395** cum *MRVabcdefhrstuvγ*^{2}, TIB. : tum *Pγ*^{1} || **397** loci *dist.* M^2P^2, *alii ap.* DSERV. *et schol. Ver.* || noctis *dist.* DSERV. *et schol. Ver.* || **398** et *codd.*, TIB. : ac PRISC. 3, 314, 10 || **400** hostis *MRVbdfhl*, TIB. : ensis *Pace?rsuv*, *utrumque agnoscit* DSERV.

et atteint de face le bouclier de Sulmo* ; là il se brise, le bois éclaté ; l'arme pénètre jusqu'au cœur. L'homme roule, vomissant à pleine poitrine un flot de sang chaud ; il se glace, ses flancs battent en longs soubresauts. Les cavaliers regardent autour d'eux. Lui, animé par le succès, voilà qu'il balançait un autre trait à la hauteur de son oreille. Tandis qu'ils s'agitent, la javeline en sifflant arrive sur Tagus, transperce les deux tempes à la fois et demeure, tiédie, dans la cervelle trouée. Volcens, terrible, ne se possède plus, il ne voit nulle part qui a porté ces coups ni davantage où il pourrait lui-même élancer sa fureur. « A toi donc, en attendant ; de ton sang chaud tu vas payer pour mes deux hommes ! » dit-il, et en même temps, l'épée nue, il marchait sur Euryale [1]. Alors épouvanté, hors de lui-même, Nisus jette un cri ; il n'a pu rester caché dans les ténèbres plus longtemps ou supporter telle douleur : « C'est moi, c'est moi, me voilà, qui ai tout fait ; tournez contre moi votre fer, ô Rutules ! tout le mal est de moi ; celui-là n'a rien osé ni rien pu : j'en atteste le ciel et les astres qui savent ; il a seulement trop aimé un malheureux ami [2]. »

Telles étaient ses paroles, mais l'épée poussée avec force traverse les côtes et rompt la blanche poitrine. Euryale roule dans la mort, sur son corps si beau le sang coule, sa nuque défaillante retombe sur ses épaules ;

1. Il n'est pas assuré que les Rutules se préparaient à tuer Euryale (cf. v. 398 et p. 212) ; c'est Nisus qui a précipité sa mort. Pourtant son entreprise n'était pas déraisonnable : les Rutules, ne sachant à qui ils avaient affaire, auraient pu prendre peur et lâcher prise.

2. Il y a peut-être quelque chose à retenir de l'interprétation de Servius : Euryale n'a fait que m'accompagner. Mais ce vers est aussi désespoir, remords et, maintenant que tout est fini, volonté folle de proclamer hautement l'affection qui faisait vivre.

et uenit aduersi in tergum Sulmonis ibique
frangitur ac fisso transit praecordia ligno.
Voluitur ille uomens calidum de pectore flumen
frigidus et longis singultibus ilia pulsat.
Diuersi circumspiciunt. Hoc acrior idem
ecce aliud summa telum librabat ab aure.
Dum trepidant, it hasta Tago per tempus utrumque
stridens traiectoque haesit tepefacta cerebro.
Saeuit atrox Volcens nec teli conspicit usquam
auctorem nec quo se ardens immittere possit.
« Tu tamen interea calido mihi sanguine poenas
persolues amborum » inquit ; simul ense recluso
ibat in Euryalum. Tum uero exterritus, amens,
conclamat Nisus nec se celare tenebris
amplius aut tantum potuit perferre dolorem :
« Me, me, adsum qui feci, in me conuertite ferrum,
o Rutuli ! mea fraus omnis, nihil iste nec ausus
nec potuit ; caelum hoc et conscia sidera testor ;
tantum infelicem nimium dilexit amicum. »
Talia dicta dabat, sed uiribus ensis adactus
transadigit costas et candida pectora rumpit.
Voluitur Euryalus leto pulchrosque per artus
it cruor inque umeros ceruix conlapsa recumbit :

412 aduersi *MPRabcdefhstuvγ*, SERV., TIB., NON. 414, 14 : auersi *r, alii* (*ut uid.*) *ap.* SERV. || **416** acrior *MP*^{ac}*Rabcdefhrstuvγ*^{2}, SERV., TIB. : acrius *P*^{pc}*γ*^{1} || **417** summa telum *MRadehrtu*, SERV., DSERV. 2, 231, TIB. : telum summa *Pbcfsvγ* || **418** it *MRabcdefhstuvγ*^{2}, TIB., NON. 408, 6 : iit *Prγ*^{1} uolat PRISC. 3, 188, 13 ; 315, 17 ; 317, 21 || **432** transadigit *M*^{2}*Pdrtγ*, TIB., NON. 243, 31 : transadibit *M*^{1} transadiit *bcfhv* transabiit *Raesu* || candida pectora *MPabcdefhstuvγ* : pectora candida *Rr* || rumpit *MPabdefhstuvγ*^{2}, TIB. : rupit *Rcrγ*^{1}.

comme une fleur de pourpre tranchée par la charrue languit mourante ; comme les pavots, leur cou lassé, ont incliné leur tête quand la pluie les appesantit [1]. Mais Nisus s'élance au milieu de leur troupe ; entre tous il ne cherche que Volcens ; c'est au seul Volcens qu'il s'attache. Serrés autour de leur chef, les ennemis, de toutes parts, au corps à corps, l'assaillent. Il ne s'acharne pas moins ; il fait tournoyer son épée qui lance des éclairs, à tant que, parvenu bien en face, il l'a plongée dans la bouche hurlante du Rutule et, mourant, a ôté l'âme à l'ennemi. Alors, sur son ami inanimé, il se jeta percé de coups et là enfin, grâce à la mort qui tout apaise, trouva le repos [2]. Bénis des dieux * l'un et l'autre ! Si mes chants ont quelque pouvoir, aucun jour ne vous fera sortir de la mémoire des âges, tant que la maison d'Énée s'appuiera sur le roc immobile du Capitole et que le maître romain conservera l'empire.

Vainqueurs, en possession du butin et des dépouilles, les Rutules tout en pleurs portaient dans le camp Volcens privé de vie. Le deuil n'est pas moindre au camp depuis qu'on a trouvé Rhamnès égorgé et tant de nobles chefs tués dans un même massacre, Serranus, Numa. Une foule immense se presse autour des corps euxmêmes, autour des hommes demi-morts, sur les places encore tièdes du récent massacre, près des ruisseaux couverts d'écume, remplis de sang. Ils reconnaissent entre eux les dépouilles, le casque étincelant de Messapus et les phalères recouvrées au prix de tant de sueur [3].

1. Cf. 11, 68-71 (Pallas sur son lit funèbre).

2. Une fois prise la vengeance, ce geste ultime a valeur de témoignage. Servius commente excellemment *placida* : *aut proprium est mortis epitheton aut ex affectu pereuntis dictum est.* Cf. 6, 522.

3. Cf. v. 359-366. — La sueur (cf. v. 812 et n.) est souvent évoquée avec le sang, cf. Cic., *Leg. agr.*, 2, 16 ; 69 ; Liv., 7, 38, 6 ; Pline, *Ep.*, 2, 7, 1.

purpureus ueluti cum flos succisus aratro
languescit moriens lassoue papauera collo
demisere caput pluuia cum forte grauantur.
At Nisus ruit in medios solumque per omnis
Volcentem petit, in solo Volcente moratur.
Quem circum glomerati hostes hinc comminus atque
[hinc
proturbant. Instat non setius ac rotat ensem
fulmineum, donec Rutuli clamantis in ore
condidit aduerso et moriens animam abstulit hosti.
Tum super exanimum sese proiecit amicum
confossus placidaque ibi demum morte quieuit.
Fortunati ambo ! Si quid mea carmina possunt,
nulla dies umquam memori uos eximet aeuo,
dum domus Aeneae Capitoli immobile saxum
accolet imperiumque pater Romanus habebit.
Victores praeda Rutuli spoliisque potiti
Volcentem exanimum flentes in castra ferebant.
Nec minor in castris luctus Rhamnete reperto
exsangui et primis una tot caede peremptis,
Serranoque Numaque. Ingens concursus ad ipsa
corpora seminecisque uiros tepidaque recentem
caede locum et pleno spumantis sanguine riuos.
Agnoscunt spolia inter se galeamque nitentem
Messapi et multo phaleras sudore receptas.

438 in *Rabcdefhrstuvγ*, TIB. : ad *MP* || **455** tepidaque *bcdefhrstuvγ*^{2}, SERV., TIB., MACR. 6, 6, 3 : -damque *M*^{1} -dumque *M*^{2}*PRaγ*^{1}, *multi ap.* SERV. || recentem *MP*^{1}*Rabcdefhstuvγ*^{2}, SERV., TIB., MACR. : -ti *P*^{2}*γ*^{1}, *multi ap.* SERV. madentem *r* ? || **456** pleno *MP*^{2}*bhrstuv* : -nos *P*^{1}*Racdefγ*, TIB. || spumantis *MPRbdfhrtuγ*^{1}, SERV., TIB. : -ti *acesvγ*^{2} -tem DSERV.

Et déjà l'approche de l'Aurore baignait la terre d'une lumière nouvelle, comme elle quittait le lit safrané de Tithon. Déjà le soleil s'est répandu, déjà la lumière a chassé toutes les ombres : Turnus appelle ses hommes aux armes, lui-même revêtu de ses armes ; on rassemble pour le combat les bataillons d'airain, chacun s'occupe des siens, les bruits qui courent aiguisent leurs colères. Que dire ? au bout de deux piques dressées — spectacle pitoyable —, ils fixent les têtes mêmes et les escortent à grands cris, celles d'Euryale et de Nisus. Les durs Énéades, sur le mur à leur gauche, ont disposé face à l'ennemi leur corps de bataille, car leur droite est bordée par le fleuve[1] ; ils tiennent leurs profonds fossés et sur les hautes tours montent la garde, le visage sombre ; leur cœur aussi se troublait devant ces têtes empalées, trop connues, hélas ! et dégouttant de grumeaux noirs[2].

Pendant ce temps, le bruit de la nouvelle vole partout d'une aile rapide, se rue par la ville épouvantée et parvient aux oreilles de la mère d'Euryale. D'un coup, la chaleur a quitté les os de la malheureuse, ses fuseaux lui sont tombés des mains, et ses laines qui se déroulent. Elle vole hors, l'infortunée, arrachant ses cheveux avec le hurlement des femmes, elle court éperdue vers les murs et les premières lignes, sans penser aux guerriers, sans penser au danger ni aux traits ; puis elle emplit le ciel de ses plaintes : « Est-ce toi, Euryale, que je vois devant moi ? Est-ce toi, mon fils, repos tardif de ma vieillesse, qui as pu me laisser seule, cruel ? Et quand tu es parti pour affronter si grands dangers,

1. Sur la topographie supposée par ce passage, cf. p. 174.

2. Les Troyens sont émus, mais en même temps ils sont résolus, fermes (*duri*), et tiennent solidement leurs remparts ; l'adjectif *duri* (cf. 3, 94) doit écarter toute image de la « mollesse phrygienne » (cf. v. 617). La coexistence de l'émotion et de la fermeté infrangible reparaît plusieurs fois chez Virgile (cf. n. *ad* 1, 127 et 12, 931).

Et iam prima nouo spargebat lumine terras
Tithoni croceum linquens Aurora cubile :
iam sole infuso, iam rebus luce retectis
Turnus in arma uiros, armis circumdatus ipse,
suscitat, aeratasque acies in proelia cogit
quisque suos, uariisque acuont rumoribus iras.
Quin ipsa arrectis (uisu miserabile) in hastis
praefigunt capita et multo clamore sequontur
Euryali et Nisi.
Aeneadae duri murorum in parte sinistra
opposuere aciem (nam dextera cingitur amni),
ingentesque tenent fossas et turribus altis
stant maesti ; simul ora uirum praefixa mouebant,
nota nimis miseris atroque fluentia tabo.
Interea pauidam uolitans pennata per urbem
nuntia fama ruit matrisque adlabitur auris
Euryali. At subitus miserae calor ossa reliquit,
excussi manibus radii reuolutaque pensa.
Euolat infelix et femineo ululatu
scissa comam muros amens atque agmina cursu
prima petit, non illa uirum, non illa pericli
telorumque memor, caelum dehinc questibus implet :
« Hunc ego te, Euryale, aspicio ? Tune ille senectae
sera meae requies potuisti linquere solam,
crudelis ? nec te sub tanta pericula missum

464 suos *PRabcefhstuvγ*, SERV., TIB. *in lemm.* : suas *Mdr*, TIB. *in interpr.* || **471** mouebant *MRabdefhu*, TIB. : uidebant *Pcrstvγ* || **476** excussi *codd.* : expulsi MACR. 4, 1, 5 || **481** hunc ego *MPRabcdefrstuvγ*, TIB. : hunc *h* hunccine *schol. Bemb. Ter. adelph.* 487 || ille *MPabcefh rsuγ* : illa *Rdtv*.

il n'a pas été donné à ta malheureuse mère de te dire un mot une dernière fois ! Oh ! sur une terre inconnue, proie abandonnée aux chiens du Latium et aux oiseaux, tu gis étendu ! Et moi, ta mère, je ne t'ai pas conduit en tes funérailles, je n'ai pas fermé tes yeux ou lavé tes blessures, te recouvrant de ce vêtement qu'en hâte, nuits et jours, je tissais pour toi et qui me consolait de mes soucis de vieille. Où te chercher ? quel coin de terre maintenant possède ton corps, tes membres arrachés, ta dépouille mutilée ? Est-ce là, mon fils, ce que tu me rapportes de toi ? Est-ce là ce qu'à travers terres et mers je suis venue chercher ? Frappez-moi, par pitié, lancez sur moi tous vos traits, Rutules, que sous le fer la première je tombe ; ou toi, souverain père des dieux, aie pitié, et de ton foudre précipite au fond du Tartare cette pauvre femme que tu hais, puisque je ne puis rompre et quitter autrement cette cruelle vie. » Ces lamentations ébranlèrent les âmes, un gémissement de tristesse monte de toutes les bouches, la vigueur des guerriers, abattue, se fige. Elle attisait les deuils de tous ; Idéus et Actor, sur l'ordre d'Ilionée et d'Iule tout en pleurs, l'enlèvent et la ramènent chez elle dans leurs bras [1].

Mais la trompette de bronze a fait retentir au loin son chant terrible, une clameur lui répond, le ciel en mugit. D'un même mouvement, les Volsques ont formé la tortue et pressent leur avance, ils se disposent à combler les fossés et arracher la palissade ; quelques-uns cherchent un accès, à monter sur les murs par des échelles, là où s'étire la ligne des défenseurs et où la couronne du

1. Dès l'antiquité, ce texte pathétique a été fort remarqué. L'encadrement des v. 468-472, 498-502, la comparaison de plaintes analogues (Évandre, 11, 152-181 ; Hécube et Andromaque, *Iliade*, 22, 429-515), donnent à penser que Virgile l'a conçu comme la juste conclusion d'un épisode qui fut touchant de bout en bout, mais toujours aux confins de l'extravagance et de la démesure

adfari extremum miserae data copia matri ?
Heu, terra ignota canibus data praeda Latinis
alitibusque iaces ! Nec te tua funera mater
produxi pressiue oculos aut uolnera laui
ueste tegens, tibi quam noctes festina diesque
urgebam et tela curas solabar anilis.
Quo sequar ? aut quae nunc artus auolsaque membra
et funus lacerum tellus habet ? Hoc mihi de te,
nate, refers ? hoc sum terraque marique secuta ?
Figite me, si qua est pietas, in me omnia tela
conicite, o Rutuli, me primam absumite ferro ;
aut tu, magne pater diuom, miserere tuoque
inuisum hoc detrude caput sub Tartara telo,
quando aliter nequeo crudelem abrumpere uitam. »
Hoc fletu concussi animi, maestusque per omnis
it gemitus, torpent infractae ad proelia uires.
Illam incendentem luctus Idaeus et Actor
Ilionei monitu et multum lacrimantis Iuli
corripiunt interque manus sub tecta reponunt.
At tuba terribilem sonitum procul aere canoro
increpuit, sequitur clamor caelumque remugit.
Accelerant acta pariter testudine Volsci
et fossas implere parant ac uellere uallum.
Quaerunt pars aditum et scalis ascendere muros,
qua rara est acies interlucetque corona

484 extremum P^{2}*Rabcefhrsuvγ*, TIB. : -mis $M$$P^{1}$ -ma *dt* || **485** latinis *codd.*, DSERV., TIB. : marinis SEN. *ep.* 92, 34 || **487** aut *codd.*, DSERV., TIB. : nec SERV. 4, 683 || **495** magne *codd.*, TIB. : summe SERV. 2, 645 || **503** canoro *codd.*, TIB. : recuruo TER. MAVR. 1912 || **506** uellere M^{1}*Pabcdefh rstuvγ* : pel- M^{2}*R* || **507** aditum *MRabcdefhrstuv* : -tus *Pγ*.

rempart s'éclaircit entre les guerriers moins serrés. Les Troyens, de leur part, font pleuvoir toutes sortes de projectiles, rejettent bas l'assaillant avec des perches solides, habitués par longue guerre à défendre des murailles. Ils roulaient aussi des pierres d'un poids meurtrier pour tenter de rompre ce toit en marche, alors que cependant sous leur épaisse carapace les ennemis supportent, comme en se jouant, tout ce qui tombe d'en haut. Enfin ils ne peuvent plus tenir ; car en un point où un groupe puissant porte sa menace, les Troyens roulent et précipitent une masse énorme qui écrase les Rutules sur une large étendue et désunit la couverture de leurs boucliers. Les audacieux Rutules renoncent à pratiquer ce combat d'aveugle et entreprennent de chasser les défenseurs du retranchement à coups d'armes de jet. D'un autre côté, effrayant à voir, Mézence agitait un pin d'Étrurie ; il pousse en avant des feux d'où monte la fumée. Voici que Messapus, dompteur de chevaux, rejeton de Neptune, fait une brèche dans la palissade et demande des échelles pour monter sur le mur.

Vous toutes, ô Calliope, je vous prie, révélez au poète ces bataillons, ces hommes que le fer de Turnus a couchés sur le sol, les adversaires que chacun des héros a précipités dans l'Orcus, et déroulez avec moi l'immense draperie de la guerre.

Il y avait une tour, prodigieusement élevée, flanquée de hautes passerelles, plantée en position maîtresse ; les Italiens luttaient de toutes leurs forces pour en chasser les occupants, et de tous leurs moyens pour la renverser ; les Troyens, à l'encontre, la défendaient avec des pierres et s'y pressaient au creux des embrasures

(cf. n. *ad* v. 280, 290, 302, 377) : *amens, amentia* (Tibérius Donatus). Il était périlleux de confier le camp (10, 70) à un enfant qui se crut un roi (v. 223).

non tam spissa uiris. Telorum effundere contra
omne genus Teucri ac duris detrudere contis,
adsueti longo muros defendere bello.
Saxa quoque infesto uoluebant pondere, si qua
possent tectam aciem perrumpere, cum tamen omnis
ferre iuuat subter densa testudine casus.
Nec iam sufficiunt. Nam qua globus imminet ingens,
immanem Teucri molem uoluontque ruontque,
quae strauit Rutulos late armorumque resoluit
tegmina. Nec curant caeco contendere Marte
amplius audaces Rutuli, sed pellere uallo
missilibus certant.
Parte alia horrendus uisu quassabat Etruscam
pinum et fumiferos infert Mezentius ignis.
At Messapus equom domitor, Neptunia proles,
rescindit uallum et scalas in moenia poscit.
Vos, o Calliope, precor, aspirate canenti,
quas ibi tum ferro strages, quae funera Turnus
ediderit, quem quisque uirum demiserit Orco,
et mecum ingentes oras euoluite belli.
[Et meministis enim, diuae, et memorare potestis.]
Turris erat uasto suspectu et pontibus altis,
opportuna loco, summis quam uiribus omnes
expugnare Itali summaque euertere opum ui
certabant, Troes contra defendere saxis
perque cauas densi tela intorquere fenestras.

514 iuuat *F^2esuvγ^2* : iubat *P^2cγ^1* lubat *M^1* iubet *P^1r* libet *F^1M^2 Rabdfht*, TIB. || **524** in *FMRadefhrtuvγ^2* : ad *Pbcsγ^1*, DSERV. *G.* 1, 264, TIB. || **526** tum *FRabdefhrtuv*, TIB. : tunc *MPcsγ* || **529** *hunc u.* (= 7, 645) *om. FMPabcdefhrstuvγ, non interpr.* SERV. : *habent R*, TIB.

pour balancer leurs javelots. Premier de tous, Turnus y jeta une torche en feu et cloua la flamme à l'un des côtés, qui nourrie par le vent attaqua les planchers puis s'attacha aux poteaux bientôt rongés. A l'intérieur, c'est le désordre, l'agitation, de vains efforts pour fuir la menace. Tandis qu'ils se massent et se tassent en arrière du côté que l'incendie n'a pas atteint, la tour de tout son poids s'abattit brusquement en avant, dans un fracas qui emplit le ciel de tonnerre.

Ils arrivent à terre demi-morts, écrasés sous l'énorme masse, percés de leurs propres piques, la poitrine traversée par les dures pièces de bois. A peine Hélénor tout seul et Lycus se sont échappés : Hélénor très jeune — au roi de Méonie, une esclave, Licymnia, en secret l'avait élevé, puis de même, comme les armes lui étaient interdites, l'avait envoyé à Troie —, alerte avec son épée nue, sans apparence sous son petit bouclier blanc. Lui, dès qu'il se vit parmi les milliers de Turnus, avec, ici et là, toutes proches, les lignes des Latins, comme un fauve, enfermé dans le cercle serré des chasseurs, s'acharne contre leurs piques, connaissant sa mort s'y va jeter, s'enlève d'un bond au-dessus des épieux [1], ainsi le jeune homme, sûr de mourir, se rue au milieu des ennemis et, là où se voient les pointes plus drues, il y court. Mais Lycus dont les pieds sont beaucoup plus agiles, au travers des ennemis, au travers des armes parvient en fuyant jusqu'au mur, essaie d'en saisir le faîte et de prendre les mains de ses camarades. Turnus le suit, courant à lui, dardant ses traits ; il l'invective triomphant : « As-tu donc espéré, pauvre fou, que tu pourrais échapper à nos mains ? » En même temps il

1. Il semble que le lion (ou la panthère, Servius) essaie d'abattre le chasseur en sautant par-dessus les armes, épieu ou bouclier, qu'on lui oppose, cf. Stace, *S.*, 2, 5, 9 ; J. Aymard, *Les chasses romaines*, Paris, 1951, p. 402-403.

Princeps ardentem coniecit lampada Turnus
et flammam adfixit lateri, quae plurima uento
corripuit tabulas et postibus haesit adesis.
Turbati trepidare intus frustraque malorum
uelle fugam. Dum se glomerant retroque residunt
in partem quae peste caret, tum pondere turris
procubuit subito et caelum tonat omne fragore.
Semineces ad terram immani mole secuta
confixique suis telis et pectora duro
transfossi ligno ueniunt. Vix unus Helenor
et Lycus elapsi, quorum primaeuos Helenor,
Maeonio regi quem serua Licymnia furtim
sustulerat uetitisque ad Troiam miserat armis,
ense leuis nudo parmaque inglorius alba.
Isque ubi se Turni media inter milia uidit,
hinc acies atque hinc acies astare Latinas,
ut fera, quae densa uenantum saepta corona
contra tela furit seseque haud nescia morti
inicit et saltu supra uenabula fertur,
haud aliter iuuenis medios moriturus in hostis
inruit et qua tela uidet densissima tendit.
At pedibus longe melior Lycus inter et hostis
inter et arma fuga muros tenet altaque certat
prendere tecta manu sociumque attingere dextras.
Quem Turnus pariter cursu teloque secutus
increpat his uictor : « Nostrasne euadere, demens,
sperasti te posse manus ? » Simul arripit ipsum

552 furit *$MP^{ac}Rabcdefhrstuv\gamma^{2}$*, **TIB. : ruit** *$P^{pc}\gamma^{1}$* **|| 558 tecta** *codd.*, **TIB. : saxa SERV. || dextras** *MP bcdefhrstuvγ*, **TIB. : -tra** *Ra*.

l'empoigne qui pendait au rempart et l'arrache avec un large pan de muraille. Ainsi un lièvre, un cygne au corps éblouissant que le ministre de Jupiter a enlevé de ses serres crochues, puis il regagne les hauteurs ; ou un agneau que sa mère a cherché avec des bêlements sans fin et que le loup de Mars a entraîné hors de l'enclos. De partout une clameur s'élève ; ils s'élancent, comblent de terre les fossés, d'autres lancent des torches ardentes contre les parties hautes.

Ilionée sous un bloc de pierre, un énorme quartier de montagne, couche mort Lucétius qui s'approchait de la porte, une flamme au poing ; Liger tue Émathion, Asilas tue Corynée : Liger fort de son javelot, Asilas, de ses flèches qui surprennent de loin ; Cénée tue Ortygius, Turnus abat Cénée vainqueur, puis tue encore Itys et Clonius, Dioxippe et Promolus, et Sagaris, et Idas qui résiste en avant des hautes tours ; Capys tue Priverne ; il avait été effleuré d'abord par la pique légère de Thémillas, mais l'insensé, jetant son bouclier, a porté la main à sa blessure, alors une flèche ailée glissa jusqu'à lui — sa main est clouée sur son flanc gauche — et pénétrant profondément rompit d'un coup mortel les soupiraux de l'âme. Le fils d'Arcens tenait bon, paré d'armes de prix, d'une chlamyde brodée à l'aiguille, rutilant de pourpre ibérique ; il était beau, son père Arcens l'avait envoyé, grandi naguère dans le bois de Mars, au bord des eaux du Syméthus, là où, dans la graisse des sacrifices, s'élève, propitiatoire, l'autel de Palicus [1] ; ici Mézence lui-même, déposant ses javelots, prit une fronde sifflante et tenant bien tendue la lanière, la fit trois fois tourner autour de sa tête ; le plomb en fusion * l'attei-

1. Sur la construction de ce vers, cf. n. *ad* 7, 764. Le Syméthus est un fleuve de la Sicile orientale. On supposera que le fils d'Arcens s'est joint aux Troyens lors des Jeux funèbres qui avaient attiré des spectateurs de toute la Sicile (5, 106).

pendentem et magna muri cum parte reuellit :
qualis ubi aut leporem aut candenti corpore cycnum
sustulit alta petens pedibus Iouis armiger uncis,
quaesitum aut matri multis balatibus agnum
Martius a stabulis rapuit lupus. Vndique clamor
tollitur : inuadunt et fossas aggere complent,
ardentis taedas alii ad fastigia iactant.
  Ilioneus saxo atque ingenti fragmine montis
Lucetium portae subeuntem ignisque ferentem,
Emathiona Liger, Corynaeum sternit Asilas,
hic iaculo bonus, hic longe fallente sagitta,
Ortygium Caeneus, uictorem Caenea Turnus,
Turnus Ityn Cloniumque, Dioxippum Promolumque
et Sagarim et summis stantem pro turribus Idan,
Priuernum Capys. Hunc primo leuis hasta Themillae
strinxerat, ille manum proiecto tegmine demens
ad uolnus tulit ; ergo alis adlapsa sagitta,
et laeuo infixa est lateri manus, abditaque intus
spiramenta animae letali uolnere rupit.
Stabat in egregiis Arcentis filius armis
pictus acu chlamydem et ferrugine clarus Hibera,
insignis facie, genitor quem miserat Arcens
eductum Martis luco Symaethia circum
flumina, pinguis ubi et placabilis ara Palici :
stridentem fundam positis Mezentius hastis
ipse ter adducta circum caput egit habena
et media aduersi liquefacto tempora plumbo

565 matri *MPbdefhrlvγ¹*, TIB. : -tris *Racsuγ²* || **579** infixa *MRabcdefhrstuv*, TIB. : adf- *Pγ*, SERV. || **584** martis *codd.*, DSERV., TIB. : matris MACR. 5, 19, 15 || **586** hastis *MPbrγ¹*, TIB. : armis *Racdefhstuvγ²*.

gnit de face, fit éclater son front par le milieu et l'étendit de toute sa longueur sur le sable.

Alors, en un premier essai, Ascagne, nous dit-on, décocha pour la guerre une des flèches rapides dont il effrayait depuis longtemps les bêtes promptes à fuir, et de ce coup il abattit le puissant Numanus. On l'appelait aussi Rémulus, il avait épousé la seconde sœur de Turnus, devenu récemment son parent par ces noces ; devant la première ligne, vociférant à tort et à travers, le cœur enflé de sa nouvelle dignité royale, il allait et se donnait de l'importance par ses cris : « N'avez-vous pas honte de vous retrouver encore assiégés derrière une palissade, Phrygiens deux fois pris dans vos forts, et, face à la mort, de vous remparer d'un mur ? Voilà donc les gens qui veulent épouser nos femmes et nous le demandent par la guerre ! Quel dieu vous a poussés en Italie, ou quelle folie ? Ici pas d'Atrides, pas d'Ulysse adroit discoureur, mais une race de souche dure. Nos fils, dès qu'ils sont nés, nous commençons par les descendre au bord des fleuves, à les endurcir au contact des eaux et de la glace mordante ; enfants, ils passent leurs veilles à la chasse, ils battent les forêts, leur jeu c'est de dresser des chevaux, de bander l'arc, de lancer des flèches. Résistante à l'ouvrage, accoutumée à vivre de peu, notre jeunesse dompte la glèbe sous le hoyau ou à la guerre ébranle les villes fortes. Tout notre âge se passe avec le fer en main, c'est en retournant notre lance que nous fatiguons l'échine de nos taureaux ; la pesante vieillesse n'affaiblit pas les forces de notre âme, n'altère pas son énergie ; nous serrons sous le casque nos cheveux blanchis ; toujours le goût nous reste de rapporter des proies fraîches et de vivre de nos prises *. Vous, vous aimez les étoffes rehaussées de safran et de pourpre brillante, vous aimez la fainéantise, vous vous plaisez aux danses où l'on s'abandonne, vos tuniques

diffidit ac multa porrectum extendit harena.
Tum primum bello celerem intendisse sagittam
dicitur ante feras solitus terrere fugacis
Ascanius fortemque manu fudisse Numanum,
cui Remulo cognomen erat Turnique minorem
germanam nuper thalamo sociatus habebat.
Is primam ante aciem digna atque indigna relatu
uociferans tumidusque nouo praecordia regno
ibat et ingentem sese clamore ferebat :
« Non pudet obsidione iterum ualloque teneri,
bis capti Phryges, et morti praetendere muros ?
En qui nostra sibi bello conubia poscunt !
Quis deus Italiam, quae uos dementia adegit ?
Non hic Atridae nec fandi fictor Vlixes,
durum a stirpe genus : natos ad flumina primum
deferimus saeuoque gelu duramus et undis,
uenatu inuigilant pueri siluasque fatigant,
flectere ludus equos et spicula tendere cornu.
At patiens operum paruoque adsueta iuuentus
aut rastris terram domat aut quatit oppida bello.
Omne aeuom ferro teritur uersaque iuuencum
terga fatigamus hasta, nec tarda senectus
debilitat uiris animi mutatque uigorem :
canitiem galea premimus semperque recentis
comportare iuuat praedas et uiuere rapto.
Vobis picta croco et fulgenti murice uestis,
desidiae cordi, iuuat indulgere choreis,
et tunicae manicas et habent redimicula mitrae.

604 saeuoque *MRabdefhrstuv*γ^2, TIB. : duroque *Pc*γ^1 || **610** tarda *codd., alii ap.* SERV., TIB. : sera SERV.

ont des manches, vos mitres, des rubans. O Phrygiennes vraiment, car Phrygiens vous ne l'êtes, allez sur les sommets du Dindyme, vous y retrouverez vos habitudes, le chant de la flûte double. Les tambourins vous appellent et le buis bérécyntien de la Mère de l'Ida ; laissez les armes aux hommes, inclinez-vous devant le fer. »

La jactance de ces propos, ces bravades exécrables, Ascagne ne les supporta pas : se tournant vers l'homme, il ajusta une flèche sur la corde de crin et tendit l'arc, puis resta immobile pour s'adresser d'abord, en suppliant, à Jupiter, avec prières et vœux : « Tout-puissant Jupiter, regarde avec faveur l'essai de notre audace. Je te porterai moi-même en ton temple des offrandes solennelles, je présenterai devant tes autels un jeune taureau tout blanc, le front doré, portant la tête aussi haut que sa mère, qui déjà frappe de la corne et de ses pieds fasse voler le sable. » Le Père l'entendit ; dans une partie sereine du ciel il fit éclater son tonnerre à gauche ; au même instant l'arc résonne, porteur de mort. Ramenée en arrière, la flèche fuit avec un sifflement effrayant et frappe Rémulus à la tête, le fer traverse le creux de ses tempes. « Va, prétentieux bavard, insulte le courage. Voici la réponse qu'envoient aux Rutules ces Phrygiens deux fois pris dans leur fort. » Ascagne n'en dit pas plus, les Troyens applaudissent avec de grands cris, ils frémissent d'allégresse, jusques au ciel s'exalte leur courage [1].

Du haut des plaines de l'éther, Apollon aux beaux cheveux voyait alors les armées de l'Ausonie et la ville, assis sur un nuage ; il s'adresse ainsi à Iule vainqueur :

1. Un succès était bien nécessaire ; depuis le v. 525 douze guerriers sont tombés du côté des Troyens (contre trois dans l'autre camp). Numanus, beau-frère de Turnus (v. 594), affecte à l'égard des Troyens le même mépris que lui (cf. 12, 12, 15, 75, 97-100).

O uere Phrygiae, neque enim Phryges, ite per alta
Dindyma, ubi adsuetis biforem dat tibia cantum.
Tympana uos buxusque uocat Berecyntia Matris
Idaeae : sinite arma uiris et cedite ferro. »
  Talia iactantem dictis ac dira canentem
non tulit Ascanius, neruoque obuersus equino
contendit telum diuersaque bracchia ducens
constitit, ante Iouem supplex per uota precatus :
« Iuppiter omnipotens, audacibus annue coeptis.
Ipse tibi ad tua templa feram sollemnia dona
et statuam ante aras aurata fronte iuuencum
candentem pariterque caput cum matre ferentem,
iam cornu petat et pedibus qui spargat harenam. »
Audiit et caeli genitor de parte serena
intonuit laeuom, sonat una fatifer arcus.
Effugit horrendum stridens adducta sagitta
perque caput Remuli uenit et caua tempora ferro
traicit. « I, uerbis uirtutem inlude superbis !
Bis capti Phryges haec Rutulis responsa remittunt. »
Hoc tantum Ascanius. Teucri clamore sequontur
laetitiaque fremunt animosque ad sidera tollunt.
  Aetheria tum forte plaga crinitus Apollo
desuper Ausonias acies urbemque uidebat
nube sedens atque his uictorem adfatur Iulum :

619 uocat *MPRadehrstuvγ*, SERV. : -cant *bcf*, TIB. || **623** contendit *MRabcdefhrstuv*, TIB. : int- *Pγ* || **631** fatifer *MRabrγ^{2}*, TIB. : let- *Pcdefhstuvγ^{1}* || **632** effugit *Mdfhstγ^{1}*, *praefert* SERV., TIB. : efugit *c* ecfugit *b* et fugit *PR aeruvγ^{2}*, SERV. *in lemm.* || adducta *MRabefru* : adlapsa *Pγ*, TIB.. elapsa *cdhstv* || **634** traicit *Mbf*, TIB. *in lemm.* : transigit *P^{1}* transiit *$P^{2}\gamma^{1}$*, TIB. *in interpr.* transadigit *Ra* traiecit *cdehrtuvγ^{2}*, *incertum in s* || i *$M^{2}P^{1}$bcer*, TIB., ARVS. 479, 21 : ii *$P^{2}\gamma^{1}$*, *om.* *M^{1}Radfhtuvγ^{2}*, *incertum in s* || **640** uictorem *codd.*, DSERV. : ardentem TIB.

« Honneur à cette neuve vertu, enfant, c'est ainsi qu'on va jusqu'aux astres, fils de dieux et qui seras père de dieux[1]. A juste droit, toutes les guerres, sous la race d'Assaracus, au cours des temps trouveront terme, par ordre du destin ; Troie ne te contient plus. » A ces mots, il s'élance du haut de l'éther, écarte les souffles des vents et rejoint Ascagne. Son visage prend l'apparence du vieux Butès, écuyer jadis du Dardanien Anchise et sur son seuil gardien fidèle ; Ascagne ensuite l'avait reçu de son père à titre de compagnon. Apollon allait, en tout semblable au vieillard par sa voix, son teint, ses cheveux blancs, le bruit de ses armes redoutables. Il s'adresse en ces mots à l'ardent Iule : « Contente-toi, fils d'Énée, d'avoir pu, sans encourir dommage, abattre Numanus sous tes coups ; le grand Apollon te concède cette première gloire et pour armes égales ne te porte envie. Pour le reste, enfant, ne te mêle plus à la guerre[2]. » Après cet avis, Apollon, sans attendre une réponse, échappa aux regards des mortels et un peu plus loin s'évanouit aux yeux en un souffle ténu. Les capitaines dardanides reconnurent le dieu et ses flèches divines, à son départ ils entendirent sonner son carquois. Donc, forts des paroles et de l'autorité de Phébus, ils écartent Ascagne qui brûlait de combattre ; eux-mêmes, en revanche, reviennent à la bataille, lancent leurs vies au plus clair des dangers. De poste en poste le cri court sur tout le rempart, on bande les arcs farouches, on fait tournoyer la courroie des javelots ; tout le sol est jonché de traits, les boucliers, la calotte des casques résonnent sous les

1. César, Auguste appartiennent à la *gens Iulia* fondée par Iule-Ascagne (cf. 1, 288) ; cf. t. I, p. IX. L'établissement d'une paix universelle et perpétuelle est une des prétentions, sans cesse réaffirmée, d'Auguste.

2. Le texte est important pour définir la réserve qui s'impose aux jeunes gens dans les combats, cf. n. *ad* 10, 811.

« Macte noua uirtute, puer, sic itur ad astra,
dis genite et geniture deos. Iure omnia bella
gente sub Assaraci fato uentura resident,
nec te Troia capit. » Simul haec effatus ab alto
aethere se mittit, spirantis dimouet auras
Ascaniumque petit. Forma tum uertitur oris
antiquom in Buten. Hic Dardanio Anchisae
armiger ante fuit fidusque ad limina custos;
tum comitem Ascanio pater addidit. Ibat Apollo
omnia longaeuo similis uocemque coloremque
et crinis albos et saeua sonoribus arma,
atque his ardentem dictis adfatur Iulum :
« Sit satis, Aenide, telis impune Numanum
oppetiisse tuis; primam hanc tibi magnus Apollo
concedit laudem et paribus non inuidet armis;
cetera parce, puer, bello. » Sic orsus Apollo
mortalis medio aspectus sermone reliquit
et procul in tenuem ex oculis euanuit auram.
Agnouere deum proceres diuinaque tela
Dardanidae pharetramque fuga sensere sonantem.
Ergo auidum pugnae dictis ac numine Phoebi
Ascanium prohibent, ipsi in certamina rursus
succedunt animasque in aperta pericula mittunt.
It clamor totis per propugnacula muris,
intendunt acris arcus ammentaque torquent.
Sternitur omne solum telis, tum scuta cauaeque

645 mittit *Mbdfhrt*γ^2, TIB. : mittit et *Raeu* misit *Pv*γ^1 || dimouet *MPbcdefhrtuv*γ, TIB. : dem- *Ra* || **646** forma *PRabceuv*γ^1 : formam *Mdfhr?t*γ^2, TIB. || **647** hic *codd.* : qui SERV. 1, 726 || **657** aspectus *bcdefhrtuv*, TIB. : aspectu *MPRa*γ^1 uisus γ^2, DIOM. 377, 10.

chocs, l'âpre mêlée surgit. Ainsi, venant du couchant, sous les pluvieux Chevreaux, la bourrasque flagelle la terre, ainsi, chargés de grêle, les nuages s'abîment dans les fonds marins, tandis que Jupiter tout hérissé par les Austers tord la tempête pleine d'eau et dans le ciel rompt les nuées creuses.

Pandarus et Bitias, fils d'Alcanor de l'Ida, qu'au bois sacré de Jupiter éleva la sylvestre Iéra, égaux en taille aux sapins, aux montagnes de leur patrie, ouvrent, trop sûrs de leurs armes, la porte qu'ils gardaient par ordre du chef ; même, ils invitent l'ennemi à entrer dans les murs. Eux, à l'intérieur, à droite et à gauche, comme des tours [1], se tiennent, armés de fer, et sur leurs hautes têtes un panache ondoie. Ainsi dans les airs auprès des eaux vives, soit aux rives du Pô, soit au long de l'aimable Adige, deux chênes se dressent, lèvent au ciel leurs têtes qu'aucun bûcheron ne toucha, font osciller leur haute cime. Dès que les Rutules virent l'entrée ouverte, d'un seul mouvement Quercens, Aquiculus si beau sous les armes, Tmarus au courage emporté, Hémon fils de Mars, s'y ruent avec tous leurs hommes, mais c'est aussitôt pour être rejetés et tourner le dos ou pour laisser leur vie sur le seuil même de la porte. Alors l'ardeur guerrière redouble au cœur des adver-

1. Ce vers embarrassait déjà Servius. *Intus* se rapporte-t-il à l'intérieur du camp, ou à l'intérieur du passage (qui ne peut manquer, à travers le rempart, d'avoir une certaine longueur ; sans doute aussi quelque largeur, quoique fermé, semble-t-il, d'une porte à un battant, v. 724-725) ? *Intus* semble exclure que *pro* ait valeur locale ; mais en valeur comparative *pro* marque préférence (cf. 5, 483 ; 11, 576) plutôt que ressemblance ; le sens serait-il alors que les deux gardiens pensent assurer une défense plus efficace que ne feraient des tours : « comme s'ils valaient mieux que des tours » ? Ou faut-il supposer que les gardiens se tiennent tantôt à l'intérieur (?), tantôt en avant des tours, tantôt se disposent en vis-à-vis l'un de l'autre ? Dans le passage correspondant de l'*Iliade*, de tels déplacements sont notés (12, 131, 142, 145), et quoique les deux hommes y soient déjà, comme chez

dant sonitum flictu galeae, pugna aspera surgit :
quantus ab occasu ueniens pluuialibus Haedis
uerberat imber humum, quam multa grandine nimbi
in uada praecipitant, cum Iuppiter horridus Austris
torquet aquosam hiemem et caelo caua nubila rumpit.
  Pandarus et Bitias, Idaeo Alcanore creti,
quos Iouis eduxit luco siluestris Iaera
abietibus iuuenes patriis et montibus aequos,
portam, quae ducis imperio commissa, recludunt
freti armis ultroque inuitant moenibus hostem.
Ipsi intus dextra ac laeua pro turribus astant
armati ferro et cristis capita alta corusci :
quales aeriae liquentia flumina circum,
siue Padi ripis Athesim seu propter amoenum,
consurgunt geminae quercus intonsaque caelo
attollunt capita et sublimi uertice nutant.
Inrumpunt aditus Rutuli ut uidere patentis
continuo Quercens et pulcher Aquiculus armis
et praeceps animi Tmarus et Mauortius Haemon
agminibus totis ; aut uersi terga dedere
aut ipso portae posuere in limine uitam.
Tum magis increscunt animis discordibus irae,

667 flictu *Pbcdefhtuv*γ^2, SERV., TIB., AVSON. *ep.* 24, 20 : adflictu *Rar* atflictu *M* fluctu γ^1 || **674** iuuenes patriis *MRabdefhrtuv*, TIB. : patriis iuuenes *Pc*γ || **678** corusci *PRabcdefhrtuv*γ, TIB. : -cant *M* -cis MACR. 5, 11, 26 || **679** liquentia *MPRaber*γ, DSERV. *in lemm.*, TIB. *in lemm.*, MACR. 5, 11, 26, DIOM. 464, 7 : linquentes TIB. *in interpr.* liquetia *cdfhtuv*, SERV. || **680** ripis *codd.* : ripas DIOM. 464, 8 || **683** rutuli *dist.* M^2P^2 || **685** haemon *dist.* M^2P^2 || **686** totis *dist.* M^2P^2 || aut uersi M^2P^2*bcdefhrtuv*γ^2, TIB. : aut uerse M^1 auersi P^1*Ra* ut auersi γ^1 || **687** ipso *MPbcdefhrtuv*γ, TIB. : ipsi *Ra*.

saires, les Troyens maintenant ralliés se massent, s'enhardissent à croiser le fer, à s'élancer plus en avant.

Tandis que le chef Turnus d'autre côté exerce sa fureur, ébranle les guerriers, on lui porte l'annonce que l'ennemi se déchaîne en un combat nouveau et fait parade de ses portes ouvertes toutes grandes. Il abandonne son dessein et, soulevé d'un emportement sans mesure, se rue vers la porte Dardanienne, sur les deux frères, les deux superbes. Et tout d'abord Antiphatès — c'est lui qui se trouvait en avant —, bâtard d'une mère thébaine et du noble Sarpédon, il le couche à terre d'un coup de javelot : le cormier italien vole par l'air impalpable, planté dans le gosier il pénètre profondément dans la poitrine, la caverne de l'affreuse blessure rejette un flot écumant, le fer s'attiédit dans le poumon transpercé. Ensuite de sa main il abat Mérops, Érymas, ensuite Aphidnus, ensuite Bitias dont les yeux brûlent, dont le cœur frémit ; mais non pas d'un coup de javelot, car un javelot n'aurait pu lui arracher la vie : lancée avec un sifflement terrible, une phalarique arrive sur lui comme un carreau de foudre ; ni les deux épaisseurs du cuir de taureau, ni la fidèle cuirasse tressée de doubles écailles d'or n'ont résisté, le corps gigantesque chancelle et s'abat, la terre gémit ; énorme, le bouclier y fait un bruit de tonnerre[1]. Ainsi au rivage eubéen de Baïes tombe parfois une de ces piles de pierre, bâtie d'abord de blocs massifs, puis jetée dans les eaux[2] ; telle, elle penche, finit par glisser, s'atterre contre les bancs marins où elle pénètre profondément ; la mer se trouble, les

Virgile, comparés à des chênes solidement enracinés. Chez Homère, ces déplacements sont justifiés par l'évolution de la bataille ; ici, ils ne signifieraient que la vaine agitation des deux présomptueux.

1. Déséquilibré par le choc, Bitias tombe à la renverse sous le bouclier que le trait vient de clouer sur sa poitrine.

2. Amassés dans la mer, ces blocs de maçonnerie serviront de fondations à des môles ou à des villas sur l'eau, cf. Horace, *Odes*, 3, 1, 34-37.

et iam collecti Troes glomerantur eodem
et conferre manum et procurrere longius audent.
Ductori Turno diuersa in parte furenti
turbantique uiros perfertur nuntius, hostem
feruere caede noua et portas praebere patentis.
Deserit inceptum atque immani concitus ira
Dardaniam ruit ad portam fratresque superbos.
Et primum Antiphaten (is enim se primus agebat),
Thebana de matre nothum Sarpedonis alti,
coniecto sternit iaculo ; uolat Itala cornus
aera per tenerum stomachoque infixa sub altum
pectus abit ; reddit specus atri uolneris undam
spumantem et fixo ferrum in pulmone tepescit.
Tum Meropem atque Erymanta manu, tum sternit Aphidnum,
tum Bitian ardentem oculis animisque frementem,
non iaculo (neque enim iaculo uitam ille dedisset),
sed magnum stridens contorta phalarica uenit
fulminis acta modo, quam nec duo taurea terga
nec duplici squama lorica fidelis et auro
sustinuit : conlapsa ruont immania membra,
dat tellus gemitum et clipeum super intonat ingens.
Talis in Euboico Baiarum litore quondam
saxea pila cadit magnis quam molibus ante
constructam ponto iaciunt, sic illa ruinam
prona trahit penitusque uadis inlisa recumbit ;

689 eodem *MPbcdfhrtvγ*, TIB. : in unum *Raeu* || **690** manum et procurrere... audent *codd.*, TIB. : gradum et procedere... audet NON. 268, 18 || **691** in *codd.*, TIB. : *om.* TIB. 9, 1 || **710** talis *MRa*, TIB. : qualis *Pbcdefhrtuvγ*.

sables noirs montent à la surface ; le bruit fait trembler la haute Prochyta et Inarimé qui par ordre de Jupiter pèse de tout son poids, dure tanière, sur le corps de Typhée [1].

Ici Mars, le maître des combats, fit passer dans l'armée des Latins une ardeur et des forces nouvelles, retourna dans leur cœur ses poignants aiguillons, lâcha sur les Troyens les démons de la fuite et de la sombre peur. De partout ils accourent, maintenant qu'on peut se battre, le dieu de la guerre s'est logé dans leurs âmes. Pandarus, dès qu'il voit son frère étendu mort et le côté où penche la fortune, le cours que prennent les choses, à grand effort repousse la porte qui tourne sur ses gonds, pesant contre elle de ses larges épaules ; mais nombre de ses compagnons, il les laisse à l'extérieur du rempart, isolés en un dur engagement ; d'autres, en revanche, il les enferme avec lui et les reçoit comme ils se précipitent ; insensé qui n'a pas vu au milieu de la foule le roi rutule forçant le passage et l'a de ses mains enfermé dans la ville, tigre énorme au milieu de brebis sans défense.

Aussitôt une lueur nouvelle a brillé dans ses yeux, ses armes ont fait entendre un bruit terrible, sur sa tête frémissent les aigrettes sanglantes, de son bouclier il lance de brusques éclairs. Les Énéades, avec effroi, reconnaissent soudain son visage détesté, ses membres énormes. Alors le gigantesque Pandarus bondit en avant, la mort de son frère enflamme sa colère, il dit : « Tu n'es pas ici dans le palais qu'Amata t'a promis en dot,

1. Dès le ve s., le corps foudroyé de Typhée est censé exhaler des flammes sous l'Etna ou aux entours de Cumes ; au ive s., l'éruption de l'Epomeo le fixe définitivement dans les profondeurs de l'île d'Aenaria (aujourd'hui Ischia) ; au ier siècle, la légende s'enrichit du souvenir de vers où Homère localise le gîte (*cubile*) du monstre « chez les Arimes » (*Iliade*, 2, 781-783).

miscent se maria et nigrae attolluntur harenae,
tum sonitu Prochyta alta tremit durumque cubile
Inarime Iouis imperiis imposta Typhoeo.
  Hic Mars armipotens animum uirisque Latinis
addidit et stimulos acris sub pectore uertit
immisitque Fugam Teucris atrumque Timorem.
Vndique conueniunt, quoniam data copia pugnae
bellatorque animo deus incidit.
Pandarus, ut fuso germanum corpore cernit
et quo sit fortuna loco, qui casus agat res,
portam ui multa conuerso cardine torquet
obnixus latis umeris multosque suorum
moenibus exclusos duro in certamine linquit,
ast alios secum includit recipitque ruentis,
demens, qui Rutulum in medio non agmine regem
uiderit inrumpentem ultroque incluserit urbi,
immanem ueluti pecora inter inertia tigrim.
  Continuo noua lux oculis effulsit et arma
horrendum sonuere, tremunt in uertice cristae
sanguineae clipeoque micantia fulmina mittit.
Agnoscunt faciem inuisam atque immania membra
turbati subito Aeneadae. Tum Pandarus ingens
emicat et mortis fraternae feruidus ira
effatur : « Non haec dotalis regia Amatae,

714 attolluntur *MPR acefuvγ* : tolluntur *bdhrt*, TIB. || nigrae... arenae *codd.* : nigra... arena TIB. || **721** animo *M*[2]*PRabdefhrtuvγ*, TIB. : -mos *M*[1]*c* || **722** cernit *MRabdehrtu*, TIB. : uidit *Pcfvγ* || **723** qui *Mbcdefhr tuvγ*[2], TIB., CHAR. 91, 10 : quis *PRaγ*[1] || **731** effulsit *MPbcde fhrtuvγ* : of- *Ra*, TIB. || **732** in *codd.*, TIB. : sub MACR. 5, 13, 35 || **733** clipeoque *MRabcdefhrtuvγ*[2], TIB. : clipeique *Pγ*[1] || mittit *M*[2]*bcdefhrtuvγ*[2], TIB. : -tet *M*[1] -tunt *PRaγ*[1], MACR. 5, 13, 35.

ni en Ardée renfermant Turnus à l'abri des murs de ses pères. Tu as sous les yeux un camp ennemi ; aucune possibilité d'en sortir. » Turnus, avec un sourire, lui répond tranquillement : « Commence, si tu as quelque vaillance au cœur, engage le combat ; tu raconteras à Priam qu'ici encore vous avez rencontré Achille. » Il avait dit. Pandarus, de toutes ses forces, fait tournoyer une pique à peine dégrossie, noueuse, couverte encore de son écorce ; les vents seuls en reçurent le coup ; la Saturnienne Junon détourna l'approche de la blessure, la pique se plante dans la porte. « A mon tour, dit Turnus, mais cette arme que ma main brandit avec force, tu ne l'esquiveras pas : tel n'est pas celui qui tient cette arme et porte ces coups. » A ces mots, il se dresse l'épée haute, rompt le front par le fer en plein milieu entre les deux tempes, entre les joues imberbes, blessure horrible. C'est un grand bruit, la terre est ébranlée sous le poids du géant ; mourant, il allonge à terre ses membres défaillants, ses armes souillées de sang et de cervelle ; à partir des épaules, sa tête, par moitiés, pend de chaque côté.

Les Troyens fuient en tous sens, tournant le dos, tremblant de peur, et si dans ce moment le vainqueur avait eu l'idée de faire lui-même sauter les verrous et d'introduire ses compagnons par les portes, ce jour eût été le dernier de la guerre et de toute la nation [1]. Mais la fureur qui le brûle, mais une soif insensée de carnage l'ont jeté contre ceux qu'il a devant lui. Il saisit d'abord Phaléris, et Gygès auquel il coupe le jarret ; il leur arrache leurs javelots et les décharge dans le dos des

1. Comme dans le cas de la sortie de Nisus et d'Euryale, une initiative juvénile (v. 751), héroïque mais mal mesurée, aboutit à un désastre ; en l'absence d'Énée, les chefs mêmes se montrent incapables. Ici les Troyens ne seront sauvés que par une faute de Turnus.

nec muris cohibet patriis media Ardea Turnum.
Castra inimica uides, nulla hinc exire potestas. »
Olli subridens sedato pectore Turnus :
« Incipe, si qua animo uirtus, et consere dextram,
hic etiam inuentum Priamo narrabis Achillem. »
Dixerat. Ille rudem nodis et cortice crudo
intorquet summis adnixus uiribus hastam :
excepere aurae, uolnus Saturnia Iuno
detorsit ueniens portaeque infigitur hasta.
« At non hoc telum, mea quod ui dextera uersat,
effugies, neque enim is teli nec uolneris auctor. »
Sic ait et sublatum alte consurgit in ensem
et mediam ferro gemina inter tempora frontem
diuidit impubisque immani uolnere malas.
Fit sonus, ingenti concussa est pondere tellus :
conlapsos artus atque arma cruenta cerebro
sternit humi moriens atque illi partibus aequis
huc caput atque illuc umero ex utroque pependit.
 Diffugiunt uersi trepida formidine Troes,
et si continuo uictorem ea cura subisset,
rumpere claustra manu sociosque immittere portis,
ultimus ille dies bello gentique fuisset.
Sed furor ardentem caedisque insana cupido
egit in aduersos.
Principio Phalerim et succiso poplite Gygen
excipit, hinc raptas fugientibus ingerit hastas

741 animo *MPbcdfhrtuvγ*, TIB. : -mi *Rae* || **747** uersat *MRabdefhrtu*, DSERV., TIB. : librat *Pcvγ* || **748** is *MRabcefrtuv*, SERV., TIB. *in lemm.* : es *Pdhγ*, TIB. *in interpr.* (?) || **753** conlapsos *P^2Rabdefhrtuv$γ^2$*, TIB. : -sus *MP^1c$γ^1$*.

fuyards, Junon soutient ses forces et son courage [1]. Il envoie Halys les rejoindre, puis Phégée dont il a troué le bouclier, ensuite quelques autres sur les murs, qui ignoraient tout et provoquaient Mars : Alcander, Halius, Noémon et Prytanis. Lyncée poussait contre et ralliait ses compagnons ; Turnus prend position à sa droite, le devance et du talus lui décharge un coup d'épée foudroyant * ; de ce seul coup porté de près, sa tête, jetée bas avec son casque, gît à terre bien loin de lui. Ensuite c'est Amycus, grand chasseur de fauves, sans égal pour enduire lui-même ses traits et armer leur fer de poison [2] ; c'est Clytius l'Éolide, c'est Créthée aimé des Muses, Créthée, le compagnon des Muses qui n'avait au cœur toujours que les chants, la cithare, l'ajustement des rythmes sur les cordes de son instrument, qui chantait toujours les chevaux, les armes des héros, leurs combats [3].

Enfin, du côté des Troyens, les chefs, entendant qu'on massacre leurs hommes, arrivent, Mnesthée et le vaillant Séreste ; ils voient leurs compagnons dispersés et l'ennemi dans les murs. Alors Mnesthée : « Où tend cette fuite, où allez-vous ? dit-il. Avez-vous plus loin d'autres murs, d'autres défenses ? Un homme seul, ô citoyens, et que de toutes parts vos propres terrasses enferment, aura-t-il dans votre ville impunément commis de tels ravages, envoyé dans l'Orcus tant des premiers de nos guerriers ? Notre patrie malheureuse, nos dieux antiques,

1. Cf. 801-805 et p. 169, 191.

2. Le poison ne sert, en principe, que pour la chasse (cf. 771-773 ; cf. cependant 10, 139-140 ; 12, 857-858 ; *Odyss.*, 1, 260-264). Les Gaulois en usaient habituellement (cf. Celse, 5, 27, 3 ; Pline, *n.h.*, 27, 101). Virgile emprunte à des populations exotiques ou primitives les traits qui caractériseront l'Italie des origines.

3. Il y a contraste entre l'ami des Muses et le chasseur de fauves ; contraste surtout entre la lyre et l'épée (cf. Ovide, *Métam.*, 5, 111-118 ; Val. Flacc., 3, 158-160 ; Stace, *Théb.*, 8, 548-553 ; 10, 304-310 ; Silius, 5, 461-463).

in tergum, Iuno uiris animumque ministrat.
Addit Halyn comitem et confixa Phegea parma,
ignaros deinde in muris Martemque cientis
Alcandrumque Haliumque Noemonaque Prytanimque.
Lyncea tendentem contra sociosque uocantem
uibranti gladio conixus ab aggere dexter
occupat, huic uno deiectum comminus ictu
cum galea longe iacuit caput, inde ferarum
uastatorem Amycum, quo non felicior alter
ungere tela manu ferrumque armare ueneno,
et Clytium Aeoliden et amicum Crethea Musis,
Crethea Musarum comitem, cui carmina semper
et citharae cordi numerosque intendere neruis,
semper equos atque arma uirum pugnasque canebat.
Tandem ductores audita caede suorum
conueniunt Teucri, Mnestheus acerque Serestus,
palantisque uident socios hostemque receptum.
Et Mnestheus : « Quo deinde fugam, quo tenditis ? » [inquit.
« Quos alios muros, quae iam ultra moenia habetis ?
Vnus homo et uestris, o ciues, undique saeptus
aggeribus tantas strages impune per urbem
ediderit ? iuuenum primos tot miserit Orco ?
non infelicis patriae ueterumque deorum

764 tergum *M*P^2*bcdefhtuvγ*, NON. 414, 9, PS. ACRO *Hor. c.* 3, 2, 16 : -gus P^1*Rar*, DSERV. 1, 211, CHAR. 71, 25 ; 146, 7 || iuno *codd.* : huic iuno PS. ACRO *Hor. a. p.* 191 || **765** confixa M^1P^1*Rabcdefhrtuv*γ^2, TIB. : -xum $M^2P^2\gamma^1$ || **769** dexter M^2*PRabfrt*γ, TIB. : -tra M^1*cdehuv* || **782** quae iam *MR abdfhrt*γ^2, TIB., MACR. 5, 9, 14 : quaeue *Pceuv*γ^1 || **785** primos iuuenum PRISC. 2, 91, 3 || **786** deorum *MPRacdefhrtuv*γ^1, TIB. *in interpr.* : malorum γ^2 parentum *b*, TIB. *in lemm.*

le grand Énée n'excitent donc en vous, lâches, ni pitié ni honte ? » Ces paroles les enflamment et réveillent leurs forces ; ils serrent les rangs et résistent de pied ferme. Turnus peu à peu se dégage du combat, gagne le fleuve et la partie du camp que bordent ses eaux ; les Troyens n'en ont que plus d'ardeur à le presser avec de grands cris et à renforcer leur masse. Quand des chasseurs formés en bande tiennent un lion féroce à la pointe de leurs épieux, inquiet, farouche, le regard effrayant, il recule, se retire ; sa colère, son courage lui interdisent de tourner le dos et il ne peut non plus, si fort qu'il le désire, se faire jour à travers les dards et les hommes. Ainsi Turnus ramène en arrière ses pas lentement, partagé dans ses projets, et son esprit bouillonne de colère.

Même, par deux fois il s'était jeté en avant au milieu des ennemis, deux fois au long des remparts il défit et mit en fuite les colonnes armées, mais de tout le camp les hommes se rassemblent en hâte contre lui seul, et la Saturnienne Junon n'ose plus fournir à sa défense des forces qui suffisent. Car du ciel Jupiter a dépêché vers sa sœur l'aérienne Iris, porteuse d'ordres rigoureux, si Turnus ne se retirait pas des hautes murailles des Troyens. Le héros n'arrive donc même plus à pouvoir résister sur place soit du bouclier soit de l'épée : il est écrasé sous les traits de toutes parts dirigés contre lui. Sans cesse au creux de ses tempes résonne et vibre le casque qui les serre, le bronze massif se disjoint sous le jet des pierres, son panache est arraché de sa tête, son bouclier ne suffit plus à tant de coups[1]. Les Troyens avec leurs piques, Mnesthée lui-même, violent comme l'éclair, redoublent

1. On comparera *Iliade*, 16, 101-111 et Ennius, *Ann.*, 401-408. Virgile a voulu nous montrer un homme matériellement réduit à l'impuissance (*nec...* quatre fois répété) ; tel est l'ordre de Jupiter (v. 805). Telle sera la conclusion de l'*Énéide*.

et magni Aeneae, segnes, miseretque pudetque ? »
Talibus accensi firmantur et agmine denso
consistunt. Turnus paulatim excedere pugna
et fluuium petere ac partem quae cingitur unda ;
acrius hoc Teucri clamore incumbere magno
et glomerare manum. Ceu saeuom turba leonem
cum telis premit infensis, at territus ille,
asper, acerba tuens, retro redit et neque terga
ira dare aut uirtus patitur, nec tendere contra
ille quidem hoc cupiens potis est per tela uirosque :
haud aliter retro dubius uestigia Turnus
improperata refert et mens exaestuat ira.
Quin etiam bis tum medios inuaserat hostis,
bis confusa fuga per muros agmina uertit ;
sed manus e castris propere coit omnis in unum
nec contra uiris audet Saturnia Iuno
sufficere ; aeriam caelo nam Iuppiter Irim
demisit germanae haud mollia iussa ferentem,
ni Turnus cedat Teucrorum moenibus altis.
Ergo nec clipeo iuuenis subsistere tantum
nec dextra ualet, iniectis sic undique telis
obruitur. Strepit adsiduo caua tempora circum
tinnitu galea et saxis solida aera fatiscunt
discussaeque iubae capiti nec sufficit umbo
ictibus : ingeminant hastis et Troes et ipse
fulmineus Mnestheus ; tum toto corpore sudor

789 pugna *Mbcdefhrtuvγ*, TIB. : -nae *PRa* || **793** at *Pbcfrtvγ*, TIB. : ac *MR adehu* || **796** uirosque *codd.* : per ignes ARVS. 501, 25 || **803** nam *codd.*, TIB. : iam TIB. 10, 610 || **804** demisit *codd.* : dimittit SERV. 5, 606 || **807** iniectis *codd.* ; obiectis MACR. 6, 3, 4.

leurs assauts. Sur tout son corps la sueur coule et forme des ruisseaux noirâtres, il ne peut reprendre haleine, une suffocation douloureuse secoue ses membres épuisés. Enfin, d'un saut, avec toutes ses armes il se jeta tête première dans le fleuve. Celui-ci l'accueillit dans ses blondes profondeurs, puis le souleva sur ses ondes paisibles et le rendit à ses compagnons, joyeux, lavé des souillures du combat.

liquitur et piceum (nec respirare potestas)
flumen agit, fessos quatit aeger anhelitus artus.
Tum demum praeceps saltu sese omnibus armis
in fluuium dedit. Ille suo cum gurgite flauo
accepit uenientem ac mollibus extulit undis
et laetum sociis abluta caede remisit.

814 aeger *codd.*, DSERV., TIB. : acer *quidam ap.* DSERV. || **816** flauo *MRabdfhrtv*γ^2, SERV., TIB. : uasto *Pceu*γ^1.

LIVRE DIXIÈME

LIVRE X

1. Conseil dans l'Olympe. Jupiter désapprouve l'intervention des dieux dans la guerre en cours. Vénus, puis Junon, défendent contradictoirement les droits de leurs protégés. Jupiter déclare qu'en ce qui le concerne, il laissera aujourd'hui les hommes défendre leurs chances ; les destins trouveront leur voie.

118. Sur la terre, le siège du camp troyen se poursuit. Mais sur mer Énée est déjà en route ; il navigue pendant toute la nuit à la tête des trente vaisseaux qui portent les contingents étrusques rassemblés contre Mézence. — 163. Catalogue des Étrusques. — 215. Les nymphes marines qui avaient animé les vaisseaux troyens paraissent devant Énée et lui apprennent le péril des siens. — 260. Énée se hâte, arrive en vue de son camp. Débarquement. Le bateau de Tarchon se brise. Combats divers.

362. A la tête de ses Arcadiens, Pallas fait des prodiges de vaillance. — 439. Turnus se porte contre lui et avec des paroles haineuses le défie en combat singulier ; du haut du ciel, Hercule doit renoncer à secourir son protégé ; Pallas est tué, Turnus se revêt de son baudrier. — 510. Douleur d'Énée : il ne se connaît plus, tente de rejoindre Turnus, multiplie les massacres, bouscule l'ennemi. Les Troyens, jusqu'alors assiégés dans leur camp, font une sortie victorieuse et se rangent sous les ordres de leur chef.

606. Junon obtient de Jupiter un délai de grâce pour Turnus ; elle l'attire hors du champ de bataille en lui donnant l'illusion qu'Énée apeuré fuit devant lui.

689. A l'autre extrémité du front, Jupiter anime Mézence contre les Troyens ; le combat reprend autour de lui. — 762. Énée se porte contre Mézence et réussit à le blesser. Lausus, fils de Mézence, s'interpose pour couvrir la retraite de son père ; les fidèles de Mézence se regroupent. Assailli de toutes parts, Énée voudrait épargner le jeune Lausus, mais les nécessités l'emportent : il le tue. — 833. En apprenant la mort de son fils, Mézence monte sur son cheval et défie Énée ; il est tué à son tour.

LIVRE X

Cependant la maison du tout-puissant Olympe s'ouvre grand[1] ; le père des dieux et roi des hommes convoque son conseil au séjour étoilé, d'où il regarde, d'en haut, toute la terre, le camp des Dardanides et les peuples latins. Ils prennent place dans la salle aux deux portes * et il commence : « Nobles habitants du ciel, pourquoi ce changement de vos résolutions, ce retour en arrière, ces luttes passionnées ? Je n'avais pas voulu que l'Italie en armes se liguât contre les Troyens. Quelle est cette discorde qui enfreint ma défense ? Quelle crainte a poussé ceux-ci ou ceux-là à prendre les armes, à brandir le fer ? Il viendra, ne le hâtez pas ! le juste temps des combats, quand la farouche Carthage sur les collines romaines lancera grande ruine et les Alpes ouvertes. Alors il sera loisible de lutter, de haïr, d'enlever des avantages. Maintenant laissez cela et concluez d'un cœur content l'accord que j'ai résolu. »

Jupiter parla en peu de mots, mais non pas Vénus, déesse d'or, en sa réponse : « O père, ô des hommes et

1. Depuis 8, 81, Énée est séparé des siens ; à Pallantée, à Céré, la faveur des dieux l'accompagne (l.8) ; dans le même temps, les Troyens, laissés au camp, commettent faute sur faute (l.9). Le l. 10 restitue l'unicité du récit (v. 260). Pour introduire ce grand moment, Virgile a composé trois tableaux comme immobiles qui dressent un état de la situation antérieure (ils nous renvoient donc à la veille, cf. p. 169) : au ciel où les dieux se réservent (1-117), au camp troyen où l'accablement domine (118-145), à Céré où tout se passe avec une aisance miraculeuse et où s'ébranle toute une armée (146-214).

LIBER X

Panditur interea domus omnipotentis Olympi
conciliumque uocat diuom pater atque hominum rex
sideream in sedem, terras unde arduos omnis
castraque Dardanidum aspectat populosque Latinos.
Considunt tectis bipatentibus, incipit ipse :
« Caelicolae magni, quianam sententia uobis
uersa retro tantumque animis certatis iniquis ?
Abnueram bello Italiam concurrere Teucris.
Quae contra uetitum discordia ? quis metus aut hos
aut hos arma sequi ferrumque lacessere suasit ?
Adueniet iustum pugnae (ne arcessite) tempus,
cum fera Karthago Romanis arcibus olim
exitium magnum atque Alpis immittet apertas :
tum certare odiis, tum res rapuisse licebit.
Nunc sinite et placitum laeti componite fœdus. »
Iuppiter haec paucis ; at non Venus aurea contra
pauca refert :
« O pater, o hominum rerumque aeterna potestas

4 aspectat *MP¹RVabcdefhrtuv* : spectat *P²γ*, SERV. ‖ **6** quianam *MPRVab?cvγ¹*, SERV., *schol. Ver.* : quaenam *defhrtuγ²*, TIB. ‖ **15** placitum laeti *PRabceruvγ¹*, SERV., TIB. : placidum laeti *dftγ²* laeti placidum *M* ‖ **18** rerumque *MPRVabrγ*, DSERV., TIB. *in lemm. et* 4, 677, PROB. 222, 23, PS. ACRO *Hor. c.* 3, 1, 6 : diuomque *cdefhtuv*, SERV., TIB. *in interpr.*

du monde l'éternelle Puissance, quel autre appui en effet pourrions-nous implorer désormais ? Tu vois comme les Rutules nous assaillent, comme Turnus se porte avec ses chevaux magnifiques au milieu de ses guerriers et, tout enflé des faveurs de Mars, se rue contre nous. Enfermés dans leurs remparts, les Troyens ne sont plus à l'abri : oui, on se bat au-dedans des portes, à l'intérieur même de la fortification et des murs ; les fossés sont remplis de leur sang. Énée l'ignore et il est loin. Ne permettras-tu jamais que nous cessions d'être des assiégés ? Voici qu'une seconde fois un ennemi se lève, contre les murs de la naissante Troie, et de nouveau une armée. Une fois encore, du fond d'Arpi l'Étolienne, le fils de Tydée se dresse contre les Troyens. En vérité, je le crois, j'ai encore des blessures à recevoir et moi, ta fille, je n'ai plus qu'à attendre les coups d'un mortel. Si les Troyens ont gagné l'Italie sans ton assentiment et malgré ton vouloir, qu'ils paient pour leurs fautes, refuse-leur ton appui ; mais s'ils suivaient la voie que leur marquaient tant de réponses des Mânes et des dieux, pourquoi peut-on maintenant subvertir tes arrêts ou instaurer de nouveaux destins ?

Vais-je rappeler la flotte brûlée aux rivages de l'Éryx, le roi des tempêtes, les vents furieux tirés des antres d'Éolie, Iris envoyée par les nues ? Elle soulève maintenant jusqu'aux Mânes, seul canton de l'univers qu'elle n'eût pas appelé en renfort : Allecto, soudain lâchée sous les cieux, mène la bacchanale dans les villes des Italiens. Non, ce n'est pas l'empire qui me peine ; nous en avons nourri l'espoir tant que notre fortune a duré ; qu'ils aient la victoire, ceux dont tu veux si bien la victoire. S'il n'existe point de pays que ton épouse, la cruelle, puisse donner aux Troyens, c'est toi, père, que je supplie,

(namque aliud quid sit, quod iam implorare queamus ?),
cernis ut insultent Rutuli Turnusque feratur
per medios insignis equis tumidusque secundo
Marte ruat ? Non clausa tegunt iam moenia Teucros :
quin intra portas atque ipsis proelia miscent
aggeribus moerorum et inundant sanguine fossas.
Aeneas ignarus abest. Numquamne leuari
obsidione sines ? Muris iterum imminet hostis
nascentis Troiae nec non exercitus alter,
atque iterum in Teucros Aetolis surgit ab Arpis
Tydides. Equidem, credo, mea uolnera restant
et tua progenies mortalia demoror arma.
Si sine pace tua atque inuito numine Troes
Italiam petiere, luant peccata neque illos
iuueris auxilio ; sin tot responsa secuti
quae superi manesque dabant, cur nunc tua quisquam
uertere iussa potest aut cur noua condere fata ?
Quid repetam exustas Erycino in litore classis,
quid tempestatum regem uentosque furentis
Aeolia excitos aut actam nubibus Irim ?
Nunc etiam manis (haec intemptata manebat
sors rerum) mouet et superis immissa repente
Allecto medias Italum bacchata per urbis.
Nil super imperio moueor ; sperauimus ista,
dum fortuna fuit ; uincant, quos uincere mauis.
Si nulla est regio Teucris quam det tua coniunx

24 fossas *PRVaberuγ*, SERV., TIB. : -sae *Mcdfhtv* || 28 surgit *Racdefhtuv*, SERV., TIB. : -get *MPbrγ* || 31 Troes *codd.* : Teucri PRISC. 3, 52, 23 || 35 iussa *MPbcdfhrtvγ*, TIB. : iura *Raeu* || 36 repetam *codd.*, TIB. : memorem DSERV. 1, 39 || 44 Teucris *dist.* *M²P²*.

par les ruines fumantes d'une Troie renversée : laisse-moi retirer du milieu de ces armes Ascagne vivant, laisse-moi garder un petit-fils. Oui, qu'Énée soit tourmenté sur des flots inconnus et suive sa voie, telle que sa Fortune la lui aura donnée, mais que je puisse protéger celui-ci et le soustraire à l'affreuse bataille. Je possède Amathonte et la haute Paphos, et Cythère, et ma demeure d'Idalie ; qu'il y passe sa vie, loin des armes quittées, sans gloire. Ordonne que de toute sa puissance Carthage pèse sur l'Ausonie ; de ce côté, rien ne fera obstacle aux villes des Tyriens [1]. Qu'a-t-il servi d'échapper aux massacres de la guerre, d'avoir fui au travers des feux des Argiens ? Et tant de périls épuisés jusqu'au bout sur la mer, sur la vaste terre, tandis que les Troyens cherchent le Latium et une Pergame à faire revivre ! N'eût-il pas mieux valu qu'ils fussent demeurés sur les cendres suprêmes de leur patrie, sur le sol où fut Troie ? Je t'en supplie, rends à ces pauvres gens le Xanthe et le Simoïs, donne-leur, père, puisqu'ils sont Troyens, de reprendre le fil des malheurs d'Ilion. »

Alors la royale Junon soulevée d'une violente fureur : « Pourquoi me contrains-tu de rompre ma retenue, mon silence, et de publier en un discours un ressentiment que je voilais ? Énée ? un homme, un dieu l'a-t-il forcé à prendre le parti de la guerre et à s'attaquer en ennemi au roi Latinus ? L'Italie ? il l'a gagnée sur la foi des destins, soit ! poussé par les délires de Cassandre. Est-ce

1. Dans les l. 7-12 tout aussi bien, Virgile prend soin de rappeler l'ombre de Carthage (cf. 7, 286 ; 10, 12) ; il resserre ainsi l'unité de son poème. D'autre part, cette ouverture sur une rivalité politique agrandit aux yeux du lecteur le personnage de Junon, qui semblerait, autrement, n'agir que par rancune. Enfin, l'action de l'*Énéide* s'en trouve enracinée, puisque la geste d'Énée apparait comme le premier acte des guerres puniques. Selon Ennius (*ap.* Serv., 1, 281), c'est seulement à l'issue de la seconde de ces guerres que Junon cessait de persécuter les Romains.

dura, per euersae, genitor, fumantia Troiae
excidia obtestor : liceat dimittere ab armis
incolumem Ascanium, liceat superesse nepotem.
Aeneas sane ignotis iactetur in undis
et, quamcumque uiam dederit Fortuna, sequatur :
hunc tegere et dirae ualeam subducere pugnae.
Est Amathus, est celsa mihi Paphus atque Cythera
Idaliaeque domus : positis inglorius armis
exigat hic aeuom. Magna dicione iubeto
Karthago premat Ausoniam : nil urbibus inde
obstabit Tyriis. Quid pestem euadere belli
iuuit et Argolicos medium fugisse per ignis
totque maris uastaeque exhausta pericula terrae,
dum Latium Teucri recidiuaque Pergama quaerunt ?
Non satius cineres patriae insedisse supremos
atque solum quo Troia fuit ? Xanthum et Simoenta
redde, oro, miseris iterumque reuoluere casus
da, pater, Iliacos Teucris. »
Tum regia Iuno
acta furore graui : « Quid me alta silentia cogis
rumpere et obductum uerbis uolgare dolorem ?
Aenean hominum quisquam diuomque subegit
bella sequi aut hostem regi se inferre Latino ?
Italiam petiit fatis auctoribus, esto,
Cassandrae impulsus furiis : num linquere castra

45 dura *dist.* M^2P^2, SERV., TIB. || **48** sane *MPbcdfhtγ*, DSERV., TIP. : procul *Raer?uv* || undis MP^{ac}*Rabcdefhrtuv*, TIB. : oris $P^{pc}γ$ || **49** quamcumque *MRabcdefhrtuvγ*[2], TIB. : quac- *Pγ*[1] || **50** dirae *MPbcdefhrtuvγ*, TIB. : durae *Ra* || **53** exigat *MPRabrγ*[1] : -get *Vcdefhtuvγ*[2], TIB. || **58** recidiuaque *MPVbcdefhrtuvγ*, SERV., TIB. : rediuiuaque *Ra* || **59** cineres pstriae *MRVabcdefhrtuvγ*[2], SERV., TIB. : patriae cineres *Pγ*[1].

nous qui l'avons engagé à quitter son camp, ou à confier sa vie aux vents ? à remettre à un enfant la charge de la guerre, ses murs mêmes, à solliciter l'alliance tyrrhène ou des peuples paisibles ? Quel dieu l'a mis dans ce mauvais pas, quelle cruauté de notre puissance ? Où est Junon en cette affaire, où est Iris envoyée du haut des nues ? C'est une indignité que des Italiens entourent de flammes une Troie naissante et que Turnus soit chez lui sur la terre de ses pères, lui qui a Pilumnus pour aïeul et la divine Vénilia pour mère : mais qu'est-ce donc quand des Troyens armés de sombres torches portent leurs violences contre les Latins, oppriment sous leur joug les campagnes des autres, volent et pillent ? Qu'est-ce qu'aller se choisir des beaux-pères, arracher du sein des familles des vierges déjà promises, demander la paix en tendant la main, mais fixer des armes aux proues de ses navires ? Tu peux, toi, soustraire Énée aux mains des Grecs et, à la place de l'homme, tendre un brouillard et des souffles sans consistance[1], tu peux en autant de nymphes convertir toute une flotte de vaisseaux : et nous, que nous aidions les Rutules là contre, si peu que ce soit, c'est un crime ! Énée l'ignore et il est loin : qu'il ignore et qu'il soit loin. Tu as Paphos et Idalie, tu as la haute Cythère, pourquoi te prendre à une ville toujours grosse de la guerre et à d'âpres cœurs[2] ? Est-ce bien nous, dis moi, qui travaillons à ébranler, à subvertir de fond en comble la fortune de la Phrygie ? Nous, ou celui qui exposa les malheureux Troyens à la vengeance des Achéens ? Qui fut cause que l'Europe et l'Asie se dressèrent l'une contre l'autre et que les pactes furent brisés par un rapt clandestin ?

1. Dans l'*Iliade* (5, 311-346), Aphrodite dérobe Énée aux coups de Diomède et Apollon le cache dans un nuage.

2. Selon les opportunités, la même ville peut être présentée de façon bien différente (4, 229 ; 7, 45-6 ; 11, 252-4).

hortati sumus aut uitam committere uentis ?
Num puero summam belli, num credere muros
Tyrrhenamque fidem aut gentis agitare quietas ?
Quis deus in fraudem, quae dura potentia nostra
egit ? ubi hic Iuno demissaue nubibus Iris ?
Indignum est Italos Troiam circumdare flammis
nascentem et patria Turnum consistere terra,
cui Pilumnus auos, cui diua Venilia mater :
quid face Troianos atra uim ferre Latinis,
arua aliena iugo premere atque auertere praedas ?
quid soceros legere et gremiis abducere pactas,
pacem orare manu, praefigere puppibus arma ?
Tu potes Aenean manibus subducere Graium
proque uiro nebulam et uentos obtendere inanis
et potes in totidem classem conuertere nymphas :
nos aliquid Rutulos contra iuuisse nefandum est ?
Aeneas ignarus abest : ignarus et absit.
Est Paphus Idaliumque tibi, sunt alta Cythera :
quid grauidam bellis urbem et corda aspera temptas ?
Nosne tibi fluxas Phrygiae res uertere fundo
conamur ? nos, an miseros qui Troas Achiuis
obiecit ? Quae causa fuit consurgere in arma
Europamque Asiamque et foedera soluere furto ?

71 tyrrhenamque *MPbγ*¹, SERV., DON. *Ter. andr.* 716 : -namue *RVacdefhrtuvγ*², TIB. || aut *MPVbcdefhrtuvγ* : et *Ra* || 74 circumdare *codd.*, SERV., TIB. : succendere RVFIN. 61, 8 || 77 atra *MRVabcdefhrtuvγ*², SERV., TIB. : atram *Pγ*¹ || ferre *MPRV acdefhrtuvγ* : inferre *b*, TIB. || 80 manu *MPbdhrtγ*¹, SERV. 1, 183, TIB. : manu et *Racefuvγ*² || 83 classem *PRabdfhrtγ*, SERV., TIB. : classes *Mceuv*, SERV. 4, 228 || 84 Rutulos contra *codd.*, DSERV. : contra Rutulos TIB., ISID. 2, 30, 13 || 89 conamur *dist.* *M*²*P*².

Est-ce sous ma conduite que le Dardanien adultère a traité Sparte en ville conquise, ou est-ce moi qui lui ai donné des armes, qui ai nourri une guerre des feux de Cupidon ? C'est alors que tu aurais dû trembler pour les tiens ; tu te dresses maintenant bien tard et pour d'injustes plaintes ; les reproches que tu nous lances n'ont pas de fondement. »

Ainsi parlait Junon et tous les hôtes du ciel frémissaient, approuvant et improuvant [1] ; comme ces premiers souffles que l'on surprend dans les forêts : ils roulent des grondements invisibles, annonciateurs des vents qui vont s'abattre sur les marins.

Alors le Père tout-puissant, qui sur le monde entier a pouvoir souverain, commence ; à sa parole la haute demeure des dieux fait silence, la terre tremble dans ses fondements, l'éther escarpé n'est plus que silence, mais les Zéphyrs aussi se sont posés, l'immensité marine contient ses plaines apaisées : « Recevez donc dans vos esprits et gravez-y cette parole de ma bouche. Puisqu'il n'a pas été permis que les peuples d'Ausonie s'unissent par un pacte aux fils de Teucer, et que votre discorde ne trouve pas de fin, quelle que soit aujourd'hui la fortune de chacun *, l'espoir qu'il se taille, qu'il soit Troyen ou Rutule, je n'y ferai nulle différence, et que le siège du camp soit imputable aux destins des Italiens * ou à une malheureuse erreur des Troyens abusés par de funestes conseils. Et je n'affranchis pas les Rutules de

1. Pas plus qu'Homère, Virgile ne doute qu'en bien des événements de ce monde diverses puissances surnaturelles sont à l'œuvre. Souvent la narration suffit à le suggérer ; mais parfois, pour expliciter les intentions de ces forces obscures, les deux poètes font converser les dieux. Homère les figure alors tels que ses rudes héros — au moins nous propose-t-il de le croire — pouvaient se les représenter ; Virgile leur substitue des civilisés de son temps. Allégories ici et là. Leur artifice est un moyen de réserver le mystère où elles doivent nous introduire.

Me duce Dardanius Spartam expugnauit adulter
aut ego tela dedi fouiue Cupidine bella ?
Tum decuit metuisse tuis ; nunc sera querelis
haud iustis adsurgis et inrita iurgia iactas. »
Talibus orabat Iuno cunctique fremebant
caelicolae adsensu uario, ceu flamina prima
cum deprensa fremunt siluis et caeca uolutant
murmura uenturos nautis prodentia uentos.
Tum pater omnipotens, rerum cui prima potestas,
infit (eo dicente deum domus alta silescit
et tremefacta solo tellus, silet arduos aether,
tum Zephyri posuere, premit placida aequora pontus) :
« Accipite ergo animis atque haec mea figite dicta.
Quandoquidem Ausonios coniungi foedere Teucris
haud licitum nec uestra capit discordia finem,
quae cuique est fortuna hodie, quam quisque secat [spem,
Tros Rutulusne fuat nullo discrimine habebo,
seu fatis Italum castra obsidione tenentur
siue errore malo Troiae monitisque sinistris.
Nec Rutulos soluo : sua cuique exorsa laborem

94 tum *Mbd fhrt*, CLEDON. 67, 8 : tunc *PRaceuv*γ, TIB., RVFIN. 55, 15, ARVS. 493, 2 ‖ **96** iuno *MRabcdefhrtuv*γ^2, TIB. : dictis *P*γ^1 ‖ **100** prima *M*^{1}*Raeuv*γ^2, TIB. : summa *M*^{2}*Pbcdfhrt*γ^1, MACR. 6, 2, 26, AVG. *cons. euang.* 1, 12, 18, *ench.* 3, 11 ‖ **103** zephyri *codd.*, DSERV., TIB., MACR. 5, 13, 38 : uenti MACR. 6, 2, 26 ‖ **105** ausonios *MP*^{1}*Rabdefhrtuv*γ^2, TIB. : -niam *c* -niis *P*$^2\gamma^1$ ‖ teucris *MRabcdefhrtuv*γ^2, TIB. : -ros *P*γ^1 ‖ **106** licitum *MPbdfhrt*γ, TIB. : licitum est *Raceuv*, SERV. ‖ **108** rutulusne *MPRabhrtuv*γ^1, TIB. : rutulusue *cde*γ^2, DIOM. 380, 5, *GLK* 4, 557, 17 rutulosue *f*, CONSENT. 365, 22 italusne CLEMENS 82, 8 ‖ fuat *M*^{2}*PR*^{2}*bcdhrt*γ^2, SERV. : fiat *M*^{1}, TIB. luat *R*^{1}*aefuv*γ^1 ‖ **109** italum *dist.* *P*^{2}, SERV. ‖ **110** monitisque *MRacdefhrtuv*γ^2, TIB. : -sue *Pb*γ^1 ‖ **111** rutulos *codd.* : populos NON. 390, 40.

cette loi : chacun aura pour lot les peines et la fortune qui naîtront de ses entreprises ; Jupiter est également le roi de tous. Les destins trouveront leur voie. » Prenant à témoin le Styx, le fleuve de son frère, les sombres rives brûlées de poix et de noirs tourbillons, de la tête il fit un signe et par ce signe fit trembler l'Olympe entier. Ce fut le terme du débat. Jupiter se lève alors de son trône d'or, les habitants du ciel l'entourent et l'accompagnent jusqu'au seuil.

Cependant les Rutules *, assiégeant toutes les portes, déploient sans répit leurs efforts pour abattre, massacrer les défenseurs, ceindre les remparts de flammes. La légion des Énéades est tenue enfermée dans ses retranchements, il n'est aucun espoir qu'elle puisse s'échapper. Les malheureux sont debout sur leurs hautes tours, inutilement, et de leurs rangs éclaircis ont couronné les remparts : Asius fils d'Imbrasus, Thymétès fils d'Hicétaon, les deux Assaracus et, un peu plus âgé, Thymbris avec Castor forment la première ligne. Ils ont pour compagnons les deux frères de Sarpédon, Clarus et Thémon, venus de la haute Lycie. De tout l'effort de son corps, Acmon de Lyrnesse apporte un rocher énorme, vrai quartier de montagne ; il ne vaut pas moins que son père Clytius et son frère Ménesthée. Les uns avec des traits, les autres avec des pierres s'emploient à la défense, préparent des engins enflammés, ajustent leurs flèches à la corde des arcs. Au milieu de tous, le voici lui-même, le plus digne objet des soucis de Vénus, l'enfant dardanien ; sa noble tête est découverte ; telle une gemme scintille, sertie dans l'or fauve, parure de la tête ou du cou ; tel, artistement enchâssé dans le buis ou dans le térébinthe d'Oricos, un ivoire resplendit ; ses cheveux répandus trouvent accueil sur sa nuque blanche comme lait ; un souple cercle d'or

fortunamque ferent ; rex Iuppiter omnibus idem.
Fata uiam inuenient. » Stygii per flumina fratris,
per pice torrentis atraque uoragine ripas
adnuit et totum nutu tremefecit Olympum.
Hic finis fandi. Solio tum Iuppiter aureo
surgit, caelicolae medium quem ad limina ducunt.
Interea Rutuli portis circum omnibus instant
sternere caede uiros et moenia cingere flammis.
At legio Aeneadum uallis obsessa tenetur
nec spes ulla fugae. Miseri stant turribus altis
nequiquam et rara muros cinxere corona :
Asius Imbrasides Hicetaoniusque Thymoetes
Assaracique duo et senior cum Castore Thymbris,
prima acies ; hos germani Sarpedonis ambo
et Clarus et Thaemon Lycia comitantur ab alta.
Fert ingens toto conixus corpore saxum,
haud partem exiguam montis, Lyrnesius Acmon,
nec Clytio genitore minor nec fratre Menestheo.
Hi iaculis, illi certant defendere saxis
molirique ignem neruoque aptare sagittas.
Ipse inter medios, Veneris iustissima cura,
Dardanius caput ecce puer detectus honestum,
qualis gemma micat, fuluom quae diuidit aurum,
aut collo decus aut capiti, uel quale per artem
inclusum buxo aut Oricia terebintho
lucet ebur ; fusos ceruix cui lactea crinis
accipit et molli subnectens circulus auro.

121 miseri *MPcdefhtuvγ*, TIB. : -ris *Rabr* || **124** thymbris *Rab* : thybris *MP? cdefhrtuvγ*, SERV., TIB. || **137** fusos ceruix *MRabde fhrtuv*, TIB. : ceruix fusos *Pcγ*.

les attache par-dessous. Toi aussi, Ismarus, nos peuples généreux t'ont vu diriger tes coups meurtriers, enduire tes roseaux de poison, noble rejeton d'une famille de cette Méonie où les hommes travaillent de grasses campagnes abreuvées de l'or du Pactole[1]. Mnesthée aussi fut là, qu'exalte et porte aux nues l'orgueil d'avoir tout à l'heure chassé Turnus de l'enclos des remparts, et Capys : c'est de lui qu'une ville de Campanie prend son nom. Ils s'étaient affrontés en de rudes combats ; Énée fendait dans la nuit les flots de la haute mer *.

Et en effet, dès que, venant de chez Évandre, entré dans le camp des Étrusques, il se présente au roi, dit au roi son nom et sa race, ce qu'il demande et ce que lui-même apporte, l'instruit des armes que Mézence gagne à sa cause, de la violence et des emportements de Turnus, lui rappelle sur quoi l'on peut compter dans les choses humaines *, ajoute à tout cela ses prières, aussitôt, sans tarder, Tarchon joint ses forces à celles d'Énée et fait alliance avec lui. Alors, désormais accordée au destin, la nation lydienne monte à bord des vaisseaux *, confiée, suivant l'ordre des dieux, à un chef étranger. Le navire d'Énée tient la tête, attelé par sa proue aux lions de la Phrygie ; l'Ida les domine, si cher aux Troyens exilés. Là se tient le grand Énée, il médite en lui-même sur les péripéties de cette guerre. A sa gauche, Pallas, qui ne le quitte pas, l'interroge tantôt sur les astres, route tracée dans la nuit noire, tantôt sur ce qu'il dut souffrir et sur terre et sur mer.

Ouvrez cette fois, déesses, votre Hélicon, éveillez

1. Ismaros est une ville de Thrace (*Odyss.*, 9, 40) ; on peut s'étonner qu'un héros de ce nom soit rattaché à la Lydie (le Pactole est le fleuve de Sardes). Nous ne comprenons pas toujours les raisons de l'onomastique virgilienne : que viennent faire chez les Rutules un Liger, un Tagus, un Tanaïs, un Hébrus, un Tmarus (le Tmaros est une montagne d'Épire) ? On a supposé que par ces noms de fantaisie le poète voulait intégrer dans son œuvre

Te quoque magnanimae uiderunt, Ismare, gentes
uolnera derigere et calamos armare ueneno,
Maeonia generose domo, ubi pinguia culta
exercentque uiri Pactolusque inrigat auro.
Adfuit et Mnestheus, quem pulsi pristina Turni
aggere moerorum sublimem gloria tollit,
et Capys : hinc nomen Campanae ducitur urbi.
Illi inter sese duri certamina belli
contulerant : media Aeneas freta nocte secabat.
  Namque ut ab Euandro castris ingressus Etruscis
regem adit et regi memorat nomenque genusque
quidue petat quidue ipse ferat, Mezentius arma
quae sibi conciliet, uiolentaque pectora Turni
edocet, humanis quae sit fiducia rebus
admonet immiscetque preces, haud fit mora, Tarchon
iungit opes foedusque ferit ; tum libera fati
classem conscendit iussis gens Lydia diuom
externo commissa duci. Aeneia puppis
prima tenet rostro Phrygios subiuncta leones,
imminet Ida super, profugis gratissima Teucris.
Hic magnus sedet Aeneas secumque uolutat
euentus belli uarios, Pallasque sinistro
adfixus lateri iam quaerit sidera, opacae
noctis iter, iam quae passus terraque marique.
  Pandite nunc Helicona, deae, cantusque mouete,

140 derigere *PRaγ*[1] : dir- *Mbcdefhrtuvγ*[2], SERV., TIB. || **149** genusque *codd.*, TIB. : decusque DIOM. 444, 23 || **150** petat... ferat *codd.*, SERV., TIB. : ferat... petat CHAR. 280, 21 || quidue ipse *MP*[ac]*Rabcdefhrtuvγ*[2], SERV., TIB., CHAR. : aut quidue *P*[pc]*γ*[1] || **153** immiscetque *codd.*, SERV., TIB. : admi- CHAR. 281, 2 || **154** fati *codd.*, TIB. : -tis SERV. ? || **163** mouete *MRabcdefhrtuvγ*[2], TIB. : monete *Pγ*[1].

vos chants : quelles sont ces forces qui cependant accompagnent Énée depuis les rives de l'Étrurie, armant des navires et en chemin sur la mer.

Massicus, de son Tigre de bronze, est le premier à fendre les eaux ; sous lui, un corps de mille hommes qui ont quitté les murs fortifiés de Clusium et la ville de Cosa ; ils ont pour armes des flèches, à leur épaule de légers carquois et un arc porteur de mort. Avec eux, le farouche Abas : toute sa troupe a des armes superbes, un Apollon d'or resplendissait sur sa poupe ; Populonia, sa mère, lui avait donné six cents hommes, mais Ilva trois cents, l'île féconde où se creusent inépuisables les minières des Chalybes. Ce troisième, c'est Asilas, l'interprète des hommes et des dieux ; les fibres des victimes, les astres du ciel lui livrent leurs secrets, et les langages des oiseaux et les feux prophétiques de la foudre ; il entraîne mille guerriers aux rangs serrés, hérissés de piques ; il les a reçus de Pise, ville plantée au sol d'Étrurie, mais qui tire son origine des bords de l'Alphée. Astyr le suit, un chef magnifique, Astyr sûr de son cheval et de ses armes pleines de reflets ; trois cents lui ont été confiés — ils n'avaient tous qu'un cœur pour le suivre — par ceux qui demeurent à Céré, qui vivent dans les champs du Minio, et aussi par l'antique Pyrgi et par Gravisca au ciel lourd.

Je ne saurais t'oublier, Cinyrus *, chef des Ligures, si vaillant dans la guerre, ni toi, Cupavo, et tes quelques compagnons. Des plumes de cygne se dressent sur ta tête, reproche, tout ensemble, amour que vous gardez aux vôtres, et souvenir de la forme d'un père. Car on raconte que Cycnus, navré d'avoir perdu Phaéthon qu'il

des régions destinées à entrer plus tard dans l'empire de Rome. — Le nom de Capys (v. 145) figure dans la généalogie d'Énée (*Iliade*, 20, 239) ; dès le IIe siècle on rattache à cet ancêtre (ou à un épigone qui eût repris son nom) l'éponymie de Capoue.

quae manus interea Tuscis comitetur ab oris
Aenean armetque rates pelagoque uehatur.
Massicus aerata princeps secat aequora Tigri,
sub quo mille manus iuuenum, qui moenia Clusi
quique urbem liquere Cosas, quis tela sagittae
gorytique leues umeris et letifer arcus.
Vna toruos Abas ; huic totum insignibus armis
agmen et aurato fulgebat Apolline puppis.
Sescentos illi dederat Populonia mater
expertos belli iuuenes, ast Ilua trecentos
insula inexhaustis Chalybum generosa metallis.
Tertius ille hominum diuomque interpres Asilas,
cui pecudum fibrae, caeli cui sidera parent
et linguae uolucrum et praesagi fulminis ignes,
mille rapit densos acie atque horrentibus hastis.
Hos parere iubent Alpheae ab origine Pisae,
urbs Etrusca solo. Sequitur pulcherrimus Astyr,
Astyr equo fidens et uersicoloribus armis.
Ter centum adiciunt (mens omnibus una sequendi)
qui Caerete domo, qui sunt Minionis in aruis,
et Pyrgi ueteres intempestaeque Grauiscae.
Non ego te, Ligurum ductor fortissime bello,
transierim, Cinyre, et paucis comitate Cupauo,
cuius olorinae surgunt de uertice pennae,
crimen, amor uestrum formaeque insigne paternae.
Namque ferunt luctu Cycnum Phaethontis amati,

178 hastis *MRabdfhrt*γ^2, TIB. : armis *Pceuv*γ^1 || **179** alpheae *PRacduv*γ^1, SERV. : -ea *Mbefhrt*γ^2, TIB., PRISC. 2, 71, 6 || **186** cinyre V^2 : cinire V^1*bdfh rt*γ^2, PS. ACRO *Hor. c.* 4, 9, 30 cynire TIB. cinyrae *M* cinere *ceuv*γ^1, *cf.* MACR. 5, 15, 9 cinerae P^{pc} cunerae P^{ac} cunare DSERV. c...re *a* cumarre *R*.

aimait, entre les peupliers chantant sous la ramure à l'ombre des sœurs de son ami, et de sa muse consolant un amour affligé, prolongea sous un souple plumage sa vieillesse blanchissante, quittant la terre et de sa voix poursuivant les étoiles. Son fils, accompagnant dans l'expédition une bande de guerriers de même âge, pousse en avant à force de rames un Centaure gigantesque : lui, se penche au dessus de l'eau, les bras levés il menace les ondes d'un rocher monstrueux et de sa longue carène trace un sillon dans les profondes mers.

Celui-là encore, Ocnus, amène une troupe des rives de sa patrie, il est fils de Manto, la prophétesse, et du fleuve étrusque ; il t'a donné tes murs, Mantoue, et le nom de sa mère ; Mantoue, riche en aïeux mais de races distinctes : elle rassemble trois nations, sous chacune quatre peuples, elle-même tête de ces peuples, du sang étrusque tirant ses forces [1]. De là aussi Mézence suscite contre lui cinq cents hommes armés ; voilé de roseaux glauques, l'enfant du Bénacus, le Mincio, guidait au large leur nef menaçante *. Il s'avance, le pesant Aulestès, cent rames battent le flot quand il se dresse sur son banc, le marbre des eaux écume et se brouille. Un énorme Triton l'entraîne, qui de sa conque effraie les sombres passes de la mer ; jusqu'aux flancs, les formes velues du nageur évoquent un homme, son ventre s'achève en un corps de baleine, l'onde écumante murmure sous sa poitrine déjà bestiale.

Si nombreux allaient-ils, chefs valeureux, sur trois fois dix vaisseaux *, portant secours à Troie : leurs proues de bronze coupaient les plaines salées.

Déjà le jour avait quitté le ciel, la douce Phébé, de

1. Les v. 201-203 sont écrits en style d'énigme. Reprenant l'ensemble des textes virgiliens relatifs à Mantoue, G. Dumézil (*Mariages indo-européens*, Paris, 1979, p. 149-164) propose de reconnaître dans les trois *gentes* des classes fonctionnelles : mili-

populeas inter frondes umbramque sororum
dum canit et maestum musa solatur amorem,
canentem molli pluma duxisse senectam,
linquentem terras et sidera uoce sequentem.
Filius, aequalis comitatus classe cateruas,
ingentem remis Centaurum promouet : ille
instat aquae saxumque undis immane minatur
arduos et longa sulcat maria alta carina.
  Ille etiam patriis agmen ciet Ocnus ab oris,
fatidicae Mantus et Tusci filius amnis,
qui muros matrisque dedit tibi, Mantua, nomen,
Mantua, diues auis, sed non genus omnibus unum :
gens illi triplex, populi sub gente quaterni,
ipsa caput populis, Tusco de sanguine uires.
Hinc quoque quingentos in se Mezentius armat,
quos patre Benaco uelatus harundine glauca
Mincius infesta ducebat in aequora pinu.
It grauis Aulestes centenaque arbore fluctum
uerberat adsurgens, spumant uada marmore uerso.
Hunc uehit immanis Triton et caerula concha
exterrens freta, cui laterum tenus hispida nanti
frons hominem praefert, in pristim desinit aluos,
spumea semifero sub pectore murmurat unda.
  Tot lecti proceres ter denis nauibus ibant
subsidio Troiae et campos salis aere secabant.
  Iamque dies caelo concesserat almaque curru

202 triplex populi *MPR*^{pc}*Vbcdfhrtγ*, SERV., TIB. : populi triplex *R*^{ac}*aeuv* || 203 populis *MPVbcdefhrtuvγ*, TIB. : -li *Ra* || 207 fluctum *MPVcdfht* : -tus *Raberuv*, TIB. || 212 semifero *codd.* : caeruleo ARVS. 512, 7 || 213 ter *codd.*, SERV., TIB. : bis PRISC. 3, 415, 33.

son char qui vague dans les nuits, faisait sonner le milieu de l'Olympe ; Énée — car les soucis dénient le repos à ses membres — s'est assis, il tient lui-même le gouvernail et fait le service des voiles. Et voici qu'au milieu de sa course un chœur vient à sa rencontre, ses compagnes : les nymphes dont la bienfaisante Cybèle avait voulu qu'elles eussent pouvoir sur la mer, nymphes devenues, de navires qu'elles étaient ; elles nageaient de front, tendant vers lui, et fendaient les flots, aussi nombreuses que naguère près des rivages elles s'étaient dressées, proues de bronze. De loin elles reconnaissent leur roi et l'entourent de leurs rondes. La plus savante en l'art de parole, Cymodocée, le suit dans le sillage, prend la poupe de sa main droite, soulève son buste à demi et rame de son bras gauche sous les eaux silencieuses. Alors, comme il ne sait rien, elle le surprend d'une parole : « Veilles-tu, fils des dieux, Énée ? Veille et largue l'écoute de tes voiles *. C'est nous, pins de l'Ida, grandis aux cimes sacrées, maintenant nymphes de la mer, tes vaisseaux. Comme le perfide Rutule nous pressait à mort, du fer et de la flamme, nous avons, bien à regret, rompu les liens dont tu nous attachais et nous te cherchons par l'étendue des flots. Notre mère, compatissante, nous a fait ce nouveau visage, elle nous a donné d'être déesses et de vivre nos années sous les vagues. Mais l'enfant Ascagne est serré dans ses murs et derrière ses fossés, au milieu des traits et des Latins que Mars a enragés. Déjà les positions convenues ont été occupées par les cavaliers arcadiens mêlés aux vaillants Étrusques * ; Turnus a résolu d'y opposer ses escadrons pour empêcher qu'ils ne joignent le camp.

taire = Étrusques (*uires*) ; royale = Grecs rattachés à la thébaine Manto (*caput*) ; les autres, c'est-à-dire les producteurs, non qualifiés du point de vue ethnique. La quadripartition pourrait être topographique.

noctiuago Phoebe medium pulsabat Olympum :
Aeneas (neque enim membris dat cura quietem)
ipse sedens clauomque regit uelisque ministrat.
Atque illi medio in spatio chorus ecce suarum
occurrit comitum : nymphae, quas alma Cybebe
numen habere maris nymphasque e nauibus esse
iusserat, innabant pariter fluctusque secabant,
quot prius aeratae steterant ad litora prorae.
Agnoscunt longe regem lustrantque choreis.
Quarum quae fandi doctissima Cymodocea
pone sequens dextra puppim tenet ipsaque dorso
eminet ac laeua tacitis subremigat undis.
Tum sic ignarum adloquitur : « Vigilasne, deum gens,
Aenea ? Vigila et uelis immitte rudentis.
Nos sumus, Idaeae sacro de uertice pinus,
nunc pelagi nymphae, classis tua. Perfidus ut nos
praecipitis ferro Rutulus flammaque premebat,
rupimus inuitae tua uincula teque per aequor
quaerimus. Hanc genetrix faciem miserata refecit
et dedit esse deas aeuomque agitare sub undis.
At puer Ascanius muro fossisque tenetur
tela inter media atque horrentis Marte Latinos.
Iam loca iussa tenet forti permixtus Etrusco
Arcas eques ; medias illis opponere turmas,
ne castris iungant, certast sententia Turno.

222 innabant *codd.*, DSERV., TIB. : adnabant PROB. 185, 14 || **223** quot $P^1bcdhrtuv\gamma^2$, SERV., VELIVS 70, 3 : quod M^2Raef, TIB. quo M^1 quae $P^2\gamma^1$ || **228** gens *dist.* SERV. 2, 148 || **229** aenea *dist.* TIB. || **233** rupimus *codd.*, TIB. : rump- DSERV., NON. 382, 23 || **237** horrentis $MRabcdefhrtuv\gamma^2$, TIB. : ardentis $P\gamma^1$, *u. om.* *V* || **238** tenet $PRabcdefhrtuv\gamma$, DSERV., TIB. : -nent *MV*, SERV. *et* 8, 547.

Allons, lève-toi et quand l'Aurore va venir, commande aussitôt qu'on lance à tes alliés l'appel des armes ; prends le bouclier que le maître du feu en personne t'a donné, invincible, et qu'il a cerclé d'or. Demain, si tu te gardes de négliger mes avis, le jour verra des monceaux de cadavres, le massacre des Rutules. »

Elle avait dit et, s'écartant, poussa vivement de la main, en experte personne, la haute poupe ; celle-ci fuit par les ondes, plus rapide qu'un trait ou qu'une flèche, l'égale des vents[1]. A la suite, les autres vaisseaux accélèrent leur course. Le Troyen, fils d'Anchise, reste interdit, sans savoir ce qui se passe ; pourtant le prodige exalte son courage. Alors, les yeux tournés vers la voûte d'en haut, il fait une brève prière : « Bienfaisante Idéenne, mère des dieux, toi qui aimes le Dindyme, les villes couronnées de tours et les lions accouplés sous le joug, toi désormais le guide de mes combats, hâte, je t'en prie, l'accomplissement de ton augure et d'un pied favorable, déesse, viens assister les Phrygiens. » Il ne dit que ces mots ; pendant ce temps, le jour ramené dans le ciel accourait avec sa pleine lumière et avait mis la nuit en fuite. Pour commencer, Énée ordonne aux siens de suivre leurs enseignes, de tourner leurs pensées vers les armes et de se préparer au combat.

Et déjà il a sous les yeux les Troyens et son camp, debout sur la haute poupe ; alors de la main gauche il leva son étincelant bouclier. Les Dardanides, de leurs murs, poussent un cri vers les astres, le renfort de l'espoir

1. On peut admirer dans cette scène, la grâce et la sensibilité déployées dans la féerie (219-224), l'exactitude pittoresque de gestes harmonieux (v. 227, 246), le sourire du poète (v. 225, 247) à l'adresse de ses fictions, la sûreté avec laquelle il ménage son retour au réel. Énée lui-même s'éveille comme d'un rêve : il ne sait pas ce qui lui est arrivé ; mais il est réconforté, mais il a reçu l'avertissement surnaturel et il en tiendra compte. Cf. 8, 66-78.

Surge, age et Aurora socios ueniente uocari
primus in arma iube et clipeum cape quem dedit ipse
inuictum ignipotens atque oras ambiit auro.
Crastina lux, mea si non inrita dicta putaris,
ingentes Rutulae spectabit caedis aceruos. »
Dixerat et dextra discedens impulit altam
haud ignara modi puppim : fugit illa per undas
ocior et iaculo et uentos aequante sagitta.
Inde aliae celerant cursus. Stupet inscius ipse
Tros Anchisiades, animos tamen omine tollit.
Tum breuiter supera aspectans conuexa precatur :
« Alma parens Idaea deum, cui Dindyma cordi
turrigeraeque urbes biiugique ad frena leones,
tu mihi nunc pugnae princeps, tu rite propinques
augurium Phrygibusque adsis pede, diua, secundo. »
Tantum effatus, et interea reuoluta ruebat
matura iam luce dies noctemque fugarat ;
principio sociis edicit signa sequantur
atque animos aptent armis pugnaeque parent se.
Iamque in conspectu Teucros habet et sua castra
stans celsa in puppi, clipeum cum deinde sinistra
extulit ardentem. Clamorem ad sidera tollunt
Dardanidae e muris, spes addita suscitat iras,

242 ipse *MPRV*^{2} *abfr?*γ, TIB. : igni *V*^{1}, HATERIANVS *ap. schol. Ver.* ingens *cdehtuv* || **245** spectabit *Rabcdetuv*γ^2, TIB. *in interpr.*, *praefert* SERV. : -bis *MPVf?hr*γ^1, TIB. *in lemm.*, DON. *Ter. hec.* 286, *quidam ap.* SERV. || **247** fugit *codd.*, DSERV. : uolat TIB. || **251** supera aspectans *M*^{2}*Rabcefruv*γ^2, TIB. : supera spectans *M*$^1\gamma^1$ super aspectans *PVdht* || **256** effatus *codd.*, SERV. : affatus TIB. || ruebat *M*^{2}*P*^{1}*Rabcdefhrtuv*γ^2, SERV. : ruebant *M*^{1} rubebat *P*$^2\gamma^1$, *euan. in V* || **263** e *MPdefhrluv*γ, TIB. : *om. Rabc.*

réveille leurs fureurs, ils jettent leurs traits à pleins bras. Telles, au-dessous des nuées sombres, les grues du Strymon lancent leurs signaux, nagent bruyamment parmi l'éther, fuient devant les Notus avec des cris heureux. Mais le roi des Rutules et les chefs ausoniens s'émerveillent, jusqu'au moment où ils remarquent les poupes tournées vers le rivage et la mer, couverte de vaisseaux, glissant tout entière vers eux. Il a sur la tête une aigrette de feu, une flamme qui descend du cimier l'enveloppe, la bosse d'or de son bouclier vomit des feux dévorants. Ainsi parfois dans la nuit transparente, des comètes couleur de sang rougissent d'un éclat lugubre, ainsi naît le brûlant Sirius, l'astre portant soif et maladies aux malheureux mortels ; il attriste le ciel de sa lueur sinistre [1].

Pourtant l'audacieux Turnus n'en garde pas moins son assurance, l'espoir de s'emparer le premier du rivage et d'en repousser les arrivants : « Ce que vous avez tant souhaité se réalise : la possibilité de les briser sous vos coups. Dans leurs mains les braves éprouvent la présence même de Mars *. Aussi, que chacun se souvienne de sa femme, de son toit, qu'il renouvelle les hauts faits et la gloire de ses pères. Courons à la mer, au-devant d'eux, tout de suite, tandis qu'ils s'embarrassent et qu'en débarquant leurs premiers pas chancellent. La Fortune seconde l'audace [2]. » Il dit, puis réfléchit pour choisir

1. Le rapprochement avec *Iliade*, 5, 5 et 22, 26-31 manifeste que Virgile a accentué le caractère sinistre de l'apparition d'Énée (épidémies, comètes) ; même en 8, 620-623 ses armes n'étaient pas si effrayantes. D'ordinaire, c'est à Turnus que Virgile réserve ces peintures, cf. 7, 785-788. Peut-être supposera-t-on qu'ici le poète nous a donné de voir Énée tel que le voient les Rutules, épouvantés déjà par le prodige d'une mer dont les vagues sont des vaisseaux et qui glisse vers eux (v. 269).

2. Comme on le verra dans l'apparat, Sénèque donne à la suite de l'hémistiche virgilien quatre mots qui, métriquement comme pour le sens, pourraient en être le complément. Mais

tela manu iaciunt, quales sub nubibus atris
Strymoniae dant signa grues atque aethera tranant
cum sonitu fugiuntque Notos clamore secundo.
At Rutulo regi ducibusque ea mira uideri
Ausoniis, donec uersas ad litora puppis
respiciunt totumque adlabi classibus aequor.
Ardet apex capiti cristisque a uertice flamma
funditur et uastos umbo uomit aureus ignis :
non secus ac liquida si quando nocte cometae
sanguinei lugubre rubent aut Sirius ardor,
ille sitim morbosque ferens mortalibus aegris,
nascitur et laeuo contristat lumine caelum.
  Haud tamen audaci Turno fiducia cessit
litora praecipere et uenientis pellere terra.
[Vltro animos tollit dictis atque increpat ultro.]
« Quod uotis optastis adest, perfringere dextra.
In manibus Mars ipse uiris. Nunc coniugis esto
quisque suae tectique memor, nunc magna referto
facta, patrum laudes. Vltro occurramus ad undam,
dum trepidi egressisque labant uestigia prima.
Audentis Fortuna iuuat. [Piger ipse sibi obstat]. »

270 capiti *MPbcdefhrtuvγ*, SERV., TIB., MACR. 5, 13, 35 : -tis *Ra*, MACR. 5, 10, 2 || a *Mdu*, TIB., NON. 240, 28 ; 313, 10 : ac *PRabcefhrtv*, DSERV., MACR. 5, 10, 2 || **271** aureus *PRabcdefhrtuvγ*, TIB., MACR. 5, 10, 2 : aereus *M*, MACR. 5, 13, 35 || **276** haud tamen *codd.*, TIB. : at non SERV. 10, 270 || **278** (= 9, 127) *om. MPdfhrt*γ^1, TIB. : *habent Rabceuv*γ^2, *non interpr.* SERV. || **280** uiris *MPbcedfhrtuγ*, TIB. : -ri *Raev*, DSERV. 10, 773 || **281** referto *MRabcdefhrtuv*γ^2, SERV., TIB. : -te *P*γ^1 || **282** facta *dist.* M^2P^2, *alii ap.* SERV. || patrum *dist. alii ap.* SERV. || undam *codd.*, TIB. : -das *comm. Lucan.* 2, 483 || **283** egressisque M^1P^1 : -sique M^2P^2*Rabcdefhrtuvγ*, DSERV., TIB. || **284** piger...obstat *unus profert* SEN. *ep.* 94, 28.

ceux qu'il va mener à l'attaque et ceux auxquels il peut confier le siège des murs.

Pendant ce temps Énée fait débarquer ses compagnons par des passerelles jetées du haut des poupes. Beaucoup guettent les moments où l'onde languissante se retire et sautent dans l'eau en se fiant au peu de profondeur, d'autres glissent le long des rames. Après avoir observé le rivage, Tarchon a reconnu un endroit où les fonds ne respirent pas, où la surface unie reste silencieuse, où la mer glisse sans heurt vers la terre lorsque s'enflent ses eaux ; il fait vivement tourner les proues de ce côté et presse ses compagnons : « Allons, vous que j'ai choisis, pesez sur vos puissantes rames ; soulevez, emportez vos navires, fendez de vos rostres cette terre ennemie, que votre carène même y imprime un sillon. Pour un tel mouillage, pour avoir saisi une bonne fois cette terre, je ne refuse pas de briser un navire. » Dès que Tarchon eut achevé ces paroles, ses compagnons se dressent à leurs avirons et lancent leurs vaisseaux pleins d'écume contre les champs du Latium ; les rostres pénètrent jusqu'au sol sec, les carènes s'immobilisent, toutes sans dommage. Mais non ta poupe, ô Tarchon * : elle a heurté un bas-fond où elle reste suspendue sur une arête plus saillante, en équilibre, les vagues la battent, elle se disloque et jette les hommes au milieu de l'eau ; les débris de rames, les traverses qui flottent, entravent leur marche, l'onde en se retirant entraîne leurs pieds vers le large.

Turnus de son côté ne connaît plus ni lenteur ni délai ; impétueux, il entraîne toute son armée au-devant des Troyens et la dispose contre eux sur le rivage. Les trom-

c'est dans un contexte où le philosophe énumère une série d'adages. Peut-être la maxime virgilienne, pour lui comme pour nous, s'achevait-elle sur le mot *iuuat*. Nous ignorerons toujours sous quelle forme Virgile avait écrit ce vers.

Haec ait et secum uersat quos ducere contra
uel quibus obsessos possit concredere muros.
Interea Aeneas socios de puppibus altis
pontibus exponit. Multi seruare recursus
languentis pelagi et breuibus se credere saltu,
per remos alii. Speculatus litora Tarchon,
qua uada non spirant nec fracta remurmurat unda,
sed mare inoffensum crescenti adlabitur aestu,
aduertit subito proras sociosque precatur :
« Nunc, o lecta manus, ualidis incumbite remis ;
tollite, ferte rates, inimicam findite rostris
hanc terram sulcumque sibi premat ipsa carina.
Frangere nec tali puppim statione recuso
arrepta tellure semel. » Quae talia postquam
effatus Tarchon, socii consurgere tonsis
spumantisque rates aruis inferre Latinis,
donec rostra tenent siccum et sedere carinae
omnes innocuae. Sed non puppis tua, Tarchon :
namque inflicta uadis, dorso dum pendet iniquo
anceps sustentata diu fluctusque fatigat,
soluitur atque uiros mediis exponit in undis,
fragmina remorum quos et fluitantia transtra
impediunt retrahitque pedem simul unda relabens.
Nec Turnum segnis retinet mora, sed rapit acer
totam aciem in Teucros et contra in litore sistit.

291 spirant *Mbt*, SERV. *et* G. 1, 327 : sperat *PRacefhruvγ*, TIB., *praefert* SERV., *def. d* || **293** proras *M*[1]*Pbcefhrtuvγ*, TIB. : -ram *M*[2] -ra *Ra*, *def. d* || **297** puppim *Mbdfhrtuγ*[2], TIB. : -pes *PRacevγ*[1] || **303** uadis *MP*[2]*Rabcde fhrtuvγ*, TIB., *GLK* 5, 573, 6 : -di *P*[1], PROB. *ap.* DSERV. || **305** exponit *codd.*, SERV. : effundit TIB. || **307** pedem *M*[2], TIB. : -des *M*[1]*PRabcdefhrtuvγ*.

pettes sonnent. Énée, le premier, bon augure de victoire[1], fondit sur les bataillons paysans et renversa les Latins en tuant Théron, guerrier gigantesque qui s'en prend lui-même à Énée. A travers les jointures du bronze, à travers la tunique aux écailles d'or, le glaive transperce son flanc découvert. Puis il frappe Lichas tiré à sa naissance d'un sein déjà sans vie ; il t'était consacré, ô Phébus : à quoi lui servit-il d'échapper tout petit aux périls du fer[2] ? Non loin d'eux, il précipita dans la mort le dur Cissée et le farouche Gyas qui abattaient à coups de massue des groupes entiers ; rien ne leur vint en aide, ni les armes d'Hercule, ni la force de leurs bras, ni leur père Mélampe, fidèle compagnon d'Alcide tant que la terre lui proposa de rudes travaux. Voici : tandis que Pharon se répand en sottes paroles, Énée fait tournoyer un javelot et l'enfonce dans la bouche ouverte pour crier.

Toi de même, Cydon, tandis, malheureux ! que tu suis Clytius, Clytius dont les joues blondissent sous un premier duvet, celui qui pour lors fait ta joie, toi aussi, abattu par la main dardanienne, indifférent à ces amours qui t'attachaient aux jeunes hommes, tu serais couché mort, ô pitoyable, si une troupe serrée de frères, les fils de Phorcus, n'eût surgi devant l'ennemi ; ils sont sept qui lancent sept traits ; les uns rebondissent sans effet sur le casque et le bouclier, la bienfaisante Vénus en détourna d'autres qui allaient effleurer le corps. Énée s'adresse à son fidèle Achate : « Passe-moi les traits ; mon bras n'en perdra aucun à l'adresse des Rutules,

1. Le bon augure consiste sans doute en ce que le combat est engagé par Énée en personne, et évidemment avec plein succès. Pourquoi « les bataillons paysans » ? Des adversaires plus aguerris n'auraient-ils pas été plus dignes d'Énée ? Ou le poète a-t-il voulu rappeler que si les Troyens se battent, c'est pour posséder un peu de terre ?

2. Lichas, comme Cydon (v. 325), semble tout devoir à l'imagination virgilienne. Attestation de la singularité des vies que

Signa canunt. Primus turmas inuasit agrestis
Aeneas, omen pugnae, strauitque Latinos
occiso Therone, uirum qui maximus ultro
Aenean petit. Huic gladio perque aerea suta,
per tunicam squalentem auro latus haurit apertum.
Inde Lichan ferit exsectum iam matre perempta
et tibi, Phoebe, sacrum : casus euadere ferri
quo licuit paruo ? Nec longe Cissea durum
immanemque Gyan sternentis agmina claua
deiecit leto ; nihil illos Herculis arma
nec ualidae iuuere manus genitorque Melampus,
Alcidae comes usque grauis dum terra labores
praebuit. Ecce, Pharon uoces dum iactat inertis,
intorquens iaculum clamanti sistit in ore.
  Tu quoque, flauentem prima lanugine malas
dum sequeris Clytium infelix, noua gaudia, Cydon,
Dardania stratus dextra, securus amorum
qui iuuenum tibi semper erant, miserande iaceres,
ni fratrum stipata cohors foret obuia, Phorci
progenies, septem numero, septenaque tela
coniciunt ; partim galea clipeoque resultant
inrita, deflexit partim stringentia corpus
alma Venus. Fidum Aeneas adfatur Achaten :
« Suggere tela mihi : non ullum dextera frustra

317 quo $P^2\gamma^1$: quod *M*P^1*bcdefhrtuv*γ^2, SERV., TIB. *in lemm.* cui *Ra*, TIB. *in interpr., agnoscit* SERV. || **322** pharon $M^2P^1\gamma^2$, TIB. *in lemm.* : pharo M^1P^2*Rabcdefhrtuv*γ^1, TIB. *in interpr.*, NON. 328, 10, *utrumque agnoscit* SERV. || inertis *codd.*, DSERV., TIB. : inanis SERV. 1, 102 || **323** clamanti *Rabefruv*, SERV. ; -tis *MPcdht*γ.

ainsi qu'aux plaines de Troie ils se fixèrent dans le corps des Grecs. » Alors il saisit une longue pique et la lance ; elle traverse dans son vol les plaques de bronze du bouclier de Méon, rompt à la fois sa cuirasse et sa poitrine. Un autre frère, Alcanor, accourt et de sa main soutient son frère qui s'effondre ; un nouveau trait part sur le champ, lui traverse le bras, fuit et tout sanglant poursuit sa course, la main qui meurt déjà reste pendue à l'épaule par les tendons. Alors Numitor, arrachant l'arme du corps de son frère, a visé Énée, mais il ne lui fut pas également donné de l'atteindre et il effleura la cuisse du grand Achate.

A ce moment Clausus arrive, il vient de Cures, s'assure sur ses forces neuves [1] ; sa roide javeline qu'il pousse avec force frappe devant lui Dryops sous le menton ; il parlait, mais elle traverse son gosier et lui ôte à la fois la parole et la vie ; son front frappe la terre, sa bouche vomit un sang épais. Il abat encore, en des assauts divers, trois Thraces dont les aïeux étaient fils de Borée, trois encore qu'envoient Idas, leur père, et l'Ismaros, leur patrie [2]. Halésus accourt et les troupes auronces, le fils de Neptune vient en renfort, Messapus, que signalent ses chevaux. Ceux-ci, puis ceux-là, essaient de mettre en fuite leurs adversaires ; on se bat sur le seuil même de l'Ausonie [3]. Ainsi dans l'éther immense les vents en lutte excitent leurs combats avec une fougue et des forces égales ; aucun d'eux ne cède devant l'autre, ni les nuages non plus, ni la mer ; longtemps la bataille reste indécise,

la guerre malmène indistinctement. Peut-être verra-t-on une pointe d'ironie dans le salut du volage Cydon et l'engagement des sept frères qui semblent en famille s'intéresser à lui si fort.

1. *Primaeuus* contraste avec les images d'antiquité, de grand âge, qu'évoque ordinairement le nom des Sabins.

2. Sur la composition de ces vers, cf. p. 207.

3. Ce seuil est le rivage : métaphore très rare.

torserit in Rutulos, steterunt quae in corpore Graium
Iliacis campis. » Tum magnam corripit hastam
et iacit ; illa uolans clipei transuerberat aera
Maeonis et thoraca simul cum pectore rumpit.
Huic frater subit Alcanor fratremque ruentem
sustentat dextra : traiecto missa lacerto
protinus hasta fugit seruatque cruenta tenorem
dexteraque ex umero neruis moribunda pependit.
Tum Numitor iaculo fratris de corpore rapto
Aenean petiit ; sed non et figere contra
est licitum magnique femur perstrinxit Achatae.
Hic Curibus fidens primaeuo corpore Clausus
aduenit et rigida Dryopem ferit eminus hasta
sub mentum grauiter pressa pariterque loquentis
uocem animamque rapit traiecto gutture ; at ille
fronte ferit terram et crassum uomit ore cruorem.
Tris quoque Threicios Boreae de gente suprema
et tris, quos Idas pater et patria Ismara mittit,
per uarios sternit casus. Accurrit Halaesus
Auruncaeque manus, subit et Neptunia proles,
insignis Messapus equis. Expellere tendunt
nunc hi, nunc illi ; certatur limine in ipso
Ausoniae. Magno discordes aethere uenti
proelia ceu tollunt animis et uiribus aequis,
non ipsi inter se, non nubila, non mare cedit,

334 steterunt *M*^{2}*PRabrtu*γ^1, SERV., TIB., ISID. 2, 30, 7 : -rint *M*^{1} -rant *cdef hv*γ^2 || quae *M*^{1}*Pcfh*, SERV., TIB. : que *M*^{2}*Rabdertuv*γ, CASSIOD. *inst.* 2, 15, *agnoscit* DSERV. || **337** rumpit *MPbcdefh rtuv*γ, TIB. : rupit *Ra* || **340** seruatque *codd.* : traxitque TIB. || **345** curibus *dist.* SERV. || fidens *dist.* *M*^{2}*P*^{2}, *agnoscit* SERV. || **349** ferit *MRabcdhrt*γ^2, TIB. : premit *Pefuv*γ^1.

tout tient bon, s'efforce et pousse ; ainsi se heurtent les lignes troyennes et les lignes latines, dans la mêlée compacte, le pied s'accroche au pied, l'homme à l'homme[1].

D'autre côté *, où sur un vaste espace un torrent avait porté pierres roulantes et arbres tombés des rives, les Arcadiens, mal entraînés à se former en lignes de fantassins — l'inégalité du sol les avait lors incités à quitter leurs chevaux —, tournaient le dos devant l'acharnement des Latins. Dès que Pallas le vit, seul recours quand tout manque, il tâche, tantôt par des prières, tantôt par d'amers reproches, de rallumer leur courage : « Où fuyez-vous, compagnons ? Au nom de votre dignité, de vos hauts faits, au nom d'Évandre votre chef, par les guerres où nous avons vaincu, par mon espoir d'égaler aujourd'hui la gloire de mon père, ne mettez pas votre confiance dans vos jambes. C'est par le fer qu'il faut vous tailler un passage à travers les ennemis ; là où leur troupe vous presse la plus serrée, c'est par là que notre fière patrie nous réclame, vous et Pallas votre chef. Ce ne sont point des êtres surnaturels qui pèsent sur nous : mortels nous-mêmes, les ennemis qui nous pressent sont aussi des mortels ; nous avons une vie, deux bras, ils n'ont pas plus. Voici que la mer nous oppose l'obstacle infranchissable de ses flots ; s'il s'agit de fuir, la terre désormais nous manque. Voulons-nous nous jeter dans l'abîme ? Ou rejoindre Troie * ? » A ces mots il se précipite en plein milieu, au plus serré des ennemis.

Le premier à se trouver sur sa route, conduit par un mauvais destin, c'est Lagus : il arrachait une pesante pierre ; Pallas brandit son dard, le perce en plein milieu

1. Le modèle homérique de cette formule célèbre se rapporte non à un corps à corps, mais à une ligne de combattants qui se serrent pour s'opposer comme un mur à l'ennemi (*Iliade*, 13, 130 ; 16, 214). Un glissement du sens est intervenu avant Virgile, cf. *Bell. Hisp.*, 31, 6 s'inspirant d'Ennius.

anceps pugna diu, stant obnixa omnia contra,
haud aliter Troianae acies aciesque Latinae
concurrunt, haeret pede pes densusque uiro uir.
At parte ex alia, qua saxa rotantia late
intulerat torrens arbustaque diruta ripis,
Arcadas insuetos acies inferre pedestris
ut uidit Pallas Latio dare terga sequaci
aspera quis natura loci dimittere quando
suasit equos, unum quod rebus restat egenis,
nunc prece, nunc dictis uirtutem accendit amaris :
« Quo fugitis, socii ? Per uos et fortia facta,
per ducis Euandri nomen deuictaque bella
spemque meam, patriae quae nunc subit aemula laudi,
fidite ne pedibus. Ferro rumpenda per hostis
est uia ; qua globus ille uirum densissimus urget,
hac uos et Pallanta ducem patria alta reposcit.
Numina nulla premunt, mortali urgemur ab hoste
mortales ; totidem nobis animaeque manusque.
Ecce maris magna claudit nos obice pontus,
deest iam terra fugae : pelagus Troiamme petamus ? »
Haec ait et medius densos prorumpit in hostis.
Obuius huic primum fatis adductus iniquis
fit Lagus ; hunc, magno uellit dum pondere saxum,
intorto figit telo, discrimina costis

359 obnixa *codd.*, TIB. : -xi ARVS. 496, 9, *utrumque agnoscit* SERV. || **366** quis *MRabcde fhrtuv*γ^2, TIB., PRISC. 3, 83, 4 ; 136, 23 : quos *P*γ^1 || **377** magna *codd.*, SERV., TIB. -no *quidam ap.* SERV. -ni *nonnulli ap.* SERV. || **378** petamus *M*^{2}*PRaeuv*γ^1, TIB. : petemus *M*^{1}*b cdfhrt*γ^2 || **380** adductus *codd.* : addictus TIB. || **381** magno uellit *Mr*, TIB. : uellit magno *P*^{2}*Rabcdefhtuv*γ uellit manu *P*^{1}.

du corps, au point où l'épine sépare les côtes ; puis il reprend sa pique plantée dans les os. Hisbon croit le surprendre penché sur sa victime ; vain espoir : Pallas le prévient et tandis que l'homme se précipite furieux, égaré par la mort cruelle de son camarade, il le reçoit et lui plonge son épée dans un poumon gonflé de rage. Puis il s'en prend à Sthénius, puis à un homme de l'antique famille de Rhétus, Anchémolus, qui avait osé déshonorer la couche de sa marâtre. Vous aussi, l'un et l'autre, vous êtes tombés dans les champs des Rutules, Laridès et Thymber, donnés à Daucus si semblables tous deux, indiscernables, objets pour vos parents de douces méprises ; et maintenant Pallas a mis entre vous de dures différences : à toi, Thymber, l'épée du fils d'Évandre t'a tranché la tête, et toi, Laridès, ta main coupée cherche en vain son maître, les doigts à demi vivants tressaillent, se crispent encore sur le fer. Les Arcadiens sont enflammés par les objurgations de Pallas, la vue de ses hauts faits, un mélange de ressentiment et de honte les arme contre l'ennemi [1].

Alors Pallas transperce Rhétée qui sur son bige passait en fuyant. Ce fut pour Ilus un moment de délai, un répit seulement ; c'est contre Ilus qu'il avait, en effet, lancé de loin sa forte javeline, mais Rhétée qui était par devant reçoit le coup, vaillant Teuthras, tandis qu'il fuit devant toi et devant Tyrès ton frère : roulant à bas de son char, mourant, il frappe de ses talons les guérets des Rutules. Lorsqu'en été, longtemps désirés, les vents se lèvent, un pâtre allume de-ci de-là des incendies dans la forêt ; entre eux l'espace soudain s'embrase, un feu unique s'étend, l'armée de Vulcain hérissée de dards, en marche par les vastes plaines ; lui, assis, vainqueur, regarde au-dessous de lui les flammes triomphantes. Ainsi le

1. Aux v. 362-398 les Arcadiens ont perdu courage et Pallas se bat seul ; il finit cependant par entraîner les siens. Aux v. 399-

per medium qua spina dabat, hastamque receptat
ossibus haerentem. Quem non super occupat Hisbon,
ille quidem hoc sperans ; nam Pallas ante ruentem,
dum furit, incautum crudeli morte sodalis
excipit atque ensem tumido in pulmone recondit.
Hinc Sthenium petit et Rhoeti de gente uetusta
Anchemolum thalamos ausum incestare nouercae.
Vos etiam, gemini, Rutulis cecidistis in aruis,
Daucia, Laride Thymberque, simillima proles,
indiscreta suis gratusque parentibus error ;
at nunc dura dedit uobis discrimina Pallas :
nam tibi, Thymbre, caput Euandrius abstulit ensis,
te decisa suom, Laride, dextera quaerit
semianimesque micant digiti ferrumque retractant.
Arcadas accensos monitu et praeclara tuentis
facta uiri mixtus dolor et pudor armat in hostis.
Tum Pallas biiugis fugientem Rhoetea praeter
traicit. Hoc spatium tantumque morae fuit Ilo ;
Ilo namque procul ualidam derexerat hastam,
quam medius Rhoeteus intercipit, optime Teuthra,
te fugiens fratremque Tyren, curruque uolutus
caedit semianimis Rutulorum calcibus arua.
Ac uelut optato uentis aestate coortis
dispersa immittit siluis incendia pastor,
correptis subito mediis extenditur una
horrida per latos acies Volcania campos,
ille sedens uictor flammas despectat ouantis,

383 dabat *MPb*γ^1 : dedit *Racdefhrtuv*γ^2, TIB. || **390** aruis *MRabcde fhtuv*γ^2, TIB. : agris *Pr*γ^1 || **401** derexerat *M*^{1}*R* : dire- *M*^{2}*Pabcde fhrtuv*γ, TIB.

courage de tous tes compagnons ne fait plus qu'un courage, il fait ta joie, Pallas. Mais Halésus, rude guerrier, pousse à l'ennemi et se ramasse sous ses armes. Il immole Ladon, Phérès et Démodocus ; Strymonius levait la main contre sa gorge : de son épée qui lance des éclairs, il la tranche ; il frappe avec une pierre le visage de Thoas, il a disjoint les os mêlés dans la cervelle sanglante. Son père, qui chantait les destins, avait caché Halésus au profond des forêts ; quand les yeux blêmes du vieillard eurent fondu dans la mort, les Parques jetèrent la main sur son fils et le vouèrent aux traits d'Évandre. Pallas l'assaille, après cette prière : « A ce fer que je brandis pour le lancer, grand Thybris, donne maintenant heureuse chance et bonne route à travers la dure poitrine d'Halésus. Les armes, les dépouilles de l'homme, ton chêne les aura. » Le dieu entendit cette prière. Halésus a couvert Imaon : il offre, le malheureux, au trait de l'Arcadien, sa poitrine désarmée.

Mais Lausus, cette colonne de la guerre, ne permet pas que les troupes restent consternées par une mort de si grande conséquence. Lui-même, d'abord, il tue Abas qu'il avait devant lui, Abas autour de qui se nouait, s'attardait la bataille. Et tombent les fils de l'Arcadie, tombent les Étrusques, vous enfin, ô vaillants que les Grecs n'avaient pu détruire, Troyens. Chefs égaux, forces égales, les armées se heurtent ; ceux qui sont le plus loin se serrent vers les lignes du front, la presse

438 Pallas se bat en compagnie des siens, la mêlée est générale. C'est cette nouveauté qui explique en 399-404 le chassé-croisé des combattants dans une confusion dont Homère n'offre aucun exemple. De là aussi les v. 405-409 avec la comparaison (sans analogue chez Homère) des foyers épars qui dans un incendie finissent par se joindre ; cf. 12, 521-522 et *Georg.*, 2, 303-311. Aux v. 388-389, l'histoire d'Anchémolus est relativement ancienne (cf. Servius) et pourrait se rattacher à un ensemble légendaire dont nous avons un autre élément en 7, 750-760.

non aliter socium uirtus coit omnis in unum
teque iuuat, Palla. Sed bellis acer Halaesus
tendit in aduersos seque in sua colligit arma.
Hic mactat Ladona Pheretaque Demodocumque,
Strymonio dextram fulgenti deripit ense
elatam in iugulum, saxo ferit ora Thoantis
ossaque dispersit cerebro permixta cruento.
Fata canens siluis genitor celarat Halaesum ;
ut senior leto canentia lumina soluit,
iniecere manum Parcae telisque sacrarunt
Euandri. Quem sic Pallas petit ante precatus :
« Da nunc, Thybri pater, ferro, quod missile libro,
fortunam atque uiam duri per pectus Halaesi.
Haec arma exuuiasque uiri tua quercus habebit. »
Audiit illa deus ; dum texit Imaona Halaesus,
Arcadio infelix telo dat pectus inermum.
At non caede uiri tanta perterrita Lausus,
pars ingens belli, sinit agmina : primus Abantem
oppositum interimit, pugnae nodumque moramque.
Sternitur Arcadiae proles, sternuntur Etrusci
et uos, o Grais imperdita corpora, Teucri.
Agmina concurrunt ducibusque et uiribus aequis.
Extremi addensent acies nec turba moueri

411 palla *MP²Racdefhrtuvγ*, PRISC. 2, 331, 1 : -as *P¹b*, TIB. || **417** canens *MP²Rabcdefhrtuvγ²*, SERV. : canent *P¹γ¹* cauens TIB., *alii ap.* SERV. || **421** thybri *MP²abcdefhrtuvγ*, SERV., TIB., PRISC. 2, 330, 21 : thybre *P¹R* tymbre PROB. 236, 2 || **428** interimit *dist. M²P²*, *probat* DSERV. || pugnae *dist. quidam ap.* DSERV. || moramque *codd.*, SERV. : -rasque TIB. || **432** extremi *codd.*, SERV., TIB., PRISC. 2, 480, 8 : post- PRISC. 2, 444, 4 || addensent *P¹*, SERV., PRISC. 2, 444, 4 ; 480, 8 : -sant *MP²Rabcdefhrtuvγ*, TIB., *comm. Lucan.* 4, 780.

immobilise les traits et les bras. Ici Pallas menace et pousse, là contre lui, en face, Lausus ; leur âge n'est guère différent, ils sont parfaitement beaux, mais la Fortune leur avait refusé le retour dans la patrie. Toutefois le maître du grand Olympe ne les a pas laissés s'affronter ; leurs destins les attendent, tout proches, sous un plus grand ennemi.

Alors sa sœur divine conseille à Turnus de relever Lausus ; sur son char qui vole, il coupe au travers de la mêlée. Dès qu'il vit ses compagnons : « Maintenant, retirez-vous du combat ; je vais seul m'occuper de Pallas, Pallas m'est dû, à moi seul ; je voudrais que son père fût là en personne, pour voir. » Il dit et, selon l'ordre reçu, ses compagnons lui quittèrent la place. Tandis que les Rutules s'écartent, le jeune homme, étonné de cet ordre impérieux, reste interdit devant Turnus ; il parcourt des yeux ce corps gigantesque ; avec une expression farouche il fait revue sur tout, de loin, et aux paroles du roi réplique par ces paroles : « Je vais aujourd'hui acquérir grande gloire, ou par ces dépouilles arrachées au chef ennemi, ou par une mort insigne : ces deux issues agréent également à mon père ; laisse là tes menaces. » A ces mots, il s'avance au milieu du terrain. Les Arcadiens sentent leur sang refluer glacé dans leur cœur [1].

Turnus a sauté au bas de son char, il va combattre à pied, de près ; comme un lion lorsqu'il a vu du haut de son rocher un taureau bien loin dans la plaine, debout et s'exerçant au combat, il s'élance : c'est ce que donne à voir l'approche de Turnus. Quand il a cru que son ennemi serait à portée d'un jet de pique, Pallas prend

1. Sur l'attitude des deux personnages, cf. p. 212. La férocité de Turnus s'explique en partie par la haine qu'il porte à Évandre, un intrus lui aussi dans le pays latin (8, 474), et un ami des Étrusques (8, 505-7), autres étrangers (7, 426).

tela manusque sinit. Hinc Pallas instat et urget,
hinc contra Lausus, nec multum discrepat aetas,
egregii forma, sed quis Fortuna negarat
in patriam reditus. Ipsos concurrere passus
haud tamen inter se magni regnator Olympi ;
mox illos sua fata manent maiore sub hoste.
  Interea soror alma monet succedere Lauso
Turnum, qui uolucri curru medium secat agmen.
Vt uidit socios : « Tempus desistere pugnae ;
solus ego in Pallanta feror, soli mihi Pallas
debetur ; cuperem ipse parens spectator adesset. »
Haec ait et socii cesserunt aequore iusso.
At Rutulum abscessu iuuenis tum iussa superba
miratus stupet in Turno corpusque per ingens
lumina uoluit obitque truci procul omnia uisu,
talibus et dictis it contra dicta tyranni :
« Aut spoliis ego iam raptis laudabor opimis
aut leto insigni ; sorti pater aequos utrique est ;
tolle minas. » Fatus medium procedit in aequor.
Frigidus Arcadibus coit in praecordia sanguis.
  Desiluit Turnus biiugis, pedes apparat ire
comminus ; utque leo, specula cum uidit ab alta
stare procul campis meditantem in proelia taurum,
aduolat, haud alia est Turni uenientis imago.
Hunc ubi contiguom missae fore credidit hastae,
ire prior Pallas, si qua fors adiuuet ausum

436 reditus *codd.* : -tum TIB. || **437** magni *codd.*, TIB. : summi ARVS. 459, 19 || **441** pugnae *MPbcdefhrtuvγ* : -na *Ra*, TIB. || **446** miratus *Mhu*γ^{1} : -tur *PRabcdefrtv*γ^{2}, SERV. 11, 15, TIB. || **455** in *MRaeruv*, TIB. *in lemm.*, NON. 434, 16 : *om. Pbcdfhtγ*, TIB. *in interpr.*

les devants, si jamais la chance allait aider celui qui dans l'inégalité de ses forces a osé ; tourné vers l'éther immense, il parle ainsi : « Au nom de l'hospitalité que tu reçus de mon père, de sa table où, étranger, tu t'es assis, je t'implore, Alcide, soutiens ma grande entreprise : qu'il me voie en expirant lui arracher ses armes sanglantes, que les yeux mourants de Turnus emportent l'image de leur vainqueur ! » Alcide entendit le jeune homme ; au profond de son cœur il étouffe un grand gémissement et verse des larmes vaines. Alors le père des dieux adresse à son fils ces paroles affectueuses : « Chacun a son jour fixé, immuable ; bref et irréparable, tel est le temps de la vie, pour tous ; mais étendre son nom par des actes, c'est l'œuvre de la vertu [1]. Sous les hautes murailles de Troie, que de fils de dieux sont tombés ; oui, Sarpédon, mon propre enfant, est mort avec eux. Turnus lui aussi a un destin qui l'appelle, il est parvenu au terme de l'âge qui lui fut donné. » Ainsi dit-il et détourne ses yeux des campagnes rutules.

Cependant Pallas lance sa pique avec grande puissance et du creux fourreau tire vivement son épée flamboyante. La pique dans son vol touche à l'épaule, au sommet des plus hautes défenses ; elle s'est fait un chemin à travers le bord du bouclier ; même elle a pour finir effleuré quelque peu le grand corps de Turnus. Alors Turnus, contre Pallas balançant longtemps un bois armé de fer aigu, le jette avec ces mots : « Vois si notre dard ne pénètre pas mieux. » Il avait dit ; alors ce bouclier que recouvraient pourtant, que serraient tant de lames de fer, de bronze, tant d'épaisseurs de

1. Les v. 468b-469a introduisent une perspective qui modifie profondément (*sed*) le pessimisme du modèle homérique (*Iliade*, 16, 433-457). Si l'excellence de l'homme (*uirtus*), si sa vie consiste à agir (*factis*, *opus*, cf. Cic., *Rep.*, 1, 2 ; *Off.*, 1, 19), la mort de l'homme ne saurait être un terme : par leurs effets, leur valeur d'exemple (*fama*), les actes vaillamment posés vont en effet pro-

uiribus imparibus, magnumque ita ad aethera fatur :
« Per patris hospitium et mensas, quas aduena adisti,
te precor, Alcide, coeptis ingentibus adsis.
Cernat semineci sibi me rapere arma cruenta
uictoremque ferant morientia lumina Turni. »
Audiit Alcides iuuenem magnumque sub imo
corde premit gemitum lacrimasque effundit inanis.
Tum genitor natum dictis adfatur amicis :
« Stat sua cuique dies, breue et inreparabile tempus
omnibus est uitae ; sed famam extendere factis,
hoc uirtutis opus. Troiae sub moenibus altis
tot gnati cecidere deum, quin occidit una
Sarpedon, mea progenies. Etiam sua Turnum
fata uocant metasque dati peruenit ad aeui. »
Sic ait atque oculos Rutulorum reicit aruis.
At Pallas magnis emittit uiribus hastam
uaginaque caua fulgentem deripit ensem.
Illa uolans, umeri surgunt qua tegmina summa,
incidit atque uiam clipei molita per oras
tandem etiam magno strinxit de corpore Turni.
Hic Turnus ferro praefixum robur acuto
in Pallanta diu librans iacit atque ita fatur :
« Aspice, num mage sit nostrum penetrabile telum. »
Dixerat ; at clipeum, tot ferri terga, tot aeris,
quem pellis totiens obeat circumdata tauri,

475 deripit *Raeu*γ^1, DSERV. : dir- *Mbcdfhrtv*γ^2, SERV., TIB. || **476** summa *Macdefhrtuv*γ, TIB. : prima *Rb* || **481** num *codd.*, TIB. : nunc SERV., DIOM. 441, 33 || mage *Mbcdefhrtuv*γ^1, DIOM. : magis *a*γ^2, TIB., *utrumque agnoscit* SERV. magi *R*, CHAR. 278, 23 || sit *MRbcdefhrtuv*γ, TIB., DIOM. : est *a*, *utrumque agnoscit* SERV. || nostrum sit DIOM. || **483** quem *M*$^1\gamma$: cum *M*^{2}*Ra bcdefhrtuv*, DSERV., TIB.

cuir de taureau, la pointe le frappe, vibrante, en plein milieu le perce, troue l'obstacle de la cuirasse puis la vaste poitrine. Pallas arrache en vain de sa blessure le trait tout chaud ; à la suite, le sang, la vie s'en vont par la même voie. Il tombe sur sa blessure, sur le corps ses armes ont retenti, sa bouche sanglante presse en mourant une terre ennemie.

Turnus, debout au-dessus de lui : « Arcadiens, dit-il, rappelez-vous ces paroles et rapportez-les à Évandre. Je lui rends Pallas en l'état qu'il a mérité. Honneurs du tombeau, consolation de la sépulture, tout ce qu'il voudra, je lui en fais largesse. Il aura payé d'un assez bon prix l'hospitalité accordée à Énée. » Cela dit, de son pied gauche il pressa le corps sans vie, arrachant le lourd baudrier et le crime qui le décore : dans une même nuit, celle de leurs noces, tant de jeunes hommes affreusement tués et leurs chambres sanglantes, Clonus, fils d'Eurytus, avait ciselé cette scène sans y épargner l'or *. Maintenant Turnus triomphe avec ces dépouilles et se réjouit de les avoir prises. Hélas ! l'esprit de l'homme ne sait pas le destin, l'avenir, il ne sait pas garder mesure quand un succès l'exalte ! Un temps viendra pour Turnus où il souhaitera sans doute n'avoir jamais touché Pallas, eût-il acheté cette chance d'un grand prix, où il détestera ces dépouilles et ce jour. Cependant ses compagnons, avec beaucoup de gémissements et de larmes, rapportent Pallas, élevé sur son bouclier, en longue pompe. O toi qui vas revenir à ton père douleur à la fois et gloire souveraine, ce premier jour t'a donné à la guerre, ce

longer (*extendere*) longtemps son influence propre. En ceux qu'on appelle, à tort, les survivants, l'individu continue à vivre, aussi vivant qu'eux, aussi vraiment vivant (agissant) qu'il fut naguère, cf. Hypéride, *Or. fun.*, 28-30 ; Cic., *Phil.*, 13, 7 ; 14, 32. C'est l'affirmation d'Ennius en son épitaphe : *uolito uiuus per ora uirum*. En *Odyssée*, 8, 579-580, l'idée est toute différente.

uibranti cuspis medium transuerberat ictu
loricaeque moras et pectus perforat ingens.
Ille rapit calidum frustra de uolnere telum ;
una eademque uia sanguis animusque sequontur.
Corruit in uolnus, sonitum super arma dedere,
et terram hostilem moriens petit ore cruento.
Quem Turnus super adsistens [sic ore profatur] :
« Arcades, haec » inquit « memores mea dicta referte
Euandro : qualem meruit, Pallanta remitto.
Quisquis honos tumuli, quidquid solamen humandi est,
largior. Haud illi stabunt Aeneia paruo
hospitia. » Et laeuo pressit pede talia fatus
exanimem rapiens immania pondera baltei
impressumque nefas : una sub nocte iugali
caesa manus iuuenum foede thalamique cruenti,
quae Clonus Eurytides multo caelauerat auro ;
quo nunc Turnus ouat spolio gaudetque potitus.
Nescia mens hominum fati sortisque futurae
et seruare modum rebus sublata secundis !
Turno tempus erit, magno cum optauerit emptum
intactum Pallanta et cum spolia ista diemque
oderit. At socii multo gemitu lacrimisque
impositum scuto referunt Pallanta frequentes.
O dolor atque decus magnum rediture parenti,
haec te prima dies bello dedit, haec eadem aufert,

484 cuspis medium *Macdefhrtuv*γ^2, TIB. : medium cuspis *Rb*γ^1 || **485** perforat *dist, M*^{2}, SERV. (*ut* ingens *ad* cuspis *referatur*) || **486** uolnere *Macdefhrtuv*γ^2, TIB. : corpore γ^1 pectore *Rb* || **490** sic ore profatur *solus habet R* || **491** referte *dist. agnoscit* SERV. || **492** euandro *dist. M*^{2}, TIB., *agnoscit* SERV. || **506** scuto *codd.*, TIB. : clipeo SERV. 10, 841.

même jour t'emporte, mais tu laisses après toi d'énormes monceaux de Rutules tués !

Ce n'est plus maintenant le bruit d'un si grand malheur, un messager plus certain vole auprès d'Énée : les siens sont sur le point de succomber, c'est le moment de secourir les Troyens en déroute. Le glaive en main, il moissonne tout sur son passage ; à travers les corps de bataille, l'âme en feu, il s'ouvre un large chemin, te cherchant de son fer, Turnus, toi si fier de ton nouveau meurtre [1]. Pallas, Évandre, tout est présent à ses yeux, ces tables, les premières où il prit place, lui l'étranger, les mains données et reçues. Il prend vivants les quatre fils de Sulmo, qu'Ufens élève tous les quatre *, pour les immoler en victimes aux ombres infernales et asperger de leur sang captif les flammes du bûcher. Puis, de loin, il avait lancé contre Magus une pique meurtrière ; celui-ci l'évite adroitement et la pique frémissante passe au-dessus de sa tête ; embrassant les genoux d'Énée, il lui adresse ces paroles suppliantes : « Par les mânes de ton père, par les espoirs que porte l'avenir d'Iule, je t'en conjure, conserve ma vie pour mon fils, pour mon père [2]. J'ai une haute demeure où gisent profondément enfouis des talents d'argent ciselé, j'ai des monceaux d'or, brut et travaillé. La victoire des Troyens n'est pas ici en cause, ce n'est pas la vie d'un homme qui décidera d'un si grand enjeu. » Il avait dit, mais Énée riposte en ces termes : « Tous ces talents d'argent et d'or dont tu parles, réserve-les pour tes fils. Ces marchés entre ennemis, Turnus y a mis fin avant moi en tuant Pallas. Voilà

1. Tibérius Donatus rapporte *caede noua* à *quaerens* ; Virgile indiquerait ainsi la transformation qui s'est faite dans le caractère d'Énée ; cf. p. 208.

2. S'agit-il du père de Magus dont il faudrait ménager la vieillesse, ou qui interviendrait pour payer une rançon (cf. *Iliade*, 6, 47 ; 10, 380 ; 11, 134 ; 22, 341) ? S'agit-il de Magus lui-même (comme père de son fils ; cf. Tib. Donatus) ?

cum tamen ingentis Rutulorum linquis aceruos !
Nec iam fama mali tanti, sed certior auctor
aduolat Aeneae tenui discrimine leti
esse suos, tempus uersis succurrere Teucris.
Proxima quaeque metit gladio latumque per agmen
ardens limitem agit, ferro te, Turne, superbum
caede noua quaerens. Pallas, Euander, in ipsis
omnia sunt oculis, mensae quas aduena primas
tunc adiit, dextraeque datae. Sulmone creatos
quattuor hic iuuenes, totidem quos educat Vfens,
uiuentis rapit, inferias quos immolet umbris
captiuoque rogi perfundat sanguine flammas.
Inde Mago procul infensam contenderat hastam.
Ille astu subit, at tremibunda superuolat hasta,
et genua amplectens effatur talia supplex :
« Per patrios manis et spes surgentis Iuli
te precor, hanc animam serues gnatoque patrique.
Est domus alta, iacent penitus defossa talenta
caelati argenti, sunt auri pondera facti
infectique mihi. Non hic uictoria Teucrum
uertitur aut anima una dabit discrimina tanta. »
Dixerat. Aeneas contra cui talia reddit :
« Argenti atque auri memoras quae multa talenta,
gnatis parce tuis. Belli commercia Turnus
sustulit ista prior iam tum Pallante perempto.

512 tempus uersis *MRabcdefhrtuv*, TIB. *in lemm.* : uersis tempus $P^2\gamma$, TIB. *in interpr.* ursis tempus P^1 || **516** primas *MPeruv*γ, TIB. *in interpr.* : -mum *Ra* -mus *bdfht*, TIB. *in lemm.* -mis *c* || **521** infensam *Mabcdefhrtuv*γ^2, TIB. : infestam *PR*γ^1, MACR. 5, 2, 16 || **522** at M^2*PRacdefhrtuv*γ^1, TIB. *in interpr.* : en M^1 ac *b*γ^2, TIB. *in lemm.* || **531** multa *MPRbcdfhrt*γ : magna *aeuv*, MACR. 5, 10, 5.

ce que pensent les mânes d'Anchise mon père, et Iule tout aussi bien. » Ayant ainsi parlé, il empoigne le casque de la main gauche, renverse le cou en arrière et malgré ses prières y plonge l'épée jusqu'à la garde. Non loin, le fils d'Hémon, prêtre de Phébus et de Trivia : un bandeau ceignait ses tempes d'un lien sacré ; son vêtement, ses ornements blancs, toute sa personne resplendissait ; Énée l'attaque et le poursuit dans la plaine, l'autre tombe ; se dressant au-dessus de lui, il l'immole et le couvre de son ombre gigantesque ; Séreste rassemble et emporte sur ses épaules les armes du mort, trophée pour toi, roi Gradivus [1].

Voici que la bataille reprend avec Céculus, né du sang de Vulcain, avec Umbro, qui vient des montagnes des Marses. En face, le Dardanide se déchaîne : du fer de son épée il avait abattu la main gauche d'Anxur et tout l'orbe du bouclier ; Anxur cependant avait prononcé quelques mots solennels, il avait cru que ces mots auraient pouvoir, peut-être même élevait-il ses espoirs jusqu'au ciel, s'était-il promis des cheveux blancs, de longues années. Tarquitus bondit en avant avec ses armes étincelantes — la nymphe Dryopé l'avait donné à Faunus, l'hôte des bois —, il se dressa face à la fureur d'Énée. Lui, ramenant sa lance en arrière, empale ensemble la cuirasse et le pesant bouclier ; il fait tomber à terre la tête de l'homme qui le prie en vain et se prépare à tenir long discours ; faisant rouler devant lui le tronc tout chaud, il s'écrie plein de haine : « Reste là maintenant, l'homme redoutable ! Une mère chérie ne viendra pas t'ensevelir ni déposer ton corps sous la pompeuse masse du tombeau de tes pères, tu seras laissé aux oiseaux sauvages, ou l'eau t'emportera dans ses tour-

1. Peut-être est-il impie de tuer un prêtre, paré de ses ornements (cf. 11, 768), et d'en dresser un trophée ? La leçon *armis* (v. 539) pourrait trahir un embarras des éditeurs antiques.

Hoc patris Anchisae manes, hoc sentit Iulus. »
Sic fatus galeam laeua tenet atque reflexa
ceruice orantis capulo tenus applicat ensem.
Nec procul Haemonides, Phoebi Triuiaeque sacerdos,
infula cui sacra redimibat tempora uitta,
totus conlucens ueste atque insignibus albis :
quem congressus agit campo lapsumque superstans
immolat ingentique umbra tegit ; arma Serestus
lecta refert umeris tibi, rex Gradiue, tropaeum.
Instaurant acies Volcani stirpe creatus
Caeculus et ueniens Marsorum montibus Vmbro.
Dardanides contra furit : Anxuris ense sinistram
et totum clipei ferro deiecerat orbem ;
dixerat ille aliquid magnum uimque adfore uerbo
crediderat caeloque animum fortasse ferebat
canitiemque sibi et longos promiserat annos ;
Tarquitus exsultans contra fulgentibus armis,
siluicolae Fauno Dryope quem nympha crearat,
obuius ardenti sese obtulit ; ille reducta
loricam clipeique ingens onus impedit hasta,
tum caput orantis nequiquam et multa parantis
dicere deturbat terrae truncumque tepentem
prouoluens super haec inimico pectore fatur :
« Istic nunc, metuende, iace. Non te optima mater
condet humi patrioque onerabit membra sepulcro :
alitibus linquere feris aut gurgite mersum

536 orantis *MP^{s}Racdefhrtuvγ*, TIB. : -ti *P^{1}b* || applicat *codd.* : abdidit MACR. 5, 10, 5 || **539** albis *P^{ac}*, PROB. *ap.* SERV. : armis *MP^{pc}Rabcdefhrtuvγ*, TIB., ASPER *ap.* SERV. || **554** tum *codd.*, TIB. : tunc MACR. 5, 13, 2 || **558** patrioque *Mf* : patrioue *P^{s}Rabcdehrtuvγ*, TIB. patrique *P^{1}*, *def. V*.

billons et les poissons affamés lécheront tes blessures [1]. »

D'un seul élan, il poursuit Antée, Lucas, au premier rang des bataillons de Turnus, le valeureux Numa, le fauve Camers, fils du magnanime Volcens, le plus riche de terres qui fut en Ausonie, roi en son temps de la silencieuse Amyclées [2]. Tel Égéon dans la légende, monstre aux cent bras, aux cent mains, vomissant de ses cinquante bouches le feu d'autant de poitrines, et contre les foudres de Jupiter entrechoquant autant de boucliers, tirant cinquante épées, ainsi Énée vainqueur répand l'effroi dans toute la plaine, comme décidément son glaive s'est échauffé. Voici même qu'il se dirige vers les chevaux du quadrige de Niphée, droit contre leurs poitrails. Mais eux, dès qu'ils l'ont vu de loin s'approcher transporté de rage, la peur les fait tourner bride, ils se ruent en arrière, vident à terre leur conducteur et entraînent le char vers le rivage.

A ce moment, Lucagus se jette dans la mêlée sur son bige aux chevaux blancs ; avec lui, son frère Liger. Mais le frère tient les rênes et dirige les chevaux, Lucagus plein de fougue fait tournoyer son épée nue. Énée ne supporta pas l'ardeur de ces furieux, il courut à eux et surgit, la lance en avant, gigantesque. Alors Liger : « Non, tu ne vois pas les chevaux de Diomède ou le char d'Achille ou les plaines de la Phrygie ; on va t'offrir aujourd'hui la fin de la guerre et de tes jours, en ce pays. » Telles sont les paroles qui, de la bouche insensée de Liger, s'envolent au loin. Mais le héros troyen n'entend pas répondre en paroles, il balance son javelot contre

1. Cf. *Iliade*, 21, 122-127.

2. Silencieuse parce que fondée par les Spartiates (Servius), ou parce qu'abandonnée un jour par ses habitants qu'avaient épouvantés des prodiges (Pline, *n.h.*, 3, 59 ; 8, 104). On racontait aussi qu'elle fut enlevée par surprise, victime de lois qui réglementaient trop rigoureusement l'appel aux armes (Afranius fr. 275R. ; Silius, 8, 528). Une épithète qui a fait rêver.

unda feret piscesque impasti uolnera lambent. »
Protinus Antaeum et Lucam, prima agmina Turni,
persequitur fortemque Numam fuluomque Camertem,
magnanimo Volcente satum, ditissimus agri
qui fuit Ausonidum et tacitis regnauit Amyclis.
Aegaeon qualis, centum cui bracchia dicunt
centenasque manus, quinquaginta oribus ignem
pectoribusque arsisse, Iouis cum fulmina contra
tot paribus streperet clipeis, tot stringeret ensis :
sic toto Aeneas desaeuit in aequore uictor,
ut semel intepuit mucro. Quin ecce Niphaei
quadriiugis in equos aduersaque pectora tendit.
Atque illi longe gradientem et dira frementem
ut uidere, metu uersi retroque ruentes
effunduntque ducem rapiuntque ad litora currus.
Interea biiugis infert se Lucagus albis
in medios fraterque Liger ; sed frater habenis
flectit equos, strictum rotat acer Lucagus ensem.
Haud tulit Aeneas tanto feruore furentis :
inruit aduersaque ingens apparuit hasta.
Cui Liger :
« Non Diomedis equos nec currum cernis Achillis
aut Phrygiae campos : nunc belli finis et aeui
his dabitur terris. » Vesano talia late
dicta uolant Ligeri. Sed non et Troius heros
dicta parat contra, iaculum nam torquet in hostis.

567 arsisse *dist.* M^2 : iouis *dist.* P^2, *utrumque agnoscunt schol. Ver.* || **574** currus *MPV bdfhtγ*, TIB. : -rum *Raceruv* || **575** biiugis *MRabcdefhtuvγ*^{2}, SERV., TIB. : bigis *Prγ*^{1} || **585** hostis *PRacdef hrtuvγ*, TIB. : -tem *Mb*.

ses deux ennemis. Comme Lucagus, penché au-dessus des chevaux pour les stimuler, les excite avec un dard, puis, portant en avant le pied gauche, se dispose à combattre, la pique d'Énée traverse la bordure inférieure du bouclier étincelant et lui perce l'aine gauche. Projeté hors du char, il roule mourant dans le champ. Le pieux Énée invective contre lui en paroles outrageuses : « Non, Lucagus, ton char n'a pas été trahi par la paresse ou la lenteur de tes chevaux, ni détourné par quelque ombre vaine venue des ennemis ; c'est toi-même qui, sautant à bas, abandonnes ton attelage *. » Et parlant ainsi il saisit les deux chevaux. Le frère aussi, comme il avait glissé hors du char, tendait, l'infortuné, ses mains désarmées : « Par égard pour toi, pour les parents qui ont engendré un héros tel que toi, laisse-moi la vie, Troyen, aie pitié de celui qui te prie. » Il suppliait encore, mais Énée : « Tu ne parlais pas ainsi tout à l'heure. Meurs et, frère, ne quitte pas ton frère. » Alors, d'un coup de pointe, il ouvre le secret réduit de la vie, la poitrine. Ainsi, à travers les plaines, le chef dardanien répandait la mort, comme une eau torrentielle ou la noire tempête, déchaîné. Enfin le jeune Ascagne et ses hommes vainement assiégés font une sortie et laissent le camp derrière eux.

Cependant Jupiter, prenant la parole, s'adresse à Junon : « O ma sœur, qui es aussi ma très chère épouse, comme tu le pensais — oui, ton sentiment ne te trompe pas —, c'est bien Vénus qui soutient les forces troyennes ; ce bras plein de vigueur guerrière, cette fierté de l'âme, cette fermeté devant le danger n'est pas celle de leurs hommes. » Junon lui répond en baissant les yeux : « Pourquoi, noble époux, tourmentes-tu une malheureuse, qui craint tes sévères arrêts ? Si ton amour avait pour moi l'élan qui jadis avait été sien et que tu

Lucagus ut pronus pendens in uerbera telo
admonuit biiugos, proiecto dum pede laeuo
aptat se pugnae, subit oras hasta per imas
fulgentis clipei, tum laeuom perforat inguen ;
excussus curru moribundus uoluitur aruis.
Quem pius Aeneas dictis adfatur amaris :
« Lucage, nulla tuos currus fuga segnis equorum
prodidit aut uanae uertere ex hostibus umbrae ;
ipse rotis saliens iuga deseris. » Haec ita fatus
arripuit biiugos ; frater tendebat inertis
infelix palmas curru delapsus eodem :
« Per te, per qui te talem genuere parentes,
uir Troiane, sine hanc animam et miserere precantis. »
Pluribus oranti Aeneas : « Haud talia dudum
dicta dabas. Morere et fratrem ne desere frater. »
Tum latebras animae pectus mucrone recludit.
Talia per campos edebat funera ductor
Dardanius torrentis aquae uel turbinis atri
more furens. Tandem erumpunt et castra relinquont
Ascanius puer et nequiquam obsessa iuuentus.
Iunonem interea compellat Iuppiter ultro :
« O germana mihi atque eadem gratissima coniunx,
ut rebare, Venus (nec te sententia fallit)
Troianas sustentat opes, non uiuida bello
dextra uiris animusque ferox patiensque pericli. »
Cui Iuno summissa : « Quid, o pulcherrime coniunx,
sollicitas aegram et tua tristia dicta timentem ?
Si mihi, quae quondam fuerat quamque esse decebat,

587 admonuit biiugos *codd.*, TIB. : ammouit biiugis ARVS. 482, 12 || **588** aptat *MRabcdefhrtuv*γ^2, TIB. : aptet *P*γ^1.

me devais, certes tu ne me refuserais pas, dieu tout-puissant, la possibilité de soustraire Turnus au combat et de le conserver vivant à son père Daunus ; mais non : qu'il meure et paie de son sang pieux ses crimes envers les Troyens ! Pourtant son ascendance remonte jusqu'à nous, Pilumnus est son bisaïeul *, sa main libérale, ses généreuses offrandes ont souvent chargé le seuil de tes temples. » Le roi de l'Olympe céleste lui répond brièvement : « Si cette requête a pour fin d'écarter une mort imminente *, de donner sa chance à un homme voué à disparaître, et si tu comprends bien que je l'entends ainsi, fais échapper Turnus et l'arrache aux destins qui le pressent ; ma complaisance peut aller jusque-là. Mais si la grâce que tu demandes sous les voiles de la prière vise plus haut, si tu penses que toute la guerre en doive être changée dans son cours et dans son issue, tu nourris de vains espoirs. » Et Junon, fondant en larmes : « Quoi ? et si tu m'accordais dans ton cœur ce que ta bouche répugne à me promettre, si cette vie que tu dis était vraiment assurée à Turnus ?... En fait, la seule assurance pour cet innocent, c'est une fin cruelle, ou je n'arrive plus à saisir le vrai. Oh ! puissé-je plutôt m'égarer en craintes illusoires, et puisses-tu, toi le maître, infléchir tes décrets en un sens plus clément ! »

Sur ces paroles, elle s'élança, sans plus attendre, du haut du ciel, poussant l'orage devant elle et ceinte d'une nuée, à travers les vents, puis gagna l'armée troyenne et le camp des Laurentes. Alors de cette creuse vapeur la déesse forme une ombre impalpable, sans forces, à l'image d'Énée, prodige étonnant à voir ; elle lui donne les javelots dardaniens, elle imite le bouclier, le cimier qui ondoie sur la tête divine, elle lui donne des paroles vaines, une voix, quoiqu'il n'y ait point d'âme, elle

uis in amore foret, non hoc mihi namque negares,
omnipotens, quin et pugnae subducere Turnum
et Dauno possem incolumem seruare parenti ;
nunc pereat Teucrisque pio det sanguine poenas.
Ille tamen nostra deducit origine nomen
Pilumnusque illi quartus pater, et tua larga
saepe manu multisque onerauit limina donis. »
Cui rex aetherii breuiter sic fatur Olympi :
« Si mora praesentis leti tempusque caduco
oratur iuueni meque hoc ita ponere sentis,
tolle fuga Turnum atque instantibus eripe fatis ;
hactenus indulsisse uacat. Sin altior istis
sub precibus uenia ulla latet totumque moueri
mutariue putas bellum, spes pascis inanis. »
Et Iuno adlacrimans : « Quid si, quae uoce grauaris,
mente dares atque haec Turno rata uita maneret ?
Nunc manet insontem grauis exitus, aut ego ueri
uana feror. Quod ut o potius formidine falsa
ludar et in melius tua, qui potes, orsa reflectas ! »
  Haec ubi dicta dedit, caelo se protinus alto
misit agens hiemem nimbo succincta per auras
Iliacamque aciem et Laurentia castra petiuit.
Tum dea nube caua tenuem sine uiribus umbram
in faciem Aeneae (uisu mirabile monstrum)
Dardaniis ornat telis, clipeumque iubasque
diuini adsimulat capitis, dat inania uerba,
dat sine mente sonum gressusque effingit euntis :

621 fatur *M*^{1}*Pac*γ^1 : -tus *M*^{2}*Rbdfhrtuv*γ^2, DSERV., TIB. || **639** uerba *MP*^{pc}*Rabcdefhrtuv*γ^1, TIB. : membra *P*$^{ac}\gamma^2$ || **640** gressusque *PRabcdefhrtuv*γ : -sumque *M*, TIB.

reproduit la démarche du héros ; ainsi ces formes qu'on dit voleter encore au delà de la mort, ou ces songes qui se jouent de nos sens assoupis. Le fantôme, au-devant des lignes, bondit triomphant, de ses traits il provoque le Rutule et le harcèle de la voix[1]. Turnus pousse contre, lance de loin sa javeline sifflante ; mais lui, fait demi-tour et s'enfuit. Alors, quand Turnus a cru vraiment qu'Énée se dérobe et lâche pied, lorsque dans son émoi il a bu avidement cette vaine espérance : « Où fuis-tu, Énée ? N'abandonne pas l'hymen qu'on t'a promis ; cette terre que tu as cherchée à travers les ondes, mon bras va te la donner. » Vociférant de la sorte, il se jette sur ses traces, brandit son épée nue et ne voit pas que les vents emportent sa joie.

Il se trouva qu'un vaisseau se dressait, amarré à la base d'un haut rocher, avec échelles débordées et passerelle abattue, celui qui des rives de Clusium avait amené le roi Osinius. Là, tout tremblant, se jette en d'obscurs retraits le fantôme fugitif d'Énée ; Turnus n'est pas moins prompt à le poursuivre ; il saute par-dessus les obstacles, franchit d'un bond les hautes passerelles. A peine avait-il atteint la proue, la Saturnienne rompt le câble, arrache le navire, l'entraîne à travers le reflux des eaux. Énée de son côté appelle au combat son adversaire absent ; sur son passage il précipite dans la mort maints robustes guerriers[2]. Alors, se faisant léger, le fantôme ne cherche plus à se cacher, il s'envole vers les hauteurs et s'est mêlé à la nuée sombre, tandis qu'au même moment, en pleine mer, un tourbillon emporte Turnus. Il regarde autour de lui, ne sachant où il en est, indigné d'être

1. Comparer *Iliade*, 21, 595-611 où Apollon prend les traits du Troyen Agénor pour appâter Achille. Virgile a accentué l'aspect fantastique de cette poursuite.

2. Les v. 659-660 et 663-665 semblent difficiles à disjoindre (cf. Servius). Peut-être faudrait-il lire les v. 661-662 entre le v. 652 et le v. 653.

morte obita quales fama est uolitare figuras
aut quae sopitos deludunt somnia sensus.
At primas laeta ante acies exsultat imago
inritatque uirum telis et uoce lacessit.
Instat cui Turnus stridentemque eminus hastam
conicit, illa dato uertit uestigia tergo.
Tum uero Aenean auersum ut cedere Turnus
credidit atque animo spem turbidus hausit inanem :
« Quo fugis, Aenea ? thalamos ne desere pactos ;
hac dabitur dextra tellus quaesita per undas. »
Talia uociferans sequitur strictumque coruscat
mucronem nec ferre uidet sua gaudia uentos.
  Forte ratis celsi coniuncta crepidine saxi
expositis stabat scalis et ponte parato,
qua rex Clusinis aduectus Osinius oris.
Huc sese trepida Aeneae fugientis imago
conicit in latebras, nec Turnus segnior instat
exsuperatque moras et pontis transilit altos.
Vix proram attigerat, rumpit Saturnia funem
auolsamque rapit reuoluta per aequora nauem.
Illum autem Aeneas absentem in proelia poscit,
obuia multa uirum demittit corpora morti ;
tum leuis haud ultra latebras iam quaerit imago,
sed sublime uolans nubi se immiscuit atrae,
cum Turnum medio interea fert aequore turbo.
Respicit ignarus rerum ingratusque salutis

656 fugientis *codd.* : uenientis TIB. || **659** attigerat *MP*^{ac}*Rabcdefhrtuv*γ^{2}, TIB. : -rit *P*$^{pc}\gamma^{1}$ || rumpit *MPabcefhruv*γ^{1}, SERV., TIB. : rupit *Rdt*γ^{2} || **665** medio interea *MPcdfhrt*γ, TIB. : interea medio *Rabeuv*.

à l'abri ; il tend ses deux mains vers les astres et dit : « O Père tout-puissant, as-tu donc jugé que je méritais un tel déshonneur *, as-tu vraiment voulu me faire subir ce supplice ? Où suis-je emporté ? D'où suis-je parti ? Comment échapper pour revenir et en quel personnage [1] ? Reverrai-je encore les murs des Laurentes ou le camp ? Et ces bataillons, ces vaillants qui m'ont suivi, moi et mes armes, que j'ai, ô honte, abandonnés tous dans une mort affreuse ? Je les vois maintenant débandés, j'entends le gémissement de ceux qui tombent. Que m'arrive-t-il ? Quelle terre pourrait m'engloutir assez profond ? O vents, plutôt, ayez pitié de moi ; contre les falaises, contre les rochers, de tout mon cœur, moi, Turnus, je vous en prie, portez ce vaisseau, jetez-le sur les cruels bas-fonds d'une syrte, en un lieu où ni les Rutules ni le bruit de ma honte ne puissent me rejoindre. » Tandis qu'il parle, son émotion de-ci de-là le fait flotter : peut-être, affolé par tant d'indignités, va-t-il se percer de son épée, en pousser la pointe sanglante à travers ses côtes ; ou se jeter au milieu des flots, gagner en nageant la courbe du rivage, se porter à nouveau contre les armes des Troyens. A l'une et l'autre voie trois fois il s'efforça, trois fois la grande Junon l'arrêta et, le cœur plein de pitié [2], contint sa fureur. Il glisse et fend les eaux du large ; la vague et les courants sont favorables, il est conduit à l'antique cité de son père Daunus.

Cependant, sous l'inspiration de Jupiter *, Mézence

1. S'agit-il d'une fuite honteuse loin du champ de bataille, et du personnage déshonoré qui va revenir à Ardée ? Ou s'agit-il de fuir ce navire ensorcelé pour revenir à la bataille, mais en quel personnage ? Le flottement entre *reducit* et *reducet* traduit sans doute l'embarras des lecteurs antiques.

2. Étrange pitié, a-t-on dit, toute matérielle et incapable de prendre en compte les souffrances de l'honneur. Mais comment aider un héros ? Cf. 12, 48-49, 74, 676-680.

et duplicis cum uoce manus ad sidera tendit :
« Omnipotens genitor, tanton me crimine dignum
duxisti et talis uoluisti expendere poenas ?
Quo feror ? unde abii ? quae me fuga quemue reducit ?
Laurentisne iterum muros aut castra uidebo ?
Quid manus illa uirum, qui me meaque arma secuti,
quosque (nefas) omnis infanda in morte reliqui
et nunc palantis uideo gemitumque cadentum
accipio ? Quid ago ? aut quae iam satis ima dehiscat
terra mihi ? Vos o potius miserescite, uenti ;
in rupes, in saxa (uolens uos Turnus adoro)
ferte ratem saeuisque uadis immittite syrtis,
quo neque me Rutuli nec conscia fama sequatur. »
Haec memorans animo nunc huc, nunc fluctuat illuc,
an sese mucrone ob tantum dedecus amens
induat et crudum per costas exigat ensem,
fluctibus an iaciat mediis et litora nando
curua petat Teucrumque iterum se reddat in arma.
Ter conatus utramque uiam, ter maxima Iuno
continuit iuuenemque animi miserata repressit.
Labitur alta secans fluctuque aestuque secundo
et patris antiquam Dauni defertur ad urbem.
At Iouis interea monitis Mezentius ardens

667 tendit *MPRbfr*, TIB. *in interpr.* : tollit *acdehtuv*, TIB. *in lemm.* || **668** tanton *MRbcdefhrtuv*, SERV., TIB. : -to *Paγ* || **670** reducit *MPRabdfhtγ*¹, SERV. : -cet *ceruvγ*², TIB. || **673** quosque *M*¹*R* : quosue *M*²*Pabcdefhrtuvγ*, DSERV. quosne TIB. *in interpr.*, ASPER *ap.* DSERV. quos TIB. *in lemm.* || in *MPRab cefruvγ* : *om. dht*, TIB. || **674** palantis *M*²*Pcdefhrtuvγ*, SERV., TIB. : pallantis *Rab* pallentis *M*¹ || **675** dehiscat *MPabcdefhtuvγ* : -cet *Rr*, TIB. || **681** mucrone *MP*²*abcdefhrstuvγ*, SERV., TIB., PRISC. 3, 347, 4 ; 359, 8 : -ni *P*¹*R* || **686** iuuenemque *codd.*, TIB. : iuuenem atque ARVS. 491, 18.

prend sa place dans la bataille, il est plein de feu, il se jette sur les Troyens triomphants. Les guerriers tyrrhènes s'élancent à la fois et font porter sur l'homme, sur lui seul, toutes leurs haines et leurs traits serrés. Lui, comme un rocher qui s'avance dans la vaste mer, face aux vents en délire et livré à la houle, supporte toute la violence et les menaces du ciel et de la mer, restant lui-même inébranlé [1]; il couche à terre Hébrus, le fils de Dolichaon, et ensemble Latagus, Palmus si rapide à la fuite ; mais Latagus, il l'atteint de face en plein visage avec une pierre, énorme quartier d'une montagne, il laisse Palmus rouler à terre inerte, le jarret coupé ; il donne les armes à Lausus pour en couvrir ses épaules, et les aigrettes pour les fixer sur son casque. Et c'est encore le Phrygien Évanthès, c'est Mimas, compagnon de Pâris et du même âge que lui ; Théano l'avait mis au monde, donné à son père Amycus, cette même nuit où, grosse d'une torche, la reine, fille de Cissée, enfanta Pâris ; Pâris repose dans la ville de ses aïeux, les rivages laurentes possèdent pour toujours Mimas qui les ignorait [2]. Et comme un fort sanglier, par la morsure des chiens chassé de ses hautes montagnes — le Vésulus couvert de pins l'a protégé longtemps, longtemps aussi, peut-être, les marais laurentes [3], nourri dans leurs champs de roseaux — lorsqu'on est arrivé dans l'enceinte des filets, s'est ramassé sur lui-même, a poussé un grondement farouche, hérissé ses épaules, personne n'a plus le courage soit de se colérer, soit d'approcher plus près,

1. Cf. 7, 586-590 ; *Iliade*, 15, 618-621.

2. A partir de Salluste (*Iug.*, 52, 4), *ignarus* est employé parfois au sens passif ; Aulu-Gelle (8, 12, 22) nous propose de l'entendre ainsi en ce texte, soit que nul ne sache plus où repose Mimas, soit qu'il repose en un pays qui l'avait longtemps ignoré.

3. Il ne peut s'agir d'une bête unique ; le poète évoque une chasse au sanglier, telle qu'elle peut avoir lieu aussi bien dans les Alpes que dans le marais laurente, indifféremment.

succedit pugnae Teucrosque inuadit ouantis.
Concurrunt Tyrrhenae acies atque omnibus uni,
uni odiisque uiro telisque frequentibus instant.
Ille, uelut rupes, uastum quae prodit in aequor,
obuia uentorum furiis expostaque ponto,
uim cunctam atque minas perfert caelique marisque
ipsa immota manens, prolem Dolichaonis Hebrum
sternit humi, cum quo Latagum Palmumque fugacem,
sed Latagum saxo atque ingenti fragmine montis
occupat os faciemque aduersam, poplite Palmum
succiso uolui segnem sinit armaque Lauso
donat habere umeris et uertice figere cristas.
Nec non Euanthen Phrygium Paridisque Mimanta
aequalem comitemque, una quem nocte Theano
in lucem genitori Amyco dedit et face praegnas
Cisseis regina Parin ; *Paris* urbe paterna
occubat, ignarum Laurens habet ora Mimanta.
Ac uelut ille canum morsu de montibus altis
actus aper, multos Vesulus quem pinifer annos
defendit multosque palus Laurentia, silua
pastus harundinea, postquam inter retia uentumst,
substitit infremuitque ferox et inhorruit armos,
nec cuiquam irasci propiusue accedere uirtus,

692 frequentibus *codd.*, TIB. *in interpr.* : sequacibus TIB. *in lemm.* || **696** manens *PRbcdefhrtuvγ*, TIB. : manent M^1 manet M^2a || **705** paris *Bentley* : creat M^2*PRabcdefhrtuvγ*, SERV. 5, 535, DSERV., TIB., SAC. 478, 20 crepat M^1 || **706** occubat M^2*Pabcdefhrtuvγ*, SERV., TIB. : -upat M^1R || **707** ac *codd.*, DSERV., TIB. : at PROB. 246, 13 || **709** multosque *Rabcdefhrtuv*, SERV., TIB. *in lemm.* : -toque *M* -tosue *Pγ*, TIB. *in interpr.* || **712** propiusue *MRacdefhrtuv*, TIB. : -sque *Pbγ*.

mais ils le pressent de leurs javelots et de leurs cris qu'ils poussent de loin sans s'exposer. De même, parmi ceux dont Mézence a suscité la juste haine, personne n'est tenté de courir sur lui fer au poing, ils le harcèlent à distance de leurs traits, de leurs bruyantes clameurs ; lui, sans peur, il se garde dans toutes les directions pour bondir, grinçant des dents, et d'une secousse il fait tomber les javelines piquées dans le cuir *.

De l'antique pays de Corythus, Acron était venu, un Grec, laissant dans son exil un hymen en suspens. Dès que Mézence le vit, jetant au loin le désordre parmi les bataillons, avec ses rouges aigrettes et le manteau de pourpre donné par sa fiancée, comme un lion à jeun, en courses sans relâche dans les hauts pâturages — une faim furieuse l'incite —, s'il a vu une chevrette prompte à fuir ou un cerf dressant sa ramure, il reprend cœur, ouvrant ses mâchoires redoutables ; il a gonflé sa crinière et reste attaché à sa proie, s'allongeant sur les chairs déchirées, un sang hideux lave sa gueule avide[1] ; ainsi Mézence se rue en bondissant au plus épais des ennemis. Le malheureux Acron est renversé, ses talons frappent la terre noire, il expire, ensanglantant le dard brisé dans sa blessure. Mézence, poursuivant, ne daigna pas abattre Orodès qui fuyait, ou le frapper en lançant sa pique d'un coup qu'il n'eût vu venir ; il courut pour lui faire face et l'affronta homme contre homme, voulant s'imposer non par une surprise mais par la force de ses armes. Alors, pesant de sa lance et de son pied sur l'homme terrassé : « Amis, le voilà étendu le superbe Orodès, un des grands rôles de la guerre. » Ses compagnons, faisant écho, poussent un joyeux péan[2]. Mais le

1. Le moment de l'attaque, la mise à mort ne sont pas évoqués, mais seulement deux attitudes immobiles, avant et après ; l'effet de puissance s'en trouve accru ; cf. *Iliade*, 17, 61-69.

2. Cf. le péan chanté à la mort d'Hector (*Iliade*, 22, 391).

sed iaculis tutisque procul clamoribus instant :
haud aliter, iustae quibus est Mezentius irae,
non ulli est animus stricto concurrere ferro,
missilibus longe et uasto clamore lacessunt ;
ille autem impauidus partis cunctatur in omnis
dentibus infrendens et tergo decutit hastas.
  Venerat antiquis Corythi de finibus Acron,
Graius homo, infectos linquens profugus hymenaeos ;
hunc ubi miscentem longe media agmina uidit,
purpureum pinnis et pactae coniugis ostro,
impastus stabula alta leo ceu saepe peragrans
(suadet enim uesana fames), si forte fugacem
conspexit capream aut surgentem in cornua ceruom,
gaudet hians immane comasque arrexit et haeret
uisceribus super accumbens, lauit improba taeter
ora cruor,
sic ruit in densos alacer Mezentius hostis.
Sternitur infelix Acron et calcibus atram
tundit humum exspirans infractaque tela cruentat.
Atque idem fugientem haud est dignatus Oroden
sternere nec iacta caecum dare cuspide uolnus,
obuius aduersoque occurrit seque uiro uir
contulit, haud furto melior sed fortibus armis.
Tum super abiectum posito pede nixus et hasta :
« Pars belli haud temnenda, uiri, iacet altus Orodes. »
Conclamant socii laetum paeana secuti.

713 tutisque *MRabcdefhrtuv*γ^2, TIB. : tot- *P*γ^1 || **727** accumbens *PRcdfht*, MACR. 5, 10, 7 : accubens γ^1 incumbens *Maberuv*γ^2, TIB., PRISC. 2, 403, 5 || **737** uiri *MPRVabefhruv*γ, SERV., TIB. : -ris *cdt*, ASPER *ap.* SERV.

mourant : « Je serai vengé ; qui que tu sois, mon vainqueur, tu ne te réjouiras pas longtemps ; toi aussi, un semblable destin te guette et bientôt tu entreras en possession de la même terre. » Mézence, avec un demi-sourire où se mêle sa violence : « Pour l'instant, meurs ; en ce qui me concerne, le père des dieux et roi des hommes décidera. » A ces mots il retira son arme du corps. Un dur repos, un sommeil de fer s'abat sur les yeux du vaincu, son regard se ferme pour la nuit éternelle [1].

Cédicus égorge Alcathoüs *, Sacrator s'en prend à Hydaspe, Rapo à Parthénius et à l'indomptable Orsès, Messapus à Clonius et au Lycaonien Érichétès, l'un jeté à terre par un faux pas de son cheval qu'il menait sans frein, l'autre combattant à pied. Le Lycien Agis s'était lui aussi avancé à pied et cependant Valérus, en qui revit la valeur de ses aïeux, l'abat [2] ; Salius tue Thronius, Néalcès tue Salius, mais par ruse, avec le dard, avec la flèche qui de loin surprend. Déjà le terrible Mars rendait égaux, de part et d'autre, les deuils et les trépas ; ils frappaient avec même vigueur, avec même vigueur ils se ruaient au combat, tantôt vainqueurs, tantôt vaincus ; ni les uns ni les autres ne connaissaient la fuite. Les dieux, dans le palais de Jupiter, prennent en pitié la vaine rage des deux partis et ces lourdes souffrances qui sont le lot des mortels. Ici Vénus, en face la Saturnienne Junon regardent. La pâle Tisiphone parmi ces milliers d'hommes exerce ses fureurs.

Et voici que Mézence, brandissant une énorme pique,

1. La qualité de ces deux vers provient de plusieurs éléments : contexte (le bref dialogue qui précède, la mort qui d'un coup s'abat sur le mourant), choix des adjectifs (il y a un sommeil d'airain dans *Iliade*, 11, 241), solennité de l'archaïsme *olli*, ordre des mots, rejet. On les retrouve en 12, 309-310 avec une légère variante peut-être heureuse, mais moins bien introduits.

2. On ne voit pas bien ce qui signale l'exploit de Valérus. Agis était-il redoutable parce qu'il était à pied (comme un cham-

Ille autem exspirans : « Non me, quicumque es, inulto,
uictor, nec longum laetabere ; te quoque fata
prospectant paria atque eadem mox arua tenebis. »
Ad quem subridens mixta Mezentius ira :
« Nunc morere ; ast de me diuom pater atque hominum [rex
uiderit. » Hoc dicens eduxit corpore telum.
Olli dura quies oculos et ferreus urget
somnus, in aeternam clauduntur lumina noctem.
  Caedicus Alcathoum obtruncat, Sacrator Hydaspen
Partheniumque Rapo et praedurum uiribus Orsen,
Messapus Cloniumque Lycaoniumque Erichaeten,
illum infrenis equi lapsu tellure iacentem,
hunc peditem. Pedes et Lycius processerat Agis,
quem tamen haud expers Valerus uirtutis auitae
deicit ; at Thronium Salius Saliumque Nealces
insidiis, iaculo et longe fallente sagitta.
Iam grauis aequabat luctus et mutua Mauors
funera ; caedebant pariter pariterque ruebant
uictores uictique, neque his fuga nota neque illis.
Di Iouis in tectis iram miserantur inanem
amborum et tantos mortalibus esse labores ;
hinc Venus, hinc contra spectat Saturnia Iuno.
Pallida Tisiphone media inter milia saeuit.
  At uero ingentem quatiens Mezentius hastam

742 ad quem *Refv*, TIB., MACR. 5, 12, 10 : at quem *M^2c* ad quae *Vd* at quae *$P^1\gamma$* atque *M^1P^2ahrtu* adque *b* || **751** pedes *dist.* *M^2P^2*, TIB. || **754** insidiis *$M^2PRVabfhr\gamma$*, TIB. : insignis *$M^1cdetuv$* || **756** caedebant *Macfh*, TIB. : ced- *$PRVbdertuv\gamma$*, *comm. Lucan.* 5, 1, *utrumque agnoscit* SERV. || **758** iram *codd.*, SERV., TIB. : casum MACR. 5, 16, 14.

apparaît, tel un orage, en marche, dans la plaine. Comme le grand Orion quand il s'avance à pied, ouvrant sa route en plein milieu par les plus vastes fosses de Nérée, dépasse les ondes de la hauteur de ses épaules ou que, rapportant du sommet des montagnes un orne chargé d'ans, il marche sur le sol et plonge sa tête parmi les nuages[1], ainsi avec son armure gigantesque Mézence se porte en avant. Énée, qui l'observe dans la longue file des guerriers, se prépare à l'affronter. Lui, reste là, sans s'émouvoir, attendant son courageux ennemi, il tient par sa masse, puis ayant mesuré du regard l'espace que peut franchir son javelot : « Mon bras, qui est mon dieu à moi, et ce trait que je lance me soient secours présent ! Je te consacre, Lausus : revêtu des dépouilles arrachées au cadavre de ce brigand, tu seras le trophée d'Énée. » Il dit et jeta de loin sa pique qui siffle ; mais dans son vol elle fut repoussée par le bouclier, et ailleurs va percer le noble Antorès entre le flanc et le bas-ventre, Antorès, un compagnon d'Hercule qui, envoyé d'Argos, s'était donné à Évandre et fixé dans sa ville italienne. Il tombe, le malheureux, frappé d'un coup qui n'était pas pour lui, il regarde le ciel et se souvient en mourant de la douce Argos. Alors le pieux Énée lance sa javeline ; elle traversa l'orbe bombé d'un triple bronze, les toiles de lin, l'appareil assemblé des peaux de trois taureaux et se fixa profondément dans l'aine, mais ne porta pas plus avant sa force. Énée aussitôt, joyeux de voir couler le sang du Tyrrhénien, tire

pion s'offrant pour un combat singulier ? cf. 6, 880 ; 10, 453 ; 11, 706-711), ou parce qu'il était Agis (le nom rappelle Sparte et ses rois). On verra dans l'apparat que les éditeurs antiques ont été embarrassés.

1. Depuis le v. 693, c'est la quatrième comparaison relative à Mézence ; une telle accumulation est exceptionnelle. De surcroît, Orion nous rappelle ici les figures monstrueuses de Polyphème (3, 659-665), de la Renommée (4, 177) et de la Discorde (*Iliade*, 4, 443). Naguère, Énée lui-même avait été comparé au

turbidus ingreditur campo. Quam magnus Orion,
cum pedes incedit medii per maxima Nerei
stagna uiam scindens, umero supereminet undas
aut summis referens annosam montibus ornum
ingrediturque solo et caput inter nubila condit :
talis se uastis infert Mezentius armis.
Huic contra Aeneas, speculatus in agmine longo,
obuius ire parat. Manet imperterritus ille
hostem magnanimum opperiens et mole sua stat
atque oculis spatium emensus quantum satis hastae :
« Dextra mihi deus et telum, quod missile libro,
nunc adsint ! Voueo praedonis corpore raptis
indutum spoliis ipsum te, Lause, tropaeum
Aeneae. » Dixit stridentemque eminus hastam
iecit ; at illa uolans clipeost excussa proculque
egregium Antoren latus inter et ilia figit,
Herculis Antoren comitem, qui missus ab Argis
haeserat Euandro atque Itala consederat urbe.
Sternitur infelix alieno uolnere caelumque
aspicit et dulcis moriens reminiscitur Argos.
Tum pius Aeneas hastam iacit ; illa per orbem
aere cauom triplici, per linea terga tribusque
transiit intextum tauris opus imaque sedit
inguine, sed uiris haud pertulit. Ocius ensem
Aeneas uiso Tyrrheni sanguine laetus

766 summis *codd.*, TIB. : altis PROB. 262, 30 || **769** huic *Rabcdefrtuvγ* : hunc *MP^2h* huc *P^1* cui TIB. || longo *MPR^{pc}abcde fhrtuvγ*, TIB. *in lemm.* : -ge *R^{ac}*, TIB. *in interpr.* || **770** ille *codd.*, TIB. : ipse NON. 349, 20 || **781** sternitur *codd.*, TIB. : decidit ENNOD. 197, 29.

vivement l'épée qui battait sa cuisse et tandis que son adversaire se trouble, il le presse avec feu.

A cette vue, Lausus, touché d'amour pour son père chéri, poussa un grand cri de douleur et des larmes roulèrent sur son visage. Non, l'événement de cette dure mort, ton généreux exploit — si notre foi doit s'assurer sur l'antique mémoire de ce haut fait * —, toi surtout, jeune homme, si digne de notre souvenir, je ne saurais vous quitter en silence. Le père, reculant pas à pas, hors d'état de combattre et comme entravé, cédait du terrain et à son bouclier traînait la javeline ennemie. Le jeune homme s'élança, se mêla au duel ; comme le vainqueur déjà levait son bras, portait son coup, il se glissa devant la pointe et retardant Énée lui-même, soutint son assaut ; ses compagnons l'assistent avec de grands cris ; en attendant que le père, protégé par le léger bouclier de son fils, pût s'éloigner, ils lancent leurs dards et se tenant à bonne distance essaient de repousser l'ennemi avec leurs traits. Énée est furieux, mais il se tient à couvert. Quand les nuages croulent en répandant la grêle, laboureurs, paysans, tous dans la plaine ont vite fait de se sauver, le voyageur reste à l'abri comme dans un fort, soit près des bords d'une rivière ou sous la voûte d'un haut rocher, tant qu'il pleut sur la terre ; afin qu'ils puissent, le soleil une fois revenu, mener leur journée à son terme [1]. Ainsi, chargé des traits qui viennent de partout, Énée soutient l'orage de la

géant Égéon (v. 565). La politique, avec ses duretés, reprendra ses droits aux l. 11-12. Mais ici, depuis la mort de Pallas, le récit se déroule comme aux extrémités de l'univers humain : anticipation des fantômes furieux qui en 12, 940 envahiront à nouveau la scène.

1. Ce petit tableau de vie quotidienne ne doit rien à Homère : on y retrouve le vocabulaire des *Géorgiques*, une nature aux dimensions de l'homme. Le coup porté à Mézence par le *pius Aeneas* (v. 783) a dissipé la fureur aveugle qui enténèbre tous les combats depuis le meurtre de Pallas.

eripit a femine et trepidanti feruidus instat.
Ingemuit cari grauiter genitoris amore,
ut uidit, Lausus, lacrimaeque per ora uolutae.
Hic mortis durae casum tuaque optima facta,
si qua fidem tantost operi latura uetustas,
non equidem nec te, iuuenis memorande, silebo.
Ille pedem referens et inutilis inque ligatus
cedebat clipeoque inimicum hastile trahebat.
Proripuit iuuenis seseque immiscuit armis
iamque adsurgentis dextra plagamque ferentis
Aeneae subiit mucronem ipsumque morando
sustinuit; socii magno clamore sequontur,
dum genitor nati parma protectus abiret,
telaque coniciunt proturbantque eminus hostem
missilibus. Furit Aeneas tectusque tenet se.
Ac uelut, effusa si quando grandine nimbi
praecipitant, omnis campis diffugit arator,
omnis et agricola, et tuta latet arce uiator
aut amnis ripis aut alti fornice saxi,
dum pluuit in terris, ut possint sole reducto
exercere diem : sic obrutus undique telis
Aeneas nubem belli, dum detonet omnis,

788 femine *codd.*, SERV., TIB., CHAR. 87, 7 : -more PRISC. 2, 238, 14, AVSON. *cento* 109 || **791** optima *Pacdefhtuvγ*, SERV. : -me *M*[2]*Rbr*, TIB., *alii ap.* SERV. -mae *M*[1] || **796** proripuit *Mbcdefhrtuvγ*, TIB. : prorupit *PRa* || **797** dextra *MP*[1]*b*γ[1] : -rae *P*[2]*acdefhrtuvγ*[2], SERV., TIB. -ram *R* || **798** morando *codd.*, SERV., TIB. : -ntem SERV. 7, 161 || **805** arce *e* : ar *r* arte *MPRabcdfhtuvγ*, DSERV., TIB. || **807** dum *codd.*, SERV., TIB. *in interpr.* : cum TIB. *in lemm.* || pluuit *dist.* *M*[2], SERV., TIB. || terris *dist.* *P*[2], *damnat* SERV. || possint *M*[2]*PR*[2]*abcefhruvγ*, TIB. *in lemm.* : -sit *M*[1]*R*[1]*dt*, TIB. *in interpr.* || **809** detonet *P*[1]*Rab?crt*, SERV., TIB. : detinet *MP*[2]*defhuvγ*.

guerre, en attendant qu'il épuise ses foudres ; mais il adresse à Lausus reproches et menaces : « Où cours-tu pour y trouver la mort * ? où viens-tu oser ce qui passe tes forces ? Imprudent, ta piété t'abuse. » Mais sans l'écouter Lausus bondit en avant, hors de sens ; maintenant les mouvements de la cruelle colère s'émeuvent et montent en l'âme du chef dardanien, les Parques rassemblent les derniers fils de la vie de Lausus ; de fait, Énée lui pousse en plein corps sa puissante épée qu'il enfonce tout entière. La pointe a traversé le léger bouclier, faible défense de qui menaçait, la tunique que sa mère avait tissée d'or souple ; le sang baigne les plis de sa robe ; à travers les vents sa vie toute triste se retira chez les Mânes et abandonna son corps [1].

Mais quand le fils d'Anchise vit les traits et le visage du mourant, un visage devenant étrangement pâle [2], il gémit, plein d'une profonde pitié, il lui tendit la main et une sorte de tendresse paternelle * pénétra son esprit : « Que te donner maintenant, malheureux enfant, en rapport avec ce que tu vaux ? Le pieux Énée, que te donnera-t-il qui soit digne d'un si noble cœur ? Garde ces armes qui firent ta joie ; toi-même, si ce soin te touche, je te remets aux mânes et à la cendre de tes pères. Ceci pourtant, infortuné, en ta triste mort te confortera : c'est par le bras du grand Énée que tu succombes * ». Il exhorte lui-même ses compagnons hésitants, il soulève le jeune homme, dont les cheveux soigneusement parés se souillaient de sang.

1. La mort atteint Lausus en pleine exaltation, et il n'en finit pas de mourir (*morientis*, v. 821) ; mort dont le poète, comme Énée, suit avec émotion les étapes (817b-818a), mort vécue (*maesta*, v. 820) par celui qui meurt et que nous accompagnons chez les Mânes, tandis que son visage se retire loin de nous. On comparera *a contrario* la mort d'Orodès (v. 746).

2. Telles sont les ombres des morts dans l'Achéron (Ennius, Lucrèce, 1, 123), ou les fantômes (*Georg.*, 1, 477), ou les morts

sustinet et Lausum increpitat Lausoque minatur :
« Quo moriture ruis maioraque uiribus audes ?
Fallit te incautum pietas tua. » Nec minus ille
exsultat demens ; saeuae iamque altius irae
Dardanio surgunt ductori extremaque Lauso
Parcae fila legunt : ualidum namque exigit ensem
per medium Aeneas iuuenem totumque recondit.
Transiit et parmam mucro, leuia arma minacis,
et tunicam, molli mater quam neuerat auro,
impleuitque sinum sanguis ; tum uita per auras
concessit maesta ad manis corpusque reliquit.
At uero ut uoltum uidit morientis et ora,
ora modis Anchisiades pallentia miris,
ingemuit miserans grauiter dextramque tetendit
et mentem patriae subiit pietatis imago.
« Quid tibi nunc, miserande puer, pro laudibus istis,
quid pius Aeneas tanta dabit indole dignum ?
Arma, quibus laetatus, habe tua ; teque parentum
manibus et cineri, si qua est ea cura, remitto.
Hoc tamen infelix miseram solabere mortem :
Aeneae magni dextra cadis. » Increpat ultro
cunctantis socios et terra subleuat ipsum
sanguine turpantem comptos de more capillos.

810 et *codd.*, TIB. *in interpr.* : ac TIB. *in lemm.* || **812** fallit te *Mabcdefhrtuvγ²*, SERV., TIB. : fallite *R* fallet te *Pγ¹* || **815** fila *MRacdefhrtuvγ¹*, SERV., TIB. : lina *Pb?γ²* || **817** arma *dist. ut uid.* SERV. || **819** sinum *M²PRabcefhuvγ¹*, DSERV., TIB. *in interpr.* : sinus *M¹drtγ²*, TIB. *in lemm.*, *schol. Iuuen.* 4, 41 || **821** uoltum ut TIB. || **823** miserans grauiter *PRbcdfhrtγ*, TIB. : grauiter miserans *Maeuv* || **824** subiit *Pabcdefhtuvγ*, TIB. : subit *R* strinxit *Mr* || **832** de *codd.*, SERV., TIB. *in lemm.*, CHAR. 104, 22 : ex *GLK* 5, 574, 3, *utrumque habet* TIB. *in interpr.*

Cependant le père, près des courants du Tibre, étanchait d'eau vive sa blessure, tentait de se refaire, appuyé contre un tronc d'arbre. A quelque distance, son casque de bronze est suspendu à une branche, ses lourdes armes reposent dans le pré. Debout, l'élite de ses hommes l'entoure. Lui-même, affaibli, haletant, rentre son cou dans ses épaules *, répandant sur sa poitrine une longue barbe. Il ne cesse de s'enquérir au sujet de Lausus, il renvoie pour qu'on le rappelle, pour qu'on lui porte les messages de son père affligé.

Et voici que ses compagnons tout en pleurs ramenaient Lausus sans vie, étendu sur ses armes, le grand Lausus navré d'une grande blessure. De loin il entendit le gémissement, pressentant son malheur. Il couvre ses cheveux blancs d'une hideuse poussière, tend vers le ciel ses deux mains, prend le corps dans ses bras : « J'étais donc, ô mon fils, à ce point possédé par le plaisir de vivre que je souffrisse de voir pour moi s'exposer aux coups de l'ennemi l'enfant que j'ai engendré ? C'est donc par ces blessures, par tes blessures que je me trouve conservé, moi ton père, vivant par ta mort ? Hélas ! avec ce malheur, c'est aujourd'hui seulement que commence le terrible exil ; c'est aujourd'hui que le coup a été porté jusqu'au fond. Déjà, mon enfant, j'ai entaché ton nom de mon opprobre, quand chassé par l'envie je perdis mon trône et le sceptre de mes pères. J'aurais dû sacrifier quelque chose à ma patrie et à la haine des miens. Que ne leur ai-je donné moi-même à travers mille morts cette vie coupable * ! Et je vis et je ne quitte pas encore les hommes et la lumière ! Mais je vais les quitter. » Disant ces mots, il se redresse sur sa

quand ils apparaissent (*Aen.*, 1, 354). L'expression *miris modis* devenue archaïsante contribue à l'effet ; mais plus encore l'emploi du participe, surtout ici lors du passage de la vie à la mort.

Interea genitor Tiberini ad fluminis undam
uolnera siccabat lymphis corpusque leuabat
arboris acclinis trunco. Procul aerea ramis
dependet galea et prato grauia arma quiescunt.
Stant lecti circum iuuenes ; ipse aeger anhelans
colla fouet fusus propexam in pectore barbam ;
multa super Lauso rogitat multumque remittit
qui reuocent maestique ferant mandata parentis.
At Lausum socii exanimem super arma ferebant
flentes, ingentem atque ingenti uolnere uictum.
Agnouit longe gemitum praesaga mali mens.
Canitiem multo deformat puluere et ambas
ad caelum tendit palmas et corpore inhaeret.
« Tantane me tenuit uiuendi, nate, uoluptas,
ut pro me hostili paterer succedere dextrae
quem genui ? Tuane haec genitor per uolnera seruor
morte tua uiuens ? Heu, nunc misero mihi demum
exilium infelix ! nunc alte uolnus adactum !
Idem ego, nate, tuom maculaui crimine nomen,
pulsus ob inuidiam solio sceptrisque paternis.
Debueram patriae poenas odiisque meorum ;
omnis per mortis animam sontem ipse dedissem !
Nunc uiuo neque adhuc homines lucemque relinquo.
Sed linquam. » Simul hoc dicens attollit in aegrum

834 leuabat *bcdfhrtuvγ*, SERV., TIB. *in interpr.* : lauabat *MPRae*, TIB. *in lemm.* || **835** ramis *MPabcdefhrtuvγ*, DSERV. 10, 869, TIB., *schol. Ver. B.* 6, 16 : ramo *R*, SERV. *B.* 6, 16 || **838** pectore *MRabcefhrv*, SERV., TIB., *schol. Pers.* 1, 15 : pectora *dt* corpora *P*^{ac} corpore *P*^{pc}*uγ* || **839** rogitat *MRbcdfrtu*, TIB. : -tans *Paehvγ* || **847** succedere dextrae *codd.*, TIB. : succumbere dextra PRISC. 3, 102, 8 || **850** exilium *P*^{ac}*aγ*^{1}, SERV. : exitium *MP*^{pc}*Rb cdef hrtuvγ*^{2}, TIB.

cuisse blessée et quoique sa profonde plaie le force à des mouvements plus lents[1], toujours fier il fait amener son cheval. C'était son orgueil, son réconfort, il sortait avec lui vainqueur de toutes les guerres. Il le voit triste et lui parle ainsi[2] : « Rhèbe, longuement, si rien est jamais long pour les mortels, nous avons vécu. Ou vainqueur aujourd'hui tu rapporteras les dépouilles odieuses et la tête sanglante d'Énée et tu vengeras avec moi les douleurs de Lausus[3], ou si aucun effort ne nous ouvre une issue, tu succomberas comme moi. Car je ne crois pas que toi, un vaillant, tu daignes souffrir les ordres d'étrangers ou de maîtres venus de Troie. »

Il dit, sur le dos complaisant il disposa son corps comme à l'accoutumée, chargea ses deux mains de javelines aiguës, la tête étincelante de bronze, hérissé d'un cimier de crin. Ainsi, rapide, il se jeta dans la mêlée. Dans son cœur bouillonnent à la fois une grande honte et un délire où le chagrin se mêle. Alors d'une voix puissante, trois fois il appela Énée. Énée le reconnut en effet et plein de joie il prie : « Qu'ainsi le veuillent le père des dieux et l'auguste Apollon, engage toi-même le combat. » Il n'en dit pas davantage et, la pique en avant, s'approche à sa rencontre. Mais lui : « Que craindrais-je de toi, ô le plus cruel des hommes, maintenant que tu m'as enlevé mon fils ? C'était la seule manière dont on pouvait m'abattre : la mort ne nous inspire pas d'horreur et, quant aux dieux, nous n'en ménageons aucun. Assez !

1. Ou « quoique sa vigueur soit alentie par sa profonde blessure ».

2. Achille, lui aussi, s'adresse à ses chevaux pour les encourager ; l'un d'eux, même, lui répond et lui prophétise sa mort (*Iliade*, 8, 185-197 ; 19, 400-424), mais ce sont chevaux de race divine, voire immortels (*Iliade*, 17, 444). Ici, Mézence parle à son cheval comme à un ami ; on pense à Polyphème se plaignant à son bélier (*Odyss.*, 9, 446-460).

3. Seul texte, chez Virgile, où *dolores* ait un sens concret (cf. v. 820) ; mais voir Cicéron cité en n. *ad* 11, 756.

se femur et, quamquam uis alto uolnere tardat,
haud deiectus equom duci iubet. Hoc decus illi,
hoc solamen erat, bellis hoc uictor abibat
omnibus. Adloquitur maerentem et talibus infit :
« Rhaebe, diu, res si qua diu mortalibus ulla est,
uiximus. Aut hodie uictor spolia illa cruenti
et caput Aeneae referes Lausique dolorum
ultor eris mecum aut, aperit si nulla uiam uis,
occumbes pariter ; neque enim, fortissime, credo,
iussa aliena pati et dominos dignabere Teucros. »
  Dixit et exceptus tergo consueta locauit
membra manusque ambas iaculis onerauit acutis,
aere caput fulgens cristaque hirsutus equina.
Sic cursum in medios rapidus dedit. Aestuat ingens
uno in corde pudor mixtoque insania luctu
[et furiis agitatus amor et conscia uirtus].
Atque hic Aenean magna ter uoce uocauit.
Aeneas agnouit enim laetusque precatur :
« Sic pater ille deum faciat, sic altus Apollo,
incipias conferre manum ! »
Tantum effatus et infesta subit obuius hasta.
Ille autem : « Quid me erepto, saeuissime, nato
terres ? Haec uia sola fuit, qua perdere posses.
Nec mortem horremus nec diuom parcimus ulli.

857 quamquam uis *MP*^{1}*Rabcdefluv*γ, TIB. : quamuis *P*^{2}*hr* || tardat *M*^{2}*P*^{1}*R*^{2}*arl*γ^2, DSERV. : ardat *M*^{1} tardet *P*^{2}*bcdefhuv*γ^1, SERV., TIB. tardast *R*^{1} || **860** et talibus infit *MPbcdfhrt*, TIB. : ac talia fatur *Raeuv* || **862** cruenti *P*^{1}, *agnoscit* DSERV. : cruenta *MP*^{2}*Rabcdefhrtuv*γ, SERV., TIB. sup (erba *uel* erbi) PROB. 246, 4 || **863** dolorum *MR*^{2}*abcdefhrluv*γ^2, DSERV., TIB. : -rem *PR*$^1\gamma^1$ || **870** cursum *MPbcdefhrtuv*γ^2, TIB. : -su *Ra* -sus γ || **872** (= 12, 668) *om.* *MPRabr*γ^1, SERV., TIB. : *habent cdefhtuv*γ^2 || **879** posses *codd.*, SERV., TIB. : -sis NON. 420, 14.

car je viens en homme prêt à mourir, mais d'abord je t'apporte ces cadeaux. » Il dit et balança un javelot contre l'ennemi ; puis un autre encore et un autre dont il le charge ; il vole en circuits immenses mais le bouclier d'or tient bon. Trois fois autour d'Énée debout, il fit tourner son cheval sur sa gauche, dardant ses traits à pleine force, trois fois tournant sur lui-même le héros troyen reçoit la monstrueuse forêt sur le bronze qui le protège.

Puis il se lasse de toutes ces lenteurs, de ces dards qu'il faut arracher, il est dangereusement serré dans cet assaut inégal ; après avoir tout pesé, il bondit enfin et jette sa pique entre les tempes creuses du cheval de guerre. Le quadrupède s'enlève et se cabre, il frappe l'air de ses sabots, renverse son cavalier, l'embarrasse en tombant lui-même ensuite par-dessus : s'abattant en avant, l'épaule démise [1], il l'accable de son poids. Troyens, Latins font flamber le ciel de leurs cris. Énée vole, arrache son épée du fourreau et s'arrêtant : « Où est maintenant le terrible Mézence et la violence sauvage de son âme ? » Mais le Tyrrhénien regarde en haut, emplit ses yeux du ciel, reprend ses esprits, puis il répond : « Ennemi outrageux, pourquoi des invectives et des menaces de mort ? Il n'y a aucun crime à tuer. Ce n'est pas dans ces dispositions que je suis venu me battre, et mon Lausus non plus n'a pas avec toi conclu [2] de tels arrangements. Je ne t'adresse qu'une prière, si des ennemis vaincus peuvent espérer quelque faveur : permets que la terre recouvre mon corps. Je sais que des haines acharnées, celles des miens, font cercle autour de moi ; écarte, je t'en prie, leur fureur, accorde-moi d'être réuni à mon fils dans

1. C'est l'interprétation de Tibérius Donatus ; la précision donnée répond à une intention de réalisme ; on hésite à voir dans *eiecto* un datif qui doublerait *effusum*.

2. Ou « conclu en ma faveur ».

Desine, nam uenio moriturus et haec tibi porto
dona prius. » Dixit telumque intorsit in hostem ;
inde aliud super atque aliud figitque uolatque
ingenti gyro, sed sustinet aureus umbo.
Ter circum astantem laeuos equitauit in orbis
tela manu iaciens, ter secum Troius heros
immanem aerato circumfert tegmine siluam.

Inde ubi tot traxisse moras, tot spicula taedet
uellere et urgetur pugna congressus iniqua,
multa mouens animo iam tandem erumpit et inter
bellatoris equi caua tempora conicit hastam.
Tollit se arrectum quadrupes et calcibus auras
uerberat effusumque equitem super ipse secutus
implicat eiectoque incumbit cernuos armo.
Clamore incendunt caelum Troesque Latinique.
Aduolat Aeneas uaginaque eripit ensem
et super haec : « Vbi nunc Mezentius acer et illa
effera uis animi ? » Contra Tyrrhenus ut auras
suspiciens hausit caelum mentemque recepit :
« Hostis amare, quid increpitas mortemque minaris ?
Nullum in caede nefas, nec sic ad proelia ueni,
nec tecum meus haec pepigit mihi foedera Lausus.
Vnum hoc, per si qua est uictis uenia hostibus, oro :
corpus humo patiare tegi. Scio acerba meorum
circumstare odia : hunc, oro, defende furorem
et me consortem nati concede sepulcro. »

883 figitque *M^2P^2Rabdfrtuv*γ, TIB. : fug- *M^1P^1ceh* ‖ **884** aureus *Racdefhrtuv*γ^2, TIB. : aereus *MPb?* auereus γ^1 ‖ **887** tegmine *MPR^{pc}abcdefhrtuv*γ^1, TIB. : ag- *R^{ac}*γ^2 ‖ **894** cernuos *MP^1bcde fhrtuv*γ^2, SERV., TIB. : cernulus *P^2Ra*γ^1 ‖ **898** ut *$M^1P^1R^{pc}$abc efhrtv*γ^2, TIB. : et *$M^2P^2R^{ac}$du*γ^1.

un tombeau [1]. » Il dit, reçoit sans étonnement l'épée dans la gorge, répand son âme dans le flot du sang qui coule sur ses armes.

1. Réponse d'un homme qui « étant venu chercher la mort, ne s'étonne ni ne se révolte de la trouver, qui ne croit pas à la nécessité de la sépulture pour le repos d'une vie d'outre-tombe, mais dont la dignité répugne à penser qu'il sera mis en pièces par des forcenés » (Cartault). Ses restes, réunis à ceux de Lausus, témoigneraient pour lui.

Haec loquitur iuguloque haud inscius accipit ensem
undantique animam diffundit in arma cruore.

908 animam *MP*[2]*Rabcdefhr tuvγ*, SERV. : -ma *P*[1], TIB. || diffundit *Mbcdefhrtuvγ*[2], SERV. : diffudit TIB. defundit *PRaγ*[1] || cruore *P*[2]*Rabcdefhrtuvγ*, SERV. : -rem *MP*[1], TIB.

LIVRE ONZIÈME

LIVRE XI

1. Énée consacre aux dieux le trophée de Mézence et organise la délégation qui rapportera à Évandre le corps de son fils Pallas. — **100.** Les Latins demandent une trêve pour enterrer leurs morts et expriment à Énée leur horreur de cette guerre. — **139.** A l'arrivée du cortège funèbre, consternation dans la ville d'Évandre ; le vieux roi maudit Turnus. — **182.** Cérémonies funéraires sur le lieu des combats.

225. Les ambassadeurs envoyés à Diomède sont de retour dans la ville des Latins : le héros refuse de reprendre les armes contre les Troyens. Le conseil des Latins en délibère. — **300.** Latinus propose de mettre fin à la guerre par un compromis. — **336.** Drancès renchérit sur cette proposition : l'ambition personnelle de Turnus est la seule cause de cette guerre ; il faut donner Lavinia à Énée. — **376.** Réplique de Turnus : il ne fait que soutenir l'honneur de tous.

445. Les délibérations du conseil sont interrompues par la nouvelle que les Troyens font mouvement vers la ville. Tumulte. Turnus organise la défense : il a appris que l'attaque frontale des Troyens a pour objet principal de donner le change ; Énée a préparé un mouvement tournant par les montagnes, mais lui, Turnus, ira l'y surprendre en un terrain propice aux embuscades, tandis que devant la ville Camille arrêtera les cavaliers ennemis avec ses troupes légères.

532. Diane prévoit que Camille va mourir et elle charge la nymphe Opis, quoi qu'il arrive, de la venger.

597. Combat de cavalerie devant la ville ; flux et reflux ; Tarchon du côté des assaillants, Camille du côté des défenseurs multiplient les exploits. — **759.** Emportée par sa fougue, Camille ne remarque pas qu'un homme la guette ; elle est frappée soudain d'une flèche ; en mourant, elle confie à une de ses compagnes le soin d'aller prévenir Turnus.

836. Le meurtrier de Camille est tué par Opis, mais la panique gagne la ville et ses défenseurs. Pour empêcher le pire, Turnus quitte son embuscade. Énée parvient sans encombre devant la ville.

LIVRE XI

Cependant l'Aurore qui s'élève a quitté l'Océan ; Énée, bien que son cœur le pressât de donner ce moment à ensevelir ses compagnons, bien que son âme par toutes ces morts fût troublée, dès l'aube pourtant exécutait, maintenant vainqueur, ses promesses envers les dieux [1]. Il dresse sur un tertre un chêne énorme dont il a abattu les branches, il le revêt d'armes étincelantes, dépouilles de Mézence le grand chef, trophée pour toi, puissant maître de la guerre ; il fixe les aigrettes ruisselantes de sang, les dards brisés du combattant, la cuirasse frappée et transpercée en douze endroits [2]; il lie à la main gauche le bouclier de bronze, suspend au cou l'épée d'ivoire [3]. Alors, comme la foule des chefs l'entourait, en rangs serrés, de toutes parts, il exhorte ses compagnons triomphants et commence ainsi : « Guerriers, le plus fort est fait ; bannissons toute crainte pour le reste. Les voilà, les dépouilles et, en la personne de ce roi superbe, les prémices que nous offrons aux dieux, voilà le Mézence qu'a fait mon bras. Maintenant la voie nous est ouverte * jusqu'au roi et aux murs des Latins. Préparez vos cœurs au combat, que votre attente prévienne la guerre ;

1. Cette indication ne renvoie à aucun passage précis.

2. On imagine mal que Mézence ait affronté son dernier combat avec une cuirasse aussi malmenée. Servius croit qu'il s'agit d'outrages posthumes, du genre de ceux précisément qu'il aurait voulu éviter (10, 904-905).

3. Les Grecs, depuis le ve siècle, les Romains, à leur suite, depuis le IIIe, érigent souvent de tels « trophées », soit sur le champ de bataille, soit en des temples après une victoire. Ni

LIBER XI

Oceanum interea surgens Aurora reliquit ;
Aeneas, quamquam et sociis dare tempus humandis
praecipitant curae turbataque funere mens est,
uota deum primo uictor soluebat Eoo.
Ingentem quercum decisis undique ramis
constituit tumulo fulgentiaque induit arma,
Mezenti ducis exuuias, tibi, magne, tropaeum,
bellipotens ; aptat rorantis sanguine cristas
telaque trunca uiri et bis sex thoraca petitum
perfossumque locis clipeumque ex aere sinistrae
subligat atque ensem collo suspendit eburnum.
Tum socios (namque omnis eum stipata tegebat
turba ducum) sic incipiens hortatur ouantis :
« Maxima res effecta, uiri ; timor omnis abesto,
quod superest ; haec sunt spolia et de rege superbo
primitiae manibusque meis Mezentius hic est.
Nunc iter ad regem nobis murosque Latinos.
Arma parate animis et spe praesumite bellum,

1 reliquit *MPRbcdefhrtuvγ*, SERV., TIB. : relinquit *a*, DIOM. 496, 7 || **8** rorantis *MPbcdefhrtuvγ*, TIB. : -ti *Ra* || **12** tum *codd.*, TIB. : tunc POMP. 309, 24 || tegebat *codd.*, TIB. : tenebat DIOM. 461, 1 || **18** parate *dist. conicit* SERV. || animis *dist.* $M^{2}P^{2}$, TIB., *agnoscit* SERV.

ainsi, dès que les dieux nous auront fait signe d'arracher nos enseignes et de conduire notre armée hors du camp, rien ne nous empêchera, ni l'imprévu qui déconcerte, ni ces lâches sentiments de peur qui alentissent tous les mouvements. Pour le moment, confions à la terre ces compagnons, corps sans sépulture ; il n'est pas d'autre honneur au creux de l'Achéron. Allez, dit-il, honorez des offrandes suprêmes les nobles âmes qui de leur sang nous ont acquis cette patrie ; que Pallas, d'abord, soit envoyé vers la ville d'Évandre, pour le deuil : ce n'est pas la valeur qui lui a manqué, un jour sombre nous l'enleva et l'engloutit dans un trépas prématuré. »

Ainsi dit-il, fondant en larmes, et il revient sur ses pas au seuil où était exposé le corps sans vie de Pallas, sous la garde du vieil Acétès, écuyer jadis du Parrhasien Évandre, puis, sous des auspices moins heureux, donné comme compagnon à son cher pupille. Autour de lui, toute la troupe des gens de la maison, beaucoup de Troyens et les femmes d'Ilion avec leur chevelure en deuil, dénouée selon le rite. Mais dès qu'Énée eut pénétré sous la haute porte, ils élèvent vers les astres un immense gémissement, frappent leur poitrine, la royale demeure retentit de lamentations désolées. Pour lui, dès qu'il vit sur le coussin la tête de Pallas, blanc comme neige, son visage, puis, béante dans sa poitrine lisse, la blessure du dard ausonien, les larmes lui montent aux yeux, il parle ainsi : « Pauvre enfant, la Fortune, au moment même où elle venait à moi joyeuse, m'a donc envié ta présence, t'a refusé de voir notre royaume, de revenir au foyer paternel, vainqueur, sur ton char ! Ce

Homère ni Hésiode ne mentionnent cette pratique, dont la signification primitive nous échappe encore. Mais jamais les trophées n'ont été plus nombreux à Rome qu'à l'époque d'Auguste ; l'art officiel montre volontiers Auguste occupé à parer un trophée, monument de ses victoires. Sur tout cela, cf. G.-C. Picard, *Les trophées romains*, Paris, 1957.

nè qua mora ignaros, ubi primum uellere signa
adnuerint superi pubemque educere castris,
impediat segnisue metu sententia tardet.
Interea socios inhumataque corpora terrae
mandemus, qui solus honos Acheronte sub imost.
Ite » ait, « egregias animas, quae sanguine nobis
hanc patriam peperere suo, decorate supremis
muneribus maestamque Euandri primus ad urbem
mittatur Pallas, quem non uirtutis egentem
abstulit atra dies et funere mersit acerbo. »
Sic ait inlacrimans recipitque ad limina gressum,
corpus ubi exanimi positum Pallantis Acoetes
seruabat senior, qui Parrhasio Euandro
armiger ante fuit, sed non felicibus aeque
tum comes auspiciis caro datus ibat alumno.
Circum omnis famulumque manus Troianaque turba
et maestum Iliades crinem de more solutae.
Vt uero Aeneas foribus sese intulit altis,
ingentem gemitum tunsis ad sidera tollunt
pectoribus maestoque immugit regia luctu.
Ipse caput niuei fultum Pallantis et ora
ut uidit leuique patens in pectore uolnus
cuspidis Ausoniae, lacrimis ita fatur obortis :
« Tene » inquit, « miserande puer, cum laeta ueniret,
inuidit Fortuna mihi, ne regna uideres
nostra neque ad sedes uictor ueherere paternas !

21 segnisue M^1*Ra* : segnisque M^2*bdefhuv*γ, TIB. signisque *Pcr* || **23** imost *Mbcdefhruv*γ^2, SERV., TIB. : imo *PRa*, *u. om.* γ^1 || **24** quae *codd.*, DSERV., TIB. : qui MACR. 4, 4, 9 || **30** exanimi *Pbdfhr*γ, TIB. : -mis *Raceuv* -mum DON. *Ter. andr.* 234 -me *M.*

n'est pas là ce que j'avais, en le quittant, promis à Évandre ton père pour toi[1], quand dans les effusions du départ il m'envoyait prendre un commandement suprême * et m'annonçait, non sans crainte, des hommes durs, des combats avec un peuple indomptable. Et maintenant, dans les lacs d'une vaine espérance, peut-être il forme des vœux, charge d'offrandes les autels, tandis qu'ici, pleurant un jeune homme sans vie et quitte désormais envers les dieux du ciel, nous l'entourons de stériles honneurs. Infortuné, tu verras les cruelles funérailles de ton fils ! Voilà notre retour, voilà le triomphe tant attendu, voilà ma solennelle promesse ! Du moins, Évandre, tu n'auras pas sous les yeux un infâme chassé par de honteuses blessures, tu n'auras pas à souhaiter, toi le père, une mort affreuse parce que ton fils est réchappé. Hélas ! Ausonie, quel appui tu perds, quelle perte pour toi, Iule ! »

Après avoir ainsi lamenté, il ordonne la levée de ce corps pitoyable *, choisit dans toute l'armée mille hommes d'élite qui seront présents pour les derniers honneurs et joindront leurs larmes à celles de son père, faible adoucissement d'une douleur immense, mais dû à un père malheureux. D'autres se hâtent de tresser les claies d'un souple brancard avec des branches d'arbousier et des rejets de chêne ; ils ombragent ce lit d'un berceau de feuillage. On y dépose le jeune homme sur une haute jonchée champêtre : telle une fleur moissonnée par un doigt virginal, violette tendre ou languide hyacinthe ; son éclat encore, sa beauté ne l'ont pas quittée,

1. Au l. 8, Virgile s'est gardé, naturellement, de formuler de telles promesses. Ici même il reste dans le vague. On voit mal ce qu'Énée aurait pu promettre en rapport avec Pallas : Évandre ne le lui a pas confié comme un enfant, mais donné comme un lieutenant (*adiungam*, 8, 515), un homme capable d'agir par lui-même (*suo nomine*, 8, 519) et qui aurait pu fort bien prendre la tête de la grande coalition des Étrusques (8, 510-511). Pour-

Non haec Euandro de te promissa parenti
discedens dederam, cum me complexus euntem
mitteret in magnum imperium metuensque moneret
acris esse uiros, cum dura proelia gente.
Et nunc ille quidem spe multum captus inani
fors et uota facit cumulatque altaria donis,
nos iuuenem exanimum et nil iam caelestibus ullis
debentem uano maesti comitamur honore.
Infelix, nati funus crudele uidebis !
Hi nostri reditus exspectatique triumphi,
haec mea magna fides ? At non, Euandre, pudendis
uolneribus pulsum aspicies nec sospite dirum
optabis nato funus pater. Ei mihi, quantum
praesidium, Ausonia, et quantum tu perdis, Iule ! »
Haec ubi defleuit, tolli miserabile corpus
imperat et toto lectos ex agmine mittit
mille uiros qui supremum comitentur honorem
intersintque patris lacrimis, solacia luctus
exigua ingentis, misero sed debita patri.
Haud segnes alii cratis et molle feretrum
arbuteis texunt uirgis et uimine querno
exstructosque toros obtentu frondis inumbrant.
Hic iuuenem agresti sublimem stramine ponunt :
qualem uirgineo demessum pollice florem
seu mollis uiolae seu languentis hyacinthi,
cui neque fulgor adhuc necdum sua forma recessit,

51 exanimum *MPbdfhrγ*, TIB. : -mem *Raceuv* || **53** funus nati RVFIN. 54, 15 || **54** exspectatique *MPbcdefhruvγ*, TIB. : exoptatique *Ra* || **57** ei *MPbγ*, DON. *Ter. phorm.* 178 : et *Ra*, TIB. heu *cdefhruv* || **60** agmine *Mbcdefhruvγ*, SERV. *et* 11, 92, TIB. : ordine *PRa*.

mais la terre maternelle ne la nourrit plus, ne soutient plus ses forces.

Énée alors a fait apporter deux riches draps roidis d'or et de pourpre, la Sidonienne Didon les avait de ses mains tissés elle-même pour lui, heureuse de ce travail, brochant les toiles d'un fil d'or. Plein de douleur, il en prend un pour envelopper le corps, dernier honneur qu'il rend au jeune homme, et il couvre comme d'un voile sa chevelure que le feu va consumer. Il entasse, innombrables, des dépouilles arrachées aux Laurentes dans la bataille, il ordonne que ce butin en longue procession soit porté, il y ajoute des chevaux, des armes ravis à l'ennemi. Encore, il avait enchaîné, mains derrière le dos, les hommes qu'il veut envoyer aux ombres, en offrande funèbre, aspergeant de leur sang les flammes du bûcher. Il ordonne que, revêtus d'armes ennemies, des troncs portent les chefs eux-mêmes * et qu'y soient inscrits leurs noms détestés. On amène l'infortuné Acétès, accablé par son âge, tantôt meurtrissant sa poitrine de ses poings, tantôt son visage de ses ongles ; il se jette à terre de tout son corps, étendu en avant. On amène encore le char, teint du sang des Rutules * ; derrière, marche Éthon, le cheval de bataille, il ne porte plus ses glorieux insignes, il pleure et mouille sa face de grosses larmes. D'autres portent la lance et le casque, car Turnus vainqueur a le reste. A la suite vient une phalange en deuil, Troyens, Tyrrhéniens tous ensemble, Arcadiens avec leurs armes retournées vers le sol. Après que le long cortège des compagnons eut tout entier commencé sa marche *, Énée s'arrêta et gémissant profondément proféra ces

tant certains mots d'Évandre (8, 515-517), son attendrissement (8, 572-584), plus tard quelques attitudes de Pallas (10, 160-162, 445-447), ici le rapprochement avec Iule (11, 57-58) nous laissent entendre qu'Énée aurait dû veiller sur lui. Mais c'est surtout à travers la douleur d'Énée (cf. 10, 515 et p. 212) que nous entrevoyons les données d'une situation qui prépare de loin la conclusion de l'*Énéide*.

non iam mater alit tellus uirisque ministrat.
Tum geminas uestis auroque ostroque rigentis
extulit Aeneas, quas illi laeta laborum
ipsa suis quondam manibus Sidonia Dido
fecerat et tenui telas discreuerat auro.
Harum unam iuueni supremum maestus honorem
induit arsurasque comas obnubit amictu,
multaque praeterea Laurentis praemia pugnae
aggerat et longo praedam iubet ordine duci ;
addit equos et tela, quibus spoliauerat hostem.
Vinxerat et post terga manus, quos mitteret umbris
inferias, caeso sparsurus sanguine flammas,
indutosque iubet truncos hostilibus armis
ipsos ferre duces inimicaque nomina figi.
Ducitur infelix aeuo confectus Acoetes,
pectora nunc foedans pugnis, nunc unguibus ora,
sternitur et toto proiectus corpore terrae ;
ducunt et Rutulo perfusos sanguine currus.
Post bellator equos positis insignibus Aethon
it lacrimans guttisque umectat grandibus ora.
Hastam alii galeamque ferunt, nam cetera Turnus
uictor habet. Tum maesta phalanx Teucrique sequontur
Tyrrhenique omnes et uersis Arcades armis.
Postquam omnis longe comitum praecesserat ordo,
substitit Aeneas gemituque haec addidit alto :

82 sparsurus *MPRa*γ^{1}, TIB. *in lemm.* : -ros *bcdefhuv*γ^{2}, TIB. *in interpr.* || flammas *MPbcdefhruv*, TIB., MACR. 6, 6, 3 : -mam *Ra*γ || 84 figi *MPbcdefhruv*γ, SERV., TIB. : fingi *Ra* || 87 *hunc u. ante* 86 *collocat* TIB. || 93 omnes *MPcfhrv*γ, TIB., PROB. 231, 1 : duces *Rabdeu*, SERV. || 95 addidit *M*^{1}*Pbcdfhrv*γ, TIB. : aedidit *M*^{2} edidit *Raeu*.

paroles : « Partons, nous ; allons vers d'autres larmes où nous appellent les mêmes affreux destins de la guerre. Je te salue à tout jamais, grand Pallas, à tout jamais adieu[1] ! » Et, sans en dire plus, il marchait vers les hautes murailles et dirigeait ses pas vers le camp.

Déjà les orateurs étaient là, venus de la ville latine, voilés de rameaux d'olive et demandant en grâce qu'il voulût bien rendre les corps dont le fer en tous lieux avait jonché les plaines, et leur permît de trouver asile dans la terre sous un tertre : la lutte a perdu ses droits quand l'homme est vaincu, privé du ciel brillant ; qu'il épargnât ceux qu'il appelait naguère des noms d'hôtes et de beaux-pères. Le bon Énée accueille avec humanité une prière aussi juste et il ajoute encore ceci : « Quelle indigne fortune vous a engagés dans une telle guerre, Latins, que vous fuyiez notre amitié ! Vous me demandez la paix pour les morts frappés dans les hasards de Mars ; comme je voudrais aussi l'accorder aux vivants ! Non, je ne suis pas venu pour cela... si les destins ne m'avaient assigné ce lieu et ce séjour *, et je ne fais pas la guerre à votre nation. Votre roi a oublié qu'il nous avait reçus en hôtes, il a préféré mettre ses espoirs dans les armes de Turnus. Cette mort, c'est Turnus qui devait l'affronter, c'eût été plus juste. S'il a projet de finir la guerre, de chasser les Troyens, par la force de son bras, c'est avec ces armes qu'il aurait dû contre moi se porter ; celui-là aurait vécu auquel un dieu ou sa vaillance aurait donné la vie *. Maintenant, allez et pour vos malheureux concitoyens élevez des bûchers. »

Énée avait dit. Son discours les plongea dans une stupeur silencieuse ; tournés les uns vers les autres, ils échangeaient leurs regards. Alors le vieux Drancès, que haines et griefs opposaient sans cesse au jeune Turnus,

1. La répétition paraît avoir un caractère liturgique, cf. Catulle, 101, 10 : *atque in perpetuum... aue atque uale.*

« Nos alias hinc ad lacrimas eadem horrida belli
fata uocant : salue aeternum mihi, maxime Palla,
aeternumque uale. » Nec plura effatus ad altos
tendebat muros gressumque in castra ferebat.
Iamque oratores aderant ex urbe Latina
uelati ramis oleae ueniamque rogantes :
corpora, per campos ferro quae fusa iacebant,
redderet ac tumulo sineret succedere terrae ;
nullum cum uictis certamen et aethere cassis ;
parceret hospitibus quondam socerisque uocatis.
Quos bonus Aeneas haud aspernanda precantis
prosequitur uenia et uerbis haec insuper addit :
« Quaenam uos tanto fortuna indigna, Latini,
implicuit bello, qui nos fugiatis amicos ?
Pacem me exanimis et Martis sorte peremptis
oratis ? equidem et uiuis concedere uellem.
Nec ueni, nisi fata locum sedemque dedissent,
nec bellum cum gente gero : rex nostra reliquit
hospitia et Turni potius se credidit armis.
Aequius huic Turnum fuerat se opponere morti.
Si bellum finire manu, si pellere Teucros
apparat, his mecum decuit concurrere telis ;
uixet cui uitam deus aut sua dextra dedisset.
Nunc ite et miseris supponite ciuibus ignem. »
Dixerat Aeneas. Illi obstipuere silentes
conuersique oculos inter se atque ora tenebant.
Tum senior semperque odiis et crimine Drances
infensus iuueni Turno sic ore uicissim

101 rogantes *MPbcdfhrvγ*, DSERV. : precantes *Raeu*, SERV. *et* 10, 31, TIB.

ouvre la bouche et répond : « Grand par ta renommée, plus grand par tes armes, héros fils de Troie, pour quels mérites, de préférence, devrais-je t'égaler au ciel ? Qu'admirer davantage ? Ta justice ou tes travaux guerriers ? Pour nous, assurément, c'est avec gratitude que nous rapporterons tes paroles dans la ville de nos pères ; toi-même, si la Fortune peut en ouvrir quelque voie, nous t'unirons au roi Latinus. Que Turnus se cherche des alliances. Plus : ce sera pour nous plaisir que dresser l'appareil des murs voulus par le destin et porter sur nos épaules les pierres d'une nouvelle Troie. » Il avait dit, et tous, en plein accord, appuyaient ses paroles d'un murmure. Ils se sont engagés pour douze jours * ; à la faveur de la trêve, Troyens et Latins, mêlés sans danger, se sont répandus dans les montagnes à travers les bois. Le frêne élancé sonne sous le fer de la hache, ils abattent des pins qui avaient grandi jusqu'aux astres ; sans cesse on fend avec des coins le rouvre et le cèdre odorant, sur des chars gémissants on transporte des ornes [1].

Déjà la Renommée volant par l'air, première messagère d'un tel deuil, emplit le cœur d'Évandre, les demeures et la ville d'Évandre, qui naguère publiait au Latium les victoires de Pallas. Les Arcadiens courent aux portes ; selon l'usage antique *, ils ont saisi des torches funéraires ; la route luit d'une longue file de flammes et bien loin encore trace un sillon dans les champs. La troupe des Phrygiens, venant au-devant d'eux, mêle aux leurs ses groupes d'où montent les lamentations. Dès que les mères les virent s'approcher des murs, elles incen-

1. Virgile reprend ici une scène qu'il a traitée (d'après *Iliade*, 23, 117-120 et Ennius, *Ann.*, 187-191) en 6, 179-182 et dans le même nombre de vers. Ici ce n'est plus l'évocation poétique de l'immense forêt, c'est l'agitation des bûcherons (complication des v. 137-138), un vocabulaire aux confins de la prose (*plaustra*, *cessare* + infinitif).

orsa refert : « O fama ingens, ingentior armis,
uir Troiane, quibus caelo te laudibus aequem ?
Iustitiaene prius mirer belline laborum ?
Nos uero haec patriam grati referemus ad urbem
et te, si qua uiam dederit Fortuna, Latino
iungemus regi. Quaerat sibi foedera Turnus.
Quin et fatalis murorum attollere moles
saxaque subuectare umeris Troiana iuuabit. »
Dixerat haec unoque omnes eadem ore fremebant.
Bis senos pepigere dies et pace sequestra
per siluas Teucri mixtique impune Latini
errauere iugis. Ferro sonat alta bipenni
fraxinus, euertunt actas ad sidera pinus,
robora nec cuneis et olentem scindere cedrum
nec plaustris cessant uectare gementibus ornos.
 Et iam Fama uolans, tanti praenuntia luctus,
Euandrum Euandrique domos et moenia replet,
quae modo uictorem Latio Pallanta ferebat.
Arcades ad portas ruere et de more uetusto
funereas rapuere faces ; lucet uia longo
ordine flammarum et late discriminat agros.
Contra turba Phrygum ueniens plangentia iungit
agmina. Quae postquam matres succedere tectis
uiderunt, maestam incendunt clamoribus urbem.

126 iustitiaene *Pbcdefhuvγ*, SERV., *probat* PRISC. 3, 163, 3 : iustitiane *MRa*, *GLK* 8, 173, 8, *agnoscunt* DSERV. et PRISC. iustitiamne *r* || laborum *MP*^{pc}*bcdefhuvγ*^{1}, DSERV., PRISC. 3, 101, 15 ; 163, 1 ; 316, 15 ; 319, 13 ; 326, 3 : -rem *P*^{ac}*Rarγ*^{2} || **131** troiana *M*^{1}*P*^{pc}*Rabcdefhruvγ*, SERV., TIB. : -ne *M*^{2}*P*^{ac} || **139** uolans *codd.* : mali TIB. *et* 12, 607 || **142** ad portas *M*^{2}*Rabcdefhruvγ*, SERV., TIB. : at portas *M*^{1}*P* at portis *multi ap.* DSERV. || **145** iungit *PRadefhuvγ* : -get *c* -gunt *Mbr*, TIB.

dient de leurs cris la ville affligée. Mais rien ne peut retenir Évandre ; il vient au milieu de la foule. Pallas est là, étendu sur le brancard ; le vieil homme s'est jeté sur le corps, l'étreint, pleurant et gémissant ; enfin, d'une voix que la douleur laisse passer à grand-peine [1] : « Ce n'est pas, mon Pallas, ce que tu avais promis à ton père : tu voulais garder quelque prudence * en te livrant au terrible Mars. Car je n'ignorais pas ce qu'a de pouvoir la gloire toute neuve de l'homme d'armes, la douceur de briller en un premier combat. Oh ! malheureuses prémices de la jeunesse, dur apprentissage d'une guerre rencontrée si proche ; oh ! mes vœux, mes prières qu'aucun des dieux n'a écoutés ! Et toi, ma sainte femme, heureuse es-tu par ta mort, qui ne fus réservée pour pareille douleur ! Moi au contraire, en vivant j'ai vaincu mon destin, et je reste là survivant, moi, le père. Que n'ai-je suivi les armes alliées des Troyens ! Les Rutules m'accablaient de leurs traits, j'aurais donné ma vie moi-même et cette pompe me ramènerait en notre demeure, moi et non Pallas.

Je ne saurais vous accuser, Troyens, ni notre alliance, ni nos mains que nous avons jointes en signe d'hospitalité ; ce sort était dû à ma vieillesse. Mais puisqu'une mort prématurée attendait mon enfant, j'aurai la joie qu'il est tombé en conduisant les Troyens au Latium sur les corps abattus de milliers de Volsques. Même, je ne saurais trouver pour toi, Pallas, plus dignes funérailles que n'a fait le pieux Énée et avec lui les nobles phrygiens, les chefs tyrrhènes et toute l'armée des Tyr-

1. Ces manifestations de deuil — Achille, en *Iliade*, 19, 4-6, ne se comporte pas autrement — n'entachent aucunement le caractère d'Évandre ; Servius l'a bien reconnu : *magnifice seruat decorum*, il parle en héros. Pour l'entendre comme il convient, on comparera la poignante méditation de Mézence (10, 846-856 et p. 215) ou, *a contrario*, les délires de la mère d'Euryale (9, 481-497). Évandre se souvient de ses propres adieux (8, 572-584),

At non Euandrum potis est uis ulla tenere,
sed uenit in medios. Feretro Pallante reposto
procubuit super atque haeret lacrimansque gemensque,
et uia uix tandem uoci laxata dolorest :
« Non haec, o Palla, dederas promissa parenti,
cautius ut saeuo uelles te credere Marti.
Haud ignarus eram quantum noua gloria in armis
et praedulce decus primo certamine posset.
Primitiae iuuenis miserae bellique propinqui
dura rudimenta et nulli exaudita deorum
uota precesque meae ! Tuque, o sanctissima coniunx,
felix morte tua neque in hunc seruata dolorem !
Contra ego uiuendo uici mea fata, superstes
restarem ut genitor. Troum socia arma secutum
obruerent Rutuli telis ! animam ipse dedissem
atque haec pompa domum me, non Pallanta, referret.
Nec uos arguerim, Teucri, nec foedera nec quas
iunximus hospitio dextras ; sors ista senectae
debita erat nostrae. Quod si immatura manebat
mors gnatum, caesis Volscorum milibus ante
ducentem in Latium Teucros cecidisse iuuabit.
Quin ego non alio digner te funere, Palla,
quam pius Aeneas et quam magni Phryges et quam

150 procubuit *MPbcdefhruvγ*, TIB. : -cumbit *Ra* || haeret *MRacdefhruvγ*[2], TIB. : -rens *Pbγ*[1] || **151** uoci *M*[2]*P*[1]*bcdefhruv*, TIB. : -cis *P*[2]*Raγ* -ces *M*[1] || dolorest *codd.*, TIB. : dolori est SERV. 12, 47 || **152** parenti *codd.*, SERV., TIB. : petenti *alii ap.* DSERV. || **154** gloria *codd.*, TIB. : gaudia MACR. 4, 6, 8 || **160** uici *dist. M*[2], *multi ap.* SERV. || fata *dist. M*[2]*P*, SERV., TIB. || **164** arguerim *MPbcdefhrvγ*[2], SERV., TIB. : -rem *Rauγ*[1] || **168** iuuabit *Pcdefhuvγ*[2], SERV. : -aret *Mb?r?*, TIB. -are *Ra* -abat γ[1] || **169** digner *codd.*, SERV., TIB. : -nem *alii ap.* DSERV.

rhéniens : ils portent en grands trophées ceux que ton bras donne à la mort. Toi aussi, Turnus, tu serais à cette heure dressé debout en armes, tronc monstrueux, s'il avait eu le même âge et comme toi la vigueur qui vient des années. Mais que fais-je, malheureux, à retenir les Troyens loin des armes ? Allez et rapportez fidèlement ce message à votre roi : « Si je m'attarde dans une vie que je hais maintenant que Pallas est mort, c'est à cause de ton bras ; ce bras, vois-tu bien, nous doit Turnus, au fils et au père. C'est là le seul objet que j'attende de toi, de tes mérites et de ta chance ; je ne cherche pas cette joie pour vivre, il ne le faut, mais pour la porter à mon fils chez les Mânes profonds. »

L'Aurore cependant aux yeux des malheureux mortels avait élevé sa bienfaisante lumière, leur ramenant travaux et peines. Déjà le grand Énée, déjà Tarchon sur le rivage creux ont dressé des bûchers. Chacun y a porté le corps des siens, selon l'usage des ancêtres, et la fumée qui monte des feux noirs ensevelit dans les ténèbres le haut du ciel. Trois fois, parés d'armes étincelantes, ils ont couru autour des bûchers allumés, trois fois les cavaliers ont défilé devant les tristes feux et ils ont poussé les lamentations. La terre même, et les armes, sont arrosées de pleurs. Le cri des guerriers, l'éclat des trompettes monte vers le ciel. Ici les uns jettent dans le feu les dépouilles arrachées aux Latins tués, casques, épées ouvragées, mors, roues naguère fiévreuses ; d'autres apportent en offrande les objets familiers, les boucliers des morts eux-mêmes et leurs traits qui ne furent pas heureux. Alentour, sans compter, des bœufs

le lecteur pense encore à l'oraison funèbre prononcée naguère par Énée (41-48). — Au v. 156, les Anciens s'interrogeaient sur la valeur de *propinqui* ; l'idée pourrait être que la guerre est venue chercher Pallas ; il ne s'y est pas mêlé par imprudence, mais à l'appel de l'honneur.

Tyrrhenique duces, Tyrrhenum exercitus omnis.
Magna tropaea ferunt, quos dat tua dextera leto ;
tu quoque nunc stares immanis truncus in armis,
esset par aetas et idem si robur ab annis,
Turne. Sed infelix Teucros quid demoror armis ?
Vadite et haec memores regi mandata referte :
quod uitam moror inuisam Pallante perempto,
dextera causa tuast, Turnum gnatoque patrique
quam debere uides. Meritis uacat hic tibi solus
fortunaeque locus ; non uitae gaudia quaero,
nec fas, sed gnato manis perferre sub imos. »
Aurora interea miseris mortalibus almam
extulerat lucem referens opera atque labores :
iam pater Aeneas, iam curuo in litore Tarchon
constituere pyras. Huc corpora quisque suorum
more tulere patrum, subiectisque ignibus atris
conditur in tenebras altum caligine caelum.
Ter circum accensos cincti fulgentibus armis
decurrere rogos, ter maestum funeris ignem
lustrauere in equis ululatusque ore dedere.
Spargitur et tellus lacrimis, sparguntur et arma,
it caelo clamorque uirum clangorque tubarum.
Hic alii spolia occisis derepta Latinis
coniciunt igni, galeas ensisque decoros
frenaque feruentisque rotas ; pars munera nota,
ipsorum clipeos et non felicia tela.

172 ferunt *Mcefhruv*γ^2, TIB. : -rant *PRa?bd*γ^1 || **173** in armis *codd.*, SERV., TIB. : inermis *nonnulli codd.* PRISC. 3, 100, 12 || **176** uadite *MP*^{pc}*bcdefhruv*γ, TIB. : aud- *P*^{ac}*Ra* || **179** quam *MP*^{ac}*Rabcdefhruv*γ^2, TIB. : quem *P*$^{pc}\gamma^1$ || **188** cincti *MPbcdefhruv*γ, TIB. : cuncti *Ra*.

massifs sont immolés, livrés à la mort, on égorge pour les donner aux flammes porcs velus, brebis enlevées partout dans les campagnes. Alors, sur tout le rivage, des hommes regardent leurs compagnons que le brasier dévore, ils veillent auprès des restes à demi consumés, ne peuvent s'en arracher, avant l'heure où la nuit humide fait tourner le ciel ponctué d'étoiles ardentes [1].

De même, de leur côté, les malheureux Latins ont élevé des bûchers innombrables, ils enfouissent dans la terre un grand nombre de corps, ils en transportent d'autres plus loin dans les cantons du voisinage ou les ramènent à la ville ; le reste, énorme amas d'un carnage confus, ils le brûlent indistinctement et sans honneurs ; alors, de proche en proche, l'étendue des campagnes s'illumine partout de feux serrés. Pour la troisième fois le jour avait du ciel chassé les froides ombres ; ils faisaient, tout en deuil, crouler les tas de cendres, les os mêlés dans le charbon, qu'ils recouvraient d'un tiède amas de terre. Désormais, c'est dans les maisons, dans la ville de l'opulent Latinus, que les cris sont le plus bruyants et le plus présentes les longues douleurs. Là des mères, de malheureuses brus, des sœurs qui se savaient aimées et qui lamentent dans leur cœur, les enfants privés de leur père maudissent l'affreuse guerre et l'hymen de Turnus * : c'est lui qui devrait par les armes, par le fer décider sa querelle, s'il réclame pour soi la royauté sur l'Italie et les honneurs du premier rang. L'acharnement de Drancès exaspère ces plaintes : il atteste qu'on n'attend, qu'on ne réclame pour le combat que le seul Turnus. Mais en même temps, sous des formes diverses, beaucoup de voix s'expriment en

1. Sur tout le rivage, les hommes regardent cette chose indicible : *socios ardentis* ; les bûchers n'en finissent pas de brûler : il faut les veiller ; au moins faut-il demeurer jusqu'à l'aube (noter la place de *donec*), qui renverra les vivants à leurs tristes tâches (cf. v. 96-7).

Multa boum circa mactantur corpora morti,
saetigerosque sues raptasque ex omnibus agris
in flammam iugulant pecudes. Tum litore toto
ardentis spectant socios semustaque seruant
busta neque auelli possunt, nox umida donec
inuertit caelum stellis ardentibus aptum.

Nec minus et miseri diuersa in parte Latini
innumeras struxere pyras et corpora partim
multa uirum terrae infodiunt auectaque partim
finitimos tollunt in agros urbique remittunt;
cetera confusaeque ingentem caedis aceruom
nec numero nec honore cremant : tunc undique uasti
certatim crebris conlucent ignibus agri.
Tertia lux gelidam caelo dimouerat umbram :
maerentes altum cinerem et confusa ruebant
ossa focis tepidoque onerabant aggere terrae.
Iam uero in tectis, praediuitis urbe Latini,
praecipuos fragor et longi pars maxima luctus.
Hic matres miseraeque nurus, hic cara sororum
pectora maerentum puerique parentibus orbi
dirum exsecrantur bellum Turnique hymenaeos;
ipsum armis ipsumque iubent decernere ferro,
qui regnum Italiae et primos sibi poscat honores.
Ingrauat haec saeuos Drances solumque uocari
testatur, solum posci in certamina Turnum.
Multa simul contra uariis sententia dictis

202 ardentibus *MPbcdfhrvγ*, TIB. : fulge- *Raeu* || **207** caedis *MPbcd fhrvγ*, TIB. : stragis *Raeu* || **214** longi *MPRaγ*, *agnoscit* SERV. : -ge *bcdefhruv*, TIB., *praefert* SERV. || **220** haec *MRabcdefhruv*, TIB. : et *Pγ* || **221** certamina *MPbcdfhrγ*, TIB. : -ne *Raeuv*.

faveur de Turnus, le grand nom de la reine l'abrite et l'autorise, la gloire le soutient de tant de trophées dressés par son bras.

Entre ces mouvements, au milieu de l'ardeur du tumulte, voici encore que les ambassadeurs reviennent consternés de la grande ville de Diomède, porteurs de ses réponses. Tant de dépenses et d'efforts, disent-ils, n'ont abouti à rien ; les cadeaux, l'or, les plus instantes prières ont été sans effet ; les Latins doivent chercher d'autres armes ou requérir de paix le roi des Troyens. Lui-même, plein de tristesse, le roi Latinus perd courage * : Énée, l'homme du destin, est porté par la volonté manifeste du ciel ; la colère des dieux, les tombes fraîches partout présentes le rappellent à suffisance. Dans sa haute demeure il réunit donc le grand conseil et les premiers des siens, convoqués sur son ordre. Ils se sont rassemblés, leur flot emplit les rues qui mènent au palais du roi. Latinus s'assied au milieu d'eux, plus âgé, à la fois, et premier par le sceptre *, le front soucieux. Puis, s'adressant aux ambassadeurs revenus de la ville étolienne, il les invite à faire leur rapport, il leur demande de dire ce qu'on leur a répondu, sans rien omettre et comme ce fut dit [1]. Alors les langues font silence et Vénulus, obéissant à l'ordre royal, commence à parler en ces termes :

« Nous avons vu, citoyens *, Diomède et le camp d'Argos ; au long de notre route nous avons surmonté

1. Les v. 225-241 constituent un passage de transition par quoi la première moitié du l. 11 se trouvera fortement organisée : scènes de deuil (1-224), scènes de discussions voire de discorde (241-467). Quand la bataille va reprendre (468-915), on ne peut douter que les Latins doublement affaiblis (225-226 *hos inter motus... ecce super*) perdront la partie. Dans l'équilibre du poème, la première moitié du l. 11 a une autre fonction importante. La « grande guerre » qui a commencé en 10, 260 avec le débarquement d'Énée s'achèvera au début du l. 12 avec les premiers pourparlers de paix ; Virgile a sans doute jugé nécessaire de ne pas faire

pro Turno, et magnum reginae nomen obumbrat,
multa uirum meritis sustentat fama tropaeis.
Hos inter motus, medio in flagrante tumultu,
ecce super maesti magna Diomedis ab urbe
legati responsa ferunt : nihil omnibus actum
tantorum impensis operum, nil dona neque aurum
nec magnas ualuisse preces, alia arma Latinis
quaerenda aut pacem Troiano ab rege petendum.
Deficit ingenti luctu rex ipse Latinus :
fatalem Aenean manifesto numine ferri
admonet ira deum tumulique ante ora recentes.
Ergo concilium magnum primosque suorum
imperio accitos alta intra limina cogit.
Olli conuenere fluontque ad regia plenis
tecta uiis. Sedet in mediis et maximus aeuo
et primus sceptris haud laeta fronte Latinus.
Atque hic legatos Aetola ex urbe remissos
quae referant fari iubet et responsa reposcit
ordine cuncta suo. Tum facta silentia linguis,
et Venulus dicto parens ita farier infit :
« Vidimus, o ciues, Diomedem Argiuaque castra
atque iter emensi casus superauimus omnis

226 magna *codd.*, SERV., TIB. : -ni DSERV., DIOM. 413, 26, *agnoscit* SERV. || **230** aut *codd.*, TIB. *in interpr.*, DON. *Ter. eun.* 97 : et DSERV. *G.* 4, 484 ut TIB. *in lemm.* || petendum *M²b hu*, SERV. *et* 10, 628, DSERV. *G.* 4, 484, RVFIN. 57, 22, *GLK* 5, 649, 22 : -dam *M¹PRacdefrvγ*, TIB. || **234** magnum *codd.*, TIB. : sacrum *GLK* 5, 577, 7 || **235** limina *MPbcdfhrvγ*, SERV., TIB. : moenia *Raeu* || **236** fluontque *P²Racdefhuvγ*, TIB. : ruuntque *Mbr*, *utrumque habent codd.* SERV. fuuntque *P¹* || **241** tum *MRabdefhruvγ²*, TIB. : tunc *Pcγ¹* || **243** diomedem *cdhu*, *RLM* 562, 28, *agnoscit* SERV. : -den *MPRabevγ*, TIB. -de *f*, *praefert* SERV., *cf.* MACR. 5, 17, 19.

tous les hasards[1], et nous avons touché la main par qui tomba la terre d'Ilion. Vainqueur, aux champs du Gargan iapyge, il fondait une ville, Argyripa, du nom du pays de ses pères *. Quand nous fûmes introduits, admis à audience, nous lui offrons nos présents, nous lui faisons connaître notre nom, notre patrie, les ennemis qui nous ont apporté la guerre, le motif qui nous a amenés à Arpi. Après nous avoir écoutés, il nous répondit avec bienveillance : « O nations fortunées, royaumes de Saturne, Ausoniens antiques, quelle fortune agite vos jours paisibles et vous persuade de provoquer une guerre dont vous ne savez rien ? Nous tous, qui d'un fer sacrilège avons profané les campagnes d'Ilion — je laisse les malheurs dont nous fûmes abreuvés tandis qu'au pied des hautes murailles nous combattions, je laisse les guerriers que le fameux Simoïs recouvre sous ses eaux — nous épuisons par l'univers en supplices indicibles tous les châtiments qui s'attachent à des crimes, pauvre poignée d'hommes que Priam lui-même prendrait en pitié : ce que savent bien la constellation lugubre de Minerve, les récifs de l'Eubée et Caphérée vengeur. Au lendemain de cette campagne, chassés vers de lointains rivages, l'Atride Ménélas là-bas près des colonnes de Protée endure l'exil, Ulysse a vu les Cyclopes de l'Etna. Parlerai-je du trône de Néoptolème, des pénates renversés d'Idoménée ? des Locriens devenus colons d'un rivage libyque ? Lui-même, le roi de Mycènes, le conducteur des grands Achéens, sous les coups d'une épouse exécrable, au seuil de son palais, est tombé ; l'Asie vaincue était guettée par un amant adultère.

se succéder continûment mêlées ou combats singuliers. Les développements intercalés dans la première moitié du l. 11 donnent un rythme plus ferme aux scènes de la guerre.

1. Emphase de l'envoyé qui fait valoir la peine qu'il s'est donnée, cf. Aristophane, *Ach.*, 65-72.

contigimusque manum qua concidit Ilia tellus.
Ille urbem Argyripam patriae cognomine gentis
uictor Gargani condebat Iapygis agris.
Postquam introgressi et coram data copia fandi,
munera praeferimus, nomen patriamque docemus,
qui bellum intulerint, quae causa attraxerit Arpos.
Auditis ille haec placido sic reddidit ore :
« O fortunatae gentes, Saturnia regna,
« antiqui Ausonii, quae uos fortuna quietos
« sollicitat suadetque ignota lacessere bella ?
« Quicumque Iliacos ferro uiolauimus agros
« (mitto ea quae muris bellando exhausta sub altis,
« quos Simois premat ille uiros), infanda per orbem
« supplicia et scelerum poenas expendimus omnes,
« uel Priamo miseranda manus ; scit triste Mineruae
« sidus et Euboicae cautes ultorque Caphereus.
« Militia ex illa diuersum ad litus abacti
« Atrides Protei Menelaus adusque columnas
« exsulat, Aetnaeos uidit Cyclopas Vlixes.
« Regna Neoptolemi referam uersosque penatis
« Idomenei ? Libycone habitantis litore Locros ?
« Ipse Mycenaeus magnorum ductor Achiuom
« coniugis infandae prima intra limina dextra
« oppetiit : deuictam Asiam subsedit adulter.

247 agris *MPRabceru*γ : aruis *dfhv*, SERV., TIB. || **248** introgressi *MPbcdfhrv*γ : cong- *Raeu*, TIB. || **255** uiolauimus *MPbcdf hrv*γ, SERV., TIB. : popul- *Raeu* || **258** scelerum... omnes *codd.*, SERV., TIB. : sceleris... omnis *alii ap.* SERV. || **259** manus *MP*^{ac}*Rabcdefhruv*γ^2, SERV., TIB. : damus *P*$^{pc}\gamma^1$ || **267** intra *MRabdefhu*γ^2, SERV. : inter *Pcrv*γ^1, TIB., MACR. 4, 3, 12 || **268** deuictam Asiam *MPRabr*γ^1, TIB., *agnoscit* SERV. : -ta -ia *cdefhuv*γ^2, *praefert* SERV. || subsedit *M*^{1}*Pbcde fhruv*γ^1, SERV. : possedit *M*^{2}*Ra*γ^2, TIB., MACR. 4, 4, 22.

Faut-il que la haine des dieux m'ait refusé la joie d'être rendu aux autels de mes pères, de revoir mon foyer tant désiré et ma belle ville de Calydon ! Maintenant, de surcroît, d'horribles prodiges me poursuivent ; mes compagnons, perdus, sont partis dans le ciel sur des ailes ; transformés en oiseaux ils vaguent près des fleuves — oh ! l'affreux supplice de mes hommes — et emplissent les rochers de cris qui me tirent des larmes[1].

Oui, certes, je devais m'attendre à tout cela, du jour où dans ma folie j'ai tiré le fer contre des êtres célestes et blessé d'un coup sacrilège la main de Vénus. Non, ne m'entraînez pas en de pareils combats. Pour moi, depuis la chute de Pergame, je ne suis plus en guerre avec les Troyens et de ces vieux malheurs je ne garde ni souvenir ni joie. Ces présents que vous m'apportez depuis les rives de vos pères, offrez-les plutôt à Énée. Nous avons tenu contre de rudes coups et nous avons lutté corps à corps ; croyez-en un homme qui a fait l'expérience : qu'il est grand lorsqu'il se dresse pour pousser son bouclier, quelle foudre quand il brandit sa haste ! Et je dirais encore : si la terre de l'Ida avait porté deux hommes tels que lui *, le Dardanien prenant l'avantage serait venu jusqu'aux villes d'Inachos, c'est aujourd'hui la Grèce qui pleurerait, sous ce retour des destins. Au long de tous ces jours passés dans le suspens sous les remparts de l'indomptable Troie, c'est le bras d'Hector, celui d'Énée qui ont retenu la victoire des Grecs, fait reculer ses pas jusqu'à la dixième année. Tous deux ils s'imposaient par leur courage, tous deux par la supériorité de leurs armes, mais pour la piété Énée était le premier. Mettez pour une paix votre main

1. Ou « pleins de larmes ». Dès le IIIe siècle, les Anciens ont cru reconnaître des traits humains (cris, mœurs ?) dans une des espèces d'oiseaux qui hantent les îles Tremiti au n.-o. du Mt Gargano. Compagnons ou descendants des compagnons du légendaire Diomède.

« Inuidisse deos patriis ut redditus aris
« coniugium optatum et pulchram Calydona uiderem !
« Nunc etiam horribili uisu portenta sequontur,
« et socii amissi petierunt aethera pinnis
« fluminibusque uagantur aues (heu dira meorum
« supplicia !) et scopulos lacrimosis uocibus implent.
  « Haec adeo ex illo mihi iam speranda fuerunt
« tempore, cum ferro caelestia corpora demens
« appetii et Veneris uiolaui uolnere dextram.
« Ne uero, ne me ad talis impellite pugnas.
« Nec mihi cum Teucris ullum post eruta bellum
« Pergama nec ueterum memini laetorue malorum.
« Munera, quae patriis ad me portatis ab oris,
« uertite ad Aenean. Stetimus tela aspera contra
« contulimusque manus : experto credite quantus
« in clipeum adsurgat, quo turbine torqueat hastam.
« Si duo praeterea talis Idaea tulisset
« terra uiros, ultro Inachias uenisset ad urbis
« Dardanus et uersis lugeret Graecia fatis.
« Quidquid apud durae cessatum est moenia Troiae,
« Hectoris Aeneaeque manu uictoria Graium
« haesit et in decimum uestigia rettulit annum.
« Ambo animis, ambo insignes praestantibus armis,
« hic pietate prior. Coeant in foedera dextrae,

272 amissi *MP*^{2}*Rabcdefhruvγ*, *praefert* SERV. : amissis *P*^{1} admissis *nonnulli ap.* SERV. || 275 adeo *MRabcdefhruvγ*^{2}, TIB. : eadem *Pγ*^{1} || 279 eruta *MPbcdefhruvγ*, SERV., TIB., PRISC. 2, 394, 1 ; 505, 17 : dir- *Ra* || bellum *MPrγ*, SERV., PRISC. : bellum est *Rabcdefhuv*, TIB. || 281 portatis *MPRarγ*, TIB. : portastis *bcde fhu*, SERV. || 284 adsurgat *codd.*, SERV., TIB. : insurgat NON. 296, 13 || 288 apud durae *codd.*, TIB. : apud dirae ARVS. 451, 21 ad aduersae SEN. R. *suas.* 2, 20.

dans la sienne, comme il vous est donné ; mais gardez que vos armes n'aillent affronter ses armes. » — Tu as entendu, roi très bon, ce que sont les réponses du roi et quel est son sentiment à l'égard de notre grande guerre. »

A peine les ambassadeurs venaient-ils d'achever : parmi les fils de l'Ausonie un frémissement divers, de bouche en bouche, a couru, dans l'émoi ; ainsi quand des rochers retardent des torrents rapides, le flot contenu tourbillonne et gronde, les rives voisines frémissent au choc des ondes[1]. Dès que les esprits se furent apaisés, que les bouches inquiètes eurent recouvré leur calme, le roi, du haut de son trône, invoque d'abord les dieux, puis commence :

« Que n'avons-nous plus tôt, Latins, pris notre décision sur le fond ! je le voudrais bien et cela eût mieux valu, au lieu de réunir le conseil en telles circonstances, quand l'ennemi campe sous nos murs. Citoyens, nous faisons une guerre sans issue contre des fils de dieux, des hommes invincibles que nul combat ne lasse et qui, même vaincus, ne peuvent déposer le fer. Si vous avez mis quelque espoir dans les armes des Étoliens appelés à nos côtés, il faut y renoncer. Le seul espoir qu'on ait, c'est soi-même. Mais vous voyez comme ici nous sommes serrés *, et, quant au reste, dans quel écroulement ce reste s'est abattu : tout est là devant vos yeux et entre vos mains. Je n'accuse personne ; du courage, nous en avons eu, et à la limite du possible ; nous avons engagé dans la lutte toute la substance du royaume. Maintenant donc le parti où incline mon esprit partagé, je vais vous l'exposer, vous en instruire en peu de mots, prêtez-moi votre attention. Je possède une ancienne terre *, toute

1. Comparer 10, 96-99. Ici le bruit est répercuté dans l'enceinte d'une salle (cf. 11, 235) comme le grondement d'un tourbillon entre des falaises rocheuses.

« qua datur ; ast armis concurrant arma cauete. »
Et responsa simul quae sint, rex optime, regis
audisti et quae sit magno sententia bello. »
Vix ea legati, uariusque per ora cucurrit
Ausonidum turbata fremor, ceu saxa morantur
cum rapidos amnis, fit clauso gurgite murmur
uicinaeque fremunt ripae crepitantibus undis.
Vt primum placati animi et trepida ora quierunt,
praefatus diuos solio rex infit ab alto :
« Ante equidem summa de re statuisse, Latini,
et uellem et fuerat melius, non tempore tali
cogere concilium, cum muros adsidet hostis.
Bellum importunum, ciues, cum gente deorum
inuictisque uiris gerimus, quos nulla fatigant
proelia nec uicti possunt absistere ferro.
Spem si quam adscitis Aetolum habuistis in armis,
ponite ; spes sibi quisque. Sed haec quam angusta uidetis,
cetera qua rerum iaceant perculsa ruina :
ante oculos interque manus sunt omnia uestras.
Nec quemquam incuso : potuit quae plurima uirtus
esse, fuit ; toto certatum est corpore regni.
Nunc adeo, quae sit dubiae sententia menti
expediam et paucis (animos adhibete) docebo.
Est antiquos ager Tusco mihi proximus amni,

302 equidem *codd.*, SERV. : quidem TIB., VICTOR. 203, 25 || **303** uellem *codd.*, SERV., TIB. : uelle *agnoscit* TIB. || **304** adsidet *PRacdefhuγ* : adsidit TIB. obsidet *Mbrv* || **307** ferro *codd.*, TIB. : bello PS. ACRO *Hor. c.* 4, 4, 53 || **309** ponite *dist.* M^2, SERV. ponite spes *coniungit* PS. ACRO *Hor. s.* 2, 3, 43 || **310** qua *MPbcdefhruvγ*^{2}, TIB. *in interpr.* : quae *Ra* que $γ^1$ quam TIB. *in lemm.*

proche du fleuve étrusque, elle s'allonge vers le couchant par-delà le pays des Sicanes ; des Auronces, des Rutules y sèment le grain, y fendent avec le soc des collines ingrates, dans les coins les plus âpres ils mènent leurs troupeaux. Toute cette région, la bande des pins sur le sommet de la montagne, donnons-la aux Troyens en échange de leur amitié, trouvons les termes d'un traité équitable, appelons-les dans nos royaumes à titre d'alliés : qu'ils s'y installent s'ils le désirent tant, et y fondent une ville. S'ils veulent aller en d'autres terres et chez une autre nation, s'ils peuvent se retirer de notre sol, assemblons-leur en rouvre italien vingt navires, ou plus s'ils peuvent en armer davantage ; nous avons sur nos rives tout le bois nécessaire, qu'ils déterminent eux-mêmes le nombre et la forme des carènes, donnons-leur le bronze, nos bras, nos chantiers. * Enfin, pour porter nos propositions et conclure un traité, je voudrais envoyer cent orateurs, Latins de la meilleure race ; ils auront en mains les rameaux de la paix, ils porteront des cadeaux, talents d'or et d'ivoire, la chaise et la trabée, qui sont chez nous insignes de la royauté *. Échangez vos avis * et secourez l'État qui n'en peut plus [1]. »

Alors Drancès *, une fois encore, plein de haine — la gloire de Turnus le tourmentait des morsures amères d'une oblique jalousie, prodigue de ses biens, parleur habile mais à la guerre bras de glace, tenu dans les assemblées comme conseilleur de quelque poids, tirant sa force des discordes civiles, la noblesse de sa mère l'apparentait à une race superbe, de son père il n'avançait rien de sûr ; il se lève donc et sa parole aggrave,

1. Le discours s'achève sur une note très pessimiste. Il avait commencé de même : reproches à soi-même et à l'assistance, situation poussée au noir. Mais les propositions pratiques (314-334) sont énoncées sur un autre ton : Latinus sait ce qu'il veut et le lecteur doit comprendre que le vieux roi est un orateur habile.

longus in occasum, finis super usque Sicanos ;
Aurunci Rutulique serunt et uomere duros
exercent collis atque horum asperrima pascunt.
Haec omnis regio et celsi plaga pinea montis
cedat amicitiae Teucrorum, et foederis aequas
dicamus leges sociosque in regna uocemus ;
considant, si tantus amor, et moenia condant.
Sin alios finis aliamque capessere gentem
est animus possuntque solo decedere nostro,
bis denas Italo texamus robore nauis,
seu pluris complere ualent ; iacet omnis ad undam
materies ; ipsi numerumque modumque carinis
praecipiant, nos aera, manus, naualia demus.
Praeterea, qui dicta ferant et foedera firment,
centum oratores prima de gente Latinos
ire placet pacisque manu praetendere ramos,
munera portantis aurique eborisque talenta
et sellam regni trabeamque insignia nostri.
Consulite in medium et rebus succurrite fessis. »
  Tum Drances idem infensus, quem gloria Turni
obliqua inuidia stimulisque agitabat amaris,
largus opum et lingua melior, sed frigida bello
dextera, consiliis habitus non futtilis auctor,
seditione potens (genus huic materna superbum
nobilitas dabat, incertum de patre ferebat),
surgit et his onerat dictis atque aggerat iras :

324 aliamque *MRadfhr* : -mue *Pbceuv*γ, TIB. || **335** fessis *MRabcdefhruv*γ^2, TIB. : uestris *P*γ^1 || **338** lingua *MP*^{2}*Rabcdefhruv*γ, TIB. : -uae *P*^{1}, DSERV. || **341** ferebat *MP*^{2}*bdefhruv*γ^1, SERV. : -bant *P*^{1}*Rac*γ^2, TIB.

amasse les colères : « L'affaire que tu mets en délibéré n'est obscure pour personne et n'a aucun besoin de nos avis, ô bon roi : ce qu'exige la fortune de notre peuple, tous avouent qu'ils le savent, mais ils hésitent à le dire. Qu'il nous donne liberté de parler, qu'il rabatte ses grands airs, cet homme dont les auspices malheureux *, dont le génie sinistre — oui, je le dirai, bien qu'il me menace de ses armes et de la mort — ont voué au trépas sous nos yeux tant de chefs, lumières de nos peuples, abîmé dans le deuil une ville tout entière, cependant qu'il provoque le camp troyen, confiant dans son adresse à fuir, et de ses armes épouvante le ciel. A ces présents que tu nous invites à envoyer nombreux et à offrir aux Dardanides, ajoute encore quelque chose, ô le meilleur des rois, oui, une seule chose, et que les violences de personne ne t'empêchent de donner ta fille, toi son père, à un gendre incomparable, à un hyménée digne d'elle, resserrant d'un lien éternel cette paix que nous avons en vue.

Mais si nos esprits, nos cœurs sont à ce point occupés par la crainte, supplions-le lui-même, implorons notre grâce de sa bouche : qu'il cède, qu'il rende à notre roi et à notre patrie les droits qui leur appartiennent *. De quelle autorité, tant de fois, dans les pires périls jettes-tu en avant, sans défenses, nos pauvres concitoyens, toi, principe et cause de tous ces maux au Latium ? Aucun salut ne vient par la guerre * ; c'est la paix que nous te demandons tous, Turnus, et avec la paix ce qui en est le seul gage inviolable. Moi le premier, moi dont ton imagination se fait un objet de haine, et peu m'importe de l'être, je viens à toi en suppliant. Aie pitié des tiens, dépose ton orgueil et, battu, va-t-en. Nous avons vu dans nos défaites assez de morts, nous avons dépeuplé d'immenses territoires. Ou bien, si ta

« Rem nulli obscuram nostrae nec uocis egentem
consulis, o bone rex : cuncti se scire fatentur
quid fortuna ferat populi, sed dicere mussant.
Det libertatem fandi flatusque remittat,
cuius ob auspicium infaustum moresque sinistros
(dicam equidem, licet arma mihi mortemque minetur)
lumina tot cecidisse ducum totamque uidemus
consedisse urbem luctu, dum Troia temptat
castra fugae fidens et caelum territat armis.
Vnum etiam donis istis, quae plurima mitti
Dardanidis dicique iubes, unum, optime regum,
adicias, nec te ullius uiolentia uincat
quin gnatam egregio genero dignisque hymenaeis
des pater et pacem hanc aeterno foedere iungas.
Quod si tantus habet mentes et pectora terror,
ipsum obtestemur ueniamque oremus ab ipso :
cedat, ius proprium regi patriaeque remittat.
Quid miseros totiens in aperta pericula ciuis
proicis, o Latio caput horum et causa malorum ?
Nulla salus bello, pacem te poscimus omnes,
Turne, simul pacis solum inuiolabile pignus.
Primus ego, inuisum quem tu tibi fingis (et esse
nil moror), en supplex uenio. Miserere tuorum,
pone animos et pulsus abi. Sat funera fusi
uidimus, ingentis et desolauimus agros.

345 ferat *M^2PRabrγ^1*, TIB., NON. 427, 15 : petat *M^1cdefhuvγ^2* || **351** fugae *MPbcdefhruvγ*, SERV., TIB. : -ga *Ra* || **356** iungas *M^1P bcdefhuvγ*, TIB. : firmes *M^2Rar*, SERV. *et* 11, 363 || **358** ab ipso *cum* cedat *coniungit* ASPER *ap.* SERV. || **359** cedat *dist.* *M^2*, TIB. || cedat ius *coniungunt* *P^2*, *quidam ap.* DSERV. || **367** desolauimus *MRacdefhruvγ^2*, SERV., TIB. : designa- *Pb?γ^1*.

gloire te touche, si tu as en toi fermeté suffisante, si tu tiens si fort à recevoir en dot le palais d'un roi, aie de l'audace et, sûr de toi, présente ta poitrine, en face, à l'ennemi. Eh quoi ! pour que Turnus ait l'heur d'une royale épouse, nous devons, nous autres, vile engeance, cohue que nul n'ensevelit ni ne pleure, joncher les plaines de nos corps ? Mais toi-même, si tu es quelqu'un, si tu as en toi un peu du Mars de tes pères, regarde-le donc en face, cet homme qui t'appelle [1] ».

Ce discours enflamma la violence de Turnus, il gémit et du fond de sa poitrine fait éclater ces paroles : « Vraiment, Drancès, tu as toujours beaucoup à dire, surtout quand la guerre réclame des bras ; aux séances du conseil tu es bien toujours le premier, mais il ne faudrait pas remplir la curie de ces grands mots que, bien à l'abri, tu fais s'envoler de tes lèvres tant que nos remparts tiennent l'ennemi à distance et que le sang ne coule pas dans nos fossés. Qu'importe ! Tonne de toute ton éloquence, comme tu sais faire, et accuse-moi d'avoir peur, toi Drancès, puisque ton bras, les uns sur les autres, a entassé tant de Troyens abattus et, par mille trophées, illustré nos cantons de ta gloire ! Ce que peut la vive vaillance, il est facile d'en faire l'essai ; nous n'avons pas à chercher les ennemis bien loin : de tous côtés ils entourent nos murs. Nous allons à leur rencontre ? Pourquoi hésites-tu ? Ou pour toi Mars ne sera-t-il jamais que sur ta langue pleine de vent ou dans tes pieds si prompts à fuir ?

1. Drancès affecte d'abord la hauteur sereine de qui veut ignorer les questions de personnes : il fera de la politique, il écarte d'un revers dédaigneux l'impudent matamore qui prétendrait l'empêcher de parler ; mais le ton s'élève progressivement (le thème des morts inutilement sacrifiés est repris quatre fois avec une agressivité croissante) jusqu'à l'attaque la plus directe. Dans ce progrès même, on reconnaît trois figures : Turnus ignoré 343-356 ; Turnus supplié — idée ingénieuse par quoi l'orateur

Aut, si fama mouet, si tantum pectore robur
concipis et si adeo dotalis regia cordi est,
aude atque aduersum fidens fer pectus in hostem.
Scilicet ut Turno contingat regia coniunx,
nos animae uiles, inhumata infletaque turba,
sternamur campis ? Etiam tu, si qua tibi uis,
si patrii quid Martis habes, illum aspice contra
qui uocat. »
Talibus exarsit dictis uiolentia Turni ;
dat gemitum rumpitque has imo pectore uoces :
« Larga quidem semper, Drance, tibi copia fandi
tum cum bella manus poscunt, patribusque uocatis
primus ades, sed non replenda est curia uerbis,
quae tuto tibi magna uolant, dum distinet hostem
agger moerorum nec inundant sanguine fossae.
Proinde tona eloquio (solitum tibi) meque timoris
argue tu, Drance, quando tot stragis aceruos
Teucrorum tua dextra dedit passimque tropaeis
insignis agros. Possit quid uiuida uirtus,
experiare licet ; nec longe scilicet hostes
quaerendi nobis : circumstant undique muros.
Imus in aduersos ? Quid cessas ? an tibi Mauors
uentosa in lingua pedibusque fugacibus istis
semper erit ? [nequiquam : armis terrebimus hostem.]

373 sternamur *MPRabdr*γ^1 : -nemur *cefhuv*γ^2, TIB. || **379** tum *codd.* : tunc TIB., *lectio* SERV. *incerta* || **381** hostem *PRabcdef hruv*γ, TIB. : -tes *M*, PRISC. 2, 394, 11 ; 14 || **382** agger *r*γ^2, TIB., PRISC. 2, 394, 12 ; 15 : aggere *MPRabcdefhuv*γ^1 || fossae *codd.*, TIB., *agnoscit* PRISC. 2, 394, 15 : fossas PRISC. 2, 394, 12 || **384** stragis *codd.*, DSERV., TIB. : caedis QVINTIL. 9, 2, 49 || **386** agros *codd.*, TIB. : campos SERV. || **389** quid *MRabdefhruv*γ^2, TIB. : qui *Pc*γ^1 || **391** nequiquam... hostem *solus habet* *M*^{1}, *del.* *M*^{2}.

Battu, moi ? Qui pourra m'accuser d'avoir été battu, traître, voyant croître le Tibre gonflé du sang d'Ilion, voyant à terre toute la maison d'Évandre éteinte avec sa descendance et les Arcadiens dépouillés de leurs armes ? Tel ne m'ont pas connu Bitias ou le géant Pandarus, ou ce millier d'hommes qu'en un seul jour, vainqueur, j'ai envoyés au-dedans du Tartare, enfermé dans les murs, enclos dans les retranchements de l'ennemi. Aucun salut ne vient par la guerre ? Insensé, va chanter cet oracle à ton cher Dardanien : il vaut pour lui et pour tes affaires *. Qu'importe ! Ne t'arrête pas, sème partout le trouble et l'effroi, exalte les forces d'une nation deux fois vaincue, rabaisse à l'inverse les armes de Latinus. Maintenant les chefs des Myrmidons tremblent eux aussi devant les armes phrygiennes, maintenant aussi le fils de Tydée et Achille de Larisse ; l'Aufide aussi rebrousse son cours et fuit les flots adriatiques *. Il prétend que mes emportements lui font peur ; manœuvre encore de comédien : il fait de son effroi une charge de plus. Une âme comme la tienne, jamais cette main, rassure-toi, ne te l'ôtera ; qu'elle demeure en ta société et reste dans cette noble poitrine.

Maintenant, père, je reviens à toi et aux grands intérêts sur lesquels tu consultes. Si tu ne gardes désormais aucun espoir dans nos armes, si nous sommes à ce point démunis, abattus sans remède parce que notre armée a connu une défaite, si la Fortune nous a quittés sans retour, implorons une paix et tendons nos mains débiles... quoique à mes yeux — ah ! s'il nous restait quelque chose de la valeur qu'on nous connaissait — celui-là avant tout autre est payé de ses peines et vraiment un homme qui pour ne pas voir telle misère est tombé mourant, la

s'identifie à son auditoire — 357-367 ; Turnus accusé de lâcheté 368-375. La réponse de Turnus sera bâtie en un ordre inverse.

Pulsus ego ? aut quisquam merito, foedissime, pulsum
arguet, Iliaco tumidum qui crescere Thybrim
sanguine et Euandri totam cum stirpe uidebit
procubuisse domum atque exutos Arcadas armis ?
Haud ita me experti Bitias et Pandarus ingens
et quos mille die uictor sub Tartara misi,
inclusus muris hostilique aggere saeptus.
Nulla salus bello ? Capiti cane talia, demens,
Dardanio rebusque tuis. Proinde omnia magno
ne cessa turbare metu atque extollere uiris
gentis bis uictae, contra premere arma Latini.
Nunc et Myrmidonum proceres Phrygia arma tremescunt,
nunc et Tydides et Larisaeus Achilles,
amnis et Hadriacas retro fugit Aufidus undas.
Vel cum se pauidum contra mea iurgia fingit
artificis scelus et formidine crimen acerbat ;
numquam animam talem dextra hac (absiste moueri)
amittes : habitet tecum et sit pectore in isto.
Nunc ad te et tua magna, pater, consulta reuertor.
Si nullam nostris ultra spem ponis in armis,
si tam deserti sumus et semel agmine uerso
funditus occidimus neque habet Fortuna regressum,
oremus pacem et dextras tendamus inertis ;
quamquam (o si solitae quicquam uirtutis adesset !)
ille mihi ante alios fortunatusque laborum
egregiusque animi, qui, ne quid tale uideret,

406 fingit *codd.*, SERV., TIB. : iactat QVINTIL. 9, 3, 14 || **410** magna *PRachγ* : -ne *Mbdefruv*, TIB. || **416** alios fortunatusque *codd.*, SERV., TIB. : oculos felix functusque RVFIN. 55, 9.

face contre terre, mordant du même coup le sol de ses dents.

Mais si nous avons encore des ressources, une jeunesse toujours intacte, s'il est pour nous secourir des villes et des peuples autour de nous en Italie, si les Troyens aussi ont payé leur gloire de beaucoup de sang — ils ont leurs morts et la tempête a soufflé pour tout le monde —, pourquoi sur le seuil même, nous abandonner laidement ? pourquoi, avant que sonne la trompette, ce tremblement qui s'empare de nos membres ? Souvent le jour qui passe, les changeantes épreuves du temps toujours mobile ramènent la lumière, souvent la Fortune revenant sur ses pas, s'est jouée d'un malheureux, puis à nouveau l'a rétabli sur un sol ferme. Nous n'aurons pas pour nous aider l'Étolien et Arpi ; mais nous aurons Messapus, l'heureux Tolumnius *, les chefs qu'ont envoyés tant de peuples [1] : pesez à son prix la gloire qui dans notre Latium, dans les champs des Laurentes, suivra cette élite de guerriers. De l'illustre nation des Volsques nous avons aussi Camille, conduisant son escadron de cavaliers, ses bataillons rutilants de bronze. D'ailleurs, si les Troyens me réclament, moi seul, pour se battre, si cela vous convient *, si au bonheur de tous je fais un tel obstacle, la victoire n'a pas à ce point détesté nos armes, échappé à nos mains, que je refuse, pour si belle espérance, de tenter quoi que ce soit. J'irai de tout mon cœur au-devant de l'adversaire, dût-il me présenter un autre Achille, revêtu comme lui d'armes forgées par Vulcain. A vous, à Latinus mon beau-père j'ai dévoué ma vie, moi Turnus, égal pour le courage aux plus grands des anciens. Énée n'appelle que moi ? Qu'il m'appelle donc, moi-même je l'en prie ; ce n'est pas à

1. « Vers splendides où les noms propres, l'enjambement, la répétition antithétique du mot le plus simple (*erit*) produisent un effet saisissant » (R. D. Williams).

procubuit moriens et humum simul ore momordit.
Sin et opes nobis et adhuc intacta iuuentus
auxilioque urbes Italae populique supersunt,
sin et Troianis cum multo gloria uenit
sanguine (sunt illis sua funera, parque per omnis
tempestas), cur indecores in limine primo
deficimus ? cur ante tubam tremor occupat artus ?
Multa dies uariique labor mutabilis aeui
rettulit in melius, multos alterna reuisens
lusit et in solido rursus Fortuna locauit.
Non erit auxilio nobis Aetolus et Arpi :
at Messapus erit felixque Tolumnius et quos
tot populi misere duces, nec parua sequetur
gloria delectos Latio et Laurentibus agris.
Est et Volscorum egregia de gente Camilla
agmen agens equitum et florentis aere cateruas.
Quod si me solum Teucri in certamina poscunt
idque placet tantumque bonis communibus obsto,
non adeo has exosa manus uictoria fugit,
ut tanta quicquam pro spe temptare recusem.
Ibo animis contra, uel magnum praestet Achillem
factaque Volcani manibus paria induat arma
ille, licet. Vobis animam hanc soceroque Latino
Turnus ego, haud ulli ueterum uirtute secundus,
deuoui. Solum Aeneas uocat ? Et uocet oro ;

418 simul *M^1Ra* : semul *P* semel *M^2bcdefhruvγ*, SERV., TIB. || **422** sunt *MPcdefhruvγ*, SERV., TIB. : suntque *Rab* || illis *codd.*, SERV., TIB. : illi *nonnulli ap.* SERV. || **425** uariique *M^1P^1Rabdfhγ^2*, DSERV. : uariusque *M^2P^2ceruvγ^1*, TIB., NON. 380, 40, MACR. 6, 2, 16 || **426** alterna *codd.*, TIB. : mutata PS. ACRO *Hor. c.* 1, 35, 4 || **430** parua *codd.*, TIB. : tarda SERV. || **439** induat *MRab cdefhruvγ^2*, SERV., TIB. : -uit *Pγ^1*.

Drancès, si la colère des dieux est contre nous, d'y satisfaire par sa mort, si l'honneur et la gloire nous attendent, d'en ravir la palme[1]. » Ainsi disputaient-ils sur le choix d'un parti, plongés dans leurs querelles ; Énée mettait en mouvement son camp et son armée.

Voici que la nouvelle éclate, jette un trouble incroyable dans la demeure royale et emplit la ville de grandes terreurs : formés en lignes de bataille, les Troyens, les troupes tyrrhéniennes s'avancent à partir du Tibre et descendent par toutes les plaines *. Aussitôt les esprits s'agitent, les passions populaires s'exaltent, d'âpres aiguillons excitent les colères. Bouillants d'impatience, bras tendus, ils réclament des armes, la jeunesse menaçante exige des armes ; les anciens consternés pleurent et murmurent. De partout, dans la diversité des avis, une grande clameur s'élève vers le ciel ; ainsi quand des bandes d'oiseaux se sont posées sur les cimes d'un bois ou quand, sur les courants poissonneux de la Paduse, les cygnes criards font retentir les bruyants marais. « Bravo, citoyens, dit Turnus qui saisit l'occasion, formez-vous en conseil et bien assis faites l'éloge de la paix ; les autres se ruent en armes sur le royaume *. » Sans parler davantage, il s'est élancé, fuyant d'un trait hors de la haute demeure : « Toi, Volusus, donne aux manipules des Volsques l'ordre de s'armer, amène aussi les Rutules, dit-il. Messapus, toi, Coras, avec ton frère, déployez dans les vastes plaines vos cavaliers en armes. Qu'une partie des troupes tienne solidement les accès de la ville et prenne position dans les tours ; le reste, qu'il porte avec moi son effort où je l'ordonnerai. »

1. Ce discours de Turnus représente dans la tradition épique une nouveauté aussi originale que les plaintes et invectives de Didon. En comparaison, les héros d'Homère sont des raisonneurs et des hommes raisonnables (cf. *Iliade*, 12, 230-250 ; 18, 284-310) ; aucun ne pratique de façon aussi ajustée le corps à corps verbal, l'*altercatio* ; aucun, surtout, ne connaît cette sorte

nec Drances potius, siue est haec ira deorum,
morte luat, siue est uirtus et gloria, tollat. »
Illi haec inter se dubiis de rebus agebant
certantes ; castra Aeneas aciemque mouebat.
  Nuntius ingenti per regia tecta tumultu
ecce ruit magnisque urbem terroribus implet :
instructos acie Tiberino a flumine Teucros
Tyrrhenamque manum totis descendere campis.
Extemplo turbati animi concussaque uolgi
pectora et arrectae stimulis haud mollibus irae.
Arma manu trepidi poscunt, fremit arma iuuentus,
flent maesti mussantque patres. Hic undique clamor
dissensu uario magnus se tollit in auras,
haud secus atque alto in luco cum forte cateruae
consedere auium piscosoue amne Padusae
dant sonitum rauci per stagna loquacia cycni.
« Immo » ait « o ciues » arrepto tempore Turnus
« cogite concilium et pacem laudate sedentes ;
illi armis in regna ruont. » Nec plura locutus
corripuit sese et tectis citus extulit altis.
« Tu, Voluse, armari Volscorum edice maniplis,
duc » ait « et Rutulos. Equitem Messapus in armis
et cum fratre Coras latis diffundite campis.
Pars aditus urbis firment turrisque capessant ;
cetera, qua iusso, mecum manus inferat arma. »

451 animi *MPbcdfhrvγ*, TIB. : -mo *Raeu* || **462** tectis *codd.*, TIB. *in interpr.* : portis TIB. *in lemm.* || **463** maniplis *MRabcdef hruvγ*^{2}, SERV., TIB. : -plos *Pγ*^{1} || **464** equitem *MP*^{1}*bhu*, SERV., TIB., ASPER 534, 21, CLEDON. 44, 15 : -tes *P*^{2}*Racde frvγ* || **466** firment *M*^{1}*Rabcdefhruvγ*^{2}, DSERV. 11, 473, TIB. : -met *M*^{2}*Pγ*^{1} || capessant *Rabcdefhruvγ*^{2}, TIB. : capessat *MPγ*^{1}.

Aussitôt de toute la ville on court aux remparts. Lui-même, le vénérable Latinus laisse là le conseil et ses grands desseins ; troublé par ces sombres événements, il remet tout à plus tard ; il se reproche sans cesse de n'avoir pas, d'autorité, appelé à lui * le Dardanien Énée pour l'introduire comme son gendre dans la ville. D'autres creusent des fossés en avant des portes, charrient des pierres et des pieux. La rauque trompette lance pour la guerre son signal sanglant. Alors les femmes, les enfants ont couronné les murs d'une foule mêlée ; chacun entend l'appel de l'épreuve suprême. De même, vers le temple, au plus haut de la citadelle de Pallas, la reine monte, dans un char, avec un grand cortège de mères, elle porte des offrandes ; près d'elle, associée à cette supplication, la jeune Lavinia, cause de si grands malheurs *, tenant ses beaux yeux baissés. Les mères s'approchent, emplissent le temple des fumées de l'encens ; du seuil imposant, elles jettent leurs tristes voix : « Toute-puissante par tes armes, maîtresse de la guerre, vierge du Triton, brise de ta main le dard du bandit phrygien et lui-même couche-le, tête en avant, sur notre sol, au pied des hautes portes, écrase-le [1]. »

Turnus, de son côté, plein d'une hâte furieuse, s'équipe pour le combat. Et déjà, revêtu de sa cuirasse étincelante, il se hérissait d'écailles de bronze, il avait enfermé ses jambes dans l'or ; la tête encore nue, il venait à son flanc d'attacher son épée ; descendant en courant

d'extase de l'engagement personnel, l'esprit de la *deuotio*. Mais on retrouve la même sensibilité héroïque chez les Romains de Tite-Live et, de façon plus significative encore, dans les dernières *Philippiques* de Cicéron.

1. Cette scène de supplications doit rappeler *Iliade*, 6, 263-311 et le lecteur comprend que la prière ne sera pas entendue. On notera l'élimination de tout ce qui, chez Homère, amuse l'attention : personnalité de la prêtresse, nature de l'offrande, promesse de grasses victimes ; en revanche, l'arrière-plan d'une ville en panique, la présence de Lavinia, l'insulte au bandit phrygien aggravent le pathétique. Comparer 1, 479-482.

Ilicet in muros tota discurritur urbe.
Concilium ipse pater et magna incepta Latinus
deserit ac tristi turbatus tempore differt
multaque se incusat, qui non acceperit ultro
Dardanium Aenean generumque adsciuerit urbi.
Praefodiunt alii portas aut saxa sudisque
subuectant. Bello dat signum rauca cruentum
bucina. Tum muros uaria cinxere corona
matronae puerique, uocat labor ultimus omnis.
Nec non ad templum summasque ad Palladis arces
subuehitur magna matrum regina caterua
dona ferens iuxtaque comes Lauinia uirgo,
causa mali tanti, oculos deiecta decoros.
Succedunt matres et templum ture uaporant
et maestas alto fundunt de limine uoces :
« Armipotens, praeses belli, Tritonia uirgo,
frange manu telum Phrygii praedonis et ipsum
pronum sterne solo portisque effunde sub altis. »
  Cingitur ipse furens certatim in proelia Turnus.
Iamque adeo rutilum thoraca indutus aenis
horrebat squamis surasque incluserat auro,
tempora nudus adhuc, laterique accinxerat ensem
fulgebatque alta decurrens aureus arce

469 concilium *M*^{2}*PRabcdefhruv*γ^1, TIB. *in lemm.* : consi- *M*$^1\gamma^2$, TIB. *in interpr.* ‖ **471** qui *MP*^{1}*Rabcdefhruv*, TIB. : quod *P*$^2\gamma$ ‖ **480** mali tanti *M*^{2}*P fr*γ, SERV. 12, 66, DSERV. : -is -is *Racdehuv*, *utrumque agnoscit* TIB. -i -is *M*^{1}*b* ‖ **483** praeses *M*^{1}*P*^{1}*Radr*γ^2, SERV., TIB., DIOM. 446, 29 : -sens *M*^{2}*P*^{2}*bcefhuv*γ^1, MACR. 5, 3, 10, ARVS. 502, 15, SAC. 461, 3, *agnoscit* DSERV. ‖ **485** altis *codd.*, SERV., TIB. : ipsis MACR. 5, 3, 10 ‖ **487** rutilum *Rabr*, DSERV. 10, 314, GELL. 2, 6, 22, MACR. 5, 10, 11 ; 6, 7, 18 : rutulum *MPcdefhuv*γ, TIB.

de la haute citadelle, il resplendissait, tout d'or, il bondit d'impatience et son attente déjà lui rend l'ennemi présent. Ainsi, lorsque tous liens rompus, enfin libre, en possession de la plaine sans limite, un cheval a fui son enclos, il court vers les pâtis et vers la troupe des cavales ou, coutumier de se baigner dans l'eau d'un fleuve familier, bondit comme une flamme, redresse haut sa tête, hennit, ivre de ses excès ; sur son col, sur ses épaules sa crinière joue[1]. Devant lui paraît Camille *, qui court à sa rencontre, accompagnée d'une troupe de Volsques ; au pied même des portes, la reine promptement sauta de son cheval, que toute son escorte imita, glissant à terre, laissant les chevaux. Alors elle parle ainsi : « Turnus, si le courage a droit d'avoir quelque confiance en soi, j'ai le cœur et je promets d'attaquer l'escadron des Énéades et j'irai seule barrer la voie aux cavaliers tyrrhènes. Laisse-moi éprouver mon bras dans les périls de la guerre, à l'avant-garde ; toi, avec l'infanterie, reste auprès des murs et veille sur la ville. »

Turnus, à ces mots, les yeux fixés sur l'effrayante vierge : « Gloire de l'Italie, ô vierge, comment t'exprimer, te prouver notre reconnaissance ? Mais maintenant, puisque ton courage ne recule devant rien, partage avec moi le travail. Énée, comme nous l'assurent les bruits qui courent et les rapports de nos éclaireurs, a lancé en avant, le traître, sa cavalerie légère pour nous inquiéter dans la plaine ; lui-même, par des hauteurs désertes, franchissant la ligne des cimes, marche vers la ville. Dans le chemin creux de la forêt, je lui prépare une surprise, en disposant des soldats bien armés aux

1. Traduction serrée d'*Iliade*, 6, 506-511. Joie de la liberté retrouvée, enivrement du grand air, tout cela a rapport direct avec Turnus échappant à une assemblée hostile pour courir au combat (Cartault). *Tandem, luxurians* (cf. *Georg.*, 3, 81) donnent à penser que Virgile connaissait les gloses alexandrines sur les hapax du texte grec.

exsultatque animis et spe iam praecipit hostem :
qualis ubi abruptis fugit praesepia uinclis
tandem liber equos campoque potitus aperto
aut ille in pastus armentaque tendit equarum
aut adsuetus aquae perfundi flumine noto
emicat arrectisque fremit ceruicibus alte
luxurians, luduntque iubae per colla, per armos.
Obuia cui Volscorum acie comitante Camilla
occurrit portisque ab equo regina sub ipsis
desiluit, quam tota cohors imitata relictis
ad terram defluxit equis ; tum talia fatur :
« Turne, sui merito si qua est fiducia forti,
audeo et Aeneadum promitto occurrere turmae
solaque Tyrrhenos equites ire obuia contra.
Me sine prima manu temptare pericula belli,
tu pedes ad muros subsiste et moenia serua. »
Turnus ad haec oculos horrenda in uirgine fixus :
« O decus Italiae uirgo, quas dicere grates
quasue referre parem ? Sed nunc, est omnia quando
iste animus supra, mecum partire laborem.
Aeneas, ut fama fidem missique reportant
exploratores, equitum leuia improbus arma
praemisit, quaterent campos ; ipse ardua montis
per deserta iugo superans aduentat ad urbem.
Furta paro belli conuexo in tramite siluae,
ut biuias armato obsidam milite fauces.

499 ipsis *codd.*, TIB. : altis ARVS. 464, 23 || **503** et *MP¹Rabcdefhruvγ²*, TIB. : *del. P²*, *om.* γ¹ || turmae *MP²bcdefhruvγ²*, SERV., TIB. : -ma *P¹γ¹* -mis *Ra* || **507** fixus *M²PRabdefhruvγ¹*, DSERV., TIB. : fixos γ², AGROEC. 121, 2 fixis *M¹c* || **515** conuexo *codd.* : deu- TIB.

deux entrées du défilé. Toi, rassemble tes enseignes et reçois le cavalier tyrrhénien ; tu auras avec toi l'infatigable Messapus, les escadrons latins, les troupes de Tiburtus ; toi aussi prends la charge du commandement. » Ainsi parla-t-il ; en termes semblables il anime au combat Messapus et les chefs alliés, puis il marche à l'ennemi. Il est une vallée aux sinueux détours, bien propre à l'embûche et aux ruses de la guerre ; des pentes assombries de bois épais la pressent de part et d'autre. Une sente s'étire jusque-là à travers des passes étroites et d'un abord inquiétant. Au dessus, sur les hauteurs, aux sommets de la montagne, s'étend un plateau qu'on ne soupçonne pas et des retraites sûres, soit qu'on veuille de droite et de gauche fondre sur l'ennemi ou rester sur les rebords et faire rouler des rocs énormes[1]. C'est là que se porte le jeune capitaine par un trajet dont toutes les voies lui sont connues ; il a promptement pris position, s'est embusqué dans la forêt traîtresse.

Cependant, au séjour des dieux, la fille de Latone appelait auprès d'elle Opis, la plus prompte des vierges qui l'accompagnent en sa troupe sacrée, et triste lui adressait ces paroles de sa bouche : « Camille marche à une guerre cruelle, ô vierge ; c'est vainement qu'elle se ceint de nos armes, elle pourtant qui m'est chère entre toutes. Il n'est pas nouveau, cet amour, dans le cœur de Diane, ni subite la douceur dont il l'a ému. Chassé de son royaume en haine de ses orgueilleuses violences, Métabus, s'échappant de son antique ville de Priverne, emporta dans sa fuite au travers des combats

1. En gros, la ville est à l'est d'Ostie (cf. p. 264) ; on peut l'atteindre directement en remontant les vallées qui aboutissent au Tibre (v. 449). On peut aussi la tourner par le sud, en progressant dans les collines boisées qui la séparent de la mer, puis en remontant vers le nord (tracé approximatif de la *via Laurentina*). Virgile a-t-il situé précisément le lieu de l'embuscade ?

Tu Tyrrhenum equitem collatis excipe signis ;
tecum acer Messapus erit turmaeque Latinae
Tiburtique manus, ducis et tu concipe curam. »
Sic ait et paribus Messapum in proelia dictis
hortatur sociosque duces et pergit in hostem.
Est curuo anfractu ualles, accommoda fraudi
armorumque dolis, quam densis frondibus atrum
urget utrimque latus, tenuis quo semita ducit
angustaeque ferunt fauces aditusque maligni.
Hanc super in speculis summoque in uertice montis
planities ignota iacet tutique receptus,
seu dextra laeuaque uelis occurrere pugnae
siue instare iugis et grandia uoluere saxa.
Huc iuuenis nota fertur regione uiarum
arripuitque locum et siluis insedit iniquis.

Velocem interea superis in sedibus Opim,
unam ex uirginibus sociis sacraque caterua,
compellabat et has tristis Latonia uoces
ore dabat : « Graditur bellum ad crudele Camilla,
o uirgo, et nostris nequiquam cingitur armis,
cara mihi ante alias. Neque enim nouos iste Dianae
uenit amor subitaque animum dulcedine mouit.
Pulsus ob inuidiam regno uirisque superbas
Priuerno antiqua Metabus cum excederet urbe,
infantem fugiens media inter proelia belli

519 tiburtique $M^{2}P^{2}$*Raceuvγ* : -rnique $M^{1}P^{1}$*bdfhr*, SERV., TIB. || **524** quo *MPbdefhruvγ*, SERV., TIB. : quos *Rac* qua *agnoscit* SERV. || **526** super in *Mbcdehruv*γ^{2}, TIB. : super e *Pf*γ^{1} super *Ra* || **527** receptus M^{1}*Pbcdefhruv*γ^{2}, SERV., TIB. : receptis γ^{1} recessus M^{2}*Ra*, *damnat* SERV. || **533** sociis sacraque *MPbcdfhruv*γ^{2}, TIB. : sacris sociaque *Rae* socios sacraque γ^{1} || **534** tristis *MPbcdefhruvγ*, SERV., TIB. : -ti *Ra*.

de la guerre sa fille toute petite encore, compagne de son exil, et, du nom de sa mère Casmille, par un léger retranchement, l'appela Camille. En la portant lui-même dans ses bras, il essayait de joindre la longue ligne des bois solitaires ; de partout des traits impitoyables le pressaient, les Volsques répandus faisaient voler alentour l'essaim de leurs soldats. Voilà qu'au milieu de sa fuite l'Amasénus roulait devant lui, au ras des rives, des torrents d'écume, tant les nuages rompus avaient versé de pluie[1]. Il veut s'élancer à la nage, mais l'amour de l'enfant le retient : il craint pour son cher fardeau. Tandis que mille résolutions se pressent dans son esprit, une idée y prend forme tout à coup, juste à temps : en guerrier, il avait dans sa forte main une énorme javeline, massive, noueuse, de rouvre durci au feu ; il y attache sa fille, enveloppée dans une coque d'écorce et de liège des bois, et la lie adroitement au milieu de la hampe, puis dans sa large main il balance le trait et dit en regardant le ciel : « Auguste habitante des bois, vierge Latonienne, moi, le père, je te consacr, cette petite servante, elle, la première qui, suppliante, tenant tes armes, fuit un ennemi par les airs. Déesse, je t'en prie, prends-la pour tienne, elle maintenant confiée aux incertitudes des airs. » Il dit et, ramenant son bras en arrière, lance le trait qu'il a brandi. Les eaux ont retenti ; au-dessus du fleuve rapide, Camille, l'infortunée, fuit sur un strident javelot. Alors Métabus, comme une troupe nombreuse le serre de plus près, se jette dans le fleuve et, vainqueur, arrache d'une touffe de gazon sa haste qu'il dédie à Trivia, avec l'enfant.

Jamais ville ne le reçut dans ses maisons ou dans ses murs ; lui-même en son humeur farouche n'aurait jamais

1. Incident au cours d'une fuite qui a pu être mouvementée et que Virgile ne nous invite pas à suivre sur le terrain : Privernum est sur la rive droite de l'Amasénus.

sustulit exsilio comitem matrisque uocauit
nomine Casmillae mutata parte Camillam.
Ipse sinu prae se portans iuga longa petebat
solorum nemorum : tela undique saeua premebant
et circumfuso uolitabant milite Volsci.
Ecce fugae medio summis Amasenus abundans
spumabat ripis, tantus se nubibus imber
ruperat. Ille innare parans infantis amore
tardatur caroque oneri timet. Omnia secum
uersanti subito uix haec sententia sedit :
telum immane, manu ualida quod forte gerebat
bellator, solidum nodis et robore cocto,
huic natam libro et siluestri subere clausam
implicat atque habilem mediae circumligat hastae ;
quam dextra ingenti librans ita ad aethera fatur :
« Alma, tibi hanc, nemorum cultrix, Latonia uirgo,
« ipse pater famulam uoueo ; tua prima per auras
« tela tenens supplex hostem fugit. Accipe, testor,
« diua tuam, quae nunc dubiis committitur auris. »
Dixit et adducto contortum hastile lacerto
immittit : sonuere undae, rapidum super amnem
infelix fugit in iaculo stridente Camilla.
At Metabus magna propius iam urgente caterua
dat sese fluuio atque hastam cum uirgine uictor
gramineo, donum Triuiae, de caespite uellit.
Non illum tectis ullae, non moenibus urbes
accepere, neque ipse manus feritate dedisset :

544 portans *codd.*, TIB. : -tat PROB. 259, 33 || **551** uersanti *dist.* M^2P^2, TIB. || subito *dist.* SERV. || **561** contortum *codd.* : contentum TIB. || **566** uellit *MRabcdefhruv*γ^2, TIB. : tollit *P*γ^1.

accepté sa défaite * ; sur les montagnes solitaires il vécut la vie des pâtres. Là, dans les halliers, dans l'épine des broussailles, il nourrissait sa fille d'un lait sauvage, aux mamelles d'une jument de son troupeau, glissant les trayons entre ses tendres lèvres. Aussitôt que l'enfant, debout sur ses pieds, eut assuré ses premiers pas, il arma ses mains d'un javelot pointu, suspendit aux épaules de la petite des flèches et un arc. Point d'or dans ses cheveux ni, pour la vêtir, de longues robes mais, à la place, la dépouille d'une tigresse, au long du dos pendant depuis la tête. Dès lors, d'une main encore tendre, elle lança des traits d'enfant, fit tournoyer bien haut la souple courroie d'une fronde, abattit la grue du Strymon ou le cygne blanc. En vain bien des mères, par les villes tyrrhéniennes, l'ont souhaitée comme bru ; satisfaite de la seule Diane, elle reste intacte, fidèle, en un durable amour, à ses armes, à sa virginité[1]. Je voudrais qu'elle ne se fût pas laissé prendre en cette guerre, ni mêlée d'attaquer les Troyens, elle si chère à mon cœur, et qu'elle fût aujourd'hui l'une de mes compagnes. Mais allons, puisqu'un destin prématuré la presse, descends, nymphe, des hauteurs du ciel et rends visite à ces terres latines où, sous de mauvais auspices, s'engage un combat sinistre. Prends ceci, tire de mon carquois une flèche qui me vengera ; elle me vengera, dans le sang, de quiconque aura, d'une blessure, profané ce corps sacré, Troyen ou Italien, n'importe. Moi ensuite, au creux d'un nuage, j'enlèverai la malheureuse, avec ses armes auxquelles nul ne touchera, et je les déposerai sous un tertre, dans sa patrie. » Elle dit ; la

1. Jeune Artémis (cf. l'hymne de Callimaque), future Penthésilée (v. 662), Virgile accumule ici les traits d'une rudesse barbare et presque scythique (cf. la légende d'Harpalycé dans Serv., 1, 317) ; un exotisme aussi (v. 577), qui rappellera les Bacchantes sous leur nébride, les nymphes vêtues d'une peau de lynx (1, 316-324), la Thrace surtout, pays des Amazones (659-660), du Strymon (v. 580), et où Orphée charmait les tigres (*Georg.*, 4, 510).

pastorum et solis exegit montibus aeuom.
Hic natam in dumis interque horrentia lustra
armentalis equae mammis et lacte ferino
nutribat teneris immulgens ubera labris.
Vtque pedum primis infans uestigia plantis
institerat, iaculo palmas armauit acuto,
spiculaque ex umero paruae suspendit et arcum.
Pro crinali auro, pro longae tegmine pallae
tigridis exuuiae per dorsum a uertice pendent.
Tela manu iam tum tenera puerilia torsit
et fundam tereti circum caput egit habena
Strymoniamque gruem aut album deiecit olorem.
Multae illam frustra Tyrrhena per oppida matres
optauere nurum ; sola contenta Diana
aeternum telorum et uirginitatis amorem
intemerata colit. Vellem haud correpta fuisset
militia tali conata lacessere Teucros
cara mihi, comitumque foret nunc una mearum.
Verum age, quandoquidem fatis urgetur acerbis,
labere, nympha, polo finisque inuise Latinos,
tristis ubi infausto committitur omine pugna.
Haec cape et ultricem pharetra deprome sagittam :
hac, quicumque sacrum uiolarit uolnere corpus,
Tros Italusque, mihi pariter det sanguine poenas.
Post ego nube caua miserandae corpus et arma
inspoliata feram tumulo patriaeque reponam. »

574 armauit *MPRacdefhruv*γ, TIB. : onerauit *b*, SERV. || **587** acerbis *MPRabcdefhruv*γ^1, SERV. : iniquis γ^2, TIB. || **592** italusque *MPRadeu*γ : -sue *bcfhr*, SERV., *utrumque agnoscit* TIB., *uersum om. v.*

nymphe se laisse glisser à travers les souffles légers du ciel, dans un fracas, le corps enveloppé d'un noir tourbillon.

Cependant les forces troyennes s'approchent des murs avec les chefs étrusques, l'armée entière des cavaliers, régulièrement ordonnée en escadrons. Sur toute l'étendue de la plaine, le cheval hennit, frappant du pied, et lutte contre les rênes serrées, se rejetant çà et là ; alors, à perte de vue, un champ de fer se hérisse de lances, les plaines flamboient sous les armes haut dressées. En face, Messapus et les voltigeurs latins, Coras avec son frère, l'aile de la vierge Camille apparaissent, rangés de front, dans la plaine ; de loin, ils pointent leurs javelines en ramenant le bras en arrière et agitent leurs dards ; l'approche des combattants, le grondement des chevaux s'enfle comme un incendie. Et déjà les deux partis s'étaient, dans leur avance, arrêtés à portée de trait ; soudain, sur un cri, ils s'élancent, excitent leurs chevaux furieux, de toutes parts jettent leurs traits à la fois, aussi serrés qu'une averse de neige ; le ciel se couvre d'ombre [1].

Bientôt, lance en avant, Tyrrhénus et l'ardent Acontée fondent l'un sur l'autre, de tout leur poids ; les premiers, avec un bruit horrible ils croulent, au choc de leurs montures qui, en plein galop, poitrail contre poitrail, se fracassent les os ; Acontée désarçonné, projeté comme un trait de foudre ou la pierre d'une baliste, est précipité bien loin et disperse sa vie dans les airs.

1. Turnus, Énée se sont provisoirement éloignés (511-531) ; Pallas et Mézence ont disparu (cf. p. 202) ; le péril était que, dans toute la seconde moitié du l. 11, la narration ne devînt amorphe. Créée sans doute de presque rien, poussée au premier plan, la figure puissamment suggestive, à demi surnaturelle de Camille vient à trois reprises (532-596, 648-724, 759-867) donner un centre à la bataille, où les masses concurremment continuent

Dixit, at illa leuis caeli delapsa per auras
insonuit nigro circumdata turbine corpus.
At manus interea muris Troiana propinquat
Etruscique duces equitumque exercitus omnis,
compositi numero in turmas. Fremit aequore toto
insultans sonipes et pressis pugnat habenis
huc conuersus et huc ; tum late ferreus hastis
horret ager campique armis sublimibus ardent.
Nec non Messapus contra celeresque Latini
et cum fratre Coras et uirginis ala Camillae
aduersi campo apparent hastasque reductis
protendunt longe dextris et spicula uibrant,
aduentusque uirum fremitusque ardescit equorum.
Iamque intra iactum teli progressus uterque
substiterat : subito erumpunt clamore furentisque
exhortantur equos, fundunt simul undique tela
crebra niuis ritu, caelumque obtexitur umbra.
Continuo aduersis Tyrrhenus et acer Aconteus
conixi incurrunt hastis primique ruinam
dant sonitu ingenti perfractaque quadrupedantum
pectora pectoribus rumpunt ; excussus Aconteus
fulminis in morem aut tormento ponderis acti
praecipitat longe et uitam dispergit in auras.

595 leuis *dist.* TIB. || delapsa *Mfr* : demissa *PRacehuvγ*, TIB. dimissa *bd* || **598** etruscique *MP*^{1}*Rabcehuvγ*, SERV. : etrurique *P*^{2}*dr*, TIB. *in lemm.*, *quidam ap.* DSERV. etruriique *f* tyrrhenique TIB. *in interpr.* || **601** conuersus *MPγ*^{1} : obuersus *Rabcde fhruvγ*^{2}, TIB. || **609** substiterat *M*^{2}*Pcefhuvγ*, TIB. : substiterant *bdr* substitucrant *Ra* constiterant *M*^{1} || **612** aduersis *P*^{1}*bcdefhruv*, DSERV., TIB. : -si *MP*^{2}*Raγ* || **613-614** ruinam... sonitu ingenti *Rabcdefhrvγ*^{2}, TIB. : ruina... sonitum ingentem *P*^{2} ruinam... sonitum ingentem *P*^{1}*γ*^{1} ruinam... sonitum ingenti *Mu*.

Aussitôt le désordre se met dans les lignes, les Latins prenant la fuite rejettent leurs boucliers en arrière et tournent leurs chevaux du côté des remparts. Les Troyens les poussent devant eux, Asilas est le premier à mener la charge. Déjà ils approchaient des portes quand les Latins se reprennent, poussent une clameur et font virer les souples encolures ; les autres s'enfuient et se replient en profondeur, à toute bride. Ainsi la mer, quand elle s'élance, au balancement de ses abîmes, tantôt elle se rue vers la terre, jette sur les rochers son eau écumante, recouvre de sa frange les sables les plus reculés, tantôt, non moins rapide à se retirer, engloutissant dans son flot troublé les pierres qu'il roule en arrière, elle fuit ; ses nappes en glissant abandonnent le rivage. Deux fois les Étrusques poussèrent vers les murs les Rutules en fuite, deux fois rejetés, ils regardent en arrière, se couvrant le dos de leurs boucliers. Mais après que les adversaires se sont heurtés en un troisième assaut, qu'ils ont totalement confondu leurs lignes et que l'homme a choisi son homme, alors c'est le gémissement de ceux qui meurent, c'est la mer de sang où roulent les armes, les corps et les chevaux expirants mêlés dans le carnage des hommes : l'âpre bataille se lève.

Face à Rémulus, Orsiloque, n'osant pas joindre au corps l'homme lui-même *, a lancé un dard contre le cheval et lui a planté son fer sous l'oreille ; à ce coup, le coursier devient furieux, il se cabre, lance en avant ses jambes qu'il tient hautes, impatient de sa blessure, la poitrine dressée ; lui, roule à terre, désarçonné. Catillus renverse Iollas, puis Herminius, géant par sa bravoure, géant de corps et d'épaules ; sur sa tête nue sa chevelure est fauve, ses épaules sont nues, les blessures

de s'entrechoquer ; grâce à sa présence, encore, un dénouement peut avoir lieu, qui naîtra non pas du jeu obscur des poussées anonymes, mais de l'achèvement d'un destin personnel.

Extemplo turbatae acies uersique Latini
reiciunt parmas et equos ad moenia uertunt.
Troes agunt, princeps turmas inducit Asilas.
Iamque propinquabant portis rursusque Latini
clamorem tollunt et mollia colla reflectunt;
hi fugiunt penitusque datis referuntur habenis,
qualis ubi alterno procurrens gurgite pontus
nunc ruit ad terram scopulosque superiacit unda
spumeus extremamque sinu perfundit harenam,
nunc rapidus retro atque aestu reuoluta resorbens
saxa fugit litusque uado labente relinquit.
Bis Tusci Rutulos egere ad moenia uersos,
bis reiecti armis respectant terga tegentes.
Tertia sed postquam congressi in proelia totas
implicuere inter se acies legitque uirum uir,
tum uero et gemitus morientum et sanguine in alto
armaque corporaque et permixti caede uirorum
semianimes uoluontur equi, pugna aspera surgit.

Orsilochus Remuli, quando ipsum horrebat adire,
hastam intorsit equo ferrumque sub aure reliquit;
quo sonipes ictu furit arduos altaque iactat
uolneris impatiens arrecto pectore crura:
uoluitur ille excussus humi. Catillus Iollan
ingentemque animis, ingentem corpore et armis
deicit Herminium, nudo cui uertice fulua
caesaries nudique umeri, nec uolnera terrent:

624 procurrens *MP*^{pc} *b*γ, TIB. : procumbens *P*^{ac}*Racdefhruv* || **625** superiacit *Mbcdefhruv*γ^{2}, SERV. : superiacet TIB. superlicit *P*γ^{1} suberigit *Ra* || unda *MPRabfhr*γ^{1}, TIB. : -am *cdeuv*γ^{2}, SERV. || **627** resorbens *codd.*, SERV., TIB. : resoluens PROB. 253, 13.

ne l'effraient pas, tant est large sa carrure face aux armes. Mais une javeline, poussée entre ses larges épaules, vibre, traverse de part en part l'homme qu'elle ploie en deux sous la douleur. Partout coule un sang noir ; aux mains de ceux qui combattent, le fer répand la mort ; ils cherchent à travers leurs blessures un beau trépas.

Mais, au milieu du carnage, une Amazone bondit, un flanc découvert pour le combat, c'est Camille, avec son carquois ; tantôt son bras disperse en grêle serrée les dards flexibles, tantôt, infatigable, elle saisit en son poing la puissante bipenne ; l'arc d'or sonne sur son épaule, et les armes de Diane. Encore : à chaque fois qu'elle s'est échappée et que l'ennemi la poursuit, elle retourne son arc et dans sa fuite lance des flèches. Autour d'elle, des vierges, ses compagnes d'élection, Larina, Tulla, Tarpeia qui brandit une hache de bronze, filles de l'Italie que la divine Camille a choisies elle-même, garde d'honneur pour elle, de bon service dans la paix et la guerre. Ainsi les Amazones thraces quand elles ébranlent les flots du Thermodon et sous leurs armes peintes vont guerroyant, soit autour d'Hippolyté, soit quand, fille de Mars, Penthésilée apparaît sur son char et que, dans le hurlement d'un grand tumulte, ces bataillons féminins bondissent, agitant leurs peltes aux cornes de lune[1].

O vierge farouche, quel est le premier, quel est le dernier que tu jettes bas d'un trait ? Ou combien de corps étends-tu mourants sur le sol ? Le premier est Eunée, fils de Clytius ; il venait droit sur elle ; du sapin d'une longue javeline elle traverse sa poitrine décou-

1. La pelte est un bouclier rond d'origine thrace ; avec l'arc et la double hache il fait partie de l'armement traditionnel des Amazones. Virgile leur attribue l'adresse des Parthes à tirer en fuyant (*Georg.*, 3, 31). Hippolyté rappelle Thésée et l'expédition d'Héraclès contre les Amazones ; sur Penthésilée, cf. 1, 490-493 et nn. *ad* 11, 498 et 892. Le Thermodon se jette dans la Mer

tantus in arma patet. Latos huic hasta per armos
acta tremit duplicatque uirum transfixa dolore.
Funditur ater ubique cruor ; dant funera ferro
certantes pulchramque petunt per uolnera mortem.
At medias inter caedes exsultat Amazon
unum exserta latus pugnae, pharetrata Camilla,
et nunc lenta manu spargens hastilia denset,
nunc ualidam dextra rapit indefessa bipennem ;
aureus ex umero sonat arcus et arma Dianae.
Illa etiam, si quando in tergum pulsa recessit,
spicula conuerso fugientia derigit arcu.
At circum lectae comites, Larinaque uirgo
Tullaque et aeratam quatiens Tarpeia securim,
Italides, quas ipsa decus sibi dia Camilla
delegit pacisque bonas bellique ministras :
quales Threiciae cum flumina Thermodontis
pulsant et pictis bellantur Amazones armis,
seu circum Hippolyten, seu cum se Martia curru
Penthesilea refert magnoque ululante tumultu
feminea exsultant lunatis agmina peltis.
Quem telo primum, quem postremum, aspera uirgo,
deicis ? aut quot humi morientia corpora fundis ?
Eunaeum Clytio primum patre, cuius apertum
aduersi longa transuerberat abiete pectus.

650 lenta *codd.* : laeta TIB. ‖ denset *M*^{2}*bd*, DSERV. : -sat *M*^{1}*Racefhruvγ*, TIB. ‖ **652** umero *Mbcdfhruvγ* : -ris *Rae*, TIB. ‖ **653** si quando in tergum *MRacdefhruvγ* : i.t.s.q. *b*, TIB. ‖ **654** fugientia *Mbdfhruvγ*, SERV., TIB. : fulgentia *Race* ‖ derigit *MRaγ*^{1} : dirigit *cefhruvγ*^{2}, TIB. degerit *b* adegerit *d* ‖ **657** dia *M*^{2}*dvγ*^{1}, SERV. *et* 12, 83, TIB., *schol. Pers.* 1, 31, PRISC. 2, 71, 18 ; 466, 2 : diua *M*^{1}*befhruγ*^{2} dura *Rac?* ‖ **658** bonas *Mrγ*^{1}, TIB., ARVS. 494, 9 : -nae *Rabcdefhuvγ*^{2}, SERV.

verte. En vomissant des ruisseaux de sang, il tombe, il mord la terre moite et en mourant se tord sur sa plaie. Elle jette par-dessus Liris et Pagasus ; l'un avait roulé à terre et rassemblait les rênes de son cheval qui avait glissé, l'autre s'approchait et pour le relever lui tendait un bras nu ; frappés à mort, ils tombent l'un et l'autre. Elle leur joint Amastrus fils d'Hippotès et, penchée en avant, poursuit de loin avec sa haste Térée, Harpalycus, Démophoon et Chromis. Autant de dards la vierge a brandis et lancés de sa main, autant sont tombés de guerriers phrygiens. Au loin paraît Ornytus avec des armes étranges sur un cheval iapyge ; c'est un chasseur ; pour le combat, une peau arrachée à un taureau couvre ses larges épaules, sa tête s'abrite sous l'énorme bâillement d'un loup montrant mâchoires et dents blanches ; l'épieu ferré des paysans arme ses mains ; il va et vient au milieu des escadrons qu'il domine de toute la tête. Camille le surprend sans peine comme ils venaient de tourner bride, le transperce et ajoute avec colère : « As-tu pensé, Tyrrhénien, que tu chassais des bêtes dans tes forêts ? Voici venu le jour où les armes d'une femme ont rétorqué vos grands mots. Pourtant tu vas rapporter aux mânes de tes pères un fameux titre de gloire : tu es tombé sous le fer de Camille [1]. »

Sans s'arrêter, elle abat Orsiloque et Butès, deux Troyens de taille gigantesque, elle a pris Butès comme il se détournait, l'a percé de sa lance entre la cuirasse

Noire, fort loin de la Thrace ; on ne sait trop si ses eaux renvoient l'écho de la course des Amazones, ou si leurs chevaux font sonner la glace qui recouvre le fleuve. Mais ces indécisions ajoutent au fantastique.

1. En dépit de son nom (le bondissant), l'homme, avec ses va-et-vient, semble plutôt embarrassé dans un rôle (*uenator... pugnatori*) et sous un équipement inhabituels. Pour Camille, triomphe sans gloire (v. 684) ; ses propos n'en font que mieux ressortir la permanente fureur qui l'habite, cf. 10, 830 et n.

Sanguinis ille uomens riuos cadit atque cruentam
mandit humum moriensque suo se in uolnere uersat.
Tum Lirim Pagasumque super ; quorum alter habenas
suffuso reuolutus equo dum colligit, alter
dum subit ac dextram labenti tendit inermem,
praecipites pariterque ruont. His addit Amastrum
Hippotaden sequiturque incumbens eminus hasta
Tereaque Harpalycumque et Demophoonta Chrominque ;
quotque emissa manu contorsit spicula uirgo,
tot Phrygii cecidere uiri. Procul Ornytus armis
ignotis et equo uenator Iapyge fertur,
cui pellis latos umeros erepta iuuenco
pugnatori operit, caput ingens oris hiatus
et malae texere lupi cum dentibus albis,
agrestisque manus armat sparus ; ipse cateruis
uertitur in mediis et toto uertice suprast.
Hunc illa exceptum (neque enim labor agmine uerso)
traicit et super haec inimico pectore fatur :
« Siluis te, Tyrrhene, feras agitare putasti ?
Aduenit qui uestra dies muliebribus armis
uerba redargueret. Nomen tamen haud leue patrum
manibus hoc referes, telo cecidisse Camillae. »
 Protinus Orsilochum et Buten, duo maxima Teucrum
corpora, sed Buten auersum cuspide fixit

669 uolnere *codd.*, TIB. : sanguine MACR. 4, 6, 14 || **671** suffuso *M*[2]*Racdefhuvγ*, SERV., TIB. : suffosso *M*[1]*br*, *alii ap.* SERV. || **672** ac *codd.* : et TIB. || inermem *MRar*, TIB. : inertem *bcdefhuvγ*[2], *utrumque agnoscere uidetur* DSERV. mertem γ[1] || **686** te *Mbdefhruvγ*, TIB. : et *Ra*, *om.* *c* || **688** redargueret *MRabdefhruvγ*, TIB. : -rat *c* -rit PRISC. 2, 503, 13 || **691** fixit *codd.* : figit TIB.

et le casque, là où luit le cou du cavalier, où se suspend le bouclier pour les parades du bras gauche. Devant Orsiloque elle fuit, il la pourchasse sur un long circuit, elle lui échappe en se plaçant à l'intérieur du cercle et poursuit celui qui la poursuivait ; alors se dressant de toute sa hauteur auprès de l'homme devenu suppliant et plein de prières, elle abat par deux fois sa hache puissante qui broie les armes et les os ; la blessure fait couler sur le visage une cervelle toute chaude. Un autre guerrier s'est trouvé sur ses pas ; il reste cloué sur place, épouvanté par son apparition subite ; c'est le fils d'Aunus, habitant de l'Apennin, et non pas le dernier des Ligures tant que les destins laissaient une chance à l'art de tromper. Quand il se voit hors d'état d'échapper maintenant au combat par la fuite ou de détourner de lui la reine qui le presse, il entreprend de combiner des ruses et commence ainsi sa fourbe : « Quelle merveille que, femme, tu mettes ton assurance dans la vigueur d'un cheval [1] ! Renonce à fuir. Tout près d'ici, fais donc confiance, comme moi, à ce sol qui nous rendra égaux, et prépare-toi à un duel véritable, à pied. Tu sauras bientôt qui va porter la peine d'une gloire toute de vent [2]. » Il dit ; elle, furieuse, brûlant d'une âcre colère, remet son cheval à une compagne et se campe devant lui, à armes égales, à pied, l'épée nue, sûre d'elle sous son bouclier pur de tout emblème. Mais l'homme, qui pense avoir fait réussir sa ruse, s'envole de son côté, sans retard : il a fait tourner son cheval qui l'emporte, il fuit et presse de son talon de fer le rapide coursier. « Ah ! Ligure sans foi, ta présomption t'abuse ; en vain, pour m'échapper, tu as tenté les adresses qui ont cours chez vous : ton artifice ne te ramènera pas vivant à Aunus le trompeur. » Ainsi parle la vierge, ses pieds rapides bondissent comme

1. Cf. Aristophane, *Lysistr.*, 676-679.

2. Texte incertain et obscur : « à qui son vain orgueil va appor-

loricam galeamque inter, qua colla sedentis
lucent et laeuo dependet parma lacerto ;
Orsilochum fugiens magnumque agitata per orbem
eludit gyro interior sequiturque sequentem ;
tum ualidam perque arma uiro perque ossa securim
altior exsurgens oranti et multa precanti
congeminat ; uolnus calido rigat ora cerebro.
Incidit huic subitoque aspectu territus haesit
Appenninicolae bellator filius Auni,
haud Ligurum extremus, dum fallere fata sinebant.
Isque ubi se nullo iam cursu euadere pugnae
posse neque instantem reginam auertere cernit,
consilio uersare dolos ingressus et astu
incipit haec : « Quid tam egregium, si femina forti
fidis equo ? Dimitte fugam et te comminus aequo
mecum crede solo pugnaeque accinge pedestri :
iam nosces uentosa ferat cui gloria fraudem. »
Dixit, at illa furens acrique accensa dolore
tradit equom comiti paribusque resistit in armis
ense pedes nudo puraque interrita parma.
At iuuenis uicisse dolo ratus auolat ipse
(haud mora) conuersisque fugax aufertur habenis
quadripedemque citum ferrata calce fatigat.
« Vane Ligus frustraque animis elate superbis,
nequiquam patrias temptasti lubricus artis,
nec fraus te incolumem fallaci perferet Auno. »
Haec fatur uirgo et pernicibus ignea plantis

693 lucent *codd.*, TIB. : inuenit RVFIN. 53, 21 || **698** congeminat *dist.* M^2, SERV. || uolnus *dist.* P^2 || **708** fraudem $M^1P^{ac}Ra$, SERV. : lau- $M^2P^{pc}bcdefhruv\gamma$, TIB., *damnat* SERV.

une flamme, elle dépasse le cheval dans sa course, se retourne, saisit le mors, attaque et prend sa vengeance dans un sang détesté ; aussi facilement qu'un épervier, l'oiseau sacré, essorant de la pointe d'un rocher, poursuit à tire-d'aile, atteint une colombe bien haut dans la nuée ; il la saisit, la tient, la déchire de ses serres crochues ; du sang, des plumes arrachées tombent de l'éther.

Mais l'auteur des hommes et des dieux *, assis au sommet de l'Olympe, n'est pas sans regarder tout ceci. Le Père anime aux cruels combats le Tyrrhénien Tarchon, et ses durs aiguillons plantent en lui la colère. Donc au milieu des morts et des troupes qui reculent, Tarchon se porte sur son cheval ; multipliant les encouragements, il excite ses escadrons, appelle chaque homme par son nom, raffermit, ramène au combat les soldats ébranlés. « Quelle crainte, ô Tyrrhéniens jamais en peine, indolents toujours, quelle incroyable lâcheté s'est emparée de vos cœurs ? Une femme pousse devant elle des hommes débandés, elle a fait tourner bride à nos corps de bataille. A quoi bon nos épées, pourquoi porter dans nos mains ces traits inutiles ? Mais pour Vénus et ses joutes nocturnes vous ne manquez pas de vigueur ou lorsque la flûte courbe a rassemblé les chœurs de Bacchus. Attendez que viennent les banquets, les coupes d'une table bien garnie, voilà vos amours, voilà votre souci ; attendez qu'un complaisant haruspice annonce le sacrifice et qu'une grasse victime vous appelle au fond du bois sacré. »

Sur ces mots il lance son cheval dans la mêlée, prêt à mourir lui-même ; comme un ouragan il fond sur Vénulus, arrache l'ennemi de son cheval, le saisit, l'enlace à plein corps et, déployant une force prodigieuse, l'emporte serré

ter une déception » ? Avec *laudem* : « à qui l'ondoyante gloire (ou « un orgueil que tu prétends sans fondement », cf. 687-688, 715) va apporter la notoriété » ?

transit equom cursu frenisque aduersa prehensis
congreditur poenasque inimico ex sanguine sumit :
quam facile accipiter saxo sacer ales ab alto
consequitur pennis sublimem in nube columbam
comprensamque tenet pedibusque euiscerat uncis ;
tum cruor et uolsae labuntur ab aethere plumae.
At non haec nullis hominum sator atque deorum
obseruans oculis summo sedet altus Olympo.
Tyrrhenum genitor Tarchonem in proelia saeua
suscitat et stimulis haud mollibus inicit iras.
Ergo inter caedes cedentiaque agmina Tarchon
fertur equo uariisque instigat uocibus alas
nomine quemque uocans reficitque in proelia pulsos.
« Quis metus, o numquam dolituri, o semper inertes
Tyrrheni, quae tanta animis ignauia uenit ?
Femina palantis agit atque haec agmina uertit !
Quo ferrum quidue haec gerimus tela inrita dextris ?
At non in Venerem segnes nocturnaque bella
aut ubi curua choros indixit tibia Bacchi ;
exspectate dapes et plenae pocula mensae
(hic amor, hoc studium), dum sacra secundus haruspex
nuntiet ac lucos uocet hostia pinguis in altos. »
Haec effatus equom in medios moriturus et ipse
concitat et Venulo aduersum se turbidus infert
dereptumque ab equo dextra complectitur hostem
et gremium ante suom multa vi concitus aufert.

728 inicit *Racdehuv* : incitat *MPbfrγ*, TIB. || 731 in *codd.*, TIB. : ad MACR. 6, 1, 34 || 735 gerimus *MPRabdfγ* : geritis *cehruv*, TIB. || 737 indixit *codd.* : induxit TIB. || bacchi *dist.* M^2, TIB. || 742 turbidus *codd.*, SERV. : feruidus TIB. || infert *Mbcdefhruv*, SERV. 11, 814 : offert *Raγ*, TIB.

contre lui. Une clameur s'élève vers le ciel et tous les Latins ont tourné les yeux. Dans la plaine, comme une flamme, Tarchon vole, portant l'homme et ses armes ; puis, saisissant la javeline de son adversaire, il en brise la pointe de fer et fouille les défauts de l'armure pour enfoncer le coup mortel. Mais lui se débat à l'encontre, essaie d'écarter cette main de sa gorge et à toute force d'éluder la force. Comme un aigle fauve emporte haut dans son vol un dragon qu'il a saisi, il a plongé ses serres dans le corps tortueux et s'y attache de ses ongles, mais le serpent blessé roule ses orbes qui ondulent, dresse ses écailles hérissées, siffle à pleine gueule, menaçant, levant la tête ; tandis qu'il résiste, l'aigle, de son bec recourbé, ne l'en presse pas moins et frappe en même temps l'éther de ses ailes [1]. C'est ainsi que Tarchon triomphant emporte sa proie ravie aux guerriers de Tibur. Suivant l'exemple et le succès de leur chef, les Méonides courent à l'attaque. Alors l'homme prédestiné, Arruns, guette Camille au prompt javelot : il a l'avantage d'une adresse extrême, rôde et cherche l'occasion favorable. Partout où la vierge furieuse s'est portée, en pleine mêlée, partout Arruns la suit et, silencieux, marche dans ses pas ; quand elle revient victorieuse et se dégage de l'ennemi, l'homme furtif détourne encore du même côté ses rênes rapides. Il essaie toutes les approches, tous les circuits dans tous les sens et, acharné, balance un sûr javelot.

A ce moment Chlorée, consacré aux cultes du Cybèle, prêtre jadis [2], étincelait dans l'éclat de ses armes phrygiennes et attirait de loin les regards ; il pressait un cheval écumant, recouvert d'une peau où l'on avait

1. D'après *Iliade*, 12, 200-207, déjà repris et agrandi par Cicéron dans son *Marius* (cité dans *Diu.*, 1, 106).

2. Le statut présent de Chlorée (prêtre depuis longtemps ou prêtre jadis), le rapport de sa consécration et de son sacerdoce

Tollitur in caelum clamor cunctique Latini
conuertere oculos. Volat igneus aequore Tarchon
arma uirumque ferens ; tum summa ipsius ab hasta
defringit ferrum et partis rimatur apertas,
qua uolnus letale ferat ; contra ille repugnans
sustinet a iugulo dextram et uim uiribus exit.
Vtque uolans alte raptum cum fulua draconem
fert aquila implicuitque pedes atque unguibus haesit,
saucius at serpens sinuosa uolumina uersat
arrectisque horret squamis et sibilat ore
arduos insurgens, illa haud minus urget obunco
luctantem rostro, simul aethera uerberat alis :
haud aliter praedam Tiburtum ex agmine Tarchon
portat ouans. Ducis exemplum euentumque secuti
Maeonidae incurrunt. Tum fatis debitus Arruns
uelocem iaculo et multa prior arte Camillam
circuit et, quae sit fortuna facillima, temptat.
Qua se cumque furens medio tulit agmine uirgo,
hac Arruns subit et tacitus uestigia lustrat ;
qua uictrix redit illa pedemque ex hoste reportat,
hac iuuenis furtim celeres detorquet habenas.
Hos aditus iamque hos aditus omnemque pererrat
undique circuitum et certam quatit improbus hastam.
  Forte sacer Cybelo Chloreus olimque sacerdos
insignis longe Phrygiis fulgebat in armis
spumantemque agitabat equom, quem pellis aenis

755 obunco *Mfγ, pars codd.* MACR. 5, 13, 28 : abunco *bdeh, pars codd.* MACR. obuncto *c* adunco *Raruv* || 757 tarchon *codd.*, TIB. : raptam SERV. 8, 9 || 766 aditus iamque *codd.* : abitus iamque TIB. || 768 cybelo *Mabcdefhruv*, SERV., TIB. : -lae γ, MACR. 5, 1, 12.

cousu d'un fil d'or des écailles de bronze imitant un plumage. Lui-même, éblouissant dans l'éclat sombre d'une pourpre exotique, lançait d'un arc lycien des flèches de Gortyne ; l'arc appendu aux épaules était d'or, et d'or aussi le casque du prophète ; sa chlamyde safranée, les plis frémissants de sa robe de lin, un lien d'or fauve les serrait dans un nœud ; tout était broderie sur ses tuniques et sur ses braies barbares. La vierge, qu'elle pensât à suspendre dans un temple les armes troyennes ou à se parer dans ses chasses d'un or conquis de vive force, en toutes les rencontres de la guerre ne suivait que lui, aveugle à tout le reste, à travers les combattants, sans se garder elle-même, embrasée d'une passion de femme pour cette proie et pour ces dépouilles. C'est alors qu'ayant choisi son moment, Arruns, d'un coin où il la guettait, balance enfin son trait et adresse cette prière aux puissances d'en haut : « Toi, dieu suprême entre tous les dieux, gardien du Soracte sacré, Apollon, toi dont nous sommes les plus dévots adorateurs — pour toi, la flamme du pin se repaît de nos bûchers ; pour toi, nous, tes fidèles, forts de notre piété, posons nos pieds parmi le feu sur le tapis des braises —, donne-nous, Père tout-puissant, de laver nos armes de ce déshonneur. Je ne demande ni les dépouilles ni le trophée de la vierge que j'aurai abattue, rien pour moi ; d'autres exploits me feront un nom ; pourvu que cette furie exécrable tombe abattue sous ma main, je reviendrai sans gloire dans les villes de mes pères [1]. » Phébus l'entendit ; à une part de ses vœux il voulut bien donner le succès, l'autre, il la

semblent difficiles à préciser ; cf. *uati*, v. 774. Il y a des prêtres parmi les combattants (7, 750 ; 10, 537).

1. En 7, 695 les possesseurs du Soracte appartiennent au parti de Turnus ; il est donc surprenant qu'un membre de cette communauté religieuse médite la mort de Camille. Ce point inquiétait déjà les Anciens (Serv., 592, 762). De même, pourquoi ce nom d'Arruns qui n'est jamais porté que par des Étrusques ?

in plumam squamis auro conserta tegebat.
Ipse peregrina ferrugine clarus et ostro
spicula torquebat Lycio Gortynia cornu ;
aureus ex umeris erat arcus et aurea uati
cassida ; tum croceam chlamydemque sinusque crepantis
carbaseos fuluo in nodum collegerat auro,
pictus acu tunicas et barbara tegmina crurum.
Hunc uirgo, siue ut templis praefigeret arma
Troia, captiuo siue ut se ferret in auro
uenatrix, unum ex omni certamine pugnae
caeca sequebatur totumque incauta per agmen
femineo praedae et spoliorum ardebat amore,
telum ex insidiis cum tandem tempore capto
concitat et superos Arruns sic uoce precatur :
« Summe deum, sancti custos Soractis Apollo,
quem primi colimus, cui pineus ardor aceruo
pascitur et medium freti pietate per ignem
cultores multa premimus uestigia pruna,
da, pater, hoc nostris aboleri dedecus armis,
omnipotens. Non exuuias pulsaeue tropaeum
uirginis aut spolia ulla peto, mihi cetera laudem
facta ferent : haec dira meo dum uolnere pestis
pulsa cadat, patrias remeabo inglorius urbis. »
Audiit et uoti Phoebus succedere partem
mente dedit, partem uolucris dispersit in auras :

775 tum *codd.*, TIB. : tunc NON. 541, 16 || **794** uoti *codd.* : -tis TIB., MACR. 5, 3, 7 || partem *MPRabdefhruvγ*, SERV. : -tim *c*, TIB. || **795** partem *MPRabdefhruvγ*, SERV. : partim TIB. patrim *c*.

dispersa dans les brises fugitives ; surprendre Camille par une mort soudaine et l'abattre, il l'accorda à sa prière, mais que sa haute patrie le vît rentrant chez soi, il ne le donna point et la tempête emporta ces paroles pour les mêler aux vents [1].

Donc lorsque la javeline lancée par son bras eut bruyamment ébranlé les airs, tous les Volsques vers leur reine ont tourné leurs âmes inquiètes, porté leurs regards. Elle-même ne remarque rien, ni la vibration de l'air, ni le bruit, ni le trait venant de l'éther, et déjà la javeline, pénétrant au-dessous de son sein découvert, s'est fixée immobile : profondément enfoncée, elle a bu son sang virginal. De toutes parts ses compagnes accourent en hâte et reçoivent leur maîtresse qui tombe en avant. Arruns fuit, épouvanté plus que tous autres, dans une joie mêlée de peur ; il n'ose plus se fier à son javelot ou s'exposer aux traits de la vierge *. Ainsi, sans attendre que les traits de la vengeance soient lancés à sa suite, un loup, sur l'heure, est allé se cacher loin des sentiers, dans les hautes montagnes, quand il a tué un pâtre ou un puissant taureau, conscient de l'audace de son coup, et, comme s'il voulait flatter, il a ramené sous son ventre sa queue tremblante, il a gagné les forêts. Ce n'est pas autrement qu'Arruns tout troublé s'est soustrait aux regards et, satisfait de pouvoir fuir, s'est confondu parmi les combattants.

Elle, mourante, tire sur le trait avec sa main, mais au profond de la blessure la pointe de fer tient aux côtes entre les os. Exsangue, elle va défaillir, défaillent ses yeux glacés par la mort, le visage a perdu son teint, naguère de pourpre. Sur le point d'expirer, elle s'adresse à Acca, une des vierges de son âge, compagne hors de pair, fidèle à Camille avant toutes autres, de moitié

1. Apollon consent à la mort de Camille, qui est dans l'ordre du destin (v. 587) ; mais le meurtrier périra.

sterneret ut subita turbatam morte Camillam
adnuit oranti; reducem ut patria alta uideret,
non dedit, inque Notos uocem uertere procellae.
Ergo ut missa manu sonitum dedit hasta per auras,
conuertere animos acris oculosque tulere
cuncti ad reginam Volsci. Nihil ipsa nec aurae
nec sonitus memor aut uenientis ab aethere teli,
hasta sub exsertam donec perlata papillam
haesit uirgineumque alte bibit acta cruorem.
Concurrunt trepidae comites dominamque ruentem
suscipiunt. Fugit ante omnis exterritus Arruns
laetitia mixtoque metu nec iam amplius hastae
credere nec telis occurrere uirginis audet.
Ac uelut ille, prius quam tela inimica sequantur,
continuo in montis sese auius abdidit altos
occiso pastore lupus magnoue iuuenco,
conscius audacis facti, caudamque remulcens
subiecit pauitantem utero siluasque petiuit :
haud secus ex oculis se turbidus abstulit Arruns
contentusque fuga mediis se immiscuit armis.
Illa manu moriens telum trahit, ossa sed inter
ferreus ad costas alto stat uolnere mucro.
Labitur exsanguis, labuntur frigida leto
lumina, purpureus quondam color ora reliquit.
Tum sic exspirans Accam ex aequalibus unam
adloquitur, fida ante alias quae sola Camillae,

801 aurae *MPRabcefhruvγ*, TIB. : -ras *d*, SERV. || **818** leto *codd.*, SERV., TIB. : telo *alii ap.* SERV. || **821** fida M^1*Racdefhru* $v\gamma^2$, DSERV. 3, 321 : -dam $M^2P\gamma^1$, TIB. -dem *b*.

dans toutes ses pensées, et elle lui parle ainsi : « Jusqu'ici, Acca ma sœur, j'ai pu lutter ; maintenant cette terrible blessure me tue, tout devient noir, tout s'enténèbre autour de moi. Cours vite et porte à Turnus ces paroles, mon dernier avis : qu'il prenne ma place dans ce combat et qu'il écarte les Troyens de la ville. Allons ! adieu. » Parlant ainsi, elle lâchait les rênes de son cheval, coulant malgré elle jusqu'à terre. Alors, froide déjà, elle se dénoua peu à peu dans tout son corps, laissa aller son cou flexible, sa tête saisie par la mort, lâchant ses armes, et sa vie avec un gémissement s'enfuit indignée sous les ombres [1]. Alors une immense clameur s'élève et frappe les astres d'or : sur Camille abattue le combat devient plus sanglant. Tous à la fois se ruent en rangs serrés, Troyens et chefs de Tyrrhénie et cavaliers arcadiens d'Évandre.

Mais depuis longtemps déjà la garde apostée par Diane, Opis, a pris place au sommet de la montagne et d'en haut regarde, impassible, la bataille. Dès qu'elle vit au loin, dans la clameur des guerriers furieux, Camille frappée par la sombre mort, elle gémit et du fond de sa poitrine fit monter ces paroles : « Cruel, ô trop cruel, vierge, ce supplice que tu subis pour avoir entrepris de courir en guerre contre les Troyens. Abandonnée *, il ne t'a pas servi d'avoir vénéré Diane parmi nos halliers

1. Les Anciens ont été sensibles à la pureté des lignes, à l'harmonie des touches, à la grâce, oserait-on dire, de cette scène d'où tout heurt (cf. *nigrescunt, paulatim*), toute violence semblent être exclus : certains voulaient au v. 830 lire *relinquunt* comme si, d'elles-mêmes, les armes de la mourante libéraient son corps. Pourtant, l'idée du poète est que, jusqu'au bout, Camille, loin de subir passivement sa mort, en accompagne (*linquebat, exsoluit se, posuit*), en humanise toutes les étapes, jusqu'au grand cri terminal (cf. 12. 952 et n.), mais que seules entendent les ombres. S'agit-il d'une mort ou d'une défaillance ? Nous ne voyons pas de sang qui coule, nous ne voyons plus le trait resté pourtant dans la plaie, mais des ténèbres seulement qui s'épaississent. Toute disgrâce est écartée, même la suggestion d'une pos-

quicum partiri curas, atque haec ita fatur :
« Hactenus, Acca soror, potui : nunc uolnus acerbum
conficit et tenebris nigrescunt omnia circum.
Effuge et haec Turno mandata nouissima perfer :
succedat pugnae Troianosque arceat urbi.
Iamque uale. » Simul his dictis linquebat habenas
ad terram non sponte fluens ; tum frigida toto
paulatim exsoluit se corpore lentaque colla
et captum leto posuit caput arma relinquens,
uitaque cum gemitu fugit indignata sub umbras.
Tum uero immensus surgens ferit aurea clamor
sidera : deiecta crudescit pugna Camilla ;
incurrunt densi simul omnis copia Teucrum
Tyrrhenique duces Euandrique Arcades alae.
At Triuiae custos iamdudum in montibus Opis
alta sedet summis spectatque interrita pugnas.
Vtque procul medio iuuenum in clamore furentum
prospexit tristi mulcatam morte Camillam,
ingemuitque deditque has imo pectore uoces :
« Heu nimium, uirgo, nimium crudele luisti
supplicium Teucros conata lacessere bello !
Nec tibi desertae in dumis coluisse Dianam

822 quicum *MRabd*γ^2, DSERV. 1, 37, TIB., *schol. Bemb. Ter. adelph.* 477, *GLK* 5, 508, 16 ; 541, 31 : quacum P^{pc}*cefhruv* quamcum γ^1 qumcum P^{ac} || **826** urbi P^1*Ra* : -be *M*P^2*bcdefhruv*γ, TIB. || **828** sponte *MRabcdefhruv*γ^2, SERV., TIB. : tota *P*γ^1 || **830** relinquens M^2P^{pc}*bcdefhruv*γ, DSERV. : relinquit M^1 reliquit P^{ac}*Ra* relinquunt PROB. *et alii ap.* DSERV., TIB. || **834** incurrunt *MPbcdfhruv*γ, TIB. : conc- *Rae* || **835** arcades *codd.* : -dis TIB. || **838** medio iuuenum *M*P^1*Racdefhruv* iuuenum medio $P^{2pc}\gamma^1$ iuuenem medio $P^{2ac}\gamma^2$ medio iuuenem *b* || furentum M^1*PRacdefhruv*γ^1, TIB. *in lemm.* : -tem M^{2pc}*b*γ^2, TIB. *in interpr.* -te M^{2ac} || **839** mulcatam *MPRa?bdr*γ^1, DSERV. : mulcata TIB. multatam *ċefhuv*γ^2.

ou d'avoir à l'épaule porté comme nous son carquois. Cependant ta reine ne t'a pas laissée sans honneurs et jusqu'en l'extrémité de la mort ; ton trépas sera glorieux parmi les nations et tu ne seras point de celles qu'on ne venge pas. Car celui, quel qu'il soit, qui d'une blessure a outragé ton corps le paiera d'une mort bien méritée. » Il y avait au pied de la haute montagne le tombeau d'un Laurente des vieux âges, le roi Dercennus, énorme, fait d'un amas de terre et ombragé d'une yeuse sombre. C'est là que la déesse, rayonnante de beauté dans la promptitude de son vol, s'arrête ; du sommet du tertre elle guette Arruns. Dès qu'elle le vit étincelant sous ses armes et s'enflant d'une vaine superbe : « Pourquoi, dit-elle, t'en vas-tu là-bas ? Porte tes pas de ce côté, viens ici, toi qui vas périr, viens pour y recevoir le juste prix de Camille. Toi, vraiment, de surcroît, mourir sous les traits de Diane * ! » A ces mots, la Thrace tira de son carquois d'or une flèche ailée, banda l'arc avec colère, le tendant à l'extrême, à faire joindre les deux cornes ployées ; de ses mains symétriquement disposées * la gauche est contre la pointe du fer, la droite avec la corde contre le sein. Soudain, tout à la fois, Arruns a entendu le sifflement du trait, l'air qui vibre, et le fer s'est planté dans son corps. Il expire, exhale ses derniers soupirs, mais ses compagnons, qui l'avaient oublié, le laissent dans la poussière inconnue des plaines. Opis, d'un coup d'aile, s'enlève dans l'éther vers l'Olympe.

Une fois perdue sa maîtresse, l'escadron léger de

sible impudeur (Euripide, *Hécube*, 570). Dans l'épopée, le plus souvent, l'homme s'abat comme une masse ou s'agite quelque temps en mouvements convulsifs. Ici, Camille « coule » jusqu'à terre, « se dégage » de son corps comme si elle se dévêtait. Peu de modèles, à notre connaissance (Furius, *ap.* Macr., 6, 4, 10 ; Liv., 2, 20, 3) ; Quintus de Smyrne (1, 610-629) a traité la mort de Penthésilée en vue d'effets exactement contraires.

profuit aut nostras umero gessisse pharetras.
Non tamen indecorem tua te regina reliquit
extrema iam in morte, neque hoc sine nomine letum
per gentis erit aut famam patieris inultae.
Nam quicumque tuom uiolauit uolnere corpus,
morte luet merita. » Fuit ingens monte sub alto
regis Dercenni terreno ex aggere bustum
antiqui Laurentis opacaque ilice tectum ;
hic dea se primum rapido pulcherrima nisu
sistit et Arruntem tumulo speculatur ab alto.
Vt uidit fulgentem armis ac uana tumentem,
« Cur » inquit « diuersus abis ? huc derige gressum,
huc periture ueni, capias ut digna Camillae
praemia. Tune etiam telis moriere Dianae ! »
Dixit et aurata uolucrem Threissa sagittam
deprompsit pharetra cornuque infensa tetendit
et duxit longe, donec curuata coirent
inter se capita et manibus iam tangeret aequis,
laeua aciem ferri, dextra neruoque papillam.
Extemplo teli stridorem aurasque sonantis
audiit una Arruns haesitque in corpore ferrum.
Illum exspirantem socii atque extrema gementem
obliti ignoto camporum in puluere linquont,
Opis ad aetherium pennis aufertur Olympum.
Prima fugit domina amissa leuis ala Camillae,

844 pharetras *PRabdefuvγ* : sagittas *Mchr* || **845** reliquit *MRaf*, PRISC. 2, 235, 17 : relinquet *Pbcdehuvγ* relinquit *r*, TIB. || **854** fulgentem armis *M*[2]*PRabcdefhruvγ*, TIB. : laetantem animis *M*[1] || **855** derige *MPRabdefhruvγ*[1] : dir- *cγ*[2], TIB. || **856** camillae *MP bcdefhruvγ*, SERV., TIB. : -la *Ra* || **860** et duxit *FMPRacdefhruvγ*, TIB. : eduxit *b* adduxit MACR. 5, 3, 2.

Camille s'enfuit tout d'abord ; les Rutules déconcertés fuient ; il fuit, l'indomptable Atinas ; les chefs dispersés, les manipules sans guides cherchent un lieu de sûreté ; tournant bride, ils courent vers les remparts[1]. Et personne ne peut contenir la charge des Troyens porteurs de la mort, soit par des traits, soit en les recevant de pied ferme ; sur leurs épaules fatiguées tous rapportent à la ville leurs arcs détendus ; dans les quadruples battements de sa course le sabot du cheval ébranle la plaine poudreuse. En un nuage noir, la poussière tourbillonnante roule vers les murs ; les mères, du haut des tours, frappent leurs poitrines et font monter vers les astres du ciel le cri des femmes[2]. Ceux qui ont fait irruption les premiers par les portes ouvertes sont serrés par une foule d'ennemis mêlée à leurs groupes et n'échappent pas à une mort pitoyable ; à l'entrée même de la ville, dans les remparts de leurs pères, dans la sécurité de leurs demeures, percés de coups, ils exhalent leur vie. Quelques-uns ferment les portes, ils n'osent pas ouvrir la voie à leurs compagnons ni recevoir au-dedans des remparts ceux qui les en supplient. Misère ! Ceux qui défendent les entrées fer en main, ceux qui se ruent contre ce fer s'entretuent. Repoussés sous les yeux, à la face de leurs parents en larmes, les uns, pressés par la déroute, roulent dans les fossés abrupts, d'autres dans une fureur aveugle s'élancent à bride abattue pour enfoncer comme d'un bélier les portes et leurs montants, dur obstacle[3]. Elles-mêmes, du haut des murs, les mères avec un zèle extrême — le pur amour de la patrie les anime — depuis qu'elles ont vu Camille *, lancent des traits de leurs propres mains,

1. Ainsi parmi les abeilles de *Georg.*, 4, 212-213 : *rege incolumi mens omnibus una est* ; *amisso rupere fidem*. Camille était l'âme de la bataille, cf. v. 611 et n.

2. Cf. 8, 592 ; 9, 36. La situation dans *Iliade*, 16, 364-383 est très différente (chars, fossé à franchir).

3. Il faut tenir les portes ouvertes assez longtemps pour

turbati fugiunt Rutuli, fugit acer Atinas
disiectique duces desolatique manipli
tuta petunt et equis auersi ad moenia tendunt.
Nec quisquam instantis Teucros letumque ferentis
sustentare ualet telis aut sistere contra,
sed laxos referunt umeris languentibus arcus,
quadripedoque putrem cursu quatit ungula campum.
Voluitur ad muros caligine turbidus atra
puluis et e speculis percussae pectora matres
femineum clamorem ad caeli sidera tollunt.
Qui cursu portas primi inrupere patentis,
hos inimica super mixto premit agmine turba,
nec miseram effugiunt mortem, sed limine in ipso,
moenibus in patriis atque inter tuta domorum
confixi exspirant animas. Pars claudere portas,
nec sociis aperire uiam nec moenibus audent
accipere orantis, oriturque miserrima caedes
defendentum armis aditus inque arma ruentum.
Exclusi ante oculos lacrimantumque ora parentum
pars in praecipitis fossas urgente ruina
uoluitur, immissis pars caeca et concita frenis
arietat in portas et duros obice postis.
Ipsae de muris summo certamine matres
(monstrat amor uerus patriae), ut uidere Camillam,
tela manu trepidae iaciunt ac robore duro

871 equis *FMRabcdefhruv*, TIB. : equos *Pγ* || **872** instantis teucros *codd.*, TIB. : errantis acies RVFIN. 51, 29 || **874** sed laxos referunt umeris *codd.*, TIB. : et laxos umeris referunt PS. ACRO *Hor. c.* 3, 8, 23 || **875** quadripedoque *F^1Rar*, TIB. : -dumque *MPbcdefhuvγ* -demque *F^2* || **877** e *F^2M^2PRacdefhuvγ*, TIB. : *om.* *F^1M^1br* || **882** inter *FPbcdfhrγ*, TIB., MACR. 4, 3, 12 : intra *MRaeuv* || **890** portas *codd.*, TIB. : muros SAC. 546, 4.

avec rage ; le rouvre dur suppléant au fer, elles durcissent au feu des bâtons, des épieux, elles se jettent en avant et brûlent de mourir les premières pour leur ville.

Pendant ce temps, Turnus, dans le bois, est saisi par l'affreuse nouvelle et Acca lui rapporte l'urgence du péril : l'armée des Volsques n'existe plus, Camille a été tuée, les ennemis renforcent leur attaque, Mars est avec eux, ils sont maîtres du terrain, déjà la terreur s'est transportée au pied des murs. Lui, l'esprit égaré — ainsi l'impose l'impitoyable volonté de Jupiter —, abandonne les hauteurs qu'il avait occupées, quitte les bois farouches. A peine avait-il disparu et tenait-il la plaine que le grand Énée pénètre dans les défilés ouverts devant lui, franchit la ligne des hauteurs et sort de la forêt sombre. Ainsi tous deux, forçant la marche, se portent vers les murs, suivis de toutes leurs forces et à peu de distance l'un de l'autre. Au même instant Énée découvrit de loin devant lui les plaines fumantes de poussière, il vit les bataillons laurentes, et Turnus reconnut sous ses armes le terrible Énée, il entendit la marche de ses hommes, le souffle de ses chevaux. Sur l'heure ils engageraient la bataille et tenteraient la chance des combats, si le rose Phébus déjà ne baignait ses chevaux fatigués dans le gouffre de l'Ibérie, ramenant la nuit tandis que glisse le jour. Ils se retranchent dans un camp devant la ville et renforcent leurs défenses.

recueillir tous les siens et les fermer assez tôt pour interdire l'entrée de l'ennemi. Ici, contrairement à *Iliade*, 21, 526-543, 606-611 et 12, 120-132, tout se passe mal. D'où un pathétique (déjà esquissé en 9, 724-730) que le poète accentue par des adjectifs (*miseram, miserrima, lacrimantum, caeca*), par le relief donné à des situations douloureuses (881-883, *orantis, ante ora parentum*), par la présence des femmes (877-878, 891-895). Les détails concrets eux-mêmes sont évoqués en termes ayant valeur affective (v. 874 et v. 890 *duros obice*).

stipitibus ferrum sudibusque imitantur obustis
praecipites primaeque mori pro moenibus ardent.
Interea Turnum in siluis saeuissimus implet
nuntius et iuueni ingentem fert Acca tumultum :
deletas Volscorum acies, cecidisse Camillam,
ingruere infensos hostis et Marte secundo
omnia corripuisse, metum iam ad moenia ferri.
Ille furens (et saeua Iouis sic numina poscunt)
deserit obsessos collis, nemora aspera linquit.
Vix e conspectu exierat campumque tenebat,
cum pater Aeneas saltus ingressus apertos
exsuperatque iugum siluaque euadit opaca.
Sic ambo ad muros rapidi totoque feruntur
agmine nec longis inter se passibus absunt ;
ac simul Aeneas fumantis puluere campos
prospexit longe Laurentiaque agmina uidit,
et saeuom Aenean agnouit Turnus in armis
aduentumque pedum flatusque audiuit equorum.
Continuoque ineant pugnas et proelia temptent,
ni roseus fessos iam gurgite Phoebus Hibero
tingat equos noctemque die labente reducat.
Considunt castris ante urbem et moenia uallant.

895 ardent *FM*^{1}*PRar*γ^1, TIB. : aud- *M*^{2}*bcdefhuv*γ^2, SERV. || **900** metum *dist.* *P*^{2} || **901** poscunt *MPbcdefhruv*γ, SERV., TIB. : pellunt *Ra* || **908** ac simul *Mbcdfhr*γ^2, TIB. : tum pater *PRaeuv*γ^1 || **910** agnouit *MRabcdefhruv*, TIB. : conspexit *P*γ || **911** aduentumque *PRabcdefhuv*γ : -tusque *Mr*, TIB. || pedum *codd.* : uirum TIB. || flatusque *MPbcdfhru*γ, TIB. : -tumque *Raev* || **914** tingat *codd.*, DSERV. : sistat TIB.

LIVRE DOUZIÈME

LIVRE XII

1. La déroute de l'armée détermine Turnus à accepter l'idée d'un combat singulier, seul recours dans la situation présente. Latinus lui conseille de se résigner plutôt à la volonté des destins. Mais les adjurations de la reine, l'émotion de Lavinia le confirment dans ses intentions. — 81. Préparatifs du combat, qui doit être précédé d'un engagement solennel de renoncer ultérieurement aux armes. Junon, qui prévoit la défaite de Turnus, invite la nymphe Juturne à confondre ce projet. — 161. Le serment des rois. — 216. Les Rutules, incités par Juturne, s'inquiètent du danger où Turnus va s'exposer pour tous. Un prodige dans le ciel achève de les égarer. L'augure Tolumnius lance un javelot dans les rangs des Troyens ; le sacrifice est interrompu. Mêlée générale.

311. Énée en appelle au respect de l'accord, qu'il tient pour conclu : Turnus et lui doivent être seuls à combattre. Mais une flèche l'atteint à ce moment même et il doit se retirer. — 324. Turnus en profite pour faire flamber la bataille. — 383. Énée est guéri miraculeusement et retourne au combat pour y chercher Turnus. — 468. Sous les traits du cocher, Juturne prend la direction du char de Turnus ; elle l'éloigne d'Énée sans qu'il s'en doute. — 500. Morts innombrables. — 554. Désespérant d'atteindre Turnus, Énée se résout à lancer les Troyens contre la ville de Latinus. — 593. Croyant que Turnus vient d'être tué, la reine Amata se donne la mort. Épouvante générale dans la ville.

614. Turnus remarque de loin ce qui se passe auprès des murs ; un messager le lui confirme ; il comprend les manœuvres de Juturne, saute à terre et se présente devant Énée. — 697. Le duel s'engage, traversé d'incidents surnaturels. — 791. Jupiter obtient de Junon qu'elle consente à l'établissement des Troyens au Latium : ils renonceront à leur être propre et se fondront parmi les Latins. — 843. Sous la forme d'un oiseau sinistre, le Père envoie un présage qui glace les forces de Turnus. — 919. Turnus est blessé à la cuisse ; il avoue sa défaite. Énée allait l'épargner quand il reconnaît sur ses épaules le baudrier ravi naguère à Pallas. Alors, dans un transport de colère, il le tue ; l'âme de Turnus s'enfuit, indignée, sous les ombres.

LIVRE XII

Turnus, sitôt voit-il que les Latins, brisés sous les coups de Mars, ont perdu leur courage, qu'on requiert maintenant ses promesses, que tous les regards se portent sur lui, prend les devants, implacable, ardent, et sa fierté s'exalte. Ainsi, dans les champs des Puniques, un grand lion rudement touché à la poitrine par le fer des veneurs, alors seulement s'ébranle pour la guerre, il exulte, faisant jaillir sous sa crinière les muscles de sa nuque, rompt sans effroi le trait qu'a fiché le piqueur et gronde, la gueule sanglante[1]. Telle grandit en lui la violence maintenant que Turnus a pris feu. Il aborde le roi et commence avec emportement : « Turnus ne se dérobe pas ; les lâches Énéades n'ont aucun prétexte pour reprendre leur parole ou remettre en cause ce qu'ils ont solennellement promis ; je vais combattre. Apporte, grand roi, les objets sacrés, prépare nos conventions. Ou de ce bras j'enverrai le Dardanien au fond du Tartare, ce déserteur de l'Asie, — que les Latins s'asseyent et regardent ! — et seul je rejetterai par l'épée la querelle qu'il nous fait à tous, ou que, sous lui, tous vaincus il nous tienne, que Lavinia lui soit livrée en épouse. »

Latinus lui répondit avec calme : « O guerrier magnanime, autant tu t'affirmes grand par la fierté de ton

1. La « blessure », peut-être mortelle, de Turnus, c'est le désarroi des Latins. — A l'inverse d'*Iliade*, 20, 164-173, le lion ici reste immobile (comme sur un bas-relief) : sa force se concentre dans une joie paradoxale (cf. Furius Antias, *ap.* Gell., 18, 11, 4 ;

LIBER XII

Turnus ut infractos aduerso Marte Latinos
defecisse uidet, sua nunc promissa reposci,
se signari oculis, ultro implacabilis ardet
attollitque animos. Poenorum qualis in aruis
saucius ille graui uenantum uolnere pectus
tum demum mouet arma leo gaudetque comantis
excutiens ceruice toros fixumque latronis
impauidus frangit telum et fremit ore cruento :
haud secus accenso gliscit uiolentia Turno.
Tum sic adfatur regem atque ita turbidus infit :
« Nulla mora in Turno ; nihil est quod dicta retractent
ignaui Aeneadae, nec quae pepigere recusent :
congredior. Fer sacra, pater, et concipe foedus.
Aut hac Dardanium dextra sub Tartara mittam,
desertorem Asiae (sedeant spectentque Latini),
et solus ferro crimen commune refellam,
aut habeat uictos, cedat Lauinia coniunx. »
Olli sedato respondit corde Latinus :
« O praestans animi iuuenis, quantum ipse feroci

2 nunc *codd.*, SERV., TIB. : iam DIOM. 495, 11 ; 497, 17 || **11** turno *codd.*, DSERV., TIB. : turno est SEN. *ben.* 6, 41, 2 || turno *et* aeneadae (12) *dist.* *M*[2], *nullam distinctionem esse uolunt quidam ap.* DSERV. 12, 13 || **16** ferro crimen *MPbdfhrγ*, TIB. : crimen ferro *Raceuv.*

courage, d'autant plus soigneusement moi, je dois réfléchir et peser, non sans appréhensions, toutes les chances. Tu as un royaume, celui de ton père Daunus, maintes villes encore, que ton bras a conquises ; Latinus a de l'or et est généreux ; il existe au Latium et aux champs des Laurentes d'autres vierges, libres encore et dont la race n'est pas indigne de toi. Permets-moi de mettre au clair sans réticences des choses qui ne sont pas agréables à dire, et en même temps pénètre-toi bien de ceci : il m'était interdit d'unir ma fille à aucun de ses anciens prétendants ; cela, toutes les voix saintes me le disaient, celles des dieux, celles des hommes. Vaincu par l'affection que je te portais, vaincu par la parenté de nos sangs, par les larmes et l'affliction de mon épouse, j'ai rompu tous les liens, j'ai arraché sa fiancée à mon gendre, j'ai pris des armes sacrilèges. Depuis lors, les malheurs, les guerres qui me poursuivent, tu les vois, Turnus, et ces travaux gigantesques dont tu portes le poids tout le premier. Deux fois vaincus en de grandes batailles, nous défendons à grand-peine, en notre ville, les espérances des Italiens ; les flots du Tibre sont chauds encore du sang des nôtres, les vastes plaines blanchissent sous leurs os. Pourquoi tant de fois revenir en arrière ? quel délire trouble mes résolutions ? Si, Turnus une fois mort, je suis prêt à les recevoir comme alliés, pourquoi ne pas plutôt arrêter les combats tandis qu'il est vivant ? Que diront ces Rutules qui nous sont unis par le sang, que dira toute l'Italie si je t'ai livré à la mort — que l'événement confonde ces paroles ! — quand tu recherchais ma fille et mon alliance ? Songe aux incertitudes de la guerre, aie pitié de ton vieux père qu'Ardée votre patrie retient aujourd'hui loin de toi

increscunt animi, uirescit uolnere uirtus) et méprisante. *Cruento* s'explique moins aisément qu'en 9, 341 ; mais, de soi, la gueule du lion évoque le sang.

uirtute exsuperas, tanto me impensius aequom est
consulere atque omnis metuentem expendere casus.
Sunt tibi regna patris Dauni, sunt oppida capta
multa manu, nec non aurumque animusque Latinost ;
sunt aliae innuptae Latio et Laurentibus aruis,
nec genus indecores. Sine me haec haud mollia fatu
sublatis aperire dolis, simul hoc animo hauri :
me natam nulli ueterum sociare procorum
fas erat, idque omnes diuique hominesque canebant.
Victus amore tui, cognato sanguine uictus
coniugis et maestae lacrimis, uincla omnia rupi,
promissam eripui genero, arma impia sumpsi.
Ex illo qui me casus, quae, Turne, sequantur
bella, uides, quantos primus patiare labores.
Bis magna uicti pugna uix urbe tuemur
spes Italas ; recalent nostro Thybrina fluenta
sanguine adhuc campique ingentes ossibus albent.
Quo referor totiens ? quae mentem insania mutat ?
Si Turno exstincto socios sum adscire paratus,
cur non incolumi potius certamina tollo ?
Quid consanguinei Rutuli, quid cetera dicet
Italia, ad mortem si te (fors dicta refutet !)
prodiderim natam et conubia nostra petentem ?
Respice res bello uarias, miserere parentis
longaeui, quem nunc maestum patria Ardea longe

21 casus *codd.*, SERV., TIB. : causas MACR. 6, 2, 17 || 22-23 capta multa *codd.* : multa capta DSERV. 11, 224, TIB. || 24 aruis *M*, SERV. : agris *PRabcdefhruvγ*, TIB. || 29 tui cognato *codd.*, SERV. : cognati ARVS. 514, 18 || 33 patiare *Pbcd fhrvγ*, TIB. : -iere *MRaeu* || 35 thybrina *MPRaγ¹* : tiberina *bcde fhruvγ²*, TIB., CHAR. 269, 26.

dans la tristesse. » La violence de Turnus ne fléchit pas, à ces paroles ; elle s'enfle encore et les remèdes l'enveniment. Dès qu'il put parler, il reprit en ces termes : « Le souci que tu prends de mes intérêts, bon père, dans mon intérêt, je t'en prie, quitte-le, souffre que j'engage ma mort au bénéfice de ma gloire. Nous aussi, grand roi, nous lançons des traits, et un fer qui dans nos mains n'est pas sans puissance ; les blessures que nous avons faites s'emplissent aussi de sang ; sa mère, la déesse, ne pourra rien pour lui, si empressée à le couvrir, ce fuyard *, d'une nuée bien féminine, à se cacher dans des ombres creuses. »

Mais la reine, épouvantée par l'approche imprévue de ce combat, pleurait et, comme femme prête à mourir, retenait l'emportement de son gendre : « Turnus, par égard pour mes larmes, pour le cas que tu fais de l'honneur d'Amata — tu es maintenant le seul espoir, la seule assurance de notre vieillesse pitoyable ; la dignité, l'autorité de Latinus sont entre tes mains ; de notre maison qui penche tu es le seul appui —, je ne t'adresse qu'une prière : cesse de te battre contre les Troyens. Quel que doive être ton lot dans ce combat, il doit être également le mien ; au même moment, je quitterai cette lumière que je hais, et je ne verrai pas, captive, Énée devenu mon gendre. » Lavinia accueillit avec des larmes les paroles de sa mère, inondant ses joues brûlantes ; une vive rougeur y fit monter un feu, chaleur courant sur son visage. Ainsi un artiste teinte l'ivoire indien du sang de la pourpre, ainsi, mêlés à des bouquets de roses, rougissent de blancs lis, telles les couleurs sur les traits de la jeune fille. Pour lui, l'amour le trouble et il fixe son regard sur la jeune fille ; son ardeur à combattre s'accroît et il dit brièvement à Amata : « Je t'en prie, ne m'accompagne pas de ces larmes et d'un si lourd

diuidit. » Haudquaquam dictis uiolentia Turni
flectitur ; exsuperat magis aegrescitque medendo.
Vt primum fari potuit, sic institit ore :
« Quam pro me curam geris, hanc precor, optime, pro me
deponas letumque sinas pro laude pacisci.
Et nos tela, pater, ferrumque haud debile dextra
spargimus, et nostro sequitur de uolnere sanguis ;
longe illi dea mater erit, quae nube fugacem
feminea tegat et uanis sese occulat umbris. »
  At regina noua pugnae conterrita sorte
flebat et ardentem generum moritura tenebat :
« Turne, per has ego te lacrimas, per si quis Amatae
tangit honos animum (spes tu nunc una, senectae
tu requies miserae, decus imperiumque Latini
te penes, in te omnis domus inclinata recumbit),
unum oro : desiste manum committere Teucris.
Qui te cumque manent isto certamine casus,
et me, Turne, manent ; simul haec inuisa relinquam
lumina nec generum Aenean captiua uidebo. »
Accepit uocem lacrimis Lauinia matris
flagrantis perfusa genas, cui plurimus ignem
subiecit rubor et calefacta per ora cucurrit.
Indum sanguineo ueluti uiolauerit ostro
si quis ebur, aut mixta rubent ubi lilia multa
alba rosa, talis uirgo dabat ore colores.
Illum turbat amor figitque in uirgine uoltus ;
ardet in arma magis paucisque adfatur Amatam :
« Ne, quaeso, ne me lacrimis neue omine tanto

47 institit *Rabcdefhruv*γ^{1}, TIB. : incipit *M*γ^{2}, DON. *Ter. hec.* 745.

présage, quand je vais aux dures batailles de Mars, ô mère ; Turnus n'est pas libre d'écarter la mort *. Idmon, bon messager, porte de ma part au tyran phrygien ces paroles qui ne vont pas lui plaire : demain, sitôt que l'Aurore, traînée sur son char vermeil, rougira dans le ciel, il pourra ne pas mener les Troyens contre les Rutules, les armes des Troyens pourront se reposer, les Rutules aussi. Tranchons cette guerre au prix de notre sang ; c'est en champ clos qu'il faut quérir la main de Lavinia. »

Dès qu'il eut proféré ces paroles et, rapide, fut revenu en son palais, il demande ses chevaux et se réjouit à les voir devant lui frémissants ; Orithyie elle-même les donna à Pilumnus en présent d'honneur *, ils passeraient en éclat les neiges, à la course les vents. Des valets s'empressent autour d'eux, ils flattent du creux de la main les poitrails sonores et peignent les longues crinières. Lui-même ensuite jette sur ses épaules une cuirasse hérissée d'or et d'orichalque blanc, il met en état son épée, son bouclier, les cornes de son panache rouge, une épée que le dieu maître du feu avait lui-même forgée pour son père Daunus et qu'il avait trempée, incandescente, dans l'onde stygienne. Enfin il saisit avec emportement une robuste lance dressée debout au centre de la maison contre une énorme colonne, un trophée de l'Auronce Actor, il l'ébranle, la brandit et s'écrie : « Maintenant, ô ma lance, toi qui jamais ne déçus mes appels, maintenant c'est l'heure. Hier aux mains du grand Actor, maintenant dans celles de Turnus [1]. Donne-moi de coucher à terre le corps de l'eunuque phrygien,

1. Dans les combats qui vont venir, cette lance gigantesque rendra quelques bons services à Turnus (v. 510, 537) ; mais dans son duel avec Énée elle lui échappera dès le début (v. 711), et il ne pourra jamais la reprendre. Il est toujours périlleux de garder pour soi les armes d'un guerrier qu'on a dépouillé ; ne sont-elles pas animées d'un vouloir et d'une puissance propres

prosequere in duri certamina Martis euntem,
o mater ; neque enim Turno mora libera mortis.
Nuntius haec, Idmon, Phrygio mea dicta tyranno
haud placitura refer : cum primum crastina caelo
puniceis inuecta rotis Aurora rubebit,
non Teucros agat in Rutulos, Teucrum arma quiescant
et Rutuli : nostro dirimamus sanguine bellum,
illo quaeratur coniunx Lauinia campo. »
  Haec ubi dicta dedit rapidusque in tecta recessit,
poscit equos gaudetque tuens ante ora frementis,
Pilumno quos ipsa decus dedit Orithyia,
qui candore niues anteirent, cursibus auras.
Circumstant properi aurigae manibusque lacessunt
pectora plausa cauis et colla comantia pectunt.
Ipse dehinc auro squalentem alboque orichalco
circumdat loricam umeris, simul aptat habendo
ensemque clipeumque et rubrae cornua cristae,
ensem quem Dauno ignipotens deus ipse parenti
fecerat et Stygia candentem tinxerat unda.
Exim quae mediis ingenti adnixa columnae
aedibus astabat, ualidam ui corripit hastam,
Actoris Aurunci spolium, quassatque trementem
uociferans : « Nunc, o numquam frustrata uocatus
hasta meos, nunc tempus adest ; te maximus Actor,
te Turni nunc dextra gerit ; da sternere corpus
loricamque manu ualida lacerare reuolsam

76 refer *MRacruv*γ^2, MAR. VICT. 15, 26 : refert *bdefh*γ^1, TIB. || **84** auras *codd.*, SERV., TIB. : amnes PS. ACRO *Hor. s.* 1, 7, 8 || **85** properi *Mcdefhruv*γ^2, SERV., DSERV. 9, 486, TIB. : propere *Ra*γ^1 || **92** columnae *MR acdeuv*, SERV. : -na *bfhr*γ, TIB., ARVS. 455, 19.

d'arracher de ma robuste main, de mettre en pièces sa cuirasse, de souiller dans la poussière ses cheveux frisés au fer chaud et imbibés de myrrhe. » Telles les furies qui l'agitent ; de toute sa face embrasée, des étincelles jaillissent, un feu palpite dans ses yeux durs ; ainsi quand un taureau prêt à combattre pousse des mugissements terribles ou fait monter la colère dans ses cornes, pesant contre le tronc d'un arbre, et pourchasse les vents de ses coups ou s'exerce pour l'assaut parmi le sable qui vole.

Énée cependant, non moins redoutable sous les armes maternelles, aiguise Mars en son cœur et réveille sa colère pour bander ses forces[1], joyeux de voir la guerre se régler par le traité qu'on vient de lui offrir. Il réconforte ses compagnons, apaise l'inquiétude d'Iule qui s'afflige, en les instruisant des destins ; puis il ordonne qu'on aille porter réponse ferme au roi Latinus et lui dire les conditions d'une paix *.

Le jour suivant venait de poindre, il épanchait à peine ses lueurs à la cime des montagnes ; alors, du gouffre profond s'enlèvent les chevaux du Soleil, soufflant de leurs naseaux la lumière vers le ciel. Les guerriers, Rutules et Troyens, mesurant les longueurs, préparaient un terrain pour le combat sous les murs de la grande ville, et au milieu dressaient des foyers avec des autels de gazon pour les dieux qui seraient parties au traité. D'autres apportaient l'eau vive, le feu, vêtus de lin * et le front ceint de rameaux de verveine. La légion des fils d'Auson s'avance ; piques en mains, des troupes

(cf. 10, 773 ; 12, 95-96 ; n. *ad* 1, 655) ? — On ne peut dire si la lance a été arrachée à Actor par Turnus, ou si Actor en a d'abord dépouillé un adversaire avant de l'offrir à Turnus.

1. Les guerriers d'Homère sont souvent animés de sentiments très violents. Mais on ne les voit guère s'appliquer à les exciter en eux. La fureur, si nécessaire quand on doit se battre, n'est pas naturelle aux héros virgiliens.

semiuiri Phrygis et foedare in puluere crinis
uibratos calido ferro murraque madentis. »
His agitur furiis totoque ardentis ab ore
scintillae absistunt, oculis micat acribus ignis,
mugitus ueluti cum prima in proelia taurus
terrificos ciet aut irasci in cornua temptat
arboris obnixus trunco uentosque lacessit
ictibus aut sparsa ad pugnam proludit harena.

Nec minus interea maternis saeuos in armis
Aeneas acuit Martem et se suscitat ira,
oblato gaudens componi foedere bellum.
Tum socios maestique metum solatur Iuli
fata docens regique iubet responsa Latino
certa referre uiros et pacis dicere leges.

Postera uix summos spargebat lumine montis
orta dies, cum primum alto se gurgite tollunt
solis equi lucemque elatis naribus efflant :
campum ad certamen magnae sub moenibus urbis
dimensi Rutulique uiri Teucrique parabant
in medioque focos et dis communibus aras
gramineas. Alii fontemque ignemque ferebant
uelati lino et uerbena tempora uincti.
Procedit legio Ausonidum, pilataque plenis

100 madentis *MRabcdefhruv*γ^{2}, SERV., TIB. : ca- *P*γ^{1} || **101** ardentis *M*P^{pc}*Rabcdefhruv*γ : loquentis P^{ac}, TIB., MACR. 4, 1, 2 || **102** absistunt *M*P^{pc}*bcdefhruv*γ, SERV. 12, 95, MACR. 4, 1, 2 : exsistunt P^{ac}*Ra* || **103** prima M^{2}*Pbcdehruv*γ : -mam M^{1} -mum *Raf*, TIB. || **104** aut M^{2}*PRabfr*γ^{1}, TIB. : atque M^{1}*cdehuv*γ^{2} || **113** summos *PRacdeuv*γ, TIB. : -mo *Mbfhr*, DSERV., DIOM. 449, 28 || montis *MPR acdefhruv*, TIB. : terras *b*, DIOM. || **117** dimensi *PRabdfru*γ^{2}, SERV., TIB. : dem- *Mcehv*γ^{1} || **120** lino *codd.*, SERV., DSERV. 12, 169, TIB. : limo CAPER *et* HYGINVS *ap.* SERV.

se répandent à pleines portes ; de l'autre côté, tout le corps des Troyens et des Tyrrhéniens se rue, chacun avec ses armes distinctes, bardés de fer comme à l'appel de l'âpre combat de Mars. On voit aussi, parmi ces milliers, les chefs eux-mêmes voler de-ci de-là, parés d'or et de pourpre, Mnesthée, de la race d'Assaracus, et le robuste Asilas, et Messapus dompteur de chevaux, fils de Neptune. Dès que sur un signal chacun se fut retiré dans son quartier, ils plantent les piques dans la terre et y appuient les boucliers. Alors les mères, attirées par leur curiosité, la multitude de ceux qui ne portent pas les armes, les vieillards invalides envahirent les tours, les toits des maisons, d'autres sont debout sur le haut des portes.

Mais Junon, du sommet d'une montagne — celle que nous appelons maintenant montagne d'Albe, lors n'avait-elle nom, ni gloire, ni honneurs —, portant les yeux devant soi considérait le champ clos, les deux armées des Laurentes et des Troyens, la ville de Latinus. Soudain, déesse s'adressant à une déesse, elle se tourna vers la sœur de Turnus, haute protectrice des étangs et des fleuves sonores ; l'auguste roi du ciel, Jupiter, lui conféra cet honneur pour prix de sa virginité : « Nymphe, honneur des fleuves, toute chère à notre âme [1], tu sais comme je t'ai distinguée parmi toutes les femmes du Latium qui montèrent un jour dans la couche ingrate du magnanime Jupiter, et comme j'ai eu plaisir à te donner une place dans le ciel : apprends, Juturne, et ne m'en accuse, ton malheur. Dans la mesure où la Fortune

1. Juturne doit sans doute à son nom, interprété comme « celle qui aide Turnus », le rôle qui lui a été donné par Virgile. Ce nom est lié en principe à une source qui est vraisemblablement celle du *lacus Iuturnae* proche à Rome du temple de Vesta, puis à l'*aqua Virginea* captée près de Collatia (Ovide, *Fastes*, 1, 463-4). Mais Servius parle d'une autre source proche du Numicus. Castor et Pollux, héros cavaliers, avaient fait boire leurs montures dans

agmina se fundunt portis; hinc Troius omnis
Tyrrhenusque ruit uariis exercitus armis,
haud secus instructi ferro quam si aspera Martis
pugna uocet. Nec non mediis in milibus ipsi
ductores auro uolitant ostroque decori,
et genus Assaraci Mnestheus et fortis Asilas
et Messapus equom domitor, Neptunia proles.
Vtque dato signo spatia in sua quisque recessit,
defigunt telluri hastas et scuta reclinant.
Tum studio effusae matres et uolgus inermum
inualidique senes turris ac tecta domorum
obsedere, alii portis sublimibus astant.
At Iuno e summo, qui nunc Albanus habetur
(tum neque nomen erat neque honos aut gloria monti),
prospiciens tumulo campum aspectabat et ambas
Laurentum Troumque acies urbemque Latini.
Extemplo Turni sic est adfata sororem
diua deam, stagnis quae fluminibusque sonoris
praesidet (hunc illi rex aetheris altus honorem
Iuppiter erepta pro uirginitate sacrauit) :
« Nympha, decus fluuiorum, animo gratissima nostro,
scis ut te cunctis unam, quaecumque Latinae
magnanimi Iouis ingratum ascendere cubile,
praetulerim caelique libens in parte locarim :
disce tuom, ne me incuses, Iuturna, dolorem.

130 telluri *Raceruv*, SERV. 12, 563, TIB. : -re *MPbdfhγ*, ARVS. 467, 11 || **132** ac *PRabevγ* : hac *u* et *Mcdfhr*, TIB. || **133** astant *MP bcdefhruvγ*, TIB. : ins- *Ra* || **135** neque honos *PRabcdehruvγ*, TIB. : nec honos *Mf* || **142** gratissima *Mcdefhuv*, SERV., TIB. : carissima *PRabγ*.

parut souffrir et où les Parques permettaient que tout allât bien pour le Latium, j'ai protégé Turnus et ta ville ; maintenant je vois que le vaillant engage la lutte contre des fatalités trop inégales ; le jour des Parques approche et les puissances qui ne sont pas pour nous. Je ne puis soutenir la vue de ce combat ni de ce pacte ; toi, si pour ton frère l'audace t'inspire quelque entreprise plus efficace, va de l'avant, c'est dans l'ordre. Peut-être un meilleur sort s'ensuivra-t-il pour notre misère. » A peine ces quelques mots, et des larmes jaillirent dans les yeux de Juturne ; trois fois, quatre fois, elle meurtrit de sa main sa belle poitrine. « Le moment n'est pas aux pleurs, dit la Saturnienne Junon ; fais vite : ton frère, s'il y a quelque moyen, arrache-le à la mort, ou, toi, ranime la guerre, fais-leur tomber des mains l'accord qu'ils ont préparé * ; moi, j'autorise tes audaces. » L'ayant ainsi encouragée, elle la laissa ne sachant que faire, le cœur troublé d'une poignante blessure.

Cependant voici les rois : entouré d'un immense cortège, Latinus s'avance sur un quadrige, douze rayons d'or enserrent ses tempes qui resplendissent, emblème du Soleil son aïeul ; Turnus va dans un bige blanc, brandissant dans sa main deux javelots au large fer. De l'autre part, le grand Énée, origine de la race romaine, tout en feu, avec son bouclier qui semble un astre et ses armes venues du ciel ; près de lui, Ascagne, l'autre espoir de la grande Rome : ils sortent hors du camp. Un prêtre en vêtements purs a amené le petit d'un porc aux soies drues et une brebis dont la toison n'a jamais été touchée, il a approché les bêtes des autels où brûle

la source romaine ; la Juturne virgilienne conduira avec autorité les chevaux de Turnus. — Lorsque leurs projets le requièrent, Vénus (1, 315), Cupidon (1, 684), Apollon même (9, 646) prennent forme humaine ; Junon recourt toujours à des divinités subalternes (5, 620 ; 7, 419 ; 12, 224, 472).

Qua uisa est Fortuna pati Parcaeque sinebant
cedere res Latio, Turnum et tua moenia texi;
nunc iuuenem imparibus uideo concurrere fatis,
Parcarumque dies et uis inimica propinquat.
Non pugnam aspicere hanc oculis, non foedera possum.
Tu pro germano si quid praesentius audes,
perge; decet. Forsan miseros meliora sequentur. »
Vix ea, cum lacrimas oculis Iuturna profudit
terque quaterque manu pectus percussit honestum.
« Non lacrimis hoc tempus » ait Saturnia Iuno;
« accelera et fratrem, si quis modus, eripe morti,
aut tu bella cie conceptumque excute foedus.
Auctor ego audendi. » Sic exhortata reliquit
incertam et tristi turbatam uolnere mentis.

Interea reges, ingenti mole Latinus
quadriiugo uehitur curru, cui tempora circum
aurati bis sex radii fulgentia cingunt,
Solis aui specimen, bigis it Turnus in albis,
bina manu lato crispans hastilia ferro;
hinc pater Aeneas, Romanae stirpis origo,
sidereo flagrans clipeo et caelestibus armis,
et iuxta Ascanius, magnae spes altera Romae,
procedunt castris, puraque in ueste sacerdos
saetigeri fetum suis intonsamque bidentem
attulit admouitque pecus flagrantibus aris.

147 qua *codd.*, SERV., TIB. : quoad *quidam ap.* DSERV., ARVS. 505, 1 || **150** uis *codd.*, TIB. : lux MACR. 5, 13, 39 || **154** profudit *M²Pbcdefhuvγ*, DSERV., TIB. : profundit *M¹* profugit *Ra* || **166** hinc *codd.*, TIB. : tum CHAR. 280, 6, DIOM. 443, 26 || **168** magnae *MPRabcdefhuv*, SERV., TIB. : -na γ, CHAR. 280, 7, DIOM. 443, 27, *damnat* SERV.

le feu. Eux, tournant leurs yeux vers le soleil qui se lève, offrent de leurs mains les farines salées, ils marquent au fer la tête des animaux et, coupe en main, versent la libation sur les autels.

Alors le pieux Énée, l'épée nue, fait cette prière : « Que le soleil en cet instant soit mon témoin, et témoin aussi cette terre que j'invoque et pour laquelle j'ai pu supporter de si rudes travaux, et toi, Père tout-puissant, et toi, Saturnienne, son épouse — oui, moins sévère pour nous, oui déesse, je te prie —, et toi, illustre Mars, ô père, qui fais sous ta puissance mouvoir toutes les guerres ; et j'invoque les sources et les fleuves, tout ce qu'on adore dans les hauteurs de l'éther et les puissances de la sombre mer [1]. Si la victoire, d'aventure, se déclare pour l'Ausonien Turnus, il est convenu que les vaincus se retirent vers la ville d'Évandre, Iule quittera ce territoire, et jamais dans la suite les Énéades devenus rebelles ne ramèneront ici leurs armes ou ne provoqueront ce royaume par le fer. Mais si la victoire a consenti que Mars fût pour nous, comme je le crois plutôt et plutôt veuillent les dieux le confirmer de leur puissance, je n'ordonnerai pas que les Italiens obéissent aux Troyens et je ne demande pas la royauté pour moi : que sous des lois égales les deux nations invaincues s'unissent dans une alliance éternelle. Leurs rites, leurs dieux, je les leur donnerai moi-même ; que mon beau-père Latinus possède le pouvoir militaire, qu'il ait, lui mon beau-père, l'autorité sacrée. Pour moi, les Troyens m'élèveront des murs et Lavinia donnera son nom à cette ville *. »

1. D'après le serment d'Agamemnon en circonstances analogues (*Iliade*, 3, 276-291). De là viennent Jupiter et les puissances cosmiques (soleil, astres, terre et fleuves), mais Énée omet les dieux infernaux. En revanche, il ajoute les dieux de la mer (ses navigations), Junon (dont il doit désarmer la colère), Mars (père des Romains), et s'approprie de façon émouvante l'invocation à la terre.

Illi ad surgentem conuersi lumina solem
dant fruges manibus salsas et tempora ferro
summa notant pecudum paterisque altaria libant.
  Tum pius Aeneas stricto sic ense precatur :
« Esto nunc sol testis et haec mihi terra uocanti,
quam propter tantos potui perferre labores,
et pater omnipotens et tu Saturnia coniunx
(iam melior, iam, diua, precor), tuque inclute Mauors,
cuncta tuo qui bella, pater, sub numine torques ;
fontisque fluuiosque uoco quaeque aetheris alti
religio et quae caeruleo sunt numina ponto :
cesserit Ausonio si fors uictoria Turno,
conuenit Euandri uictos discedere ad urbem,
cedet Iulus agris, nec post arma ulla rebelles
Aeneadae referent ferroue haec regna lacessent.
Sin nostrum adnuerit nobis uictoria Martem
(ut potius reor et potius di numine firment),
non ego nec Teucris Italos parere iubebo
nec mihi regna peto : paribus se legibus ambae
inuictae gentes aeterna in foedera mittant.
Sacra deosque dabo ; socer arma Latinus habeto,
imperium sollemne socer ; mihi moenia Teucri
constituent urbique dabit Lauinia nomen. »

176 uocanti *PRabdefhuv*γ^1 : prec- *M*cγ^2, SERV., TIB. || **178** coniunx *PRabf*γ^1, TIB. : iuno *Mcdehuv*γ^2 || **184** discedere *PR abdefhuv*γ, TIB. : decedere *M*^{1} descedere *M*^{2} discere *c* || **185** cedet *MPbcdfh*γ, TIB. : -dat *Raeuv* || **187** sin *MPbcdefhuv*γ, SERV. : si *Ra*, DSERV. 12, 176, TIB. || **188** potius di *MPbcde fhuv*γ, TIB. : propius di *Ra* || numine *MP*^{ac}*bcdefhuv*, TIB. : -na *P*^{pc}*Ra*γ || **191** mittant *codd.* : mittent TIB. || **192** socer *codd.* : pater TIB.

Ainsi parle Énée, le premier ; puis le roi Latinus continue en ces termes, les yeux levés au ciel, et il tend sa main vers les astres : « Sur ces mêmes conventions *, Énée, je m'engage moi-même devant la terre, la mer, les astres, les deux enfants de Latone, Janus au double front, la force infernale des dieux, les sanctuaires de Dis l'impitoyable. Que le Père entende ces paroles, lui qui de sa foudre sanctionne les traités. Je touche ces autels, j'atteste ces feux placés entre nous, ces puissances divines : aucun jour, du côté des Italiens, ne rompra cette paix ni ce traité, quoi qu'il arrive ; moi-même, aucune force n'en détournera mon vouloir, dût-elle emporter la terre dans les flots en les mêlant par un déluge ou fondre le ciel dans le Tartare. Aussi vrai que ce sceptre — il avait justement son sceptre dans la main — n'épandra plus sous un léger feuillage des rameaux ni des ombres, depuis qu'un jour dans la forêt, coupé au ras du tronc, il a perdu sa mère et déposé sa chevelure, ses bras, sous le fer ; arbre jadis, maintenant l'habileté de l'artiste l'a enserré dans le bronze magnifique et l'a mis dans la main des anciens du Latium[1]. » Telles étaient les paroles par lesquelles l'un et l'autre ils scellaient le traité, à la vue des premiers de leurs peuples. Alors ils égorgent au-dessus de la flamme les bêtes rituellement consacrées, ils arrachent leurs entrailles encore vives et accumulent sur les autels des plateaux lourdement chargés.

Mais les Rutules depuis longtemps déjà désapprouvaient l'idée de ce combat et des mouvements divers troublaient leur cœur. Davantage encore maintenant, à reconnaître de plus près que les deux hommes n'ont pas des forces égales *. Turnus les confirme dans ces

1. D'après *Iliade*, I, 234-239 ; mais ici le sceptre, qui fut jadis rameau vivant, devient le symbole d'une transformation définitive. — *Patribus Latinis* signifie que, par courtoisie, Latinus entend se confondre avec tous les anciens du Latium.

Sic prior Aeneas, sequitur sic deinde Latinus
suspiciens caelum tenditque ad sidera dextram :
« Haec eadem, Aenea, terram, mare, sidera, iuro
Latonaeque genus duplex Ianumque bifrontem
uimque deum infernam et duri sacraria Ditis ;
audiat haec genitor qui foedera fulmine sancit.
Tango aras, medios ignis et numina testor :
nulla dies pacem hanc Italis nec foedera rumpet,
quo res cumque cadent ; nec me uis ulla uolentem
auertet, non, si tellurem effundat in undas
diluuio miscens caelumque in Tartara soluat,
ut sceptrum hoc » (dextra sceptrum nam forte gerebat)
« numquam fronde leui fundet uirgulta nec umbras,
cum semel in siluis imo de stirpe recisum
matre caret posuitque comas et bracchia ferro,
olim arbos, nunc artificis manus aere decoro
inclusit patribusque dedit gestare Latinis. »
Talibus inter se firmabant foedera dictis
conspectu in medio procerum. Tum rite sacratas
in flammam iugulant pecudes et uiscera uiuis
eripiunt cumulantque oneratis lancibus aras.
At uero Rutulis impar ea pugna uideri
iamdudum et uario misceri pectora motu,
tum magis ut propius cernunt non uiribus aequis.

195 prior *codd.* : pater TIB. || **201** et *codd.*, TIB. : ac MACR. 3, 2, 9 || **202** rumpet *MRabcdefhuv*, TIB. : -pit P^{ac} -pat $P^{pc}\gamma$ || **203** cadent *MPbcdefhuv*γ, TIB. : -det *Ra* || **204** effundat *codd.*, SERV. : infu- TIB. || **207** nec *MPRacdefhuv*γ, TIB. : neque *b*, MACR. 5, 3, 14 || umbras *codd.*, TIB. : -am MACR. || **208** in *codd.* : e TIB. || **213** in medio $M^{2}P^{pc}$*Racdefhuv*γ, TIB. : medio $M^{1}P^{ac}b$.

sentiments quand ils le voient s'avancer silencieux, vénérant l'autel dans l'attitude d'un suppliant, les yeux baissés, quand ils remarquent la jeunesse de ses traits * et, en dépit de l'âge, sa pâleur. Dès que sa sœur Juturne sentit que le murmure grandissait et que les cœurs mobiles de la multitude étaient en passe de changer, elle se jette entre les rangs, ayant pris les traits de Camers, guerrier d'une antique noblesse, fils d'un père dont la bravoure avait eu un éclat particulier, lui-même plein de fougue sous les armes ; adroitement, elle va, vient au milieu des hommes, sème des avis divers et parle ainsi[1] : « N'avons-nous pas honte, Rutules, pour soutenir notre cause à tous, et tels que nous sommes, de jeter en avant un homme seul ? Est-ce le nombre, sont-ce les forces qui nous manquent ? Voyez, ils sont tous là, les Troyens, les Arcadiens et l'armée du destin, cette Étrurie qui en veut à Turnus. A peine chacun des nôtres a-t-il devant lui un ennemi, si nous n'étions qu'un sur deux à combattre[2]. Oui, sa gloire l'élèvera jusqu'aux dieux, lui qui maintenant se dévoue sur leurs autels ; toujours vivant, son nom volera sur les lèvres des hommes[3]. Mais nous, ayant perdu notre patrie, nous serons contraints d'obéir * à des maîtres superbes, pour nous être aujourd'hui paresseusement assis par terre dans nos champs. » Ces paroles échauffent l'esprit des guerriers, et de plus en plus ; un murmure court dans les bataillons, les Laurentes eux-mêmes sont changés et eux-mêmes les Latins. Ils espéraient naguère le repos après leurs combats, le salut de leurs biens ; ils veulent maintenant se battre, prient les dieux que le traité soit sans effet et déplorent l'injuste sort fait à Turnus.

1. Comparer l'intervention d'Iris en 5, 618-622. Sur Camers et sa famille, cf. 10, 562-564.
2. Sur l'intérêt de cette indication, cf. p. 188.
3. Souvenir de *Georg.*, 3, 9 et de la célèbre épitaphe d'Ennius.

Adiuuat incessu tacito progressus et aram
suppliciter uenerans demisso lumine Turnus
pubentesque genae et iuuenali in corpore pallor.
Quem simul ac Iuturna soror crebrescere uidit
sermonem et uolgi uariare labantia corda,
in medias acies formam adsimulata Camerti,
cui genus a proauis ingens clarumque paternae
nomen erat uirtutis et ipse acerrimus armis,
in medias dat sese acies haud nescia rerum
rumoresque serit uarios ac talia fatur :
« Non pudet, o Rutuli, pro cunctis talibus unam
obiectare animam ? numerone an uiribus aequi
non sumus ? En omnes et Troes et Arcades hi sunt,
fatalisque manus, infensa Etruria Turno.
Vix hostem, alterni si congrediamur, habemus.
Ille quidem ad superos, quorum se deuouet aris,
succedet fama uiuosque per ora feretur ;
nos patria amissa dominis parere superbis
cogemur, qui nunc lenti consedimus aruis. »
Talibus incensa est iuuenum sententia dictis
iam magis atque magis, serpitque per agmina murmur ;
ipsi Laurentes mutati ipsique Latini.
Qui sibi iam requiem pugnae rebusque salutem
sperabant, nunc arma uolunt foedusque precantur
infectum et Turni sortem miserantur iniquam.

219 incessu *MPRabcefhuv*, SERV. : ingre- *d*γ^{2}, TIB., *hunc u. om.* γ^{1} || **221** pubentesque *MPRabdefuv*γ, MACR. 4, 3, 4 : tab- *ch*, TIB. || **230** aequi *MRabcdefhuv*γ^{2}, SERV., TIB. : -is *P*γ^{1} || **232** fatalisque P^{1}*cdefhuv*γ, SERV. : -lesque *M*P^{2}*Rab*, TIB. || **237** aruis M^{2}*PRabcdefhuv*γ^{2} : armis $M^{1}\gamma^{1}$ || **238** incensa *codd.* : accensa TIB. || **239** iam *MRacdefhuv*, TIB. : tum *P*γ tam *b.*

Juturne fait mieux encore : dans les hauteurs du ciel elle suscite un signe dont le caractère prodigieux eut une efficacité décisive pour jeter trouble et confusion dans l'esprit des Italiens. L'aigle fauve de Jupiter, volant dans la rouge lumière, pourchassait les oiseaux de la rive et la troupe bruyante de leurs bandes ailées quand, se laissant tomber brusquement sur les eaux, l'audacieux saisit de ses serres crochues le cygne le plus beau. Les Italiens retinrent leur souffle, et voici que dans le ciel toute la gent qui fuyait naguère se rallie à grands cris, surprenant spectacle : de leur vol ils obscurcissent l'éther ; en une nuée rassemblés, ils pressent leur ennemi dans les airs, tant qu'enfin vaincu par leur fougue et par le poids même qu'il emporte, il lâcha prise ; l'aigle, desserrant ses ongles, laissa tomber sa proie dans le fleuve et s'enfuit au plus profond des nuages [1]. Alors les Rutules saluent à grands cris cet augure et commencent à se préparer ; premier de tous, l'augure Tolumnius : « Voilà, voilà, dit-il, ce que j'ai si souvent appelé de mes vœux. J'accepte le présage, je reconnais nos dieux ; suivez-moi ; oui, prenez vos armes, malheureux qu'un audacieux étranger épouvante comme de faibles oiseaux, en brandissant sa guerre, en ravageant brutalement vos rivages, Mais il prendra la fuite et disparaîtra à pleines voiles au plus profond des horizons. N'ayez qu'un cœur, regroupez vos formations et défendez, le fer au poing, votre roi qu'on vous a ravi. »

Il dit et, courant vers l'avant, droit à l'ennemi, lança son javelot. Le cormier rend un son strident et sillonne l'air, assuré de sa route. Au même instant, tout à la fois, c'est une immense clameur, toutes les unités s'agitent,

1. Sur la topographie que suppose ce prodige, cf. p. 264 ; comme dans *Iliade*, 15, 690-692, il s'agit du bord d'un cours d'eau, cf. Pline, *n.h.*, 10, 9. Il y a de tels prodiges dans la tradition romaine, cf. Tacite, *H.*, 3, 56, 1 ; Obseq., 46.

His aliud maius Iuturna adiungit et alto
dat signum caelo, quo non praesentius ullum
turbauit mentes Italas monstroque fefellit.
Namque uolans rubra fuluos Iouis ales in aethra
litoreas agitabat auis turbamque sonantem
agminis aligeri, subito cum lapsus ad undas
cycnum excellentem pedibus rapit improbus uncis.
Arrexere animos Itali, cunctaeque uolucres
conuertunt clamore fugam (mirabile uisu)
aetheraque obscurant pennis hostemque per auras
facta nube premunt, donec ui uictus et ipso
pondere defecit praedamque ex unguibus ales
proiecit fluuio penitusque in nubila fugit.
Tum uero augurium Rutuli clamore salutant
expediuntque manus, primusque Tolumnius augur
« Hoc erat, hoc, uotis » inquit « quod saepe petiui.
Accipio agnoscoque deos ; me, me duce ferrum
corripite, o miseri, quos improbus aduena bello
territat inualidas ut auis et litora uestra
ui populat. Petet ille fugam penitusque profundo
uela dabit ; vos unanimi densete cateruas
et regem uobis pugna defendite raptum. »
Dixit et aduersos telum contorsit in hostis
procurrens ; sonitum dat stridula cornus et auras
certa secat. Simul hoc, simul ingens clamor et omnes

245 praesentius *MPb*γ, SERV., TIB. *in interpr.* : praestan- *Racdefhuv*, TIB. *in lemm.* || **247** fuluos iouis *MP*^{ac}*Rabcdefh uv*γ^{2}, TIB. : fuluosacer *P*^{pc}γ^{1} || **250** improbus *codd.* : armiger TIB. || **264** unanimi *Rabh*γ^{2}, TIB. : unanimis *Me* unaanime *P*γ^{1} unanimum *c* || densete *Rabcefhuv*, SERV., DSERV. 11, 650, TIB^{pc} : -sate *MPd*γ, TIB^{ac}.

les cœurs dans le tumulte s'échauffent. La pique vole ; en face, neuf frères, de belle prestance, se trouvaient groupés ; tant de jeunes gens, une seule épouse, une Tyrrhène, les avait donnés, fruit de sa fidélité, à l'Arcadien Gylippe [1] ; la pique atteint l'un d'eux vers le milieu du corps, là où le baudrier cousu porte contre le ventre et où l'agrafe mord les attaches des flancs, elle pousse à travers les côtes et l'étend sur le sable fauve, beau jeune homme aux armes étincelantes. Mais les frères sont là, phalange pleine de cœur et enflammée par la douleur ; les uns tirent le glaive, d'autres saisissent vivement leurs armes de jet et se ruent en aveugles. En face, les bataillons des Laurentes courent à leur rencontre, puis de leur côté, voici qu'en rangs serrés débordent les Troyens, et les Étrusques d'Agylla, les Arcadiens aux armes peintes. Une seule passion les possède tous : ils veulent trancher leur querelle par le fer. Ils ont pillé les autels ; dans tout le ciel passe la sombre bourrasque des traits, une pluie de fer tombe lourdement, on s'empare des vases et des foyers. Latinus lui-même s'enfuit, attestant devant tous que ce mépris d'un pacte a insulté aux dieux *. D'autres attellent leurs chars ou sautent d'un bond sur leurs chevaux et se présentent l'épée nue.

Messapus remarque un roi, portant lors ses insignes royaux, le Tyrrhénien Aulestès ; impatient de brouiller les accords, il le pousse violemment avec son cheval ; l'autre en reculant tombe et roule à la renverse, le malheureux, de la tête et des épaules, sur les autels. Messapus, ardent, fond sur lui avec sa pique, et de ce bois, lourd comme un bélier de siège, n'écoutant nulle prière,

1. Ces neuf frères rappellent les sept fils de Phorcus en 10, 328-330. Homère ne semble pas connaître de formations familiales de ce genre. Peut-être transposition (à l'échelle réduite de l'*Énéide*) de souvenirs d'une époque où les guerres étaient parfois soutenues par des clans, cf. Liv., 2, 48-50.

turbati cunei calefactaque corda tumultu.
Hasta uolans, ut forte nouem pulcherrima fratrum
corpora constiterant contra, quos fida crearat
una tot Arcadio coniunx Tyrrhena Gylippo,
horum unum ad medium, teritur qua sutilis aluo
balteus et laterum iuncturas fibula mordet,
egregium forma iuuenem et fulgentibus armis,
transadigit costas fuluaque effundit harena.
At fratres, animosa phalanx accensaque luctu,
pars gladios stringunt manibus, pars missile ferrum
corripiunt caecique ruont. Quos agmina contra
procurrunt Laurentum, hinc densi rursus inundant
Troes Agyllinique et pictis Arcades armis :
sic omnis amor unus habet decernere ferro.
Diripuere aras, it toto turbida caelo
tempestas telorum ac ferreus ingruit imber,
craterasque focosque ferunt. Fugit ipse Latinus
pulsatos referens infecto foedere diuos.
Infrenant alii currus aut corpora saltu
subiciunt in equos et strictis ensibus adsunt.
  Messapus regem regisque insigne gerentem,
Tyrrhenum Aulesten, auidus confundere foedus,
aduerso proterret equo ; ruit ille recedens
et miser oppositis a tergo inuoluitur aris
in caput inque umeros. At feruidus aduolat hasta
Messapus teloque orantem multa trabali

273 ad medium *PRabcdefhuvγ*, DSERV., TIB. : ad mediam *M* medio *quidam ap.* DSERV. || aluo P^2*Rabdefhuvγ*, SERV., TIB. : alueo P^1 aluos *c* auro *M* || **283** it $M^2 P^{pc}$*Rabcdefhuv*γ^2, TIB. : id M^1 et $P^{ac}\gamma^1$.

haut dressé sur son cheval, il le frappe rudement et dit ainsi : « Il a son compte ; voilà une victime dont l'offrande plaira davantage aux grands dieux. » Les Italiens accourent, dépouillent ses membres encore chauds. Corynée s'interpose, saisit sur l'autel un tison enflammé, et, comme Ébysus survenait, allait frapper, il le devance, lui incendie le visage ; la grande barbe ne fit qu'une flamme claire et dégagea une âcre odeur. Quant à lui, poursuivant son avantage, il saisit de la main gauche les cheveux de l'ennemi déconcerté, le presse du genou, le cloue au sol ; c'est ainsi que de sa roide épée il lui perce le flanc. Podalire entreprend le pâtre Alsus qui, en première ligne, se précipitait parmi les traits ; l'épée nue, il se dresse tout contre lui ; mais l'autre, ramenant en arrière sa hache, fend en plein milieu le front et le menton de son adversaire ; le sang répandu coule abondamment sur l'armure. Un dur repos, un sommeil de fer presse les yeux du misérable, son regard disparaît dans l'éternelle nuit.

De son côté, le pieux Énée tendait sa main désarmée, tête nue, et il rappelait les siens à grands cris : « Où courez-vous ? Qu'est-ce que cette discorde surgie soudain [1] ? Contenez ces fureurs. Désormais le pacte est conclu, toutes ses dispositions sont fixées. Moi seul, j'ai le droit de combattre ; laissez-moi faire et bannissez vos craintes ; c'est moi qui, de mon bras, affermirai ce pacte ; en vertu de nos engagements sacrés on me doit désormais Turnus. » Au milieu de ces appels, au milieu de semblables paroles, voici qu'une flèche, glissant sur ses ailes stridentes, l'atteint au corps ; par quelle main dardée, par quel orage poussée, on l'ignore, et qui, hasard ou dieu, procura aux Rutules un si grand motif

1. Rappel du cri désespéré jeté par Horace (*Epod.*, 7, 1) à l'approche de nouvelles guerres civiles ; cf. v. 503-504.

desuper altus equo grauiter ferit atque ita fatur :
« Hoc habet, haec melior magnis data uictima diuis. »
Concurrunt Itali spoliantque calentia membra.
Obuius ambustum torrem Corynaeus ab ara
corripit et uenienti Ebyso plagamque ferenti
occupat os flammis ; illi ingens barba reluxit
nidoremque ambusta dedit ; super ipse secutus
caesariem laeua turbati corripit hostis
impressoque genu nitens terrae applicat ipsum ;
sic rigido latus ense ferit. Podalirius Alsum
pastorem primaque acie per tela ruentem
ense sequens nudo superimminet ; ille securi
aduersi frontem mediam mentumque reducta
disicit et sparso late rigat arma cruore.
Olli dura quies oculos et ferreus urget
somnus, in aeternam conduntur lumina noctem.
At pius Aeneas dextram tendebat inermem
nudato capite atque suos clamore uocabat :
« Quo ruitis ? quaeue ista repens discordia surgit ?
O cohibete iras ! ictum iam foedus et omnes
compositae leges, mihi ius concurrere soli,
me sinite atque auferte metus ; ego foedera faxo
firma manu, Turnum debent haec iam mihi sacra. »
Has inter uoces, media inter talia uerba,
ecce uiro stridens alis adlapsa sagitta est,
incertum qua pulsa manu, quo turbine adacta,
quis tantam Rutulis laudem, casusne deusne,

300 illi *PRabcdefhuvγ*, TIB. : olli *M* || **310** conduntur *P*, TIB. : claud- *MRabcdefhuvγ* || **313** quaeue *MPbdfhγ*, TIB. : quoue *Raceuv*.

d'orgueil. La gloire de cet exploit insigne se fit discrète et nul ne s'est vanté de la blessure d'Énée.

Turnus, dès qu'il vit Énée se retirant du combat, ses capitaines déconcertés, s'enflamme, brûle d'un subit espoir. Il demande à la fois ses chevaux, ses armes ; d'un bond, superbe, il s'élance vers son char et prend en mains les rênes. Il vole, il livre au trépas plus d'un guerrier plein de vaillance ; plus d'un aussi roule à ses pieds demi-mort ; ou sous son char il écrase des bataillons, ou crible les fuyards des javelots qui se pressent dans sa main. Ainsi, quand il s'ébranle près des courants de l'Hèbre glacé, Mars, sanglant, frappe son bouclier et, déchaînant les guerres, lance ses chevaux furieux ; eux, dans la plaine ouverte, plus rapides que les Notus et le Zéphyr, volent ; au choc de leurs pieds, la Thrace gémit dans ses profondeurs ; autour d'eux se poussent les visages de la noire Épouvante, les Colères et les Surprises, cortège du dieu ; tel, au milieu des combats, Turnus infatigable secoue ses chevaux fumants de sueur ; il bondit, ô misère ! sur les cadavres ; les sabots rapides dispersent des gouttes de sang et l'arène qu'ils foulent est abreuvée de carnage [1]. Déjà il a mis à mort Sthénélus, Thamyrus et Pholus, les deux premiers dans un corps à corps, l'autre de loin ; de loin encore, les deux fils d'Imbrasus, Glaucus et Ladès, qu'Imbrasus lui-même avait élevés dans leur Lycie natale, pourvus d'armes semblables, instruits à combattre de près comme à devancer les vents sur leur cheval.

D'un autre côté, Eumède se jette dans la bataille.

1. Nous avons entendu Énée énoncer ses intentions, ses buts de guerre (313-317). Turnus, en revanche, nous est montré de l'extérieur, dans le déploiement d'une action inévitablement violente ; nous ne saurons rien de ses espoirs politiques (v. 325 ; cf. p. 232). De surcroît, le tableau de son action est dominé, ordonné par une comparaison qui l'enténèbre de traits effrayants : on n'y voit plus qu'une exaltation furieuse, inhumaine, et qui

attulerit ; pressa est insignis gloria facti,
nec sese Aeneae iactauit uolnere quisquam.
Turnus, ut Aenean cedentem ex agmine uidit
turbatosque duces, subita spe feruidus ardet ;
poscit equos atque arma simul saltuque superbus
emicat in currum et manibus molitur habenas.
Multa uirum uolitans dat fortia corpora leto,
seminecis uoluit multos aut agmina curru
proterit aut raptas fugientibus ingerit hastas.
Qualis apud gelidi cum flumina concitus Hebri
sanguineus Mauors clipeo increpat atque furentis
bella mouens immittit equos, illi aequore aperto
ante Notos Zephyrumque uolant, gemit ultima pulsu
Thraca pedum circumque atrae Formidinis ora
Iraeque Insidiaeque, dei comitatus, aguntur :
talis equos alacer media inter proelia Turnus
fumantis sudore quatit miserabile caesis
hostibus insultans, spargit rapida ungula rores
sanguineos mixtaque cruor calcatur harena.
Iamque neci Sthenelumque dedit Thamyrumque Pho-
[lumque,
hunc congressus et hunc, illum eminus ; eminus ambo
Imbrasidas, Glaucum atque Laden, quos Imbrasus ipse
nutrierat Lycia paribusque ornauerat armis
uel conferre manum uel equo praeuertere uentos.
Parte alia media Eumedes in proelia fertur,

329 curru *codd.*, TIB. : cursu DIOM. 418, 31 || **330** aut *MP bcdefhuvγ*, TIB. : et *Ra*, DIOM. 418, 31 || **332** increpat *Pbcdfhγ*, SERV., TIB. : intonat *MRaeuv* || furentis *Pbcdefhuvγ*, TIB. : furenti *Ra* prementi *M* || **342** eminus ambo *cvγ*[2] : ambo *MPRa bdefhuγ*[1], TIB.

C'est le fils, illustre dans la guerre, de l'antique Dolon ; il a le nom de son aïeul, l'âme et le bras de son père qui, jadis, pour aller espionner au camp des Danaens, osa demander en salaire le char du fils de Pélée ; mais le fils de Tydée récompensa ces audaces d'un tout autre salaire et il n'aspire plus aux chevaux d'Achille. Dès qu'au loin Turnus l'aperçut, dans la plaine découverte, l'ayant atteint, d'abord, à bonne distance, d'un javelot léger, il arrête son attelage, saute à bas de son char, approche du mourant tombé à terre ; posant le pied sur son cou, il lui arrache l'épée que sa main tenait encore, la lui plonge étincelante au fond de la gorge et ajoute, de surcroît, ces paroles : « Et voilà, homme de Troie : mesure de tout ton long ces champs, cette Hespérie que tu voulus conquérir ; voilà ce que gagnent ceux qui ont eu l'audace de me tâter par le fer, c'est ainsi qu'ils s'établissent. »

Il lui donne comme compagnon Asbytès, d'un coup de lance, puis Chlorée, Sybaris, Darès, Thersiloque, Thymétès enfin, tombé du cou de son cheval indocile. Quand, venu de l'Édonie, le souffle de Borée retentit sur l'Égée profonde, quand il chasse les flots contre les rivages, partout où les vents se sont abattus, les nuages s'enfuient à travers le ciel : ainsi devant Turnus, partout où il se taille un passage, les bataillons cèdent, les lignes se retournent et s'effondrent ; lui-même, son élan le porte et le souffle de l'air à l'encontre du char bat, fait voler son panache. Phégée ne supporta pas ces assauts ; bouillant de colère, il se jeta au devant du char et, pesant sur leurs bouches que le frein faisait écumer, détourna les chevaux lancés à pleine vitesse. Tandis

semble n'avoir d'autre fin qu'elle-même. Ce déséquilibre répond aux nécessités du développement de l'*Énéide*, cf. p. 165. La comparaison, prise d'*Iliade*, 13, 298-303, a été développée, aggravée dans le sens du fantastique et de la violence. *Atrae Formidinis ora* vient de Lucrèce, 4, 173 ; cf. *Iliade*, 4, 441.

antiqui proles bello praeclara Dolonis,
nomine auom referens, animo manibusque parentem,
qui quondam, castra ut Danaum speculator adiret,
ausus Pelidae pretium sibi poscere currus;
illum Tydides alio pro talibus ausis
adfecit pretio nec equis aspirat Achillis.
Hunc procul ut campo Turnus prospexit aperto,
ante leui iaculo longum per inane secutus
sistit equos biiugis et curru desilit atque
semianimi lapsoque superuenit et pede collo
impresso dextrae mucronem extorquet et alto
fulgentem tinguit iugulo atque haec insuper addit :
« En agros et, quam bello, Troiane, petisti,
Hesperiam metire iacens : haec praemia, qui me
ferro ausi temptare, ferunt, sic moenia condunt. »
Huic comitem Asbyten coniecta cuspide mittit
Chloreaque Sybarimque Daretaque Thersilochumque
et sternacis equi lapsum ceruice Thymoeten.
Ac uelut Edoni Boreae cum spiritus alto
insonat Aegaeo sequiturque ad litora fluctus,
qua uenti incubuere, fugam dant nubila caelo :
sic Turno, quacumque uiam secat, agmina cedunt
conuersaeque ruont acies ; fert impetus ipsum
et cristam aduerso curru quatit aura uolantem.
Non tulit instantem Phegeus animisque frementem
obiecit sese ad currum et spumantia frenis
ora citatorum dextra detorsit equorum.

356 lapsoque *MP*[2]*Racefuv*γ, TIB. : el- *P*[1]*bdh*, DSERV. || **357** dextrae *MPbd fh*γ[2], SERV., TIB. : -ra *Raceuv*γ[1] || **359** petisti *codd.*, TIB. : petebas POMP. 312, 3 || **373** dextra *codd.*, TIB. ; cursu DIOM. 499, 11.

qu'il est traîné et s'accroche aux colliers, il se découvre, la large lance l'atteint, brise de sa pointe les doubles mailles de la cuirasse et effleure le corps d'une blessure. Lui cependant, opposant son bouclier, s'était retourné et tenait tête à l'ennemi, il cherchait un secours dans l'épée qu'il dégaine quand la roue, puis le moyeu emporté par la vitesse le heurta, le renversa et le jette à terre. Turnus ne le lâche pas : entre le bas du casque et le rebord supérieur de la cuirasse il trancha la tête d'un coup de taille et laissa le tronc sur le sable.

Et tandis que dans la plaine Turnus vainqueur répand la mort, Énée, par les soins de Mnesthée, du fidèle Achate, d'Ascagne qui ne le quitte pas, est installé dans le camp, ensanglanté, et un pas sur deux se soutenant de sa longue lance. Il enrage, de toutes ses forces il tente d'arracher le trait dont le bois s'est brisé et réclame qu'on l'assiste par les voies les plus directes : qu'avec une épée ils ouvrent largement la plaie, taillent en profondeur les chairs où la pointe se cache, et le renvoient au combat [1]. Près de lui, déjà, un homme cher à Phébus entre tous, Iapyx, fils d'Iasus [2] : jadis, épris d'un ardent amour, Apollon voulait lui communiquer ses arts et prérogatives, augures, cithare, flèches rapides, avec joie. Mais, pour prolonger les destins de son père expirant [3], il préféra connaître les pouvoirs des herbes, la pratique de la médecine, et exercer sans gloire des arts silencieux. Énée se tenait debout, grondant de fureur, appuyé sur

1. Il n'est pas rare, dans l'*Iliade*, qu'un blessé demande ou reçoive l'assistance d'un compagnon pour l'extraction d'une pointe de flèche ou de lance (4, 127-222 ; 5, 660-698 ; 11, 828-848). Mais ce n'est jamais, ce semble, dans l'intention de reprendre aussitôt le combat.

2. Comme l'a bien vu Servius, ces noms doivent rappeler le grec ἰᾶσθαι, soigner, guérir.

3. Nous avons suivi Servius qui glose *depositus* par *desperatus* et allègue une coutume singulière (on aurait étendu les mourants par terre dans la rue). Mais le mot se rapporte souvent à

Dum trahitur pendetque iugis, hunc lata retectum
lancea consequitur rumpitque infixa bilicem
loricam et summum degustat uolnere corpus.
Ille tamen clipeo obiecto conuersus in hostem
ibat et auxilium ducto mucrone petebat,
cum rota praecipitem et procursu concitus axis
impulit effunditque solo, Turnusque secutus
imam inter galeam summi thoracis et oras
abstulit ense caput truncumque reliquit harenae.

Atque ea dum campis uictor dat funera Turnus,
interea Aenean Mnestheus et fidus Achates
Ascaniusque comes castris statuere cruentum
alternos longa nitentem cuspide gressus.
Saeuit et infracta luctatur harundine telum
eripere auxilioque uiam, quae proxima, poscit :
ense secent lato uolnus telique latebram
rescindant penitus seseque in bella remittant.
Iamque aderat Phoebo ante alios dilectus Iapyx
Iasides, acri quondam cui captus amore
ipse suas artis, sua munera, laetus Apollo
augurium citharamque dabat celerisque sagittas.
Ille, ut depositi proferret fata parentis,
scire potestates herbarum usumque medendi
maluit et mutas agitare inglorius artis.
Stabat acerba fremens ingentem nixus in hastam

374 hunc *Mbcehv*, TIB. : huic *Pγ* hic *Raf* hinc *d* || **378** ducto *Pbcdfhvγ*, DSERV. : ducto a *Rae* stricto TIB. mucro *M* || **380** effunditque *MPbdfh*, TIB. : effud- *Racevγ* || **382** harenae *MP*, SERV. 11, 87, TIB. : -na *Rabcdefhvγ* || **385** comes *MPbcdfhγ* : puer *Raev*, TIB. || **389** latebram *PRacefhvγ*, TIB. : -ra *b* -ras *Md* || **394** dabat *PRabcdefhvγ²*, SERV., TIB. : dedit *M*, SERV. *G*, 2, 486, PS. ACRO *Hor. c. saec.* 61, *damnat* SERV. dedi *γ¹*.

son énorme pique, dans un grand concours de guerriers, devant Iule consterné, sans se laisser émouvoir par ces larmes. Le vieillard, relevant à la ceinture sa robe retroussée à la mode péonienne, en vain s'évertue pour tout ce que peuvent une main savante et les herbes puissantes de Phébus[1], en vain tâte le dard de sa main et s'efforce de saisir fermement le fer avec une pince. Aucune heureuse chance ne guide ses efforts, son maître Apollon le laisse sans recours et dans les plaines, de plus en plus, croît la cruelle épouvante, le danger se rapproche. Déjà ils voient le ciel s'épaissir de poussière, les cavaliers surviennent, au milieu du camp les traits tombent serrés. Une affreuse clameur monte vers l'éther, celle des guerriers qui combattent et tombent sous les coups de Mars.

Ici Vénus, émue de l'indigne souffrance de son fils, maternelle, va cueillir sur l'Ida de Crète le dictame, la tige aux feuilles duveteuses, à la chevelure de fleurs pourpres. Cette herbe n'est pas inconnue aux chèvres sauvages lorsque des flèches ailées se sont plantées sur leur dos. C'est ce remède que Vénus apporta d'en haut — une nuée sombre voilait sa présence ; elle en imprègne le liquide versé dans les étincelants bassins et qu'elle charge secrètement de vertus médicinales ; elle y répand les sucs salutaires de l'ambroisie et l'odorante panacée. Le vieil Iapyx a baigné la blessure de cette eau, sans rien savoir, et soudain, en effet, toute douleur s'est enfuie du corps, au fond de la plaie le sang ne coule plus. Bientôt, docile sous les doigts, sans effort, la flèche tombe

l'exposition du mort sur un lit funèbre, cf. Ovide, *Métam.*, 9, 504 ; *Tristes*, 3, 3, 40. — Silencieux (v. 397) : un chirurgien ne parle pas ; les médecins d'Homère non plus, à la différence des guérisseurs italiens (7, 757 ; 10, 547).

1. Iapyx est vieux ; ce qui rend particulièrement touchant le rappel des circonstances où il a reçu d'Apollon les secrets de son art. Péon est le médecin des dieux.

Aeneas magno iuuenum et maerentis Iuli
concursu, lacrimis immobilis. Ille retorto
Paeonium in morem senior succinctus amictu
multa manu medica Phoebique potentibus herbis
nequiquam trepidat, nequiquam spicula dextra
sollicitat prensatque tenaci forcipe ferrum.
Nulla uiam fortuna regit, nihil auctor Apollo
subuenit, et saeuos campis magis ac magis horror
crebrescit propiusque malum est. Iam puluere caelum
stare uident : subeunt equites et spicula castris
densa cadunt mediis. It tristis ad aethera clamor
bellantum iuuenum et duro sub Marte cadentum.
Hic Venus indigno nati concussa dolore
dictamnum genetrix Cretaea carpit ab Ida,
puberibus caulem foliis et flore comantem
purpureo (non illa feris incognita capris
gramina, cum tergo uolucres haesere sagittae) :
hoc Venus obscuro faciem circumdata nimbo
detulit, hoc fusum labris splendentibus amnem
inficit occulte medicans spargitque salubris
ambrosiae sucos et odoriferam panaceam.
Fouit ea uolnus lympha longaeuos Iapyx
ignorans, subitoque omnis de corpore fugit
quippe dolor, omnis stetit imo uolnere sanguis.
Iamque secuta manum nullo cogente sagitta

400 lacrimis *MPbcefvγ*, TIB. : -sque *Radh*, DSERV. || **401** paeonium *Rabcdefhvγ*, SERV., TIB. : -nidum *M* -num *P* || **408** subeunt *Pdfhγ*, TIB. : -tque *Rabcev*, *om. M* || **412** carpit *MPbcdfhvγ*, TIB. : -psit *Rae* || **417** splendentibus *M*P^2*bcdefhvγ*, TIB. : plend- P^1 pend- *Ra* || **422** imo *M*P^1*bf* : imo in P^2*Racdehv*γ^2, TIB., *hunc u. om.* γ^1 || **423** manum *Rabcdefhv*, DSERV. : -nu *M*P^2, TIB. -nus $P^1\gamma^2$, *hunc u. om.* γ^1.

et de nouvelles forces ont restauré l'ancienne vigueur. « Des armes, apportez-lui vivement ses armes ! Qu'attendez-vous ? » s'écrie Iapyx, et le premier il l'échauffe contre l'ennemi. « Ces effets ne proviennent point des pouvoirs de l'homme, ni des lumières de mon art ; Énée, ce n'est pas ma main qui te sauve ; plus grand que nous, un dieu est à l'œuvre, il te renvoie à des œuvres plus grandes [1]. » Lui, brûlant de combattre, avait enfermé ses jambes dans l'or, l'une puis l'autre ; il maudit les retards et brandit sa lance. Après avoir bien ajusté à son flanc le bouclier, la cuirasse sur son dos, tout bardé de fer il embrasse Ascagne et à travers le casque l'effleure d'un baiser ; il lui dit : « Enfant, apprends de moi la vertu et l'effort qui ne biaise pas, apprends ailleurs ce qu'est la chance. Maintenant mon bras va te protéger dans la guerre et te conduire de gloire en gloire *. Toi, fais en sorte, quand bientôt ton âge aura mûri, de te souvenir : repasse en esprit les exemples des tiens ; qu'Énée ton père, Hector ton oncle animent ta vaillance. »

Quand il eut dit ces paroles, il s'avança hors des portes, gigantesque, brandissant dans sa main une pique énorme ; au même moment, en colonnes serrées, Anthée et Mnesthée se ruent, toute la multitude quitte le camp et s'écoule comme un fleuve. Alors la plaine se brouille dans l'obscurité de la poussière, la terre, ébranlée sous le choc des pas, tremble. Turnus les vit comme ils venaient des retranchements adverses, ceux d'Ausonie les virent et un frisson glacé parcourut leurs os jusqu'aux moëlles ; la première, avant tous les Latins, Juturne entendit, reconnut ce bruit et recula épouvantée. Il vole et dans la plaine découverte entraîne les sombres bataillons. Ainsi, lorsque en direction de la terre une nuée qui vient

1. Le vieil homme, naguère un peu ridicule dans ses vaines tentatives, se découvre prophète.

excidit, atque nouae rediere in pristina uires.
« Arma citi properate uiro ! quid statis ? » Iapyx
conclamat primusque animos accendit in hostem.
« Non haec humanis opibus, non arte magistra
proueniunt neque te, Aenea, mea dextera seruat ;
maior agit deus atque opera ad maiora remittit. »
Ille auidus pugnae suras incluserat auro
hinc atque hinc oditque moras hastamque coruscat.
Postquam habilis lateri clipeus loricaque tergo est,
Ascanium fusis circum complectitur armis
summaque per galeam delibans oscula fatur :
« Disce, puer, uirtutem ex me uerumque laborem,
fortunam ex aliis. Nunc te mea dextera bello
defensum dabit et magna inter praemia ducet.
Tu facito, mox cum matura adoleuerit aetas,
sis memor et te animo repetentem exempla tuorum
et pater Aeneas et auonculus excitet Hector. »
Haec ubi dicta dedit, portis sese extulit ingens
telum immane manu quatiens ; simul agmine denso
Antheusque Mnestheusque ruont omnisque relictis
turba fluit castris. Tum caeco puluere campus
miscetur pulsuque pedum tremit excita tellus.
Vidit ab aduerso uenientis aggere Turnus,
uidere Ausonii, gelidusque per ima cucurrit
ossa tremor ; prima ante omnis Iuturna Latinos
audiit agnouitque sonum et tremefacta refugit.
Ille uolat campoque atrum rapit agmen aperto.
Qualis ubi ad terras abrupto sidere nimbus

441 extulit *codd.* : int- TIB. || **446** aggere *MPbcdefhvγ*, SERV., TIB. : agmine *Ra* || **448** omnis *codd.*, DSERV. : alios TIB.

d'engloutir le jour * s'avance à travers la mer — hélas ! les malheureux paysans le pressentent de loin et leurs cœurs frissonnent : elle va renverser les arbres, ravager les moissons, tout écraser sur un vaste espace —, devant elle volent les vents, faisant grand bruit sur les rivages[1]. Tel, le chef rhétéen entraîne ses bataillons droit contre les ennemis ; tous ses hommes se massent, serrés, formant le coin. Thymbréus frappe de son épée le puissant Osiris, Mnesthée égorge Arcétius, Achate s'en prend à Épulo, Gyas à Ufens ; l'augure Tolumnius lui-même tombe, lui qui le premier avait lancé le javelot contre les ennemis rangés devant lui[2]. Une clameur monte vers le ciel, les Rutules chassés à leur tour montrent à travers champs leurs dos que la fuite couvre de poussière. Lui, ne daigne pas coucher dans la mort ceux qui se sauvent, il ne s'attache ni à ceux qui l'attendent de pied ferme ni à ceux qui lui lancent des traits ; dans l'épaisseur de la sombre mêlée, cherchant partout, il n'est en quête que du seul Turnus, il ne réclame que lui pour se battre.

Vivement effrayée devant cette menace, la virile Juturne jette à bas parmi ses rênes le cocher de Turnus, Métiscus ; tombé loin du timon, elle l'a laissé par derrière ; elle-même prend sa place, saisit, manœuvre les guides ondoyantes, ayant toute l'apparence, la voix, le corps et les armes de Métiscus. Comme une noire hirondelle vole à travers la vaste demeure d'un riche propriétaire, parcourt à tire-d'aile les hautes salles en quête de petites proies, pâture de sa nichée babillarde, tantôt on l'entend sous les portiques déserts, tantôt autour des frais bas-

1. Cf. *Iliade*, 4, 275-279 ; *Georg.*, 1, 443-444. Mais beaucoup plus importantes sont les correspondances établies entre 445 et 334-6, 450 et 333-5, 455 et 334 : Énée devenu presque aussi effrayant que Turnus.

2. Reprise du v. 266. Le lecteur pensera encore à Laocoon,

it mare per medium (miseris, heu, praescia longe
horrescunt corda agricolis : dabit ille ruinas
arboribus stragemque satis, ruet omnia late),
ante uolant sonitumque ferunt ad litora uenti :
talis in aduersos ductor Rhoeteius hostis
agmen agit, densi cuneis se quisque coactis
agglomerant. Ferit ense grauem Thymbraeus Osirim,
Arcetium Mnestheus, Epulonem obtruncat Achates
Vfentemque Gyas ; cadit ipse Tolumnius augur,
primus in aduersos telum qui torserat hostis.
Tollitur in caelum clamor uersique uicissim
puluerulenta fuga Rutuli dant terga per agros.
Ipse neque auersos dignatur sternere morti
nec pede congressos aequo nec tela ferentis
insequitur ; solum densa in caligine Turnum
uestigat lustrans, solum in certamina poscit.
 Hoc concussa metu mentem Iuturna uirago
aurigam Turni media inter lora Metiscum
excutit et longe lapsum temone reliquit ;
ipsa subit manibusque undantis flectit habenas,
cuncta gerens uocemque et corpus et arma Metisci.
Nigra uelut magnas domini cum diuitis aedis
peruolat et pinnis alta atria lustrat hirundo
pabula parua legens nidisque loquacibus escas,
et nunc porticibus uacuis, nunc umida circum

454 ruet *PRacvγ*, SERV., TIB. *in interpr.* : ruit *Mbdfh*, DSERV., TIB. *in lemm.*, DIOM. 441, 24 || **455** uolant *P*[1]*Racdfhvγ*[2], TIB. : -ns *MP*[2]*bγ*[1] || **461** in aduersos *MPVbcdfhvγ* : inaduersus TIB. in auersos *Ra* || torserat *MPVbcdfhrγ*, TIB. : torsit in *Rav* || **464** auersos *RVa* : adu- *MPbcdfhvγ*, TIB. || **470** reliquit *M*[1]*PRabcdfhvγ*, TIB. : relinquit *M*[2]*V* || **475** escas *codd.*, DSERV. : -am TIB.

sins : ainsi Juturne au milieu des ennemis passe avec ses chevaux ; sur son char rapide, elle vole, elle est partout ; tantôt ici, tantôt là, elle fait voir son frère triomphant, mais ne permet pas qu'il engage le combat ; elle vole hors d'atteinte, bien loin[1]. Énée, pour l'atteindre, n'en suit pas moins ces circuits tortueux, il s'attache à ses traces et à travers les bataillons dispersés l'appelle à grands cris. Chaque fois qu'il a réussi à voir son ennemi et tenté de rejoindre à la course la fuite ailée des chevaux, chaque fois Juturne a détourné le char qui s'est échappé. Hélas ! que faire ? Il flotte vainement, indécis, agité ; des pensées contradictoires l'appellent en des sens opposés. A ce moment, Messapus, comme il tenait dans sa main gauche, coureur agile, deux dards flexibles armés de fer, en brandit un et dirige son coup avec sûreté. Énée s'est arrêté court, se ramassant sous ses armes et pliant le genou ; cependant le javelot, lancé à pleine force, emporta le sommet du casque et fit tomber du cimier les hautes aigrettes. Mais alors sa colère monte et, exaspéré par cette attaque insidieuse, dès qu'il vit les chevaux et le char se dérober et disparaître, attestant mille fois Jupiter et les autels du pacte profané, il entre dans la mêlée enfin et, avec l'aide de Mars, terrible, déchaîne un effroyable carnage sans plus distinguer personne, lâche la bride à toutes ses fureurs.

Quel dieu pourrait maintenant me guider parmi tant de cruautés, qui pourrait dire dans un poème ces massacres en tous lieux, le trépas de ces chefs que tour à tour dans toute la plaine pourchassent ici Turnus, et

qui, prêtre lui aussi, tente également d'anéantir, en lançant un javelot (*contorsit*, 2, 52), de fallacieux espoirs de paix, et meurt, désavoué par les dieux, presque aussitôt.

1. L'impuissance d'Énée provient de ce qu'ici comme toujours, il combat à pied. Et pourtant les circuits de Juturne rappellent de façon sinistre la fuite de Politès poursuivi par Pyrrhus (12, 474, 476 = 2, 528). *Cf.* *Iliade*, 5, 835-845.

stagna sonat : similis medios Iuturna per hostis
fertur equis rapidoque uolans obit omnia curru,
iamque hic germanum iamque hic ostentat ouantem
nec conferre manum patitur, uolat auia longe.
Haud minus Aeneas tortos legit obuius orbis
uestigatque uirum et disiecta per agmina magna
uoce uocat. Quotiens oculos coniecit in hostem
alipedumque fugam cursu temptauit equorum,
auersos totiens currus Iuturna retorsit.
Heu, quid agat ? uario nequiquam fluctuat aestu
diuersaeque uocant animum in contraria curae.
Huic Messapus, uti laeua duo forte gerebat
lenta, leuis cursu, praefixa hastilia ferro,
horum unum certo contorquens derigit ictu.
Substitit Aeneas et se collegit in arma
poplite subsidens ; apicem tamen incita summum
hasta tulit summasque excussit uertice cristas.
Tum uero adsurgunt irae, insidiisque subactus,
diuersos ubi sensit equos currumque referri,
multa Iouem et laesi testatus foederis aras,
iam tandem inuadit medios et Marte secundo
terribilis saeuam nullo discrimine caedem
suscitat irarumque omnis effundit habenas.

Quis mihi nunc tot acerba deus, quis carmine caedes
diuersas obitumque ducum, quos aequore toto
inque uicem nunc Turnus agit, nunc Troius heros,

479 ostentat *M²RVadfrγ* : -ndit *M¹bch*, TIB., *def. in P* || **485** auersos *MRVabdv*, DSERV., TIB. : adu- *Pcfhγ* || currus totiens TIB. || **496** testatus *MVbcdfhvγ*, SERV., TIB. : -tur *PRa* || **500** quis carmine *codd.* : tot carmine TIB.

là le héros troyen ? A-t-il fallu, Jupiter, que marchent l'un sur l'autre avec tant de feu des peuples destinés à vivre en une paix éternelle ? Énée avise le Rutule Sucro : son bras vient d'arrêter la ruée des Troyens ; mais Sucro ne le retient guère : il le reçoit et le frappe au côté ; là où la mort est le plus prompte, à travers les côtes et la cage de la poitrine, il pousse son épée sanglante. Turnus s'avance à pied contre Amycus, jeté bas par son cheval, et contre son frère Diorès ; il frappe l'un de sa longue lance comme il s'approchait, l'autre de son épée, accroche à son char les deux têtes coupées et les emporte, ruisselantes de sang[1]. Énée envoie chez les morts Talos, Tanaïs et le vaillant Céthégus, trois dans un seul assaut, et avec eux le triste Onitès[2], fils d'Échion, ayant pour mère Péridia. Turnus s'en prend aux frères venus de la Lycie et des champs d'Apollon, et à un homme que ne sauva point sa haine de la guerre, Ménétès, — un Arcadien qui avait eu son gagne-pain aux courants poissonneux de Lerne, une pauvre maison ; il ignorait les travaux des puissants, son père ensemençait un terrain de louage. Comme feux allumés en des points extrêmes le long d'une forêt aride, d'un bois crépitant de lauriers, ou lorsque des torrents pleins d'écume, dévalant des hautes montagnes, retentissent et courent vers les plaines, ayant chacun dévasté son chemin : avec autant d'élan Énée, Turnus se ruent à travers les combats ; alors, la colère bouillonne au-dedans

1. Caractérisation des mœurs sauvages de l'Italie pré-troyenne, plutôt qu'illustration de la fureur de Turnus.

2. Trait de caractère, ou tristesse née de quelque événement que Virgile pouvait supposer connu de ses lecteurs ? Ou la tristesse d'Onitès lui vient-elle de ce qu'il reçoit un coup mortel (cf. 10, 820) ? Mais le v. 515, qui semble indiquer référence à une tradition précise, ne nous invite pas à cette interprétation trop facile. Comment ce Béotien (Échion est un des fondateurs de Thèbes) peut-il se trouver parmi les troupes italiennes ? On racontait que des Thespiens s'étaient exilés en Italie (Festus, p. 266M. ; Diod. Sic., 5, 15).

expediat ? tanton placuit concurrere motu,
Iuppiter, aeterna gentis in pace futuras ?
Aeneas Rutulum Sucronem (ea prima ruentis
pugna loco statuit Teucros) haud multa morantem
excipit in latus et, qua fata celerrima, crudum
transadigit costas et cratis pectoris ensem.
Turnus equo deiectum Amycum fratremque Dioren,
congressus pedes, hunc uenientem cuspide longa,
hunc mucrone ferit curruque abscisa duorum
suspendit capita et rorantia sanguine portat.
Ille Talon Tanaimque neci fortemque Cethegum,
tris uno congressu, et maestum mittit Oniten,
nomen Echionium matrisque genus Peridiae ;
hic fratres Lycia missos et Apollinis agris
et iuuenem exosum nequiquam bella Menoeten,
Arcada, piscosae cui circum flumina Lernae
ars fuerat pauperque domus nec nota potentum
munera conductaque pater tellure serebat.
Ac uelut immissi diuersis partibus ignes
arentem in siluam et uirgulta sonantia lauro,
aut ubi decursu rapido de montibus altis
dant sonitum spumosi amnes et in aequora currunt
quisque suum populatus iter : non segnius ambo
Aeneas Turnusque ruont per proelia ; nunc, nunc

503 *hunc u. om. V* || expediat *codd.* : -iet TIB. || tanton *Mbc dfhvγ²*, SERV., TIB. : -to *Raγ¹*, *periit in P* || **506** morantem *MPRabcdfhvγ*, TIB. : morantis *V* moratum DSERV. || **511** abscisa *P²cγ²*, SERV. 1, 156 *et G.* 1, 208, TIB. : abscise *P¹* abscissa *MRabdfhv*, absci *γ¹* || **515** nomen echionium *P¹cdhvγ²*, SERV. *et* 2, 89 : nomine echionium *MP²* nomine chionium *Rabfγ¹*, TIB., *damnat* SERV. || **525** populatus *codd.*, TIB. : -tur CLEDON. 59, 17 || **526** per *codd.* : in TIB.

d'eux, leurs cœurs indomptables éclatent, alors on va, de toutes ses forces, vers la lutte de sang.

Murranus faisait sonner bien haut ses aïeux, les noms antiques de ses ancêtres, toute une lignée de rois du Latium ; Énée le renverse, précipité de son char, et le jette à terre sous le poids d'un quartier de roc, l'ouragan d'une pierre énorme ; les roues l'ont fait rouler en avant sous les rênes, sous le joug ; le sabot nerveux de ses chevaux le foule, le frappe, le piétine ; ils n'ont plus mémoire de leur maître. Hyllus se ruait, le cœur empli de bouillonnements furieux, Turnus se porte à sa rencontre, lance un javelot contre ses tempes couvertes d'or ; à travers le casque le trait se fixa dans la cervelle transpercée. Et ton bras, ô Créthée, le plus vaillant des Grecs, ne te sauva pas de Turnus, et non plus les dieux ne protégèrent Cupencus quand Énée est survenu, les dieux qu'il servait : sa poitrine s'est trouvée devant le fer, le bronze du bouclier n'a pas prolongé la vie du malheureux. Toi aussi, Éolus, les plaines laurentines t'ont vu rencontrer ton destin et dans ta haute taille te coucher sur la terre ; tu tombes, toi que ne purent abattre ni les phalanges d'Argos, ni Achille destructeur des royaumes de Priam ; ici étaient pour toi les bornes de la mort, comme sous l'Ida ta haute maison : ta haute maison à Lyrnesse, ton sépulcre au sol des Laurentes [1]. Ainsi, tout entières, les armées se sont engagées, tous les Latins, tous les Dardanides, Mnesthée, l'infatigable Séreste, Messapus dompteur de chevaux, le vaillant Asilas, la phalange des Étrusques, les escadrons arcadiens d'Évandre, chacun de son côté les guerriers déploient leurs efforts suprêmes. Ni cesse ni relâche, ils s'affrontent dans une vaste mêlée.

1. Nombreux éléments pathétiques : apostrophes, rappels du l. 2 (538-540 et 2, 426-8 ; 544-5 et 2, 197-8), épanalepse d'un type très rare, portant sur deux mots et jointe à un chiasme

fluctuat ira intus, rumpuntur nescia uinci
pectora, nunc totis in uolnera uiribus itur.
Murranum hic atauos et auorum antiqua sonantem
nomina per regesque actum genus omne Latinos,
praecipitem scopulo atque ingentis turbine saxi
excutit effunditque solo ; hunc lora et iuga subter
prouoluere rotae, crebro super ungula pulsu
incita nec domini memorum proculcat equorum.
Ille ruenti Hyllo animisque immane frementi
occurrit telumque aurata ad tempora torquet :
olli per galeam fixo stetit hasta cerebro.
Dextera nec tua te, Graium fortissime Cretheu,
eripuit Turno, nec di texere Cupencum
Aenea ueniente sui : dedit obuia ferro
pectora nec misero clipei mora profuit aeris.
Te quoque Laurentes uiderunt, Aeole, campi
oppetere et late terram consternere tergo :
occidis, Argiuae quem non potuere phalanges
sternere nec Priami regnorum euersor Achilles ;
hic tibi mortis erant metae, domus alta sub Ida,
Lyrnesi domus alta, solo Laurente sepulcrum.
Totae adeo conuersae acies omnesque Latini,
omnes Dardanidae, Mnestheus acerque Serestus
et Messapus equom domitor et fortis Asilas
Tuscorumque phalanx Euandrique Arcades alae,
pro se quisque uiri summa nituntur opum ui ;
nec mora nec requies, uasto certamine tendunt.

533 super *M*[2]*PRabcdfhvγ*, TIB. : notant *M*[1] quatit PRISC. 2, 545, 20 || pulsu *codd.*, TIB. : cursu PRISC. || **537** fixo *codd.* : fisso TIB.

Ici sa mère, la toute belle, à Énée inspira de marcher sur la ville, de tourner ses hommes contre les murs, rapidement, d'étonner les Latins par ce coup imprévu. Tandis que, cherchant Turnus à travers les bataillons épars, il a partout porté ses yeux, il remarque la ville indemne de cette affreuse guerre et tranquille impunément. Aussitôt il prend feu à l'idée d'un plus grand combat, il appelle Mnesthée, Sergeste et le vaillant Séreste, les chefs, occupe une hauteur où se rassemble vivement le reste de la légion troyenne ; serrant les rangs, ils ne déposent ni javelots ni boucliers. Debout au milieu d'eux, monté sur un tertre, il leur parle : « Que rien n'apporte retard à mes ordres. Jupiter est de notre côté ; et qu'aucun de vous, pour la soudaineté de cette entreprise, ne manque d'ardeur à me suivre. Leur ville aujourd'hui, cause de la guerre *, et la royauté même de Latinus, s'ils refusent de recevoir notre joug et de nous obéir en vaincus, j'abattrai tout, j'étendrai à ras de terre leurs toits fumants. Eh ! j'attendrais qu'il plût à Turnus d'accepter notre défi, j'attendrais qu'il voulût bien me rencontrer, lui déjà vaincu ? Non. Voici la tête, citoyens, voici le tout de cette guerre maudite ; portez-y promptement vos torches et réclamez notre traité la flamme au poing. »

Il avait dit, et tous, rivalisant d'ardeur, forment le coin et marchent en masses serrées contre les murs. Les échelles, à l'improviste, ont fait leur apparition, et le feu, soudain. Les uns courent aux diverses portes, massacrent les premiers qu'ils rencontrent, d'autres brandissent le fer et obscurcissent l'éther de leurs traits.

(546a = 547b ; 546b = 547a), déploration de la mort en terre étrangère (cf. 10, 706, 782), effets de contraste (entre *domus alta* et *solum*, entre l'humilité du pays laurente et les images glorieuses liées à l'Ida et à Lyrnesse), *metae mortis* au lieu du banal *meta uitae* (Ovide, *Tr.*, 1, 9, 1). — Le récit est parvenu à une sorte de tournant ; à partir du v. 554, tout se hâte vers le dénouement.

Hic mentem Aeneae genetrix pulcherrima misit
iret ut ad muros urbique aduerteret agmen
ocius et subita turbaret clade Latinos.
Ille, ut uestigans diuersa per agmina Turnum
huc atque huc acies circumtulit, aspicit urbem
immunem tanti belli atque impune quietam.
Continuo pugnae accendit maioris imago,
Mnesthea Sergestumque uocat fortemque Serestum
ductores tumulumque capit quo cetera Teucrum
concurrit legio nec scuta aut spicula densi
deponunt. Celso medius stans aggere fatur :
« Ne qua meis esto dictis mora, Iuppiter hac stat,
neu quis ob inceptum subitum mihi segnior ito.
Vrbem hodie, causam belli, regna ipsa Latini,
ni frenum accipere et uicti parere fatentur,
eruam et aequa solo fumantia culmina ponam.
Scilicet exspectem libeat dum proelia Turno
nostra pati rursusque uelit concurrere uictus ?
Hoc caput, o ciues, haec belli summa nefandi.
Ferte faces propere foedusque reposcite flammis. »
Dixerat atque animis pariter certantibus omnes
dant cuneum densaque ad muros mole feruntur.
Scalae improuiso subitusque apparuit ignis.
Discurrunt alii ad portas primosque trucidant,
ferrum alii torquent et obumbrant aethera telis.

559 immunem *codd.*, SERV., TIB. : immune ARVS. 485, 31 || quietam *MPbcdfhv*γ^2, SERV., TIB. : -tem *Ra*γ^1 -tum ARVS. || **565** hac *codd.*, SERV., TIB. : hic DON. *Ter. phorm.* 269 || **566** neu *codd.*, SERV., TIB. : ne PROB. 254, 12, *GLK* 5, 641, 28 || **568** uicti *MPRabcdfhv*γ^2, TIB. : dicto γ^1, CHAR. 99, 1.

Lui-même au premier rang, devant les remparts, Énée étend la main ; d'une voix forte il accuse Latinus *, il atteste les dieux qu'une deuxième fois on le contraint à combattre, que deux fois les Italiens se sont faits ses ennemis, que ce traité est le second à être rompu. La discorde éclate entre les citoyens affolés : les uns veulent qu'on lève les défenses, qu'on ouvre aux Dardanides les portes de la ville, ils traînent sur les remparts le roi lui-même ; d'autres apportent des armes et courent renforcer les murs. Ainsi quand un berger a trouvé des abeilles enfermées dans un rocher plein de cachettes et les a emplies d'une amère fumée ; elles tremblent devant la menace, courent en tous sens à travers leur camp de cire, aiguisent leur colère par des éclats stridents ; une odeur noire roule sous leur toit ; alors, au-dedans, les pierres résonnent de bourdonnements invisibles, la fumée s'en va dans les vents.

Et voici qu'une nouvelle infortune vient fondre sur les Latins déjà recrus, un deuil qui ébranla profondément toute la ville. La reine, dès qu'elle voit du haut de sa demeure l'ennemi qui s'approche, les remparts assaillis, le feu qui vole vers les demeures et, pour y résister, point de défense rutule nulle part, point de troupes aux ordres de Turnus, croit, l'infortunée, que le héros a succombé dans les combats ; soudain, l'esprit troublé par la peine, elle crie qu'elle est cause et auteur et source de ces maux ; avec maintes paroles démentes proférées dans le délire de la tristesse, résolue à mourir, elle déchire de sa main ses voiles de pourpre, attache à un bois du plafond [1] le nœud d'un horrible

1. Selon une tradition antérieure (Fab. Pictor ? *ap.* Serv.), Amata se serait laissée mourir de faim. Le déroulement de l'*Énéide* requérait une fin plus prompte. Virgile, qui n'a peut-être pas voulu dévaluer, en le réitérant, le suicide de Didon par l'épée, transpose ici la mort de la belle Épicaste (*Odyss.*, 11, 271-279). Ni dans la légende (Phèdre, Arachné, Cleité, Érigone), ni

Ipse inter primos dextram sub moenia tendit
Aeneas magnaque incusat uoce Latinum
testaturque deos iterum se ad proelia cogi,
bis iam Italos hostis, haec altera foedera rumpi.
Exoritur trepidos inter discordia ciuis :
urbem alii reserare iubent et pandere portas
Dardanidis ipsumque trahunt in moenia regem ;
arma ferunt alii et pergunt defendere muros :
inclusas ut cum latebroso in pumice pastor
uestigauit apes fumoque impleuit amaro,
illae intus trepidae rerum per cerea castra
discurrunt magnisque acuont stridoribus iras,
uoluitur ater odor tectis, tum murmure caeco
intus saxa sonant, uacuas it fumus ad auras.
  Accidit haec fessis etiam fortuna Latinis
quae totam luctu concussit funditus urbem.
Regina ut tectis uenientem prospicit hostem,
incessi muros, ignis ad tecta uolare,
nusquam acies contra Rutulas, nulla agmina Turni,
infelix pugnae iuuenem in certamine credit
exstinctum et subito mentem turbata dolore
se causam clamat crimenque caputque malorum,
multaque per maestum demens effata furorem
purpureos moritura manu discindit amictus
et nodum informis leti trabe nectit ab alta.

579 sub moenia tendit *codd.* : tendebat inermem TIB. || 596 incessi M^2Pv, SERV. *et* *G.* 4, 68, TIB., *schol. Bern. G.* 4, 68, ARVS. 488, 2, *GLK* 5, 482, 27 : incedi M^1 incensi *Ra* incendi *bcdefhγ* || ignis *MPbdfhγ*, TIB. : ignisque *Racev* || 598 in $MPcdefhv\gamma^2$, TIB. : *om.* $b\gamma^1$ a *Ra* || 603 et *codd.*, SERV., TIB. : ac LACT. *mort. pers.* 30.

trépas. Après que les femmes latines, consternées, eurent appris cette catastrophe, sa fille Lavinia, la première, ravage de ses mains sa blonde chevelure, ses joues roses ; puis toutes les autres, rassemblées en foule, deviennent comme folles, le palais retentit au loin de leurs lamentations. De là, par toute la ville se répand la sinistre nouvelle ; chacun sent tomber son courage ; Latinus va, ses vêtements déchirés, égaré par les destins de sa femme et la ruine de sa ville, souillant ses cheveux blancs qu'il couvre d'une immonde poussière.

Cependant, à l'extrémité de la plaine, Turnus fait la guerre : il pourchasse quelques combattants débandés, lui-même maintenant avec plus de mollesse et désormais de moins en moins comblé par les prouesses de ses chevaux. Voilà que le vent lui a apporté cette clameur mêlée de terreurs obscures ; tendant l'oreille, il a reçu comme un choc le bruit d'une ville en pleine confusion et un grondement de sinistre présage. « Malheur à moi ! quel est ce trouble, ce deuil si grands dans nos murs ? quelle est cette clameur jaillie si forte de notre ville làbas ? » Ainsi dit-il et, sans savoir ce qu'il fait, tire à lui les rênes, s'arrête. Mais sa sœur — comme sous les traits du cocher Métiscus elle menait char et chevaux, tenait les guides — prend les devants avec ces paroles : « Par ici, Turnus, poursuivons les fils de Troie, ici, de ce côté où nos premières victoires nous ouvrent la voie ; il en est d'autres qui pourront de leur bras défendre des

dans la réalité historique cette forme de suicide ne paraît avoir été tenue pour déshonorante. *Informis* (v. 603) toutefois — c'est le mot qui qualifie Scylla, Polyphème, le cadavre de Cacus — donne à penser que, réveillant peut-être d'anciennes superstitions, elle commençait à inspirer aux contemporains de Virgile une horreur qu'il a prise en compte. Nous pouvons imaginer qu'une telle mort convenait au personnage qui s'était le plus obstinément opposé à l'accomplissement suprême : le mariage de Lavinia avec Énée.

Quam cladem miserae postquam accepere Latinae,
filia prima manu flauos Lauinia crinis
et roseas laniata genas, tum cetera circum
turba furit, resonant late plangoribus aedes.
Hinc totam infelix uolgatur fama per urbem ;
demittunt mentes, it scissa ueste Latinus
coniugis attonitus fatis urbisque ruina,
canitiem immundo perfusam puluere turpans.
[multaque se incusat, qui non acceperit ante
Dardanium Aenean generumque adsciuerit ultro.]
  Interea extremo bellator in aequore Turnus
palantis sequitur paucos iam segnior atque
iam minus atque minus successu laetus equorum.
Attulit hunc illi caecis terroribus aura
commixtum clamorem arrectasque impulit auris
confusae sonus urbis et inlaetabile murmur.
« Hei mihi ! quid tanto turbantur moenia luctu ?
quisue ruit tantus diuersa clamor ab urbe ? »
Sic ait adductisque amens subsistit habenis.
Atque huic, in faciem soror ut conuersa Metisci
aurigae currumque et equos et lora regebat,
talibus occurrit dictis : « Hac, Turne, sequamur
Troiugenas, qua prima uiam uictoria pandit ;
sunt alii qui tecta manu defendere possint.

604 miserae *M^2PRabcdefhv*, TIB. : -re *M^1γ* || **605** flauos *codd.*, SERV., TIB. : floros *antiqua lectio ap.* SERV., PROB. *ap.* DSERV. || **606** genas *codd.*, SERV., TIB. : comas RVFIN. 55, 23 || **607** late *M^2Pbdefhvγ* : latae *M^1Rac* || **610** fatis *codd.*, SERV., TIB. : factis ARVS. 455, 18 || **612-613** (*cf.* 11, 471-472) *om. MPR bhγ, non interpr.* SERV. *nec* TIB., *habent acdefv* || **627** possint *MRbf*, SERV. 12, 661 : possunt *Pacehvγ* possent *d*.

maisons. Énée s'est attaqué aux Italiens, il multiplie les combats ; nous aussi, de nos bras, portons de cruelles morts dans les rangs des Troyens. Ni pour le nombre ni pour la gloire des assauts tu ne lui seras inférieur. »

Turnus lui répondit : « O ma sœur, je t'ai déjà reconnue tout à l'heure quand, pour commencer *, ton adresse est venue confondre ce traité, quand toi-même tu t'es jetée dans cette guerre ; et maintenant encore c'est en vain que tu me caches ta divinité. Mais quel vouloir t'a fait descendre de l'Olympe pour soutenir si grands labeurs ? Ou devais-tu voir le cruel trépas de ton frère malheureux ? Oui, que fais-je ici, ou de quel hasard recevoir désormais le gage d'un salut ? J'ai vu moi-même sous mes yeux, m'appelant de la voix, Murranus, le plus cher qui me restât : il allait expirer, formidable et vaincu par un coup formidable. Ufens est mort, l'infortuné, pour ne pas voir notre déshonneur ; les Troyens possèdent son corps et ses armes. Dois-je souffrir que nos maisons soient renversées, seul malheur qui nous manquât, ne pas songer à démentir par mon bras les paroles de Drancès ? Vais-je tourner le dos, et mon pays verra-t-il Turnus en train de fuir ? Mourir ? est-ce donc un si grand malheur ? Vous, Mânes, soyez bons pour moi, puisque les dieux m'ont retiré leur bienveillance ; je descendrai chez vous, âme sainte et vierge de cet opprobre, et qui ne fus jamais indigne de mes grands aïeux [1]. »

A peine avait-il dit ; voici qu'au milieu des ennemis vole vers lui, sur un cheval couvert d'écume, Sacès,

1. Un des passages les plus émouvants du livre. Turnus n'avait pas prévu l'attaque de la ville : c'est un patriote, un homme qui se bat, non pas un tacticien, cf. p. 236. Ce malheur le laisse désemparé (on comparera le sang-froid d'Hector en des circonstances analogues, *Iliade*, 22, 90-130) ; les raisons de son combat (cf. 11, 410-444) ne lui apparaissent plus ; il est obsédé par la pensée des malheurs individuels dont il a été cause ; il implore

Ingruit Aeneas Italis et proelia miscet,
et nos saeua manu mittamus funera Teucris.
Nec numero inferior pugnae nec honore recedes. »
  Turnus ad haec :
« O soror, et dudum agnoui cum prima per artem
foedera turbasti teque haec in bella dedisti,
et nunc nequiquam fallis dea. Sed quis Olympo
demissam tantos uoluit te ferre labores ?
An fratris miseri letum ut crudele uideres ?
Nam quid ago, aut quae iam spondet fortuna salutem ?
Vidi oculos ante ipse meos me uoce uocantem
Murranum, quo non superat mihi carior alter,
oppetere ingentem atque ingenti uolnere uictum.
Occidit infelix ne nostrum dedecus Vfens
aspiceret ; Teucri potiuntur corpore et armis.
Exscindine domos (id rebus defuit unum)
perpetiar, dextra nec Drancis dicta refellam ?
Terga dabo et Turnum fugientem haec terra uidebit ?
Vsque adeone mori miserum est ? Vos o mihi, manes,
este boni, quoniam superis auersa uoluntas.
Sancta ad uos anima atque istius inscia culpae
descendam, magnorum haud umquam indignus auorum. »
  Vix ea fatus erat, medios uolat ecce per hostis
uectus equo spumante Saces, aduersa sagitta

628 italis *codd.*, SERV. 2, 301 : armis SERV. 11, 899 || **635** te ferre *MPbcdefhvγ* : perferre *Ra* || **636** miseri fratris MACR. 4, 2, 10 || **639** superat *M²PRabcefhvγ²*, SERV. : fue- *M¹dγ¹* || **647** auersa *M²PRacdehv*, SERV. : adu- *M¹bfγ* || **648** istius *codd.*, MACR. 3, 3, 6 : anima istius *Lachmann metri causa, alii alia* || inscia *MPRabcdefhvγ²*, SERV., MACR. : inscius γ¹, nescia *Ribbeck*.

blessé d'une flèche en plein visage ; il se précipite en implorant Turnus par son nom : « Turnus, tu es notre dernière chance *, aie pitié des tiens. Énée, ses armes frappent comme la foudre ; il menace de jeter à bas et d'anéantir les hautes citadelles des Italiens ; déjà ses torches volent sur nos demeures. Vers toi les Latins tournent leur prière, vers toi leurs yeux. Jusqu'au roi Latinus qui n'ose dire quels gendres il appellera ou vers quelles alliances il incline... De surcroît, la reine, qui te fut si fidèle, est morte de sa propre main : d'épouvante elle a fui la lumière. Seuls en avant des portes, Messapus et l'indomptable Atinas contiennent les lignes de l'ennemi. Alentour, à droite, à gauche, ce sont phalanges serrées dont les épées nues se hérissent comme moisson de fer ; et toi, tu fais tourner ton char sur un gazon désert. » Turnus resta muet, l'esprit brouillé par tous les traits de ce tableau, immobile, le regard fixe. Dans son cœur bouillonnent à la fois le sens de l'honneur, en toute sa force, un délire où se mêle la douleur, son amour qu'embrasèrent les Furies, et la conscience de sa valeur.

Dès que ces ombres commencèrent à s'écarter, que la lumière revint dans son esprit, il tourna vers les remparts l'ardente attention de ses yeux, troublé encore, et du haut de son char regarda du côté de la grande ville. Et voici que, tournoyant à travers les planchers, un tourbillon de flammes roulait ses vagues vers le ciel, et avait pris possession de la tour, cette tour qu'il avait lui-même assemblée de poutres *, montée sur roues, équipée de hautes passerelles. « Maintenant, sœur, maintenant les destins l'emportent, renonce à les retenir ; là où un dieu nous appelle et l'impitoyable Fortune, suivons-les. C'est décidé : je vais me battre avec Énée, je souffrirai jusqu'à la mort toutes les duretés de ce combat, et tu

la pitié des Mânes. Il ne se retrouvera lui-même qu'à partir du v. 669.

saucius ora, ruitque implorans nomine Turnum :
« Turne, in te suprema salus, miserere tuorum.
Fulminat Aeneas armis summasque minatur
deiecturum arces Italum excidioque daturum,
iamque faces ad tecta uolant. In te ora Latini,
in te oculos referunt ; mussat rex ipse Latinus,
quos generos uocet aut quae sese ad foedera flectat.
Praeterea regina, tui fidissima, dextra
occidit ipsa sua lucemque exterrita fugit.
Soli pro portis Messapus et acer Atinas
sustentant acies. Circum hos utrimque phalanges
stant densae strictisque seges mucronibus horret
ferrea : tu currum deserto in gramine uersas. »
Obstipuit uaria confusus imagine rerum
Turnus et obtutu tacito stetit ; aestuat ingens
uno in corde pudor mixtoque insania luctu
et Furiis agitatus amor et conscia uirtus.
Vt primum discussae umbrae et lux reddita menti,
ardentis oculorum orbis ad moenia torsit
turbidus eque rotis magnam respexit ad urbem.
Ecce autem flammis inter tabulata uolutus
ad caelum undabat uertex turrimque tenebat,
turrim compactis trabibus quam eduxerat ipse
subdideratque rotas pontisque instrauerat altos.
« Iam iam fata, soror, superant, absiste morari ;
quo deus et quo dura uocat Fortuna, sequamur.
Stat conferre manum Aeneae, stat quidquid acerbist

662 acies *Maevγ*, DSERV. : -em *Pbcdfh* || **667** uno *codd.* : imo TIB. || **678** acerbist *MPbcdefhvγ*, TIB. : acerbe est *a* acerbum est SERV., *periit in V*.

ne me reverras plus, chère, que je n'aie affermi ma gloire. Je t'en prie, laisse-moi d'abord me livrer en furieux à ces fureurs. »

Il dit, et de son char sauta vivement dans le champ, il s'élance au travers des ennemis, des traits, laisse là sa sœur consternée et dans sa course rapide rompt, en passant, les bataillons. Quand du sommet d'une montagne un bloc de roche se précipite — arraché par le vent peut-être, ou les pluies d'orage l'ont déraciné, ou le vieillissement par les ans insinué l'a rongé au-dessous — montagne lui-même, montagne déchaînée, il s'emporte sur les pentes abruptes dans un élan irrésistible et bondit sur le sol, roulant avec lui troupeaux, hommes et bois : ainsi, au travers des bataillons qu'il disperse, Turnus court vers les murs de la ville, là où la terre est le plus moite du sang répandu, l'air plus vibrant de traits plus nombreux. Il fait un signe de la main et aussitôt commence d'une voix forte : « Laissez maintenant, Rutules ; et vous, Latins, retenez vos traits. Quelle que soit la Fortune, c'est affaire à moi. Il convient mieux que seul, en votre nom, je rachète le pacte * et en décide par le fer. » Tous s'écartèrent de part et d'autre et laissèrent le champ libre.

Mais le grand Énée, sitôt qu'il entend le nom de Turnus, abandonne les murs, abandonne les hautes citadelles, tous travaux interrompt, tout retardement précipite, tressaillant de joie, et fait retentir l'horrible tonnerre de ses armes : aussi grand que l'Athos, aussi grand que l'Éryx ou que lui-même, quand il fait gronder ses chênes mouvants, quand il se réjouit des sommets neigeux où il s'exalte si grand, l'auguste Apennin, jusqu'aux nues. Alors, d'un seul mouvement, Rutules, Troyens, Italiens, tous ont porté vers eux leurs regards ; ceux qui tenaient le haut des murs, ceux qui à coups

morte pati, neque me indecorem, germana, uidebis
amplius. Hunc, oro, sine me furere ante furorem. »
Dixit et e curru saltum dedit ocius aruis
perque hostis, per tela ruit maestamque sororem
deserit ac rapido cursu media agmina rumpit.
Ac ueluti montis saxum de uertice praeceps
cum ruit auolsum uento, seu turbidus imber
proluit aut annis soluit sublapsa uetustas ;
fertur in abruptum magno mons improbus actu,
exsultatque solo, siluas armenta uirosque
inuoluens secum : disiecta per agmina Turnus
sic urbis ruit ad muros, ubi plurima fuso
sanguine terra madet striduntque hastilibus aurae,
significatque manu et magno simul incipit ore :
« Parcite iam, Rutuli, et uos tela inhibete, Latini :
quaecumque est Fortuna, mea est ; me uerius unum
pro uobis foedus luere et decernere ferro. »
Discessere omnes medii spatiumque dedere.
At pater Aeneas audito nomine Turni
deserit et muros et summas deserit arces
praecipitatque moras omnis, opera omnia rumpit
laetitia exsultans horrendumque intonat armis :
quantus Athos aut quantus Eryx aut ipse coruscis
cum fremit ilicibus quantus gaudetque niuali
uertice se attollens pater Appenninus ad auras.
Iam uero et Rutuli certatim et Troes et omnes
conuertere oculos Itali quique alta tenebant
moenia quique imos pulsabant ariete muros

de béliers en battaient les assises, tous ont déposé leurs armes de dessus leurs épaules. Latinus lui-même voit avec stupeur ces guerriers gigantesques, nés aux extrémités opposées du monde, en présence l'un de l'autre et prêts à décider entre eux par le fer.

Eux, dès que la plaine s'est ouverte en un champ libre, ayant de loin lancé leurs javelines en une approche rapide, engagent le combat de Mars avec le bouclier et le bronze sonore. La terre gémit ; ils redoublent, à l'épée, leurs coups pressés ; le courage et le hasard composent leurs effets. Dans l'immense Sila ou sur les cimes du Taburne, quand deux taureaux, le front baissé, se ruent en un combat plein de haine, les maîtres, tremblants, leur ont laissé la place, toute bête reste immobile, muette de peur, et les génisses se demandent qui va commander dans les bois, se faire suivre des troupeaux entiers ; eux, à grande violence, mêlent leurs blessures ; pesant de leur masse, ils enfoncent leurs cornes ; des flots de sang lavent leurs cous et leurs épaules ; leur souffle fait mugir tout le bois. Ainsi le Troyen Énée et le héros fils de Daunus, d'un plein élan, heurtent leurs boucliers ; un immense fracas emplit l'éther[1]. Jupiter lui-même tient une balance dont il équilibre les plateaux ; il dépose sur chacun le destin des deux hommes : qui sera condamné par l'épreuve ? sous quel poids va pencher la mort ?

Ici Turnus bondit, impunément croit-il, et de tout son corps se dresse, tendant haut son épée, et il frappe ;

1. Homère n'évoque jamais de combats de taureaux (cf. Apoll. Rhod., 2, 88-9). Virgile se souvient ici de *Georg.*, 3, 219-241, mais il a écarté tout ce qui suggérerait une rivalité d' « amours », il se limite à la peinture de l'affrontement, qu'il développe ; il adopte un point de vue extérieur : c'est par les yeux de l'assistance (717b-9) que nous avons à comprendre l'enjeu disputé. Dans la tradition épique, le taureau n'est pas un animal noble ; aucun héros de l'*Iliade* n'est comparé à un taureau, et dans l'*Énéide* une fois le seul Turnus (v. 103-106) ; mais ici Énée également se

armaque deposuere umeris. Stupet ipse Latinus
ingentis, genitos diuersis partibus orbis,
inter se coiisse uiros et cernere ferro.
  Atque illi, ut uacuo patuerunt aequore campi,
procursu rapido coniectis eminus hastis
inuadunt Martem clipeis atque aere sonoro.
Dat gemitum tellus ; tum crebros ensibus ictus
congeminant, fors et uirtus miscentur in unum.
Ac uelut ingenti Sila summoue Taburno
cum duo conuersis inimica in proelia tauri
frontibus incurrunt, pauidi cessere magistri,
stat pecus omne metu mutum mussantque iuuencae
quis nemori imperitet, quem tota armenta sequantur ;
illi inter sese multa ui uolnera miscent
cornuaque obnixi infigunt et sanguine largo
colla armosque lauant, gemitu nemus omne remugit :
non aliter Tros Aeneas et Daunius heros
concurrunt clipeis, ingens fragor aethera complet.
Iuppiter ipse duas aequato examine lances
sustinet et fata imponit diuersa duorum,
quem damnet labor et quo uergat pondere letum.
  Emicat hic impune putans et corpore toto
alte sublatum consurgit Turnus in ensem

709 uiros et *MPRVabefhvγ*, SERV. : uiros *c* uirosque PRISC. 2, 32, 5 ‖ cernere *P*^{1}, SERV., *schol. Ver.*, SEN. *ep.* 58, 3 : dec- *M*P^{2}*RVacefhvγ*, SERV. 2, 508 ; *G.* 2, 256, *damnat* SERV. disc- *b*, PRISC. ‖ **712** martem *dist. quidam ap. schol. Ver.* ‖ **713** crebros M^{2}*PRabcefhv*γ^{2} : -ris $M^{1}\gamma^{1}$, *periit in V* ‖ **715** sila *MPbceh*γ^{2}, SERV. *et G.* 3, 219, ASPER 538, 17 : silua *Rafv*γ^{1}, *damnat* SERV., *om. V* ‖ **719** imperitet *MPbf*γ^{1}, DSERV. : imperet et *Racehv*γ^{2} ‖ **727** et *MPRacefhvγ* : aut *b*, NON. 277, 7, PRISC. 2, 394, 17, AGROEC. 120, 11.

les Troyens, les Latins en grand émoi, poussent un cri ; de part et d'autre, dans leurs lignes, ils se lèvent. Mais l'épée déloyale se brise et au cœur de l'effort abandonne l'ardent guerrier, si la fuite ne lui restait comme recours. Il fuit, plus rapide que l'Eurus, dès qu'il a vu cette poignée inconnue et sa main désarmée. On dit que, sans y prendre garde quand il montait sur son char pour les premiers combats, il avait, au lieu de l'épée paternelle, empoigné dans sa précipitation celle de son cocher Métiscus. Elle lui suffit quelque temps, tout le temps que les Troyens débandés tournaient le dos ; après qu'on en vint à l'armure d'un dieu, à l'œuvre de Vulcain, cette épée d'homme éclata au choc comme une glace fragile, les fragments brillent sur le sable fauve. Alors, éperdu, Turnus fuit, échappe dans toutes les directions ; tantôt d'un sens, tantôt de l'autre, il mêle des circuits insaisissables ; car de toutes parts les Troyens les ont entourés de leur cercle serré, et de ce côté un vaste marais, de l'autre les remparts escarpés ferment la plaine.

Énée ne l'en poursuit pas moins, quoique parfois ses genoux engourdis par la flèche embarrassent ses pas et refusent de courir ; plein de feu, il serre du pied le pied du fuyard qui s'affole. Lorsqu'un chien en quête est tombé sur un cerf arrêté par un fleuve ou prisonnier d'un épouvantail de plumes rouges, il le presse de sa poursuite et de ses abois ; lui, terrifié par l'engin et par la haute rive, va, vient, explore mille sentiers, mais l'Ombrien vigoureux s'accroche, la gueule béante, déjà le tient, et, comme s'il le tenait, a fait claquer ses mâchoi-

bat comme un taureau. Suggestion d'horreur, cf. v. 707. — C'est seulement à partir du v. 725 que le combat rejoint le modèle homérique (*Iliade*, 22, 209-213 ; cf. 8, 68-72). La pesée des destins suppose qu'au cours de toute vie s'accroît une pesanteur qui atteint à la mort une sorte de maximum égal pour tous ; Turnus y est parvenu, mais non pas encore Énée.

et ferit ; exclamant Troes trepidique Latini,
arrectaeque amborum acies. At perfidus ensis
frangitur in medioque ardentem deserit ictu,
ni fuga subsidio subeat. Fugit ocior Euro
ut capulum ignotum dextramque aspexit inermem.
Fama est praecipitem, cum prima in proelia iunctos
conscendebat equos, patrio mucrone relicto,
dum trepidat, ferrum aurigae rapuisse Metisci ;
idque diu, dum terga dabant palantia Teucri,
suffecit ; postquam arma dei ad Volcania uentumst,
mortalis mucro glacies ceu futtilis ictu
dissiluit, fulua resplendent fragmina harena.
Ergo amens diuersa fuga petit aequora Turnus
et nunc huc, inde huc incertos implicat orbis ;
undique enim densa Teucri inclusere corona
atque hinc uasta palus, hinc ardua moenia cingunt.
  Nec minus Aeneas, quamquam tardata sagitta
interdum genua impediunt cursumque recusant,
insequitur trepidique pedem pede feruidus urget :
inclusum ueluti si quando flumine nactus
ceruom aut puniceae saeptum formidine pinnae
uenator cursu canis et latratibus instat,
ille autem insidiis et ripa territus alta
mille fugit refugitque uias, at uiuidus Vmber
haeret hians, iam iamque tenet similisque tenenti
increpuit malis morsuque elusus inani est :

735 prima *Mbcefhv* : -mum *PRaγ* || **741** resplendent fragmina *M*[1]*Pbfhγ* : resplendet fragmen *M*[2]*Ra* resplendet (-dit) fragmina *cev* || **748** urget *codd.* : instat ARVS. 483, 15 || **754** tenet *MPbfhγ*, SERV. : -nens *Racev*.

res, et resta déçu de mordre dans le vide. Alors des cris s'élèvent, les rives et les lacs répondent à l'entour, le ciel tout entier tonne de ce tumulte. Il fuit, mais en même temps prend à partie tous les Rutules, appelant chacun par son nom : il réclame l'épée qu'ils connaissent bien. Énée, au contraire, promet la mort, un trépas immédiat à quiconque approcherait, il les frappe de terreur, les fait trembler, les menaçant de raser leur ville et, tout blessé qu'il est, presse son adversaire. Cinq tours entiers font-ils en courant et autant à l'inverse, d'un sens, de l'autre ; c'est qu'ils ne disputent pas un prix insignifiant, le prix d'un jeu : il s'agit de la vie et du sang de Turnus[1].

Il y avait eu là un arbre consacré à Faunus, un olivier sauvage aux feuilles amères, bois de tout temps vénérable aux marins : sauvés des flots, ils y fixaient leurs offrandes comme au dieu des Laurentes, y suspendaient leurs vêtements en acquit de leurs vœux *. Mais les Troyens, sans le distinguer, avaient coupé ce tronc sacré pour que les adversaires eussent un champ net où s'affronter. La pique d'Énée était là, un jet impétueux l'y avait portée, fixée ; elle restait prisonnière d'une racine tenace. Le Dardanide se pencha en avant, voulut de sa main arracher le fer et atteindre avec cette arme l'homme qu'il ne pouvait saisir à la course. Mais alors Turnus, éperdu de terreur : « Faunus, je t'en prie, aie pitié, et toi, Terre, toute bonne, retiens ce fer, si toujours je vous ai rendu vos honneurs, ces honneurs qu'au contraire les Énéades ont profanés pour leur guerre. » Il dit et son appel à l'aide du dieu ne fut pas vain. Car en dépit d'une longue lutte où Énée s'attarde auprès de cette souche rebelle, toute sa force fut incapable de des-

1. Tant que Turnus fuit, c'est lui seul qui risque la mort, et l'issue dépend uniquement de la vitesse des deux coureurs, cf. *Iliade*, 22, 158-161.

tum uero exoritur clamor ripaeque lacusque
responsant circa et caelum tonat omne tumultu.
Ille simul fugiens Rutulos simul increpat omnis
nomine quemque uocans notumque efflagitat ensem.
Aeneas mortem contra praesensque minatur
exitium, si quisquam adeat, terretque trementis
excisurum urbem minitans et saucius instat.
Quinque orbis explent cursu totidemque retexunt
huc illuc ; neque enim leuia aut ludicra petuntur
praemia, sed Turni de uita et sanguine certant.
  Forte sacer Fauno foliis oleaster amaris
hic steterat, nautis olim uenerabile lignum,
seruati ex undis ubi figere dona solebant
Laurenti diuo et uotas suspendere uestis ;
sed stirpem Teucri nullo discrimine sacrum
sustulerant, puro ut possent concurrere campo.
Hic hasta Aeneae stabat, huc impetus illam
detulerat fixam et lenta radice tenebat.
Incubuit uoluitque manu conuellere ferrum
Dardanides teloque sequi quem prendere cursu
non poterat. Tum uero amens formidine Turnus
« Faune, precor, miserere » inquit « tuque optima ferrum
Terra tene, colui uestros si semper honores,
quos contra Aeneadae bello fecere profanos. »
Dixit opemque dei non cassa in uota uocauit.
Namque diu luctans lentoque in stirpe moratus
uiribus haud ullis ualuit discludere morsus

771 sustulerant *codd.*, TIB. : -runt CHAR. 109, 23 ‖ **773** et M^1*Pcυγ*, SERV. : *del.* M^2, *om. abfh*, TIB. ‖ radice M^1*acfhυγ*, SERV., TIB. : ab radice M^2P^2*b* baradice P^1.

serrer la morsure du bois. Tandis qu'il s'efforce et se dépense sans faiblir, la divine fille de Daunus, reprenant l'apparence du cocher Métiscus, accourt et rend l'épée à son frère. Vénus, indignée que l'audace d'une nymphe trouve ainsi le champ libre, s'est approchée et arrache le trait de la profonde racine. Eux se redressent, ils ont recouvré leurs armes et leur courage, l'un confiant dans son glaive[1], l'autre âpre et tenant haut sa lance, debout face à face, prêts aux combats haletants de Mars.

Alors le roi du tout-puissant Olympe s'adresse à Junon qui, d'une sombre nuée, regardait les combats : « Que sera donc la fin de tout ceci, chère épouse ? Qu'attendre désormais ? Énée est promis au ciel comme dieu indigète, ses destins l'élèvent jusqu'aux astres, tu le sais toi-même et tu en conviens. Quels sont tes plans ? Ou dans quel espoir demeures-tu dans ces froides nuées ? Convenait-il qu'un être divin fût traîtreusement blessé de la main d'un mortel[2] ? Ou cette épée — car sans toi que pourrait Juturne ? —, fallait-il s'en saisir pour la rendre à Turnus * et accroître la force des vaincus ? Maintenant, au terme, cesse et laisse-toi fléchir par nos prières. Je ne voudrais pas qu'une telle amertume te ronge en silence et que moi-même si souvent, issus de ta bouche si chère, de tristes chagrins m'atteignent à mon tour. Nous sommes arrivés au dernier moment. Tu as pu poursuivre les Troyens sur terre et dans les ondes, allumer une guerre affreuse, jeter la honte dans une maison, mêler de deuil un hyménée. Je défends qu'on essaie d'aller plus loin. »

Ainsi parla Jupiter, et ainsi lui répond la déesse, la

1. Pourtant il n'essaiera pas de s'en servir, cf. p. 256.

2. Cf. 11, 276-7. Énée sera dieu (v. 794-5) ; il ne convient pas qu'un mortel attente à son intégrité (allusion à la blessure du v. 319, ou au risque encouru au v. 785).

roboris Aeneas. Dum nititur acer et instat,
rursus in aurigae faciem mutata Metisci
procurrit fratrique ensem dea Daunia reddit.
Quod Venus audaci nymphae indignata licere
accessit telumque alta ab radice reuellit.
Olli sublimes, armis animisque refecti,
hic gladio fidens, hic acer et arduos hasta,
adsistunt contra certamina Martis anheli.

Iunonem interea rex omnipotentis Olympi
adloquitur fulua pugnas de nube tuentem :
« Quae iam finis erit, coniunx ? quid denique restat ?
Indigetem Aenean scis ipsa et scire fateris
deberi caelo fatisque ad sidera tolli.
Quid struis ? aut qua spe gelidis in nubibus haeres ?
Mortalin decuit uiolari uolnere diuom,
aut ensem (quid enim sine te Iuturna ualeret ?)
ereptum reddi Turno et uim crescere uictis ?
Desine iam tandem precibusque inflectere nostris,
ne te tantus edit tacitam dolor et mihi curae
saepe tuo dulci tristes ex ore recursent.
Ventum ad supremum est. Terris agitare uel undis
Troianos potuisti, infandum accendere bellum,
deformare domum et luctu miscere hymenaeos :
ulterius temptare ueto. »

Sic Iuppiter orsus ;

784 mutata M^1*abcfhv*γ^2, SERV., TIB. : mutatam γ^1 conuersa M^2P || **787** ab radice *codd.* : de stirpe DIOM. 372, 16 || **790** certamina *MPacfhv*γ, SERV. : -ne *b*, *quidam ap.* SERV. || **801** ne MP^2*ab*γ, DIOM. 362, 24 : nec *cfhv*, SERV., PS. ACRO *Hor. epod.* 3, 3 ni P^1 || edit $P^1\gamma^1$, DIOM., PS. ACRO : edat MP^2*abcfhv*γ^2, SERV.

Saturnienne, en baissant les yeux : « Cette volonté que tu exprimes m'était connue, grand Jupiter, et c'est pourquoi, bien malgré moi, j'ai délaissé Turnus et la terre. Sinon, tu ne me verrais pas maintenant, seule en ce séjour aérien[1], supportant le digne et l'indigne ; mais je serais aux premières lignes, debout, ceinte de flammes, et tirerais les Troyens en des combats qui ne leur seraient pas agréables. Juturne, je l'avoue, je l'ai encouragée à secourir son malheureux frère, et je l'ai approuvée d'oser plus encore pour sauver cette vie, mais sans aller cependant jusqu'à lancer le dard ou tendre l'arc, j'en jure la source implacable des étangs du Styx, seule religion qui engage les dieux. Et maintenant je me retire, oui, et je quitte ces combats que je hais. Mais cela que n'empêche aucune loi fatale, je l'implore de toi pour notre Latium et pour la majesté des tiens : quand ils arrangeront leur paix avec d'heureux mariages, soit, quand ils ajusteront leurs lois et leurs alliances, n'oblige pas les Latins nés de cette terre à changer leur vieux nom, à devenir les fils de Tros, à s'appeler Troyens ou à changer leur langue ou prendre d'autres manières de s'habiller ; qu'il y ait un Latium, qu'il y ait, à travers les siècles, des rois albains ; qu'il y ait une race romaine forte de la valeur italienne. Troie est morte, permets qu'elle soit bien morte et son nom avec elle. »

Alors le créateur des hommes et du monde lui sourit : « Tu es la sœur de Jupiter *, le second enfant de Saturne, et tu roules dans ton cœur de tels flots de colère ? Allons, laisse tomber cet emportement où tu t'engages bien en vain ; je te donne ce que tu veux ; vaincu et volontiers je me rends à tes désirs. Les peuples d'Ausonie conserve-

1. Les dieux résident habituellement dans l'éther (ou Olympe), d'où ils peuvent observer la terre (1, 223-6 ; 10, 758). Junon elle-même descend parfois jusqu'à terre (mais sans se montrer aux hommes 2, 612 ; 10, 635 ; 12, 134 ; p. 129, n. 1) ou traverse

sic dea summisso contra Saturnia uoltu :
« Ista quidem quia nota mihi tua, magne, uoluntas,
Iuppiter, et Turnum et terras inuita reliqui ;
nec tu me aeria solam nunc sede uideres
digna indigna pati, sed flammis cincta sub ipsa
starem acie traheremque inimica in proelia Teucros.
Iuturnam misero, fateor, succurrere fratri
suasi et pro uita maiora audere probaui,
non ut tela tamen, non ut contenderet arcum ;
adiuro Stygii caput implacabile fontis,
una superstitio superis quae reddita diuis.
Et nunc cedo equidem pugnasque exosa relinquo.
Illud te, nulla fati quod lege tenetur,
pro Latio obtestor, pro maiestate tuorum :
cum iam conubiis pacem felicibus (esto)
component, cum iam leges et foedera iungent,
ne uetus indigenas nomen mutare Latinos
neu Troas fieri iubeas Teucrosque uocari
aut uocem mutare uiros aut uertere uestes.
Sit Latium, sint Albani per saecula reges,
sit Romana potens Itala uirtute propago ;
occidit occideritque sinas cum nomine Troia. »
  Olli subridens hominum rerumque repertor :
« Es germana Iouis Saturnique altera proles :
irarum tantos uoluis sub pectore fluctus ?
Verum age et inceptum frustra summitte furorem :
do quod uis, et me uictusque uolensque remitto.

813 fateor misero MACR. 6, 6, 11 || **824** teucrosque *M*P^2*achv* : -sue P^1*f*γ, *def. b* || **825** uestes *Pacfhv*γ : -tem *M*, *def. b* || **832** uerum *codd.* : quare PROB. 247, 29.

ront la langue et les mœurs de leurs pères, leur nom restera ce qu'il est ; les Troyens, mêlés à eux de corps, viendront seulement les renforcer * ; les lois du culte, le rituel je les fixerai moi-même et je ferai que tous d'une même voix se reconnaissent Latins. Une race née de cette union surgira du sang ausonien [1] ; tu la verras surpasser les hommes, les dieux, par sa piété ; aucun peuple ne te rendra des honneurs aussi magnifiques. » Junon accepte ; la joie changea son cœur. Cependant elle sort du ciel et quitte son nuage.

Cela fait, le Père médite en lui-même une autre intervention : il se dispose à écarter Juturne du combat de son frère. Il existe, dit-on, deux êtres redoutables qu'on nomme les Dirae ; avec leur sœur, l'infernale Mégère, la sombre Nuit les enfanta toutes trois du même effort, puis pareillement les enlaça de serpents tortueux et leur donna des ailes pleines de vent. Près du trône de Jupiter, sur le seuil du terrible roi, elles attendent ses ordres, elles transpercent de crainte les malheureux mortels quand le roi des dieux prépare l'horrible mort, les maladies, ou de menaces de guerres épouvante les villes coupables. Du haut de l'éther, Jupiter en envoya une, rapide, avec l'ordre de se présenter devant Juturne comme présage. Elle s'envole, et un tourbillon rapide la porte sur la terre. Ainsi la flèche décochée à travers les nuages : le Parthe l'a armée du fiel d'un terrible poison, le Parthe ou l'homme de Cydon, porteuse d'un coup irrémédiable, il l'a lancée ; sifflante, inconnue, elle traverse les ombres rapides. Telle s'élança la fille de la Nuit et elle gagna la terre. Lorsqu'elle voit l'armée

la région des vents (7, 287). Ici dans un nuage elle surveille les événements de plus près. Quand elle quittera son nuage et le « ciel » (v. 842), ce sera pour remonter dans l'Olympe.

1. On pourrait comprendre : une race mêlée de sang ausonien naîtra de là ; mais la perspective serait moins flatteuse pour Junon, protectrice des Ausoniens.

Sermonem Ausonii patrium moresque tenebunt,
utque est nomen erit; commixti corpore tantum
subsident Teucri, morem ritusque sacrorum
adiciam faciamque omnis uno ore Latinos.
Hinc genus Ausonio mixtum quod sanguine surget,
supra homines, supra ire deos pietate uidebis,
nec gens ulla tuos aeque celebrabit honores. »
Adnuit his Iuno et mentem laetata retorsit.
Interea excedit caelo nubemque relinquit.
His actis aliud genitor secum ipse uolutat
Iuturnamque parat fratris dimittere ab armis.
Dicuntur geminae pestes cognomine Dirae,
quas et Tartaream Nox intempesta Megaeram
uno eodemque tulit partu paribusque reuinxit
serpentum spiris uentosasque addidit alas.
Hae Iouis ad solium saeuique in limine regis
apparent acuontque metum mortalibus aegris,
si quando letum horrificum morbosque deum rex
molitur, meritas aut bello territat urbis.
Harum unam celerem demisit ab aethere summo
Iuppiter inque omen Iuturnae occurrere iussit.
Illa uolat celerique ad terram turbine fertur.
Non secus ac neruo per nubem impulsa sagitta,
armatam saeui Parthus quam felle ueneni,
Parthus siue Cydon, telum immedicabile, torsit,
stridens et celeris incognita transilit umbras :
talis se sata Nocte tulit terrasque petiuit.

835 corpore *MPbfhγ* : sanguine *Racv* || **853** demisit *codd.* : demittit TIB. || **859** umbras *codd.*, SERV., TIB. : auras *damnat* SERV.

d'Ilion et les troupes de Turnus, elle se ramasse aussitôt sous la forme soudaine de ce petit oiseau qui souvent sur les tombes, sur les toits désertés prenant place la nuit, fait entendre bien tard ses cris importuns à travers les ombres ; sous cette apparence l'être redoutable passe et repasse devant les yeux de Turnus à grand bruit et frappe le bouclier de ses ailes [1]. Une torpeur étrange dénoue ses membres dans l'épouvante, ses cheveux se dressèrent d'horreur, sa voix s'arrêta dans sa gorge.

Mais dès qu'elle a reconnu de loin le sifflement et les ailes de la Dira, la malheureuse Juturne arrache ses cheveux dénoués, pauvre sœur, meurtrit son visage de ses ongles, sa poitrine de ses poings : « Que peut maintenant ton amie pour t'aider, mon Turnus ? Ou que me reste-t-il à faire, cruelle que je suis ? Comment pourrais-je retenir pour toi la lumière ? Puis-je résister à un tel monstre ? Oui, oui, je quitte la guerre. Ne m'épouvantez pas quand déjà je crains, oiseaux sinistres ! Je connais le battement de vos ailes, votre bruit de mort ; cet ordre impérieux, je le sais bien, c'est celui du magnanime Jupiter. Voilà le prix de ma virginité ! Pourquoi m'a-t-il donné de vivre sans fin ; pourquoi m'a-t-on ôté ma condition mortelle ? Au moins pourrais-je maintenant mettre un terme à de telles douleurs et, compagne de mon malheureux frère, aller avec lui chez les ombres. Immortelle, moi ? Plutôt, dans ce qui me touche, rien peut-il m'être doux sans toi, mon frère ? Oh ! quelle terre voudrait pour moi s'entr'ouvrir assez profonde et me laisser descendre, moi déesse, chez les Mânes profonds ? » Elle s'arrête, entoura sa tête de son manteau

1. On pense au hibou dont les plaintes sinistres égarent la raison de Didon (4, 460-3) ; mais ici une légende d'origine celtique a pu contribuer à donner forme à la manifestation de l'oiseau ominal (cf. Liv., 7, 26, 3-5 et R. Bloch, *Mélanges Carcopino*, p. 125-137).

Postquam acies uidet Iliacas atque agmina Turni,
alitis in paruae subitam collecta figuram,
quae quondam in bustis aut culminibus desertis
nocte sedens serum canit importuna per umbras;
hanc uersa in faciem Turni se pestis ob ora
fertque refertque sonans clipeumque euerberat alis.
Illi membra nouos soluit formidine torpor,
arrectaeque horrore comae et uox faucibus haesit.
At procul ut Dirae stridorem agnouit et alas,
infelix crinis scindit Iuturna solutos,
unguibus ora soror foedans et pectora pugnis :
« Quid nunc te tua, Turne, potest germana iuuare ?
aut quid iam durae superat mihi ? qua tibi lucem
arte morer ? Talin possum me opponere monstro ?
Iam iam linquo acies. Ne me terrete timentem,
obscenae uolucres : alarum uerbera nosco
letalemque sonum, nec fallunt iussa superba
magnanimi Iouis. Haec pro uirginitate reponit ?
Quo uitam dedit aeternam ? Cur mortis ademptast
condicio ? Possem tantos finire dolores
nunc certe et misero fratri comes ire per umbras.
Immortalis ego ? aut quicquam mihi dulce meorum
te sine, frater, erit ? O quae satis ima dehiscat
terra mihi manisque deam demittat ad imos ? »
Tantum effata caput glauco contexit amictu

862 subitam *MRacfhvγ²*, TIB. : -to *Pbγ¹*, DSERV. 3, 246 || collecta *Rbcfhvγ²*, SERV., DSERV. 3, 246 : collectam *a* coniecta *Pγ¹*, TIB. conuersa *M* || **865** ob *Rb*, SERV. 1, 233, TIB., ARVS. 496, 21 : in ob *M¹* in *M²* ad *Pacfhvγ* || **870** crinis scindit *MPbfhγ*, DSERV., TIB. : scindit crinis *Rcv* || **876** alarum *codd.*, TIB. : dirarum PS. ACRO *Hor. c.* 1, 2, 1 || **878** reponit *codd.* : -orto TIB. || **884** demittat *MP²Rhvγ* : demittit *P¹* de... *b* dimittat *cf*, TIB.

glauque, gémissant longuement, et disparut, déesse, dans les gouffres du fleuve [1].

Énée ne relâche pas son effort, il fait tournoyer sa pique gigantesque et qui semble un arbre, le cœur furieux il parle ainsi : « Qu'as-tu encore maintenant à tarder, ou que nous prépares-tu donc, Turnus ? Ce n'est pas à la course, c'est de près qu'il faut lutter, et avec les armes impitoyables. Prends toutes les formes que tu voudras, assemble tout ce que peuvent ton grand cœur et tes talents, décide de t'envoler à tire-d'aile à la poursuite des astres inaccessibles, ou de t'enfouir, bien enfermé, dans un trou du sol [2]. » Mais lui, secouant la tête : « Tes bravades ne m'effraient pas, sauvage ; ce sont les dieux qui m'effraient et Jupiter ennemi. » Sans en dire plus long, il remarque près d'eux une pierre énorme, une pierre antique, énorme, qui se trouvait là dans la plaine, borne dressée entre des champs pour établir distinctement le droit des possesseurs. A peine douze hommes à cette fin choisis la pourraient-ils charger sur leurs épaules, de ceux dont maintenant la terre produit les corps ; lui, l'arrache d'une main fiévreuse et il la faisait tournoyer contre son ennemi, se dressant de toute sa hauteur et dans l'élan de sa course, le héros. Mais qu'il coure, qu'il marche, il ne se reconnaît plus, ou qu'il soulève la pierre colossale, essaie de lui imprimer un mouvement ; ses genoux chancellent, son sang glacé s'est figé de froid. Alors la pierre même qu'il tient en mains, roulant par l'air vide, n'acheva la distance ni ne porta le coup. Dans le sommeil, quand un repos

1. Si nous en croyons Virgile, Juturne est chez elle en de nombreux cours d'eau (139-142 et n.) ; on songera ici à celui qui borde la ville de Latinus (cf. p. 264).

2. Ces propos insultants n'ont aucun analogue dans le duel d'Hector et d'Achille (*Iliade*, 22, 250-288). D'ailleurs, en ce moment, Turnus ne songe pas à s'échapper : les deux adversaires s'observent (789-790).

multa gemens et se fluuio dea condidit alto.
Aeneas instat contra telumque coruscat
ingens arboreum et saeuo sic pectore fatur :
« Quae nunc deinde mora est ? aut quid iam, Turne, [retractas ?
Non cursu, saeuis certandum est comminus armis.
Verte omnis tete in facies et contrahe quidquid
siue animis siue arte uales ; opta ardua pinnis
astra sequi clausumque caua te condere terra. »
Ille caput quassans : « Non me tua feruida terrent
dicta, ferox ; di me terrent et Iuppiter hostis. »
Nec plura effatus saxum circumspicit ingens,
saxum antiquom ingens, campo quod forte iacebat
limes agro positus, litem ut discerneret aruis.
Vix illud lecti bis sex ceruice subirent,
qualia nunc hominum producit corpora tellus :
ille manu raptum trepida torquebat in hostem
altior insurgens et cursu concitus heros.
Sed neque currentem se nec cognoscit euntem
tollentemque manu saxumue immane mouentem ;
genua labant, gelidus concreuit frigore sanguis.
Tum lapis ipse uiri uacuom per inane uolutus
nec spatium euasit totum neque pertulit ictum.
Ac uelut in somnis, oculos ubi languida pressit

897 quod *M^2PRbcfhvγ*, SERV. *in lemm.*, TIB. : que *M^1* qui SERV. *ut uidetur ex interpr.* ‖ **898** agro *codd.*, SERV., TIB. : erat ISID. 18, 15, 4 ‖ aruis *codd.*, TIB. : agri ISID. ‖ **899** illud *PRfhvγ* : illum *Mbc*, TIB., AVG. *c. d.* 15, 9 ‖ **904** tollentemque *Mchvγ^1*, TIB., ISID. 1, 36, 15 : -temue *PRbfγ^2* ‖ manu *Pbcfγ^2*, TIB. *in interpr.*, ISID. : -us *MRhvγ^1*, TIB. *in lemm.* ‖ saxumue *MPRbfv*, TIB. : -mque *chγ*, ISID. ‖ **906** ipse *codd.*, DSERV. : ille TIB. ‖ **907** euasit *dist.* *M^2*, SERV.

plein de langueur, la nuit, a fermé nos yeux, il nous semble qu'en vain nous voulons de tout notre désir courir bien loin ; au milieu de ces tentatives, saisis d'angoisse, nous défaillons ; notre langue est muette, les forces que nous nous connaissions ne soutiennent plus notre corps, la voix et la parole ne suivent plus ; ainsi Turnus : avec quelque énergie qu'il engage son effort, la sinistre déesse lui refuse le succès. Alors mille pensées tournent dans son cœur ; il regarde longuement vers les Rutules, vers la ville, il hésite, il a peur, il commence à trembler que le trait soit sur lui ; il ne voit pas comment s'échapper ni où trouver la force d'assaillir l'ennemi, et nulle part il ne voit son char ni sa sœur qui le conduisait.

Il hésite ; Énée fait tournoyer le trait fatal, ayant des yeux saisi l'occasion ; de loin, de tout son effort il l'élance. Jamais pierres jetées par machine de siège ne grondent avec cette puissance, jamais foudre ne fait tressaillir tels fracas. La pique vole à la manière d'un tourbillon noir, portant avec soi le sinistre trépas, elle fait éclater les bords de la cuirasse et l'orbe du septuple bouclier, elle traverse le milieu de la cuisse * avec un bruit strident. Turnus, le jarret ployé, tombe à terre, énorme. Les Rutules se dressent avec un cri de douleur, la montagne à l'entour mugit et de partout, au loin, les bois profonds rendent les voix. Lui, abattu, dans l'attitude d'un suppliant, levant les yeux, la main, pour une demande : « Cette fois, j'en ai fini * et je ne demande pas de grâce [1], dit-il ; use de ta chance. Mais si la pensée d'un malheureux père peut te toucher — ce fut aussi l'état d'Anchise ton père —, je t'en prie, aie pitié de la vieillesse de Daunus et veuille me rendre aux

1. Nous avons suivi Tibérius Donatus. Mais le sens peut être « et j'en prends acte » (Servius : *non refuto, non recuso*). Ou « et je ne regrette rien » (proprement : je ne m'excuse pas, cf. Cic.,

nocte quies, nequiquam auidos extendere cursus
uelle uidemur et in mediis conatibus aegri
succidimus ; non lingua ualet, non corpore notae
sufficiunt uires nec uox aut uerba sequontur :
sic Turno, quacumque uiam uirtute petiuit,
successum dea dira negat. Tum pectore sensus
uertuntur uarii ; Rutulos aspectat et urbem
cunctaturque metu telumque instare tremescit,
nec quo se eripiat, nec qua ui tendat in hostem,
nec currus usquam uidet aurigamue sororem.
Cunctanti telum Aeneas fatale coruscat,
sortitus fortunam oculis, et corpore toto
eminus intorquet. Murali concita numquam
tormento sic saxa fremunt nec fulmine tanti
dissultant crepitus. Volat atri turbinis instar
exitium dirum hasta ferens orasque recludit
loricae et clipei extremos septemplicis orbis :
per medium stridens transit femur. Incidit ictus
ingens ad terram duplicato poplite Turnus.
Consurgunt gemitu Rutuli totusque remugit
mons circum et uocem late nemora alta remittunt.
Ille humilis supplex oculos dextramque precantem
protendens : « Equidem merui nec deprecor » inquit ;
« utere sorte tua. Miseri te si qua parentis
tangere cura potest, oro (fuit et tibi talis
Anchises genitor), Dauni miserere senectae

916 telumque *MRcfhvγ*, TIB. *in lemm.*, AVSON. *cento* 92 : letumque *P*, RVFIN. 58, 6 teloque TIB. *in interpr.*, *def. b* || **918** aurigamue *MPch* : -mque *Rbfvγ*, TIB. || **930** supplex *PRhγ*[2] : -xque *Mcfvγ*[1], TIB. || **934** anchises *dist.* *M*[2]*P*[2], SERV.

miens ou, si tu aimes mieux, mon corps spolié de la lumière. Tu as été vainqueur, les hommes d'Ausonie ont vu le vaincu tendre les mains, Lavinia est ton épouse * ; dépose désormais ta haine. » Énée frémissant sous ses armes, s'arrêta, les yeux incertains et il retint son bras. A mesure qu'il tardait davantage, les paroles de Turnus avaient commencé à l'émouvoir quand, par malheur, apparut au sommet de l'épaule le baudrier puis, sur le harnois, les clous étincelants, bien connus, de Pallas, le jeune Pallas que Turnus victorieux avait terrassé sous ses coups et dont il portait sur ses épaules le trophée ennemi. Après qu'il eut empli ses yeux de la vue de ces parures — elles ravivent en lui une douleur cruelle —, enflammé par les Furies, terrible en sa colère : « Toi qui te revêts de la dépouille des miens, quoi, tu pourrais maintenant te sauver de mes mains ? Dans ce coup, c'est Pallas qui t'immole, Pallas qui se paie de ton sang scélérat. » A ces mots, il lui enfonce son épée droit dans la poitrine, bouillant de rage ; le corps se glace et se dénoue, la vie dans un gémissement s'enfuit indignée * sous les ombres.

Rep., 6, 2 : *deprecari inuidiam*). Ou « et je ne te maudis pas » (cf. v. 938a) ; sur ce sens de *deprecor*, cf. Catulle, 92, 3 ; Cic., *ad Brut.*, 1, 17, 2 ; Fronton, p. 192N ; Gell., 7, 16 et 2, 23, 12.

et me seu corpus spoliatum lumine mauis
redde meis. Vicisti et uictum tendere palmas
Ausonii uidere ; tua est Lauinia coniunx,
ulterius ne tende odiis. » Stetit acer in armis
Aeneas uoluens oculos dextramque repressit ;
et iam iamque magis cunctantem flectere sermo
coeperat, infelix umero cum apparuit alto
balteus et notis fulserunt cingula bullis
Pallantis pueri, uictum quem uolnere Turnus
strauerat atque umeris inimicum insigne gerebat.
Ille, oculis postquam saeui monimenta doloris
exuuiasque hausit, Furiis accensus et ira
terribilis : « Tune hinc spoliis indute meorum
eripiare mihi ? Pallas te hoc uolnere, Pallas
immolat et poenam scelerato ex sanguine sumit. »
Hoc dicens ferrum aduerso sub pectore condit
feruidus ; ast illi soluontur frigore membra
uitaque cum gemitu fugit indignata sub umbras.

935 et me seu *codd.*, SERV., TIB. : siue meum PROB. 235, 21 || 949 poenam scelerato *codd.* : poenas inimico PRISC. 3, 307, 15.

NOTES COMPLÉMENTAIRES

NOTES COMPLÉMENTAIRES

LIVRE IX

Les livres 9-12.

Nous avons montré naguère (t. I, p. XIV-XV) que, replacés dans l'ensemble de l'*Énéide*, les livres 7-12 forment une unité bien liée où l'on ne peut entre les livres discerner aucune division tranchée. Cela ressort également *in loco* d'une analyse de la chronologie élaborée pour les livres 8-10 (cf. *infra*, p. 166). Toutefois, et bien que la guerre latine ait été inaugurée dès le l. 7 avec l'ouverture des portes fatales (601-622), les l. 7 et 8, voire le début du l. 9 (cf. v. 4 et n.), ne sont occupés que d'opérations préliminaires, ambassades, recherche d'alliances, manœuvres d'intimidation. La guerre véritable, celle où il y aura des morts, ne commence qu'avec l'expédition de Nisus et Euryale en 9, 314 ; elle se déploie dans toutes ses dimensions avec le retour d'Énée (10, 260), la participation à ses côtés des Étrusques et des Arcadiens, tandis que dans le camp adverse une *legio*, maintenue jusqu'alors en réserve (9, 368), vient renforcer les hommes de Turnus et de Messapus ; ils recevront encore, un peu plus tard, l'appoint de Camille et de ses Volsques (cf. 11, 498 et n.). L'établissement des Troyens est vraiment une affaire d'État, une affaire nationale qui intéresse ou mobilise toute l'Italie, des Alpes à la péninsule sallentine.

Mais dès le l. 10 et de plus en plus nettement à mesure que le récit progresse, nous voyons le poète songer au dénouement. Or ce dénouement ne doit pas résulter du fracas d'une bataille générale, de l'écrasement d'un des partis en présence. Comme il doit être immédiatement suivi d'une paix sans amertume (12, 190-191 ; 503-504) et dont les effets ne concerneront, en somme, pour l'immédiat, que les Troyens et les Laurentes, il faut que progressivement tout ce tumulte si ingénieusement dilaté, se réduise, que les grandes coalitions s'estompent dans la brume ou s'évaporent, il faut que le lecteur arrive à trouver tout naturel que l'affaire se règle par un duel entre deux hommes comme s'il s'agissait d'une rivalité privée. Mais pour en arriver là il a fallu pourvoir (cf. *infra*, p. 202-203) à ce qu'Énée, promis à la victoire, se retrouve les mains libres vis-à-vis des Étrusques et des Arcadiens qu'il avait engagés dans sa cause. Il faut que Turnus, naguère acclamé et reconnu de tous comme le champion de l'Italie, ait été progressivement isolé ; il faut que le lecteur comprenne et approuve cet isolement, ne voie plus dans le jeune chef qu'un ambitieux et un égoïste poursuivant des fins strictement personnelles. Alors, et corrélativement, toute l'entreprise guerrière dont il avait été l'âme et que tant de peuples (et nous-mêmes lecteurs) avions prise si fort au sérieux — songeons à la parade magnifique qui conclut le l. 7 — n'apparaîtra plus que comme une énorme méprise appelée à disparaître tout entière à la façon d'un mauvais rêve quand le méchant qui en soutenait la fiction (par une sorte d'abus de confiance) aura été éliminé. En ce qui concerne l'évocation des buts et causes de la guerre, l'évolution des esprits, il a fallu au poète beaucoup d'adresse pour ménager ce changement de cap ; il s'y emploie surtout au l. 11 (cf. n. *ad* 11, 118, 217, 342, 435, 480 ; 12, 567, 937).

L'encadrement chronologique des événements du l. 9.

En général, la chronologie supposée par Virgile ne pose de problèmes qu'en rapport avec la durée des épisodes : on ne voit pas toujours nettement combien chacun d'eux a occupé de mois ou de jours ; au moins apparaît-il qu'ils se sont succédé dans l'ordre où ils sont racontés. Dans la mesure où la narration adhère de plus près au destin du protagoniste, elle est d'autant plus facile à ordonner de façon linéaire, c'est ce qu'on vérifie aux l. 1-6. Mais à partir du l. 7 les initiatives d'Énée s'insèrent dans un milieu, le Latium, qui a sa consistance propre ; d'autre part, les événements où sont mêlés les Troyens font que les compagnons d'Énée, qui n'existaient jusqu'alors que dans l'ombre de leur chef, reçoivent des responsabilités, doivent prendre des initiatives, soutenir des épreuves, c'est le cas notamment au l. 9. Il y a donc en principe plusieurs histoires, plusieurs séries, qui se déroulent dans le même temps et qui posent des problèmes d'agencement.

Virgile les résout d'ordinaire d'une façon très ingénieuse et qui n'éveille même pas l'attention du lecteur. Quand il doit présenter deux séries d'événements, il s'astreint, pour passer de l'une à l'autre, à suspendre la narration des événements de l'une en un point tel que le lecteur puisse imaginer aisément les événements qui vont s'ensuivre de ce côté mais qui, justement, n'étant que suite et conséquence, peuvent sans inconvénient ne pas faire l'objet du récit. Il passe alors à l'autre série pour y raconter des événements qui se déroulent concurremment à ce qui, dans la première, court pour ainsi dire sur sa lancée. Quand le récit reviendra aux événements de la première série, il les prendra au moment où il abandonne la deuxième série ; le temps aura marché depuis le moment où il les avait quittés, mais le raccord se fera sans peine parce que de ce côté le temps n'a fait que s'écouler sans apporter rien de neuf. Par exemple, en 7, 285 le récit abandonne les Troyens au moment où ils reçoivent l'assurance des bonnes dispositions de Latinus ; il nous transporte du côté des Latins jusqu'en 8, 17 et pour des événements qui sont tous consécutifs à 7, 285. Quand nous reviendrons aux Troyens en 8, 18 nous constaterons qu'ils ont fait effectivement ce que nous prévoyions qu'ils dussent faire quand nous les avons quittés : il se sont installés, et c'est par rapport à cette situation que leur surviendront les événements qui sont racontés jusqu'en 8, 731. Quand nous reviendrons aux Latins en 9, 1, nous constaterons, sans même y penser, qu'ils ont, pendant que nous nous occupions des Troyens, continué à faire, puis achevé, la mobilisation qu'ils préparaient quand nous les avions quittés.

Si l'on supposait que Virgile a procédé de la sorte pour enchaîner les événements des l. 8-10, nous aboutirions à un tableau de ce genre (le jour 1 est celui où Énée quitte son camp, le jour 2 celui où il arrive chez Évandre) :

3e jour. Évandre informe Énée de la situation des Étrusques. Le signe de Vénus. Marche vers Céré. Remise du bouclier (8, 454-731).

3e nuit.

4e jour. Iris prévient Turnus. Prodige dans le ciel. Marche vers Ostie. Incendie des vaisseaux (9, 1-175).

4e nuit. Expédition de Nisus et Euryale (9, 176-458).

5e jour. Début des combats. La tour renversée. Ascagne et Numanus. Turnus dans le camp (9, 459-818).

5e nuit.

6e jour. Conseil des dieux. Résistance héroïque des Troyens. La flotte étrusque quitte Céré (10, 1-147).

6e nuit. Énée en mer. Rencontre de Cymodocée (10, 148-259).

7e jour. Débarquement d'Énée près d'Ostie (10, 260 et suiv.).

Or un récit à ce point étiré ne paraît répondre ni à la manière ni aux intentions du poète : deux nuits vides et non signalées, une journée (la 6e) particulièrement mal remplie ; surtout, les pourparlers entre Énée et Tarchon auraient duré plus de deux jours, alors qu'on nous dit que l'accord a été aussitôt conclu (10, 153-156), alors que Virgile a visiblement tout arrangé (8, 494-498) pour que, l'accord une fois conclu, on pût mettre à la voile immédiatement. — Pourtant, dans l'hypothèse où les événements se seraient succédé dans l'ordre où ils sont contés, il paraît difficile de les serrer davantage. Énée n'a pu arriver à Céré assez tôt pour que, dans la fin de ce même jour, Turnus ait pu faire mouvement vers le camp troyen et y engager les hostilités : il est donc impossible de fondre ce que nous avons désigné ci-dessus comme le 3e et le 4e jour, et corrélativement il est impossible d'escamoter de cette manière la 3e nuit. D'autre part, les événements racontés en 9, 459-818 semblent assez nombreux pour remplir toute une journée ; si l'on supposait, d'ailleurs, que les événements assignés ci-dessus au 6e jour ont pris place à la fin du 5e, la flotte étrusque quitterait Céré au moment du Conseil des dieux et l'on comprendrait mal les plaintes de Vénus déplorant que, dans l'ignorance où il est de la situation des siens, Énée s'attarde en Étrurie (10, 25) : il est donc impossible de rassembler à la suite dans l'unité d'un même jour les événements que nous avons attribués au 5e et au 6e jour, et corrélativement il est impossible d'escamoter de cette manière la 5e nuit.

On est donc tenté de se demander si le poète n'a pas ici recouru à une autre technique, s'il n'a pas raconté successivement des événements dont nous devons entendre qu'ils ont été simultanés. Nous croyons qu'il existe dans le texte de suffisants indices pour reconnaître que le 3e et le 4e jour du précédent tableau se sont déroulés simultanément et de même le 6e et le 5e ; en d'autres termes la première journée racontée dans le l. 9 est la même que la dernière du l. 8, et la dernière du livre 9 est la même que la première du l. 10.

Voici quelle est, croyons-nous, la chronologie adoptée par Virgile :

3e jour. Après des signes célestes Énée fait mouvement vers Céré, Turnus vers Ostie (8, 454-731 et 9, 1-175).

3e nuit. Expédition de Nisus et Euryale (9, 176-458).

4e jour. Combats à Ostie, Énée chez Tarchon : Conseil des dieux, Turnus dans le camp, résistance héroïque des Troyens, la flotte étrusque met à la voile (9, 459-818 et 10, 1-147).

4e nuit. Énée en mer. Rencontre de Cymodocée (10, 148-259).

5e jour. Débarquement d'Énée près d'Ostie (10, 260 et suivants).

En ce qui concerne les événements de ce que nous appellerons désormais le 3e jour, il nous paraît presque évident qu'il y a une correspondance point par point entre le côté d'Énée et le côté de Turnus. De part et d'autre, la journée s'ouvre par un signe divin procuré dans le ciel (8, 520-540 et 9, 1-24), puis s'ensuit un voyage (8, 585-607 et 9, 25-46), enfin la journée s'achève sur une nouvelle manifestation surnaturelle, procurée cette fois sur la terre (8, 608-625 et 9, 77-125).

Quant au 4e jour, le Conseil des dieux trouve assurément

une place plus séante à figurer au début (l'Olympe s'ouvre le matin comme il se ferme le soir, cf. 1, 374) d'une journée qui va être la première de la guerre. Servius (*ad* 10, 1) ne s'y est pas trompé. La situation deux fois rappelée *Aeneas ignarus abest* (10, 25 et 85) répond exactement à la situation qui, au matin, résulte de la mort de Nisus et d'Euryale ; le départ de la flotte étrusque et le début du retour d'Énée n'auront lieu qu'à la fin de ce jour. D'autre part, le lecteur, en prenant connaissance des décisions prises le matin par Jupiter, comprend rétrospectivement que dans l'après-midi de ce jour Junon n'ait rien osé faire pour Turnus (9, 802-805). Par la suite, les v. 10, 118-147 ne font que résumer (cf. n. *ad loc.*), présentés sous un nouvel éclairage, les événements de la journée racontée avec plus de détails en 9, 459-818.

La technique narrative dont nous croyons ici reconnaître la mise en œuvre est étrangère aux poèmes homériques et à l'épopée d'Apollonius. Elle évoque bien plutôt les techniques élaborées par les historiens : à la fin du l. 3 du *Bellum Gallicum*, nous sommes invités à comprendre que les événements rapportés en 11,5-16, en 17-19, en 20-27 ont eu lieu simultanément ; dans le *Bellum ciuile*, 2, 1, on nous renvoie par-delà toute la fin du l. 1 au récit interrompu après 1, 36. Il n'est pas indifférent que le premier vers du l. 9 soit, quant à sa terminologie (cf. 7, 540), si semblable à une transition césarienne.

Il est vrai qu'en général les historiens nous font plus clairement entendre comment ils agencent leur chronologie. Mais Virgile — nous l'avons déjà vu à propos de la manière dont il a imaginé pour son Latium des structures politiques définies, cf. t. II, p. 186-191 — se garde de faire saillir la charpente, inévitablement prosaïque, l'ossature qui soutient son récit. *Dum* (9, 1), *interea* (10, 1) suffiront au commun lecteur. Ceux qui s'intéressent aux techniques de la composition pourront chercher au delà ; ils verront que par devers lui le poète ne s'est pas contenté d'idées vagues ; l'équilibre, la perfection de la réussite terminale doivent beaucoup à la solidité de ces agencements discrets.

On ne saurait dire si Virgile recueille ici un héritage de l'épopée historique ; ce genre nous est trop mal connu ; peut-être faut-il songer à une innovation. Quoi qu'il en soit, si le poète de l'*Énéide*, s'écartant de la tradition homérique, s'autorise à faire dans son récit succéder des séries d'événements qui dans la réalité furent simultanés, ce n'est pas seulement pour une question de commodité. S'il avait cru nécessaire de conter les événements à leur place chronologique, rien ne l'empêchait de placer le Conseil des dieux non pas au début du l. 10, mais dans le l. 9 entre les v. 502 et 503. Il aurait pu aussi, d'une façon générale, rassembler en l'unité d'un chant tous les événements survenus en un même jour. Mais il suffit de formuler ces possibilités pour sentir ce qu'une telle présentation, inspirée du découpage annalistique, aurait eu d'inerte et de froidement objectif. Dût la clarté chronologique en souffrir un peu, Virgile a préféré une composition thématique selon les techniques introduites dans l'historiographie depuis Éphore. Il y trouve le moyen d'agencer tour à tour des ensembles qui se distinguent par des couleurs bien tranchées ; c'est à cette fin qu'il utilise la division de son poème en livres. C'est ainsi que le l. 8 sera tout à la lumière et à l'espoir, le l. 9 aux périls d'un affrontement tumultueux. Le l. 10 en son début est tout ordonné à préparer l'apparition d'Énée, presque surnaturelle ; il doit donc ne comporter que des tableaux immobiles, un conseil des dieux dont toute la formule est « Attendons, laissons faire », un catalogue, une prophétie. Rien n'est plus caractéristique à cet égard que le retour (v. 118-147) aux événements racontés en détail à la fin du l. 9 ; naguère tout était mouvement, agitation ; ici tout semble figé dans une résistance immobile, résignée quoique indomptable. On attend que l'événement arrive.

Il y a encore autre chose : la méditation des épopées homériques, la tendance à concevoir l'épopée sur le modèle de la tragédie avait conduit Aristote (*Poétique*, 1459 a) à faire une loi du développement linéaire, seule technique adaptée à faire paraître les progrès d'une nécessité. Virgile ne partage pas cet idéal. Influence peut-être, là encore, de l'histoire hellénistique, où la Fortune tient tant de place : chez lui les événements ne sortent pas toujours les uns des autres par voie de déduction et conséquence rationnelle ; souvent, ils « arrivent », comme blocs inattendus entre lesquels il faut se frayer un chemin. Ainsi laissent-ils une certaine marge de liberté à l'action des protagonistes ; aussi peuvent-ils être énigmatiques. C'est pourquoi Énée s'interroge si souvent sur la volonté des dieux ; c'est pourquoi nous devons comprendre que Turnus ait pu sans crime s'y tromper. Pas davantage le poète ne s'érige en interprète ou en juge, un juge qui communiquerait son omniscience et sa sécurité au lecteur. C'est pourquoi, aujourd'hui encore, nul ne peut s'assurer d'avoir toujours compris les intentions de Virgile ni même l'étendue des domaines qu'il a laissés à notre seule appréciation. On verra sur ce point les réflexions pénétrantes de R. Lesueur, *L'Énéide de Virgile...*, Toulouse, 1975, p. 262-269.

Page 4.

4. « il demeurait alors... » La scène se passe en plein jour (l'arc-en-ciel, le caractère miraculeux de l'apparition des étoiles), Turnus ne dort pas. Selon toute apparence, il est dans un campement, au milieu de ses troupes, auprès d'un bois sacré, — comme Tarchon, attendant lui aussi un signe, au milieu de ses troupes près du bois sacré de Silvain (8, 597-605). On s'est étonné de l'inaction de Turnus succédant à l'agitation des jours précédents.

Mais elle est conforme à la tradition héroïque, héritière sur ce point d'une longue sagesse, elle-même profondément enracinée dans notre ascendance animale : le souci principal des chefs comme des peuples est d'éviter la guerre. A moins qu'il ne soit possible d'opérer par surprise et d'écraser l'adversaire presque sans risques, on fera tout son possible pour arriver à ses fins par l'intimidation. De là, au plan individuel, les défis, les discours injurieux et, quand des collectivités sont en jeu, les mobilisations tumultueuses et les parades. C'est précisément parce qu'il a fait tant de bruit les jours précédents que Turnus doit s'abstenir de passer aux actes ; il en a assez fait pour que les Troyens découragés aillent chercher fortune ailleurs ; ce serait sottise d'aller les accrocher. Même un peu plus tard, quand il se sera présenté devant le camp, il compte sur l'absence d'Énée pour obtenir la capitulation des Troyens. Tout, encore, se passera en cris, en chevauchées, aboutira à un blocus ostentatoire ; rien ne l'empêchait dès son arrivée de faire ce qu'il fera le lendemain, commençant à combler les fossés, à incendier une tour, tuant quelques défenseurs. Les Troyens, de leur côté, observent la même prudence, très attentifs à ne pas faire empirer la situation : qui sait si Turnus ne va pas renoncer à son projet, maintenant qu'il voit ses adversaires si résolus ? Au même moment, la *legio* si bruyamment rassemblée s'attarde (*moratur*, v. 368) près de la ville de Latinus ; Tarchon, après avoir suscité une immense armée, reste, lui aussi, l'arme au pied : peut-être les Rutules, effrayés par ce déploiement de forces, finiront-ils par lui livrer spontanément Mézence. La guerre véritable ne commencera autour d'Ostie que le jour suivant, et comme suite aux excès sanguinaires de Nisus et Euryale, deux irresponsables ; et encore, quand les Rutules défileront devant le camp, portant sur une pique les têtes des deux jeunes gens, les Troyens se contenteront-ils de renforcer leurs défenses, se gardant bien de tout mouvement agressif. Mais Énée lui-même, lorsque après la trêve il fait mouvement vers la ville de Latinus, songe-t-il vraiment à autre chose qu'à une démonstration de puissance (cf. 11, 17 et n.) ? il nous paraît que Servius rapproche très justement 11, 18 *spe praesumite bellum* d'un propos de Turnus à son arrivée devant le camp troyen *pugnam sperate parari* (9, 158). — Il est assez curieux de voir, à l'époque même de l'*Énéide*, Auguste transposer efficacement ces vieilles techniques dans la réalité de sa politique orientale : donner à tous le sentiment qu'on veut agir militairement, au moment même où l'on espère bien tout gagner par l'intimidation ; cf. A. Oltramare, *Auguste et les Parthes*, dans *REL.*, 16, 1938, p. 121-138.

10. « jusqu'aux villes extrêmes de Corythus ». En fait, Énée n'ira jamais plus loin que Céré. L'affirmation péremptoire de la déesse atteste seulement qu'elle n'hésite pas à affirmer comme

accompli déjà ce qui n'est à l'heure même qu'une éventualité vraisemblable ; on retrouvera en 10, 23-24 et 48 (cf. n. *ad* 10, 5) des anticipations du même genre. Dès le moment où Évandre a fait miroiter devant Énée la possibilité d'une alliance avec les Étrusques, il est en effet plausible que le héros s'y affaire activement. On ne saurait donc conclure que dans leur ensemble les v. 10-11 doivent donner à penser que l'intervention d'Iris est postérieure à l'arrivée d'Énée dans le camp de Tarchon. Sur l'organisation d'ensemble de la chronologie, cf. *supra*, p. 166.

Page 5.

20. « je vois s'entr'ouvrir le milieu du ciel ». Il s'agit d'un prodige auquel les Romains étaient fort attentifs : *Caelum discessisse uisum est atque in eo animaduersi globi* (Cic., *Diu.*, 1, 97). Servius (*ad loc.*) nous apprend qu'il était recensé et décrit dans les *libri augurales* ; Aristote (*Meteor.*, 1, 5, 342 a 35 sqq.), Sénèque (*Quaest. Nat.*, 1, 14, 1 ; 7, 20, 3), Pline (*n.h.*, 2, 96) nous apprennent son nom de *chasma* ; on voit par Cicéron que c'était un signe redoutable ; si nous en croyons Servius, le désordre des étoiles (*palantis stellas*) l'aurait encore aggravé. A l'heure même où Énée reçoit de sa mère un signe éclatant de la faveur divine *ego poscor Olympo* (8, 533), c'est un univers disloqué, chaotique qui s'ouvre au-dessus de la tête de son adversaire. De surcroît, le poète nous invite à constater l'égarement de Turnus, capable de voir en ce ciel crevassé un encouragement pour lui. Il commettra un contre-sens analogue sur ce que signifie la métamorphose miraculeuse des vaisseaux troyens (9, 126-133).

Page 6.

49. « il monte un cheval thrace ». Une race réputée (5, 565) ; le cheval de Turnus remonte sans doute à ceux qu'Orithyie donna à Pilumnus (12, 83 et n.).

Les combats autour du camp (9, 33 — 10, 605).

La narration des livres 9 et 10 suppose une topographie très définie ; nous l'avons étudiée naguère en un article (*Problèmes topographiques au royaume de Latinus*, dans *Mélanges... Roger Dion*, Paris, 1974, p. 167-179) dont nous résumons ici les conclusions.

Le camp troyen que Turnus voudrait surprendre et enlever en l'absence d'Énée est situé en bordure du Tibre (9, 469, 790) sur la rive gauche, et à proximité de la mer qui reste en vue (10, 260-266, 287-292). Le terme même de *castra* (7, 159 ; 9, 43 et *passim*) indique la représentation que s'en faisait Virgile : un rectangle que traversent deux axes (*decumanus* et *cardo*) perpendiculaires aux milieux de ses côtés et aboutissant en principe à des portes. Comme un des côtés longe le Tibre (9, 469) dont la direction est ici approximativement est-ouest, on supposera a priori un *cardo* partant du Tibre au nord et aboutissant à une porte sud face à la plaine littorale, un *decumanus* parallèle au fleuve et allant d'une porte est tournée vers l'amont (en direction de Rome) à une porte ouest regardant la mer. En gros, c'est le site d'Ostie.

Lorsque le troisième jour (pour reprendre la chronologie ci-dessus définie), l'armée de Turnus venant d'Ardée se présente devant le camp après une marche d'environ vingt-cinq kilomètres en bordure de la mer, elle l'aborde vraisemblablement par l'angle sud-ouest (les traditions veulent d'ailleurs qu'on aborde toujours l'ennemi par ce qu'on suppose devoir être son aile droite). La première moitié de la colonne, Messapus en tête, défile vers l'est en longeant le côté sud du camp ; Turnus prend position devant l'angle sud-ouest, à l'aile gauche de son propre front, ce qui est la place du général en chef lors de la mise en ordre de bataille ; la seconde moitié de la colonne se dispose en renfort derrière la première ligne. Turnus avait tout arrangé en prévision d'une bataille, mais les Troyens refusent de se battre, la nuit approche, il faut investir le camp. Les assiégeants devront étirer leur ligne en direction du Tibre, les gens de Messapus en longeant le mur est, les gens de Turnus en longeant le mur ouest. Naturellement, c'est du côté de l'est qu'il faut masser les gros bataillons, puisque de ce côté les Troyens pourraient s'échapper en direction d'Évandre ou recevoir des renforts : au nord le Tibre, à l'ouest la mer, au sud le gros du campement rutule leur interdisent toute manœuvre. C'est ainsi que Nisus et Euryale, deux vaillants, sont de garde à la porte est et peuvent, de leur poste, discerner dans le lointain une hauteur, proche du Tibre, d'où ils pourront aisément (v. 195) trouver leur chemin vers Rome.

Mais quand ils entreprendront leur expédition, ils sortiront, en dépit des opportunités de la topographie, par la porte ouest, moins bien gardée (v. 238). Désormais, le plus difficile leur reste à faire. S'ils étaient raisonnables et s'ils avaient assez de temps devant eux, ils se rabattraient vers Rome en faisant un grand circuit à l'extérieur du campement ; en fait, ils choisissent de se glisser à travers le campement, contournant l'angle sud-ouest, longeant le mur sud, dépassant l'angle sud-est du camp troyen, puis rejoignant le cours du Tibre. Comme nous pouvions nous y attendre, ils passent d'abord parmi les gens de Turnus (à l'ouest) et sortiront du campement (à l'est) en emportant le casque de Messapus (9, 351). C'est à ce moment qu'ils rencontrent des cavaliers qui venaient de la ville de Latinus et qui les tuent.

La localisation des combats du quatrième jour est en rapport avec ce qui vient de se passer : le détachement de cavalerie qui a tué Nisus et Euryale se dirigeait vers le campement rutule, il y pénètre évidemment par l'est, le traverse de part en part vers l'ouest, longeant le mur sud du camp troyen. L'armée rutule suit et finalement se masse devant le mur ouest, dont les événements viennent de montrer qu'il avait été imprudemment négligé ; il est possible également que les Troyens, la veille très menacés à l'est, l'aient eux-mêmes un peu dégarni (9, 508). Menacés maintenant à l'ouest et au sud-ouest, les Troyens font face, ils renforcent de leur mieux leur flanc gauche tandis que leur droite s'appuie sur le Tibre (9, 468-469). La tour et la porte dont il est question en 9, 530-589 sont au milieu du mur ouest ; elles équivalent aux portes Scées d'Homère également situées à l'ouest de Troie, dominées par une haute tour avec vue sur la mer. Pendant que le combat fait rage en ce secteur et y retient les chefs troyens, les gardiens de la porte sud (*porta Dardania* 9, 695 comme la porte dardanienne au mur sud de la Troie d'Homère) ont l'idée saugrenue d'ouvrir le camp par bravade. Turnus s'y précipite et traverse le camp de part en part : entré au sud, il en ressort au nord après avoir sans doute approximativement suivi le *cardo* ; il se jette dans le Tibre pour échapper à ses poursuivants, le fleuve le ramène un peu en aval, à l'ouest, vers le gros de son armée.

Pour le cinquième jour, Turnus avait imaginé de ramener ses troupes à l'est du camp ; il voulait empêcher que les cavaliers arcadiens envoyés par Évandre et les contingents étrusques qui les accompagnent, descendus évidemment le long du Tibre, ne fassent leur jonction avec les assiégés (10, 238-240). Mais une fois de plus son plan fait long feu. Au cours de la matinée, les Rutules massés à l'est remarquent dans le camp une agitation, une jubilation incompréhensibles (10, 267-268). C'est que la flotte étrusque ramenant Énée vient de paraître sur la mer, donc à l'ouest ; le débarquement est imminent. En présence de l'imprévu, Turnus transforme son dispositif et il ne le fait pas très heureusement : il avait imaginé d'abord de partager ses hommes, dont une partie serait restée autour du camp (10, 285-286) ; finalement il entraîne tout son monde vers la mer (10, 308-309), voire vers le secteur sud-est de la bataille du litoral (cf. n. *ad* 10, 362), en sorte qu'un peu plus tard les assiégés, Ascagne en tête, réussissent une sortie victorieuse (10, 604-605).

On ne peut échapper à l'idée que Virgile a pris plaisir à organiser autour du camp troyen une succession d'opérations diverses, très distinctement localisées. C'est un moyen aussi de faire ressortir l'héroïsme intelligent des Troyens, leur esprit de résistance qui fait échouer chaque fois les initiatives de Turnus. En contre-partie, le chef rutule nous apparaît malchanceux, imprévoyant ; son agitation même dessert ses initiatives, qu'il ne sait exploiter.

En aucun passage de l'*Énéide*, même sur le site de Rome, la topographie n'est exploitée par le poète de façon aussi précise. Il s'est amusé des combinaisons auxquelles se prête la structure quadrangulaire d'un camp et des facilités qui, pour l'exposition, découlent de cette simplicité géométrique. Il pouvait compter que ses auditeurs n'auraient aucune peine à le suivre, à imaginer les techniques de l'approche, celle de la *testudo*. Le lieu même était aux portes de Rome ; dans cette banlieue, les contemporains du poète pouvaient imaginer que le paysage ancien s'était mieux conservé qu'à Rome ; les grosses murailles de l'enceinte élevée par Sylla semblaient représenter, continuer les fortifications du temps d'Énée.

Page 7.

78. « Qui sauva leurs navires de ces feux redoutables ? » — Cet épisode de la métamorphose des vaisseaux a dans les traditions légendaires des attaches plus solides que n'a cru Servius *ad loc.* A propos de 5, 604-663, nous avons précédemment rappelé que le motif de l'incendie des vaisseaux revient souvent dans les récits de fondations. A des navigateurs, à des exilés longtemps incertains il impose un jour la nécessité de se fixer ou révèle qu'ainsi le veulent les dieux. Au début du l. 9 Virgile a voulu ajouter ce signe à ceux qu'il avait donnés au début des l. 7 (107-134) et 8 (81-89). Il a imaginé que cet incident décisif résulterait, en un moment d'extrême angoisse, d'une initiative hostile de ceux-là mêmes qui veulent chasser les Troyens, mais qui se font ainsi, inconsciemment, serviteurs et instruments du destin. D'où l'assaut de Turnus.

Cependant, outre qu'un incendie est toujours sinistre, les Troyens, le lecteur auraient pu se méprendre, voir dans la destruction des vaisseaux le désastre qui emprisonne des malheureux sur une terre ennemie et les livre pieds et poings liés. Aussi l'incendie ne sera-t-il que mimé et il sera manqué. A l'approche des Rutules armés de brandons, une violente bourrasque venue de l'est (c'est-à-dire de la chère patrie troyenne), accompagnée de fulgurations et de voix surnaturelles, a arraché les vaisseaux à la rive et les a engloutis au milieu du Tibre. Ensuite on n'a plus vu sur les flots que des formes virginales (*uirgineae facies*, 120-122) se dirigeant vers l'ouest, vers la mer. L'évocation de la Grande Mère du Bérécynte, les bruits tumultueux qui accompagnent son cortège rappellent l'enlèvement de Créuse (cf. 2, 784 et n.), disparaissant elle aussi comme victime des agresseurs et reparaissant métamorphosée en compagne pour toujours de la déesse.

Comme dans le cas de Créuse, la métamorphose confirme la signification favorable du prodige. La disparition pure et simple de ces bons compagnons (ou compagnes : *nauis, prora, puppis, carina* sont féminins) de route engouffrés, noyés dans le Tibre aurait eu quelque chose d'équivoque et d'affligeant ; il est plus agréable de les revoir s'éloignant dans la brume, mais vivant sous une forme toujours amicale, devenue même plus expressive. Pour l'imagination, un vaisseau n'a jamais été tout à fait un objet : il a porté la charge de vies humaines ; songeons au *Vaisseau Fantôme*, au *Bateau Ivre*, ou au *phaselus* catullien, mélancoliquement penchés sur leur passé et si bien-disants. Il offre souvent à sa proue un visage, celui d'un Triton, d'un Centaure, d'un dieu qui figure son âme. La nef Argo était douée de discernement et de parole : faite d'un bois sacré, elle est, après sa mission, transportée au ciel pour y être une constellation. Il n'est pas impossible que Virgile s'appuie ici sur des traditions, dérivées précisément de la légende d'Argo, selon lesquelles le vaisseau d'Énée n'eût pas été un vaisseau ordinaire, mais l'œuvre du dieu Mercure (Naevius, *ap.* DServ., 1, 170). Compagnon bien nécessaire en effet pour guider le héros vers des terres dont il ne savait rien. K. Quinn a bien noté que l'*Énéide* tient quelquefois, comme l'*Odyssée*, du conte de fées. Le père de Cupavo n'a-t-il pas été, dans sa vieillesse, transformé en cygne ? Virbius est le fils d'Hippolyte ressuscité par Diane ; Turnus est frère d'une nymphe immortelle ; Messapus est invulnérable. *Figmentum poeticum.* Essayons de nous y plaire ou, plus heureux, ne boudons pas notre plaisir.

Page 8.

113. « Troyens, Rutules ». Dans la guerre qui commence au l. 9, les Rutules semblent tenir beaucoup de place. Dans les l. 9-12 *Rutuli* (en ses divers cas) paraît 41 fois tandis que *Latini* paraît 28 fois et *Laurentes* 3 fois. Pourtant ce n'est pas en Ardée mais dans la ville des Laurentes (qui est aussi celle des Latins) que l'étendard de la guerre a été dressé, que siège le conseil de guerre, que la bataille se transporte pour l'effort décisif ; c'est cette ville des Laurentes, siège du pouvoir de Latinus, qu'Énée tient pour le principe de la guerre, *causam belli* (12, 567). Il n'en avait pas toujours été ainsi dans le passé de la légende ; chez Caton, chez Tite-Live, Énée, parfois allié à Latinus ou au peuple de Latinus, avait lutté contre les Rutules d'Ardée ; la guerre s'achevait, non sous les murs de Latinus, mais sous les murs d'Ardée que les Troyens détruisaient par le feu (Ov., *Métam.*, 14, 573). Mais nous avons vu que Virgile concentre en une seule les guerres soutenues par les Troyens, que Turnus est pour lui le commandant en chef de l'armée des Latins, que les Rutules en cette circonstance — et sans préjudice des liens particuliers qui les lient à Turnus leur compatriote (c'est à ce titre sans doute qu'on les voit en 12, 216-243 s'inquiéter les premiers du sort fait à Turnus) — interviennent principalement comme l'un des peuples les plus importants de la confédération latine.

Pour comprendre, il faut aussi nous représenter la manière dont Virgile a conçu le développement des combats. C'est dans le l. 9 que la prépondérance du mot *Rutuli* est le plus sensible

(13 ex. contre 1 *Latini*) ; cela peut s'expliquer parce que l'opération décidée par Turnus sur l'avertissement d'Iris n'a engagé qu'une partie de l'armée confédérale, les contingents concentrés à Ardée, ceux qui représentent sans doute les peuples du sud-est de la coalition ; la présence de Messapus et de ses cavaliers campaniens (cf. *supra*, n. *ad* 7, 691) est ici très significative ; dans ce secteur les Rutules sont assurément le peuple latin le plus important. De fait, nous apprenons au cours même de ce livre (v. 368), qu'une *legio* non engagée dans les combats, demeure encore auprès de l'*urbs Latina*. Ce sont ces hommes que nous verrons combattre les jours suivants, Halésus de Falérles (cf. n. *ad* 7, 691), Clausus et ses Sabins, Céculus et les Prénestins, Catillus et Coras venus de Tibur, tous absents des combats des deux premiers jours (le 3ᵉ et le 4ᵉ suivant notre chronologie, cf. *supra*, p. 168). Ainsi pourrait s'expliquer qu'aux l. 10 et 11 un meilleur équilibre se rétablisse entre *Rutuli* (15 ex.) et *Latini* (14 ex.).

D'une façon plus générale, il faut encore, croyons-nous, tenir compte de ce que la tradition épique désigne volontiers l'ensemble d'une coalition par le nom d'un des peuples qui la constituent. Dans l'*Iliade*, Argiens, Achéens, Danaens s'emploient à peu près équivalemment quant au sens (cf. P. Wathelet, *Les noms des Grecs et de la Grèce dans l'épopée homérique*, dans *Actes du XIᵉ congrès international des sciences onomastiques*, tome 2, Sofia, 1975, p. 429-441) et Virgile ajoute encore à ces désignations le terme de Pélasges et de Grecs (*Grai*). Les Troyens de l'*Énéide* sont équivalemment *Troiani*, *Teucri*, *Dardani*. Les Étrusques sont *Tusci*, *Tyrrheni*, *Maeonii*. Virgile, s'inspirant de ces polyonymies, a pu penser que, pour désigner les confédérés qui s'opposent à Énée, *Rutuli* pourrait doubler *Latini*, un doublet dont les formes trisyllabiques sont d'ailleurs d'un emploi beaucoup plus commode puisque *Latini* (*-nos*, *-nis*) ne peut occuper que la fin des vers.

Avec plus d'attention, on verrait peut-être qu'en cas de polyonymie les diverses désignations ne sont pas toujours employées tout à fait indifféremment. Évandre, tracassé par les Latins (8, 55), les incrimine sous le nom de Rutules (8, 474) ou de Volsques (11, 167). Tel que Virgile a bâti son Latium, « les Rutules », tout en désignant, certes, le peuple d'Ardée, est aussi un terme qui ne disconvient pas lorsqu'on veut parler des Latins en armes. Un peu comme, naguère, les Français, employaient le terme de « prussien » pour désigner certains aspects de la civilisation allemande. En revanche, quand les Romains pensaient à leurs attaches rurales, ils se voyaient volontiers comme Sabins. Dans l'*Énéide*, la perspective d'opérations militaires substitue *Rutuli* en des contextes où la géographie la mieux assurée semblerait recommander *Latini* : Énée débarquant aux bouches du Tibre a pris terre au pays des Rutules (8, 381). Il nous est bien difficile de reconnaître dans quelle mesure Virgile ici innove ou au contraire continue des traditions anciennes : Ardée a joué un rôle, et un rôle militaire important, dans le plus ancien passé du Latium. Intermédiaire entre l'histoire et l'épopée, une notice de Festus (119 M.) peut avoir son intérêt, selon laquelle les *Luceres* (c'est-à-dire la composante militaire de l'ancienne cité romaine) auraient reçu leur nom de Lucérus, roi d'Ardée qui vint secourir Romulus alors en lutte avec Tatius.

Page 9.

130. « ils n'attendent ni les traits ni le feu des Rutules ». Turnus décrit ce qu'il vient d'avoir sous les yeux : les vaisseaux ont rompu d'eux-mêmes leurs amarres et sont allés disparaître dans les flots ; ils n'ont pas attendu que Turnus les attaquât. Le sujet de *exspectant* serait donc *naues Troianae* à dégager de *Troianos* (v. 128). Mais il est évident que, pour Turnus qui prend ses compagnons à témoin, la disparition spontanée des bateaux présage l'effacement sans combat des Troyens eux-mêmes (dans un tout proche avenir, comme la disparition des bateaux a eu lieu dans un tout proche passé, — d'où le présent *exspectant*) : « Vous le voyez : ils n'attendent pas les Rutules, ils disparaissent d'eux-mêmes comme un mauvais rêve, condamnés par leur lâcheté et par l'hostilité de Jupiter. » Cf. 7, 361-362 et n. *ad* 9, 4.

137. « J'ai mes destins aussi... » Nulle part Turnus ne se réfère à un intérêt personnel (*coniuge praerepta*) qui pourrait l'engager dans la lutte contre les Troyens ; et il est important de ne pas se méprendre ici sur son intention (cf. 7, 577 et n.). Il s'agit, en fait, d'une argumentation relative à l'appui que les destins vont apporter à la cause des uns et des autres. Énée avait pour lui des *fata*, mais ils se trouvent accomplis par son arrivée en Italie, il n'a plus rien à en attendre. Turnus également a pour lui des *fata*, mais ceux-ci sont toujours vivaces : l'injustice que les Troyens ont commise à son égard appellera sur eux la vengeance céleste ; Turnus peut s'assurer de la même prédestination à vaincre qui soutint jadis les Atrides victimes des forfaits de Pâris. Turnus n'évoque donc pas le détournement de Lavinia pour inviter ses soldats à le venger, mais pour leur confirmer qu'ils ont en lui un chef dont les dieux justes soutiendront le bras jusqu'à la victoire. — La remarque qui vient ensuite se place sur un autre terrain, celui de la commisération : les Troyens ont eu déjà bien des malheurs, ceux-là n'ont-ils pas suffi ? faut-il encore y ajouter, en pourchassant ces infortunés ? La réponse de Turnus est que si quelque chose a suffi, c'est leur premier crime, celui de Pâris ; que n'en sont-ils au moins restés là ! Suivent des mots difficiles à entendre (*penitus... femineum*) qui

semblent porter un jugement sur le fait qu'après le crime de Pâris les Troyens ont récidivé, entreprenant sur Lavinia ce qu'ils avaient entrepris sur Hélène. *Modo non* est une expression assez rare (Térence, *Ph.*, 68 ; Val. Max., 8, 11 *ext.*, 7 ; 9, 2, 1 ; *tantum non*, avec le même sens, est plus fréquent : Liv., 5, 7, 2 ; 25, 15, 1) qui signifie en somme « presque » (*modo non hoc agere*, « s'arrêter tout juste avant de faire cela » = « aller presque à faire cela ») ; elle porte ici soit sur *omne*, soit sur *perosos*, soit sur les deux. *Perosos* équivaut, croyons-nous, à une conditionnelle, *si perodissent* ; on verra, d'autre part, notre traduction, conforme à l'interprétation de Servius : la ruine de Troie, leur ayant fait expier si durement l'enlèvement d'Hélène, aurait dû leur faire passer radicalement (ou presque), leur goût pour les femmes. R. D. Williams entend *perosos* comme équivalent à *qui peroderunt*. « Ce qui a suffi plutôt, c'est leur premier crime, à ces misérables qui décidément se sont presque faits (par leur insatiable lubricité) les persécuteurs de toute la gent féminine ». Il nous semble que l'interprétation à laquelle nous nous sommes arrêté est plus fidèle au sens habituel de *perodisse*.

Page 10.

153. « envelopper leurs murs de flammes ». Le contexte paraît rendre nécessaire de distinguer *igni circumdare muros* (v. 153), attaque par le feu en plein jour (cf. 521-522, 535-537), à réaliser le lendemain, — et *moenia cingere flammis* (v. 160), surveillance nocturne au moyen de feux de bivac (cf. v. 189, 239-240, 351-352). Comme il s'agit dans l'immédiat de surveiller le camp troyen, nous pensons que *portas, moenia, muros* aux v. 159-161 se rapportent au camp troyen, quoique le campement rutule soit lui-même appelé *castra* (v. 315, 366, 451-452). Au v. 371, le contexte semble bien suggérer que les *castra* soient le campement rutule et *muros* les murs de ce campement. Mais ni dans l'expédition de Nisus et Euryale, ni dans les combats des jours suivants on n'entrevoit la présence de murs autour du campement rutule.

Page 11.

182. « ils n'avaient qu'une passion ». *His amor unus erat.* S'agit-il du *pius amor* (5, 296) dont nous savons déjà qu'il *unit* les deux jeunes gens ? Ou le poète veut-il nous dire que la guerre est leur *unique et même* passion à l'un et à l'autre, cf. 12, 282. Rien n'est plus difficile que de déterminer la tonalité affective que le poète a voulu donner à cet épisode. Les lectures modernes, très sensibles aux composantes sentimentales, minimisent peut-être la part que Virgile, ici même, a voulu faire à la valeur guerrière et au courage, à l'esprit d'aventure, au goût de l'exploit, cf. v. 197 *amor laudum*.

Page 12.

193 « des messagers qui lui rapportent de nos nouvelles ». Grammaticalement on pourrait songer à « qui nous rapportent de ses nouvelles ». Mais tout le contexte suggère qu'il s'agit de rappeler Énée (v. 192, 241, 257). Avec Servius nous préférons le premier sens. Un passage de Cicéron peut nous aider à reconnaître la valeur du préfixe : les généraux vainqueurs, nous dit-il, maîtres de leur butin et de l'argent qu'ils en tirent, peuvent indifféremment l'employer à l'embellissement de la ville et des temples ou *ad Xuiros tanquam ad dominos reportare* (*Leg. agr.*, 2, 61). « Rapporter » signifie ici « remettre », c'est-à-dire porter à quelqu'un qui est qualifié pour recevoir et dont on peut se considérer comme un auxiliaire. Le « rapport » est la contre-partie d'une mission dont on a été chargé au moins implicitement. L'idée est ici que les Troyens assiégés doivent mettre Énée, le chef, au courant de la situation ; cf. 7, 167, cas plus simple.

200. « T'enverrai-je seul... » L'innocence et la confiance dont témoigne *mittam* (Euryale dispose du destin de Nisus) me paraît un des traits les plus touchants de tout l'épisode. — On en rapprochera dans la bouche de Nisus le *referat tibi* du v. 208 (pour Nisus, « revenir » c'est revenir près d'Euryale).

202. « élevé entre les menaces d'Argos et les peines de Troie ». Il y a là sans doute un élément à retenir pour la chronologie de l'*Énéide* (cf. *supra*, t. I, p. 168-169) : Euryale, né tout au début du siège de Troie ou immédiatement avant, doit avoir 17 ans.

208. « je ne voudrais pas qu'à ce prix... » L'idée paraît être : « L'amertume d'avoir douté de toi au moment de m'exposer me gâcherait la joie de revenir vainqueur auprès de toi. Que Jupiter et les dieux qui me veulent du bien ne me donnent jamais telle victoire ! » *Non* porte sur *ita* qui signifie *de uirtute tua dubitantem*. — Le caractère elliptique du texte, peut-être ce raffinement de délicatesse ont embarrassé Servius, qui propose de ponctuer non pas avant *non* mais après : *ita*, reprenant la phrase négative qui précède, signifierait alors *nihil de uirtute tua dubitantem* ; le sens reste le même. Mais cet emploi de *non* en fin de phrase pour confirmer de façon exclamative un énoncé négatif ne semble pas attesté, pour l'époque de Virgile, dans les textes en notre possession. Peut-être au temps de Servius commençait-il à se faire place dans la langue parlée, cf. Leumann-Hofmann-Szantyr, p. 452 fin.

Page 14.

243. « vous le verrez bientôt présent ». Tibérius Donatus interprète : « vous nous verrez bientôt présents ». A tort, croyons-nous. Ce qui importe, c'est le retour d'Énée, non pas celui des

deux messagers ; c'est ce retour qui intéresse tous les assiégés ; c'est lui qui a été à l'origine du projet de Nisus (192-196) ; la récompense qu'ambitionne Nisus, il ne l'attend pas de la conquête d'un riche butin mais de la reconnaissance des Troyens (194-195). — Si nous devions suivre Donatus, Virgile, ici, nous ferait entendre que Nisus s'intéressait beaucoup à faire lui-même grand massacre et à revenir chargé de butin ; le poète nous préparerait ainsi aux événements qui vont suivre. Mais il nous semble que, par la suite, Virgile, tout au contraire, nous suggère que la tentation qui devait être si fatale aux deux jeunes gens a brusquement surgi (*ipsa uocat res*, v. 320) quand ils entrent dans le campement, à la vue de tous ces corps abandonnés au sommeil (316-320). *Futuri exitio* (315-316) ne marque pas, ce nous semble, une intention des héros mais une anticipation du poète.

Page 15.

280. Le discours d'Ascagne paraît confiner à l'extravagance. Rite de politesse (cf. 7, 262 et n.), impulsivité mal mesurée de la jeunesse ?

283. « A la seule fortune conviennent les vicissitudes ». Littéralement « que la fortune, et elle seulement, se manifeste — et peu m'importe — favorable ou hostile ». Bien que la confusion de *aut* et de *haud* soit très fréquente dans nos manuscrits, nous croyons que *aut* s'impose ici (*haud aduersa* ne serait qu'une glose très insipide de *secunda*). La suite des idées semble assez naturelle : il y a opposition entre *me* et *fortuna*. Euryale s'engage pour lui-même : sous une forme pleine de modestie (parfait du subjonctif) il forme le vœu de ne jamais changer, au vrai il s'y engage ; puis d'une façon dédaigneuse il considère, à titre de circonstance accessoire, au fond indifférente, les possibles variations qui sont le lot de la fortune. L'instabilité n'atteindra pas le cœur d'Euryale, elle restera limitée (*tantum*) au comportement de la fortune. Le mot *tantum* porte donc sur la proposition qui le suit, non sur celle qui le précède ; il affecte d'une limitation non la portée de l'engagement d'Euryale, mais le domaine où une instabilité peut se manifester. Au v. 299, Ascagne adopte une attitude analogue : affirmation d'une gratitude inconditionnée (parce qu'elle répond à l'engagement d'Euryale) en dépit de la diversité imprévisible des résultats (*casus quicumque sequentur* = *fortuna secunda aut aduersa cadat*). En 10, 449-450, Pallas lui non plus ne s'exprime pas autrement (*sorti pater aequos utrique*).

Page 19.

369. « Ils apportaient une réponse au roi Turnus ». *Turno regi* (ou *regis* = *Latini*) *responsa ferebant*, on verra dans l'appa-

rat l'hésitation de Servius. Nous avons préféré le texte le mieux attesté : il nous paraît évoquer une suite d'événements vraisemblables. Au moment de quitter Ardée avec les contingents qu'il y avait rassemblés, Turnus a informé de ce mouvement les chefs de la *legio* alors cantonnée près de l'*urbs Latina* ; il leur demandait apparemment de se joindre à lui. La suite des événements, au l. 10, montre qu'en effet de nouvelles troupes sont venues autour du camp troyen renforcer l'armée de Turnus (cf. *supra*, n. *ad* 9, 113). Les 300 cavaliers apportent à Turnus une réponse favorable : l'armée viendra ; eux-mêmes n'en sont que l'avant-garde (*praemissi*), l'armée arrivera plus tard (*moratur*), sans doute en fin de journée. — Si le *rex* est Latinus on devra supposer qu'en dépit de sa décision de ne pas intervenir, le vieux souverain est tenu au courant par Turnus et, maintenant que la guerre est engagée, ne lui refuse pas ses conseils, peut-être même un appui.

372. « se détournant par un sentier à leur gauche ». La traduction reproduit ici une ambiguïté du texte. On peut en effet rattacher *laeuo limite* à *flectentis* : les deux Troyens, après avoir traversé le campement d'ouest en est, songent sans doute à retrouver le Tibre qui dans la nuit et les fourrés leur servira de repère ; c'est d'ailleurs ce qu'ils avaient prévu (243-245). Ils doivent alors très nettement infléchir leur marche vers *leur* gauche, surtout si l'on tient compte du coude du Tibre en amont d'Ostie (Ov., *Fastes*, 4, 330). Et d'autre part *laeuo limite* peut être également rattaché à *cernunt* : Volcens peut voir les jeunes gens à *sa* gauche si, descendant lui-même le long du Tibre, il les surprend avant qu'ils n'aient achevé leur mouvement vers leur gauche ; la surprise a lieu en effet tout près du campement (v. 371). Les mouvements et situations supposés par l'une et l'autre construction ne s'excluent pas. Mais c'est le rattachement de *laeuo limite* à *cernunt* qui importe le plus pour fixer la situation respective des personnages et expliquer ce qui va s'ensuivre : les Troyens surpris s'échappent vers les forêts où, n'ayant plus pour se guider le repère du Tibre, ils finiront par s'égarer. Cette manœuvre n'eût pas été praticable si Volcens, qui aborde le campement par le côté d'où s'en éloignent les jeunes gens, les avait vus à sa droite, c'est-à-dire proches du Tibre, entre le Tibre et lui. Il lui aurait alors été facile de leur interdire l'accès des forêts, de les serrer contre le Tibre, de leur barrer la route de Rome ; quant à eux, ils se seraient trouvés réduits à se cacher dans le lit du fleuve ou à rentrer dans le camp troyen.

388. Les *loci Albani* sont entre Ostie et Rome sur les collines par où s'abaisse le mont Albain ; ils dominent ce point de la vallée d'où l'on commence à voir Rome (9, 214-215) et où Énée a découvert la truie miraculeuse (8, 42-48, 81-85) ; sur cette topographie et sa signification cf. *supra*, t. II, p. 205-207. — *Imprudens*

s'explique bien par rapprochement avec Térence, *Hec.*, 879-880 : il s'agit d'actions qui n'ont pas été accompagnées d'une suffisante attention et intention. Mais ce dont on n'a pas pris suffisante conscience est à dégager du contexte qui peut, comme ici, être équivoque : Nisus a effectivement échappé à ses poursuivants, il est maintenant hors de danger, mais sans qu'il le sache ; ou il a échappé à ses poursuivants, mais sans penser à autre chose, c'est-à-dire, sans doute, au sort d'Euryale. On ne peut, croyons-nous, exclure complètement ce second sens. La faute de Nisus acceptant un jeune compagnon qu'il négligera de suffisamment protéger sera bientôt celle d'Énée oublieux de ses devoirs envers Pallas (Et déjà dans l'incendie de Troie Énée avait derrière lui oublié, perdu Créuse). Ce n'est pas seulement le chagrin mais aussi le remords qui inspirent ensuite la fureur de Nisus comme celle d'Énée.

Page 21.

412. « le javelot atteint de face le bouclier de Sulmo ». Si Sulmo fait face (*aduersi*), il ne peut être frappé dans le dos ; *tergum* doit donc désigner son bouclier comme Servius le dit expressément. Et en effet *tergum*, par référence au cuir du dos d'un bœuf, a parfois le sens de « cuir » (5, 403 ; 10, 718 et n.) ou au pluriel désigne un objet constitué ou recouvert de cuir, cestes (5, 419), éléments de protection du bouclier (9, 706 ; cf. par analogie *ferri terga* 10, 482). Ici il reviendrait au contexte (*aduersi*) d'exclure une ambiguïté que l'emploi du singulier rend particulièrement redoutable ; nous ne connaissons pas de passage vraiment comparable à celui-ci.

En revanche, on comprendrait très bien qu'un de ceux qui font cercle (cf. *globus*, v. 409) autour d'Euryale eût été frappé dans le dos (*auersi*) par Nisus qui vient du dehors. On notera même que pour atteindre de face (*aduersi*) un des assaillants qui font cercle autour d'Euryale et apparemment lui opposent leur bouclier, le javelot de Nisus aurait dû frôler Euryale, risquant de le tuer ; et nous voyons par la blessure que Nisus porte ensuite à Tagus, l'attaquant de côté, lui traversant la tête d'une tempe à l'autre, que le poète a été très attentif à la situation locale de ses personnages.

En pareil cas un éditeur n'a guère le droit de corriger le texte transmis ; cependant on ne saurait exclure la possibilité qu'*aduersi* eût été substitué à *auersi* par une bévue matérielle, puis canonisé par les doctes parce que cette leçon introduisait dans le texte une difficulté piquante (cf. t. I, p. XL).

Page 22.

446. « Bénis des dieux... » Ce n'est pas tout à fait « Heureux » mais « qui ont eu de la chance », qui n'ont pas à se plaindre de la Fortune ; l'expression contraste avec les circonstances de cette

double mort, avec l'impuissance de Nisus à sauver son ami, avec ses remords. Malgré tout cela, ils ont eu de la chance. Apparemment parce qu'ils sont morts jeunes, parce que la vie ne les a ni déçus,ni flétris, ni séparés, parce qu'ils n'ont pas eu l'occasion de se connaître médiocres et misérables. Virgile rejoint ici une tradition fort ancienne suivant laquelle ceux qu'aiment les dieux meurent jeunes (cf. Plutarque, *Consol.*, 34).

L'épisode est difficile à interpréter : la sympathie du poète n'est pas contestable. Et pourtant sa peinture n'est pas sans ombres et rien ne l'obligeait à étendre ces ombres. Pourquoi les jeunes gens oublient-ils leur mission, comment peuvent-ils trouver tant de plaisir à un carnage sans gloire, pourquoi cèdent-ils si puérilement à l'amour du butin ? Leur lumière, c'est qu'ils ont gardé dans le péril non seulement un dévouement mutuel qui n'est pas rare entre les combattants d'une même armée (cf. César, *B. G.*, 5, 44), mais la fleur infiniment plus rare d'un sentiment affectueux, que Nisus avouera en paroles et en gestes jusque devant l'ennemi incompréhensif et brutal. Cela rachète-t-il tout et paraîtra-t-il d'autant plus précieux que le décor d'ensemble est plus sombre et que les héros eux-mêmes participent à cette obscurité ? On a souvent l'occasion de noter que la sympathie de Virgile n'exclut pas les faiblesses en ceux sur lesquels elle se porte : Camille, elle aussi, a été tuée parce qu'elle convoitait trop aveuglément le manteau d'or de Chlorée ; sa présomption, de même, a été pour beaucoup dans l'échec définitif des Latins. Peut-être Virgile entendait-il en ce sens l'énigmatique passage où Aristote semble définir le héros tragique comme ni tout bon ni tout méchant, et tombé dans le malheur δι'ἁμαρτίαν τινά (*Poétique*, 1453a), — par sa faute, a-t-on souvent compris.

L'ampleur de l'épisode surprend aussi. Mais précisément ce n'est pas un épisode, comme est la Dolonie dans l'*Iliade*, 10, 220-578 : c'est l'ouverture de la guerre. La guerre commence seulement là (c'est ce qui explique l'invocation des v. 525-528) ; auparavant, tout n'a été que fanfaronnades, démonstrations tumultueuses, manœuvres d'intimidation. Nisus et Euryale sont du côté des Troyens les premiers morts de la guerre et l'on sait quelle émotion particulière inspirent ces premiers destins.

Un dernier point dans ces vers mérite d'être noté : Virgile lie la durée de sa gloire (448-449) à la durée de Rome. Presque à la même époque on retrouve chez Horace une formule toute semblable : *dum Capitolium scandet cum tacita uirgine pontifex* (*Od.*, 3, 30, 8-9). Ne croyons pas trop vite que chez des hommes de cette qualité, en des contextes aussi graves, ce soit seulement, pour désigner l'infini de la durée (cf. *Buc.*, 5, 76 ; *Aen.*, 1, 607), une manière de parler patriotique, un peu irréelle. Virgile, parlant ici en son propre nom, voue son poème à Rome, vivant assez s'il vit autant que Rome et renonçant à regarder au delà. Avait-il raison ? La fortune de l'*Énéide* est-elle à ce point liée à celle de

Rome, qui fut transitoire ? Je ne sais. Je vois bien que nous lisons toujours *Œdipe* et *Macbeth* : l'effacement de Thèbes n'y a pas changé grand-chose, ni les vicissitudes ultérieures de l'Écosse. Mais peut-on de la même façon s'attacher à l'*Énéide* si Rome, si l'Empire ont cessé d'émouvoir ? — A moins que... L'homme, après tout, a des dimensions politiques, sociales, autant que personnelles ; il fait partie d'une humanité qui est communauté. Il se pourrait donc qu'au delà de leur passage éphémère sur le devant de la scène, Rome, l'Empire fussent eux-mêmes des formes archétypiques, comme éternelles, de la vocation humaine ; Dante a bien dû penser quelque chose de cette sorte. En ce cas l'*Énéide* garde encore ses chances de nous accompagner longtemps.

Page 27.

588. « le plomb en fusion ». Au moment de son impact sur un objet solide, une balle de plomb s'échauffe vivement. Les Anciens croyaient que cette chaleur lui était venue de la rapidité de son mouvement dans l'air : en principe une balle très rapide aurait pu fondre en plein vol : *plumbea uero glans etiam longo cursu uoluenda liquescit* (Lucr., 6, 178-179, cf. Aristote, *Du ciel*, 289a). Dans le présent texte il y a une sorte de contradiction entre cet état de liquidité et l'effet produit (*diffidit*) qui suggère plutôt le choc d'un projectile solide, dur ; mais on ne supposera pas que *liquefacto* fasse allusion à la coulée du plomb lors de la fabrication des balles.

Page 28.

613. Cette peinture de l'endurance et de la robustesse italiennes rappelle certains passages des *Géorgiques* (2, 167-172, 472, 513-518, 531-535) où l'intention laudative est manifeste. Et pourtant Numanus est un personnage antipathique et la comparaison avec les *Géorgiques* fait chaque fois apparaître chez lui un excès : à ses yeux le labourage est une annexe de la guerre (9, 609-610), la dignité de l'homme consiste à *uiuere rapto* (v. 613) ; au contraire, le paysan des *Géorgiques* ne vit que pour les œuvres de paix, la transformation des faux en glaives est pour lui le malheur suprême (*Georg.*, 2, 539-540 ; cf. 1, 508). On comparera encore ce qui est dit de l'enfance (*Aen.*, 9, 603-606 et *Georg.*, 2, 523). Plus encore qu'aux *Géorgiques*, il convient de se reporter ici à la peinture qu'avait faite Évandre de la préhistoire du Latium (8, 314-323 et n.) : à l'origine une humanité sauvage, digne des premiers hommes de Lucrèce (il y a sans doute un rappel de 8, 315 en 9, 603), puis l'intermède d'un âge d'or sous le patronage de Saturne, mais, bientôt après, une retombée et l'âge de fer *deterior aetas, belli rabies, amor habendi* (8, 326-327). C'est cet état de barbarie qu'exalte Numanus. Virgile

s'est inspiré peut-être de ce qu'on racontait déjà des brigands de l'Abruzze : on retrouve la chasse, les forêts, le pillage organisé, chez les Équicules d'Ufens (7, 744-749). L'obsession de la guerre, les baignades dans l'eau glacée ont grand chance d'avoir été empruntées à des récits relatifs aux Germains, cf. César, *B.G.*, 4, 1, 8-10 ; 6, 21, 3-5. Énée s'affronte à cette Italie sauvage : Numanus est le beau-frère de Turnus (9, 593-594), Ufens est un des premiers de la coalition (8, 6), un éducateur de la jeunesse (10, 518 et n.), un ami personnel de Turnus (12, 641-642). Que d'efforts seront nécessaires pour que les fils de Troie arrivent à restituer au Latium l'œuvre trop vite effacée de Saturne !

Page 35.

770. « Turnus, du talus, lui décharge un coup d'épée ». Le camp troyen est défendu par un talus qui, du côté de l'ennemi, est surmonté d'un mur (9, 562 ; 10, 122) et bordé par un fossé (10, 24, 144, 236). Turnus est entré dans le camp par la *porta Dardania* (cf. v. 695 et *supra*, p. 174) située au milieu du côté sud de ces défenses. Après avoir tué Pandarus et Bitias, il s'en prend aux Troyens qui fuient en désordre devant lui, sans doute vers l'intérieur du camp ; puis il revient sur ses pas vers le talus où des Troyens, ignorant ce qui se passe à l'intérieur, continuent à défier l'assiégeant du dehors. Turnus pour les entreprendre est donc lui-même monté sur le talus. C'est alors qu'accourt Lyncée à la tête d'une petite troupe ; il vient sans doute du mur ouest où se livrent les plus durs combats ; il est peu vraisemblable qu'il coure sur l'*agger*, il est plutôt dans le camp et longe l'*agger*. Lorsqu'il arrive à proximité de Turnus, Turnus est à sa droite et le domine du haut du talus, d'où la force (*conixus*) avec laquelle il lui décharge son épée entre la tête et les épaules.

Les effectifs des Troyens.

Virgile n'a pas dédaigné de préciser quelquefois le poids des bataillons qu'il engage dans la guerre ; nous savons, par exemple, que Mézence est accompagné de mille guerriers (7, 647-654), qu'Évandre a envoyé quatre cents cavaliers (8, 518-519), que la flotte étrusque a débarqué environ quatre mille hommes (10, 166-213 et n.). Mais un chiffre nous manque et c'est celui qui nous importerait le plus, celui des Troyens. Il est peu vraisemblable que le poète ait négligé de se donner à lui-même un chiffre au moins approximatif ; il en avait besoin pour établir un récit cohérent et peut-être nous en a-t-il dit assez pour que nous puissions reconnaître ses intentions.

Il nous a renseigné en effet sur le nombre des vaisseaux qui transportèrent les fugitifs. Vingt vaisseaux au départ de la Troade (1, 381) ; et vingt encore, six ou sept ans plus tard, quand ils quittent la Sicile pour l'Italie (1, 34). On supposera donc que leurs effectifs ont pu se maintenir ; les décès probables, les compagnons laissés en Crète (3, 190), peut-être ailleurs, ont été compensés par des recrues, engagées en Épire peut-être (3, 470-471) et sûrement en Sicile (9, 581-585). Après la tempête, Énée débarque en Afrique avec sept vaisseaux (1, 170), douze autres (1, 393-400) ont été poussés un peu plus loin et il les recouvrera bientôt, un seul fut perdu avec la plupart de ses occupants (1, 113-119, 584-585). Lors de la seconde escale en Sicile, quatre vaisseaux brûlèrent (5, 699) et ils ne furent pas remplacés ; les effectifs qu'ils transportaient correspondent au nombre, cette fois assez important, des Troyens qui ne voulurent pas reprendre la mer et préférèrent rester dans l'île (5, 713-717, 750-751). C'est donc une flotte de quinze vaisseaux qui arrive à Cumes puis au Latium ; en 10, 219 (*chorus*), Virgile s'est peut-être souvenu avec agrément que le nombre quinze convient précisément à la constitution d'un chœur ; en tout cas le chiffre est confirmé en 11, 326 quand Latinus, en veine de libéralité, parle de vingt vaisseaux que les Latins offriraient volontiers aux Troyens si ceux-ci leur faisaient le plaisir de s'en aller.

On peut essayer, au moins par hypothèse et sans sortir de l'*Énéide*, de passer du nombre des vaisseaux à celui de leurs passagers ; puisque les trente vaisseaux des Étrusques ont amené environ 4.000 hommes (10, 213 et n.), on peut supposer que sur les quinze vaisseaux des Troyens, il y avait quelque 2.000 personnes, dont un certain nombre de femmes (cf. 11, 35) et sans doute d'enfants. — Le fait est que le chiffre ainsi reconstruit ne paraît nulle part heurter les données du récit. Il n'y a évidemment aucune difficulté à loger 2.000 personnes dans le « camp » (ou ville fortifiée) d'Ostie. Les Troyens (non comptant les femmes et les enfants) ne peuvent avoir été beaucoup moins de 1.500 ; sinon on voit mal comment ils auraient pu fournir un contingent honorable dans la délégation de mille hommes qui doit accompagner le corps de Pallas (11, 61). Ils ne peuvent pas être beaucoup plus nombreux ; sinon on voit mal comment Latinus aurait pu envisager la possibilité de les installer sur un de ses domaines privés (11, 316-319 et n. ; cf. 9, 274). Enfin la situation évoquée au l. 12 (189-194 et n.) dans la perspective d'une fusion des Troyens et des Laurentes (on ne saurait penser ici à l'ensemble des Latins) suppose que les deux communautés sont de grandeur comparable ; compte tenu de ce que le pays laurente, dans les limites où l'a imaginé Virgile, borné par Ardée, Aricie, Pallantée, le Tibre et la mer, ne dépasse guère 300 kmq, le poète y pouvait faire vivre 2.000 à 3.000 familles (il y a une cinquantaine d'années, la densité de la population non urbanisée avoisinait dans ce secteur 25 à 50 habitants au kmq, cf. Giotto Dainelli, *Atlante d'Italia*, Milano, 1948) et nous nous retrouvons dans un ordre de grandeur où 1.500 Troyens en âge de porter les armes peuvent effectivement représenter des partenaires d'un poids comparable.

On voit que dans les détails qui, de plus ou moins loin, impliquent des données numériques, le poète ne s'est pas embrouillé, même quand on croirait qu'il procède à l'aventure ou donne des chiffres de pure fantaisie. On comprend aussi que le nombre de ses Troyens, quoique supérieur à celui qu'avaient imaginé ses devanciers (cf. 11, 316 et n.), restait encore bien faible (*exigui numero*, 5, 754), maintenant que les immigrants avaient à affronter (pour les raisons que nous avons dites t. II, p. 188) non plus les pauvres Aborigines ou un petit royaume côtier mais une coalition de toute l'Italie au sud du Tibre. D'où la nécessité de recourir aux Arcadiens de Pallantée et surtout aux Étrusques. Le poète y trouvait par surcroît une occasion de mêler à la légende d'Énée d'autres légendes italiennes. Mais là encore il lui fallait se garder, pour que dans leur propre camp les Troyens ne devinssent pas trop sensiblement minoritaires : c'est pour cette raison sans doute que, face aux troupes de Latinus et de Turnus, celles d'Énée et de ses alliés connaissent une infériorité numérique si marquée, du simple au double (12, 231-233), alors qu'il eût été si facile de faire venir, d'Étrurie notamment, un nombre de guerriers beaucoup plus élevé (cf. 10, 213 et n.). Il faudrait ensuite rendre plausible qu'Énée, après sa victoire remportée comme chef d'une coalition, reste cependant le seul maître, en mesure de s'arranger comme il l'entendrait, avec Latinus ; Virgile, nous le verrons (cf. *infra*, p. 202) y a pris grand soin.

Assurément, rien n'empêchait Virgile de se donner initialement un nombre de Troyens beaucoup plus élevé. Pour la guerre de Troie les Grecs avaient bien armé mille vaisseaux (2, 198 ; 9, 148, — en fait, si nous nous tenons à Homère, douze cent quatre-vingt-six), ce qui suppose environ 50.000 hommes. Mais il suffit d'envisager cette possibilité pour s'aviser que ce simple changement d'échelle eût requis l'imagination, la composition d'un poème tout à fait différent de celui que Virgile a choisi de nous donner dans l'*Énéide* ; les chiffres ne sont pas affaire de quantité seulement, il en résulte inévitablement des qualités.

Même quand Virgile entreprend de nous décrire une grande guerre, l'*Énéide*, comparée à l'*Iliade*, se tient dans un registre modeste. « Plus grand que l'*Iliade* », disait Properce (2, 34, 66) ; oui, la philosophie, la psychologie de Virgile atteignent des domaines plus divers et vont toujours plus loin. Mais un des traits de son esthétique est de déployer tout cela *in tenui* (cf. *Georg.*, 4, 6-7) ; W. Wimmel parle très justement d'une technique de la réduction (*Hirtenkrieg und arkadisches Rom. Reduktionsmedien in Vergils Aeneis*, Munich, 1973). C'est aussi pour lui un moyen de contraster l'humilité des origines avec l'extension future de la grandeur Romaine.

LIVRE X

Page 42.

5. Au moment où Turnus est repoussé hors du camp troyen, la journée n'est peut-être pas si avancée qu'on n'y puisse loger encore, en fin d'après-midi, le Conseil des dieux. Mais on voit qu'à ce Conseil, Vénus s'inquiète, Junon se félicite de l'ignorance où Énée se trouve de la situation des siens (v. 25, 85), ignorance qui n'est périlleuse que parce qu'elle risque de prolonger l'absence du héros. Ces propos n'auraient guère de sens si au moment même, en fin de journée, les Étrusques, avec Énée, levaient l'ancre pour apparaître au Latium dès le lendemain matin. On serait donc obligé de retarder de vingt-quatre heures le départ des Étrusques. Il en résulterait divers inconvénients : une nuit vide, une journée consécutive presque complètement vide aussi bien du côté du camp que du côté d'Énée, un allongement inexplicable de pourparlers que le poète nous dit avoir très rapidement abouti (v. 153). Aussi avons-nous supposé (*supra*, p. 169) que le Conseil des dieux se tient aux premières heures du jour où Turnus pénétrera dans le camp troyen. Mais nous sommes encore au matin : on ramène devant le camp les corps de Nisus et Euryale (échec de la tentative faite par les Troyens pour informer et rappeler Énée) ; Énée alors se présente devant Tarchon, la flotte étrusque ne lèvera l'ancre qu'à la fin de ce même jour.

Il nous semble que cette chronologie ne soulève pas de difficultés ; il n'y a, dans les débats du Conseil, aucune allusion à des événements postérieurs au jour ni à l'heure que nous lui avons supposés : nous ne croyons pas que les v. 22-24 se réfèrent à l'irruption de Turnus dans le camp comme ayant eu lieu déjà ; *miscent, inundant* anticipent sous une forme excessive des événements qui sont hautement probables dès l'heure où le camp a été investi, et qui, d'ailleurs, se réaliseront ; le v. 69 anticipe lui aussi une navigation qui n'a pas encore commencé mais dont Énée a évidemment accepté le risque puisque l'expédition dont il doit prendre la tête, est une expédition navale (8, 497) ; ce type d'anticipation et d'exagération est normal dans un discours passionné, cf. 9, 10 et n.

D'autre part, la chronologie que nous proposons opère un resserrement de l'action qui n'a par lui-même que des avantages ; le partage des jours, le moment du jour attribué aux divers épisodes (notamment au Conseil des dieux : 10, 1, comme Servius l'a bien reconnu, suggère évidemment le dévoilement du ciel à la clarté du jour et d'autre part la réunion d'un conseil des dieux est bien en place au début du jour où vont commencer les véritables opérations de la guerre, cf. n. *ad* 9, 4) y est aussi plus plausible. La première journée du l. 10 est la dernière du l. 9 (9, 459-818 et 10, 1-147 se déroulent simultanément) comme la première journée du l. 9 était la dernière du l. 8 (simultanéité de 9, 1-175 et de 8, 454-731). On peut dire encore qu'à l'intérieur de la même journée (la 4e selon notre numérotation) le passage du l. 9 au l. 10 fait rétrograder la narration de l'après-midi (Turnus chassé du camp) au début de la matinée (Conseil des dieux). Un même retour en arrière avait eu lieu à l'intérieur du 3e jour quand on était passé du l. 8 (s'achevant par l'arrivée d'Énée à Céré en fin d'après-midi) au l. 9 (commençant par une vision de Turnus dans la matinée). Sur l'ensemble de cette organisation, cf. *supra*, p. 166.

Aux v. 1 et 5, deux expressions inhabituelles doivent retenir notre attention. *Omnipotens Olympus* est un syntagme rare qu'on chercherait en vain à l'époque républicaine et pas davantage chez Horace, Ovide, Lucain, Stace, Silius, Valérius Flaccus. Il semble transférer à l'ensemble des *Superi* l'attribut fondamental de la souveraineté de Jupiter. Représentation moins anthropomorphisée, intention philosophique ? Le groupe reparaît en 12, 791 en une situation où se prépare dans le ciel une décision d'une extrême importance. — *Bipatens* est un mot rare ; après Ennius et Virgile, il ne reparaît qu'avec Ausone. Dans *Aen.*, 2, 330, *bipatentes portae* désigne une porte à deux battants. On hésite à croire qu'il s'agisse ici d'une demeure (*tectis*) fermée par une telle porte. L'évocation du ciel s'associe à des images d'ouverture illimitée. Servius, guidé peut-être par un texte explicite d'Ennius (*Ann.*, 61), mais que nous ne possédons plus, pourrait avoir vu juste en reconnaissant ici l'immensité du ciel ouvert à l'Orient et à l'Occident ; cf. Stace, *Theb.*, 1, 197-201. Cette notation rare, comme *omnipotens Olympus*, contribue sans doute à la solennité de la scène.

Page 46.

107. « Quelle que soit aujourd'hui la fortune de chacun ». *Hodie*. Ce vers est important pour fixer la raison d'être du présent Conseil. Il ne s'agit pas de prendre une décision pour l'avenir ; elle est déjà prise et Junon le sait aussi bien que quiconque : les Troyens resteront au Latium et Énée épousera Lavinia (7, 313-314). Mais ce que Jupiter veut éviter, c'est que les dieux dans l'immédiat interviennent trop activement pour peser sur les modalités de cette réalisation : elles doivent rester entre les mains des hommes, dépendre de leurs efforts et de leur chance (v. 111-112), si obscur que demeure ici le contenu de ce mot. Il réprouve donc les deux interventions de la veille : le signe envoyé par Vénus (8, 520-540), le message de Junon à Turnus

(9, 1-15). Plus précisément encore, il veut s'opposer radicalement à une intervention des dieux dans le déroulement des opérations du siège : Vénus pourrait être tentée d'informer Énée du péril où se trouve le camp ; Junon pourrait être tentée de communiquer à Turnus une intelligence ou une force surnaturelles qui lui permettraient d'enlever le camp. Naturellement Jupiter ne sera obéi qu'à moitié. Mars ce jour même va encourager les Latins (9, 717-719), Junon va détourner de Turnus un coup qui devait le tuer (9, 745-746), mais certaines limites ne seront pas franchies : aucun des dieux d'en haut n'ira prévenir Énée et les interventions de Junon seront contenues (9, 802-805). Le destin du camp ne dépendra que des efforts contraires des belligérants et d'un débarquement qu'aucun des dieux d'en haut ne sera venu hâter.

Le Conseil des dieux est donc réuni pour un problème qui peut paraître mineur si l'on ne s'intéresse qu'à l'accomplissement des *fata*, mais qui, à l'échelle humaine, est très important. Les Italiens vont perdre peut-être la bataille du camp ; en ce cas on pourra conclure qu'ils avaient eu tort de l'engager et ils seront sans doute (car d'autres événements humains peuvent intervenir, dont la grandeur d'âme d'Énée) en position d'infériorité pour recevoir les Troyens parmi eux. Ou ce sont les Troyens qui la perdront ; les destins ne seront pas changés pour autant ; mais on pourra conclure qu'Énée a été imprévoyant et il lui faudra engager une route plus rude, plus escarpée pour s'imposer aux Latins dans la dignité. De toutes façons, à long terme, les destins trouveront leur voie.

Dans la présente affaire, les dieux devront donc s'abstenir et Jupiter affirme sa volonté d'être lui-même impartial. C'est là une décision exceptionnelle, motivée, sans doute, par les débats passionnés qui viennent d'enfiévrer l'Olympe (cf. v. 6, 7, 9, 106). D'ordinaire, les dieux peuvent, comme les hommes, déployer librement leurs initiatives sur la terre, favoriser leurs protégés, guider le détail des événements d'une manière qui réponde à leur idée de la justice ou de l'harmonie, tenter de faire aboutir leurs projets. Dès le lendemain (cf. *supra*, p. 168), nous verrons Jupiter lui-même accorder à Junon de retirer Turnus du champ de bataille (10, 622-627) ; il interviendra en personne pour lancer Mézence dans le combat (10, 689-690) ; plus tard, il poussera Tarchon (11, 725-728) ; après l'opération, bien mystérieuse, de la pesée des destins (12, 725-727), il enverra une Furie auprès de Turnus pour précipiter sa mort.

Pas plus que le destin n'ôte aux hommes leur liberté, l'action des dieux ne vient normalement les déposséder du fruit de leurs efforts. Évidemment, les dieux sont plus puissants que les hommes, mais ils sont aussi plus sages parce qu'ils voient plus loin, peuvent tenir compte de plus de choses, connaissent moins mal les destins. Immortels, liés en une société durable, ils comprennent aussi, mieux que ne font les hommes, la nécessité de garder entre eux la paix (cf. v. 15) et d'éviter de trop graves excès. C'est cette équanimité relative qui, dans une large mesure, permet aux hommes de jouer efficacement leur propre jeu.

109. « imputable aux destins des Italiens ». Employé sans détermination, *fatum* (ou *fata*) désigne une nécessité universelle et dont la visée est illimitée : successivement Vénus (v. 35), Junon (v. 67), Jupiter (v. 113) évoquent ces *fata* et pour en reconnaître, comme allant de soi, la toute-puissance. Quand le mot est particularisé par un génitif ou par un possessif, il exprime la part de destinée qui, congénitalement ou par vocation, se trouve liée à un être ; ces destins particuliers ne peuvent manquer de composer les uns avec les autres (1, 239 *fatis contraria fata*). On peut ainsi parler des *fata* d'une collectivité (2, 34 ; 10, 109) comme d'un individu. Le mot est sémantiquement neutre (11, 160 ; 12, 395) et s'emploie aussi bien pour un destin conçu comme favorable ou comme sinistre, d'autant que ce même destin peut successivement susciter dans une vie le bonheur et le malheur ; en disant *fata mea*, Déiphobe (6, 511) songe à son malheur, Turnus (9, 136-137) à de prochains triomphes, mais ce ne sont pas des triomphes qu'annonce Jupiter (10, 472) en disant *etiam sua Turnum fata uocant*. Il faut donc chaque fois consulter le contexte : ici, comme l'a bien vu Servius, le parallélisme des v. 109 et 110 nous indique que ces *fatis Italum*, correspondant à l'*error malus Troiae*, sont défavorables. Jupiter envisage successivement à propos de l'un et de l'autre parti l'éventualité dans laquelle les événements en cours devraient tourner contre lui. En fait, le vocabulaire n'est pas tout à fait impartial : une situation défavorable où l'on s'est engagé par erreur (cas des Troyens) est moins inquiétante qu'une situation défavorable où l'on a été engagé par ses propres *fata* (cas des Italiens). La formule laisse pressentir que l'investissement du camp, dégénérant bientôt en hostilités ouvertes et sanglantes, aura été pour l'abaissement des Italiens : ils auraient mieux fait de rester cois et d'attendre. C'est une leçon indirectement adressée à Junon : elle a voulu aider les siens, elle les a desservis ; qu'elle ne regrette donc pas trop d'avoir désormais à se tenir tranquille. *Nec Rutulos soluo* est inspiré par la même intention : les Rutules ne sont pas si clairement dans leur droit que la géographie le suggérerait et que Junon l'imagine.

Page 47.

118. Virgile reprend brièvement ici (jusqu'au v. 147) les événements de la journée qui a été racontée en détail à la fin du l. 9, v. 459-818. Il suffit, pour s'en assurer, de constater le nombre des rappels de mots. Côté des Troyens : 121 = 9, 470-

471 ; 122 = 9, 468-469, 508 ; 127 = 9, 512 ; 132-138 = 9, 590-663 ; 143-144 = 9, 778-818 ; 146 = 9, 726. Côté des Rutules : 118 = 9, 160, 530-534, 672-690 ; 119 = 9, 153, 160, 521-522, 535-539, 570. Sans doute, un lecteur inattentif pourrait-il croire qu'il s'agit ici d'un autre moment, d'une autre journée du siège ; ou se demander si la tradition n'a pas conservé un doublet assez maladroit, écrit, peut-être provisoirement, à des fins de raccord. De fait, le poète met ici en œuvre un des principes les plus assurés de la théorie esthétique : *tabulas bene pictas collocare in bono lumine* (Cic., *Brutus*, 261) ; or certaines réalités ne livrent pas toute leur richesse à qui les observe sous un unique éclairage ; il ne sera donc pas malséant d'y revenir d'un point de vue différent ; elles prendront ainsi le relief, le modelé que procure une vue stéréoscopique. Il fera de même pour évoquer en trois tonalités différentes l'unique nuit de la navigation d'Énée ; cf. n. *ad* v. 147. Sur l'emploi de cette technique dans l'historiographie, cf. les pénétrantes remarques de J. Fontaine à propos d'Ammien, *Introd.* aux l. 23-25, p. 19-22, Paris, 1977. Dans le cas présent, l'intention est presque évidente : les événements qui nous avaient été au l. 9 présentés dans leur multiplicité et comme tumulte, agitation, surprises — cela convenait bien à l'ouverture d'une guerre — apparaissent ici comme figés ; aucun n'a abouti, rien n'a été gagné ni perdu. La concentration du récit en 28 vers, l'emploi du plus-que-parfait produisent un puissant effet d'immobilité, presque de lassitude. Tout est suspendu comme en l'attente d'autre chose ; et en effet, c'est sur un autre théâtre que l'avenir prend une forme ; on le verra bientôt ; pour l'heure Énée est déjà en route, il revient. — Jusqu'au moment de ce retour (v. 260), qui aura lieu le lendemain, il ne sera plus question de ce que deviennent les assiégés. Le lecteur doit donc entendre que ce tableau d'obstinée résistance (cf. 9, 468-471), la résistance du 4e jour, est valable encore pour les heures qui suivent — une nuit, un début de matinée — jusqu'au moment où le retour d'Énée éveillera la bataille, cf. 10, 279-284 : *pristina* (v. 143, « tout à l'heure » = dans la journée ; ou « naguère » = hier ?) est destiné peut-être à le suggérer, mais inversement le p. q. pf. *contulerant* (v. 147) souligne sans équivoque qu'à partir du moment où Énée revient (nuit du 4e au 5e jour) le drame du camp est terminé.

Page 48.

147. « fendait dans la nuit les flots de la haute mer ». Servius déjà se demandait s'il fallait rapporter *media* à *nocte* ou à *freta*. De prime abord, la première interprétation semblerait plus tentante car *media freta* (au pluriel) n'est pas un syntagme usuel (un exemple à l'abl. chez Valérius Flaccus, 4, 749) et *nocte* presque toujours s'accompagne d'une détermination. Mais une observation

d'ordre prosodique nous semble décisive en sens contraire : mis à part le présent vers, soumis à discussion, on constate que devant le mot *Aeneas* (et quel qu'en soit le cas) l'élision d'une finale en *-m* ou d'une voyelle longue n'est pas rare dans l'*Énéide* (61 exemples), mais que cette finale n'est presque jamais *-a* long ou *-am* (*disiectam* 1, 128 et quatre exemples d'invariables en *-a* dont le statut prosodique est un peu spécial 5, 755 ; 10, 287, 769 ; 12, 384, — jamais, d'ailleurs, au troisième temps fort). On supposera qu'avec le timbre *a* la rémanence propre aux voyelles longues et aux syllabes en *-m* était désagréable devant une initiale *ae*. Ce désagrément n'existait pas si la finale en *-a* était brève, donc susceptible de s'escamoter (1, 709 ; 4, 74 ; 6, 40 ; 10, 656 ; 11, 446 ; 12, 772). Sur tout ceci, cf. J. Soubiran, *L'élision dans la poésie latine*, Paris, 1966, p. 124-125, 250-255, 316. Il faut donc grouper *media freta* et isoler *nocte*. De cette construction il semble résulter qu'il y a du point de vue de Virgile quelque importance à signaler que cette navigation se fait de nuit (*nocte* sans détermination a presque toujours une valeur chronologique, *Georg.*, 1, 289 ; 3, 401 ; *Aen.*, 4, 184 ; 12, 864, non pas pittoresque : le cas d'*Aen.*, 6, 265 est différent) et au large (cf. ex. cité ci-dessus de Valérius Flaccus et Lucain 2, 190), et non, comme il serait sans doute plus naturel, de jour et à proximité des côtes. C'est que selon toute apparence (cf. *infra*, p. 195) la flotte étrusque prépare une surprise. — Cette nuit est évidemment la même que celle dont il est ensuite question deux fois, brièvement aux v. 159-162, plus longuement aux v. 215-259 ; qu'il s'agisse bien dans les trois cas de la même nuit, c'est ce qui ressort des évidences géographiques (comment étendre sur deux nuits — et un jour ? — une navigation de Céré à Ostie), de la chronologie des événements qui se déroulent concurremment (cf. *supra*, p. 166) ; c'est ce qui nous est marqué *in loco*, par l'identité des situations (Énée pilote, 156-162 et 218) et par des retours de mots (*sedet, sedens* ; *uolutat euentus belli, cura*). On reconnaîtra ici la technique de reprise naguère employée pour évoquer deux fois la même journée du siège, longuement en 9, 459-818, brièvement en 10, 118-147. Ici le Catalogue des Étrusques, là le Conseil des dieux prennent place à l'intérieur d'une unité ou continuité que le lecteur doit restituer ; le poète en a usé ainsi pour présenter la même nuit ou la même journée selon des perspectives différentes, qui permettent un meilleur enchaînement aux contextes, et la mise en œuvre de couleurs différentes.

152. « sur quoi l'on peut compter dans les choses humaines ». *Humanis quae sit fiducia rebus.* On interprète parfois en un sens pessimiste : le peu de confiance que l'on doit avoir dans les choses humaines ; cf. 12, 43 *respice res bello uarias.* Mais une telle recommandation ne serait-elle pas paradoxale au terme d'un exposé

où l'on vient de dresser devant un allié possible un tableau circonstancié de la situation militaire ? Ne serait-ce pas l'engager à répondre : « Oui, tout ce que vous dites est vrai, mais qu'importe ? Tout peut changer d'un jour à l'autre. On ne peut rien tenir pour acquis ». Au vrai, pessimisme et scepticisme ne sont guère de saison lorsqu'on vient engager quelqu'un à entreprendre des opérations militaires. Tarchon, d'ailleurs, n'est-il pas déjà très pénétré de l'incertitude et de l'insuffisance des choses humaines puisqu'en dépit d'une puissante armée il se refuse, pour des scrupules d'ordre religieux, à entrer en campagne ? — Tout au contraire, Énée doit s'efforcer de lui présenter les aspects positifs de la situation, lui montrer leur correspondance avec ce qui dans les choses humaines peut à juste titre donner une assurance : l'exacte obéissance au vouloir des dieux, une juste cause, le concours d'hommes résolus, porteurs d'une mission divine *quid ipse ferat*. Sur ce sens positif de *fiducia*, cf. *Aen.*, 2, 162 ; 8, 395 ; 11, 502 ; Cic., *Verr.*, 5, 167 ; *Tusc.*, 5, 2 ; Sall., *Cat.*, 35, 1 ; Liv., 2, 52, 6 ; 7, 33, 5, etc... On notera qu'en circonstances analogues, les Troyens ont toujours su présenter leur arrivée comme une heureuse chance offerte à ceux qui les accueillaient ; ce fut le cas devant Didon (1, 544-549 ; cf. 4, 45-49), devant Latinus (7, 231-238), devant Évandre (8, 146-151).

155. « La nation lydienne monte à bord des vaisseaux ». Virgile, ce semble, a laissé à notre sagacité le soin de deviner pour quelle raison une armée concentrée à Céré doit prendre la mer pour livrer bataille dans la plaine d'Ostie. Mais sommes-nous sûrs de bien l'entendre ? On se souviendra qu'antérieurement à la rencontre d'Énée, l'objectif des Étrusques est de se faire remettre Mézence par Turnus qui l'a reçu. Ceci suppose une opération non dans la plaine d'Ostie mais contre Ardée ; l'emploi d'une flotte en devient moins étrange, d'autant qu'une flotte, surgissant brusquement du large (*media freta*, v. 147 et n.), donne à un agresseur l'avantage de la surprise. La venue d'Énée ne doit à ce programme apporter nul changement : quand il se présente devant Tarchon, il ignore, les dieux nous l'ont assez redit (v. 25 et 85), que Turnus ait fait mouvement vers le camp d'Ostie. Selon toute apparence, il s'offre à prendre, conformément à l'oracle, la tête de l'expédition contre Ardée. Du point de vue des intérêts des Troyens, il sera précieux de détourner ou de retenir vers Ardée l'armée des Latins, les Rutules, Turnus. Stratégie analogue à la technique de diversion imaginée au l. 11, 511-514. C'est donc en direction d'Ardée que la flotte étrusque a levé l'ancre et navigue sous la conduite d'Énée. D'où l'importance de l'intervention de Cymodocée : les nouvelles qu'elle lui porte l'amènent à détourner tout son monde, tous les vaisseaux vers Ostie. — Quant au fait d'avoir choisi la nuit

pour naviguer, alors que le parcours, de toute façon, devait être si bref, il convient apparemment de l'expliquer ici, comme en 7, 8-9, par des raisons tactiques : à partir de Caiéta, Énée sait qu'il borde ce Latium où il est attendu par la guerre (6, 86-87), il s'agit pour lui de pouvoir débarquer tranquillement, de commencer à s'installer sans avoir été remarqué ; ici, où l'on prémédite une attaque, une approche nocturne contribue à assurer l'effet de surprise.

Page 49.

186. « Cinyrus ». Telle est la forme que semblent recommander les manuscrits ; la finale *-re* est à peu près sûre ; dans la deuxième syllabe, *-a-* est sans autorité si l'on écarte la glose pseudo-étymologique de DServius : ce Ligure porterait le nom d'une montagne du Picénum, inconnue d'ailleurs. Ce n'en est pas moins un nom étrange pour un guerrier puisque κινυρός signifie « plaintif », « lamentable ». On ne peut s'empêcher de penser qu'un nom de ce genre aurait mieux convenu au personnage nommé ensuite et qui semble effectivement porter le deuil de grands malheurs. Une interversion ancienne des deux noms (où la quantité des voyelles est largement arbitraire) n'est pas inconcevable. Mais peut-être Virgile n'a-t-il pas songé au sens de κινυρός, mot rare : il aurait alors forgé un nom de fantaisie d'après celui de Cinyras, le fameux roi de Chypre. N'entreprenons pas de retoucher le texte.

Le vers 188, dès l'antiquité, embarrassait les critiques. Il faut essayer d'ordonner les difficultés.

1) Il ne semble pas exister en latin de textes où, à la deuxième personne, le pronom-adjectif pluriel soit employé avec valeur de singulier. En particulier, *uester* renvoie toujours à une pluralité, que celle-ci aille de soi : Calliope et les autres Muses (9, 525), l'Eurus et les autres vents (1, 140), ou qu'elle soit marquée par le contexte : Thésée et son père (Catulle, 64, 160), Allius et sa maîtresse (Catulle, 68, 151). Ici où chercher cette pluralité ? Il nous semble bien douteux qu'elle se dissimule dans le singulier *amor* (= *amores* ou *Amor et Venus* ?) ; on ne songera pas davantage à la dualité de Cinyrus et de Cupavo, car Cinyrus semble étranger à la notice relative aux plumes qui, en souvenir d'une affaire familiale, ornent la tête du seul Cupavo. Il faut donc que *uestrum* ait rapport à la pluralité que constituent Cupavo et son père Cycnus.

2) On ne voit pas qu'ici *crimen* puisse signifier crime ou culpabilité d'aucun des personnages nommés dans le contexte. Cycnus n'a pas été coupable de s'attrister de la mort d'un ami ni Cupavo de garder le souvenir de son père. En revanche, l'un et l'autre, auraient, ce nous semble, motif d'accuser, motif de se plaindre : Cycnus peut se plaindre de la catastrophe qui précipita son ami

Phaéthon, Cupavo peut se plaindre de la tristesse où Cycnus se trouva durablement plongé et peut-être de l'étrange métamorphose qui lui ôta la forme humaine. Accusation, plainte, apparemment dirigées contre les dieux ou les destins. Ainsi donc devons-nous comprendre *crimen.*

3) Quoi qu'il en soit du détail d'une construction grammaticale (*amor* sujet d'une incise dont *crimen uestrum* serait le prédicat, cf. Macr., 4, 6, 18 ? ou *amor* apostrophe au vocatif, tandis que *crimen uestrum* serait une apposition à *pennae* ? valeur du -*que* de *formaeque*) qui dans cette hypothèse serait, de toutes façons, bien compliquée, il nous paraît très difficile de faire de *uestrum* un adjectif déterminant *crimen.* En effet, dans le contexte où ils sont insérés, les mots *crimen amor uestrum* ne peuvent manquer d'avoir rapport au fait que Cupavo porte des plumes de cygne : ces plumes rendent sensible une protestation, ou accusation, ou incrimination. Mais si l'on comprend bien que le fils, en portant des plumes de cygne, semble porter plainte contre l'injuste destin subi par son père, il est moins naturel d'imaginer que ces plumes sur la tête de Cupavo symbolisent aussi (*uestrum*) la plainte portée par Cycnus à l'occasion de la mort de Phaéthon : quand il pouvait porter plainte (et d'ailleurs ses sentiments n'étaient-ils pas plus mélancoliques, moins protestataires : *solatur*, v. 191 ?) il n'était pas encore cygne. Cette difficulté (à laquelle se joignent celles que soulève le détail de la construction grammaticale) nous semble rendre très peu plausible un accord *crimen... uestrum.*

4) A la suite de P. Lejay, nous croyons qu'il faut interpréter *uestrum* comme un pronom au génitif, complément déterminatif de *amor,* et faire de ce groupe, parallèlement à *crimen* et à *insigne,* une apposition à *pennae.* Ces plumes sur ta tête, dit le poète s'adressant à Cupavo, sont à la fois un reproche (que tu élèves contre les dieux), un témoignage de l'amour que dans ta famille toi et les tiens et plus particulièrement ton père et toi vous portez aux vôtres (Cycnus inconsolable de la mort de son ami, Cupavo en deuil de son père et reprenant à son compte le deuil dont mourut son père), un rappel de la forme de ton père. — Tout ceci resserré dans un vers énigmatique (les explications viendront ensuite, 189-193) mais cohérent, organisé selon la loi des membres croissants : 3, 7, 14 demi-pieds.

Page 50.

206. Du moment que Virgile considère Mantoue comme une cité où le corps de guerre est étrusque (v. 203), qu'il établit des liens entre l'Étrurie padane et l'Étrurie tibérine (v. 199), il n'y a aucune extravagance à mêler les gens de Mantoue à la coalition réunie contre Mézence. Puisque l'expédition envisagée doit être maritime, ces contingents, évidemment venus à pied,

prendront place à Céré sur des bateaux marqués de leurs emblèmes ; à cet égard leur cas est exactement le même que celui d'Énée et des Troyens qui l'accompagnent. L'auteur de l'*Iliade* avait eu à résoudre un problème analogue pour expliquer la participation des Arcadiens dans l'armada des Achéens. « C'est Agamemnon lui-même qui leur a fait don de ces nefs aux bons gaillards, pour traverser la mer ; car, pour eux, des besognes marines ils n'avaient cure jusque-là » (2, 603-614).

213. « sur trois fois dix vaisseaux ». Contrairement au Catalogue des Italiens (cf. seulement 7, 653), le Catalogue des Étrusques nous donne des indications numériques dont on peut essayer de tirer parti.

Les effectifs de l'expédition (rameurs et troupes embarquées)

Un chiffre nous manque sûrement, celui des Ligures et on peut s'interroger sur le nombre des compagnons d'Aulestès ; ces incertitudes toutefois peuvent être circonscrites.

A s'en tenir à la seule arithmétique, elle nous invitent à garder notre addition ouverte dans la perspective d'un total qui pourrait être élevé : qui sait si, des deux côtés où nous ignorons, les recrues n'ont pas été très nombreuses ? Mais d'autres considérations doivent entrer en jeu. Tout d'abord, si les contingents ligures, et éventuellement ceux d'Aulestès, avaient été très nombreux, il serait étrange que ces nombres saisissants eussent été, précisément, passés sous silence. D'autre part, comme le nombre des navires est de trente, toute hypothèse sur les effectifs retentit sur ce qu'on doit supposer de la taille des bateaux ; des effectifs très nombreux requerraient que les navires ou certains d'entre eux fussent très gros et en ce cas un bateau propulsé par cent rameurs (la trière de l'époque classique en compte cent soixante-dix et ne peut guère porter en tout, rameurs et passagers, plus de deux cents personnes, cf. Hérodote, 7, 185 et J. Rougé, *La marine dans l'antiquité*, Paris, 1975, p. 94, 98) ne saurait être présenté, quelle que fût sa décoration, comme particulièrement imposant (207-212) et digne d'admiration. On ajoutera que les Ligures représentent par rapport aux Étrusques un peuple des confins ; il est peu vraisemblable qu'ils aient fourni un contingent bien considérable. Le cas d'Aulestès est sans doute plus simple encore : il est dans le Catalogue le seul héros à n'être pas rattaché à un peuple ou une ville distincte ; Virgile a dû le concevoir comme un des capitaines de la flotte d'Ocnus, personnellement remarquable par la masse ou la décoration de son bateau ; dans ces conditions, ses hommes doivent être inclus parmi les 500 désignés au v. 204 ; ainsi l'a compris Servius (10, 198) qui fait d'Aulestès un frère ou le père d'Ocnus.

Il n'est donc pas possible de faire parler les silences du texte pour accroître beaucoup les effectifs de l'expédition. A l'inverse, on ne peut apprécier les contingents ligures à moins de 200 ou 300 hommes ; la comparaison des v. 194-197 et 207-212 donne à penser que Cupavo commande (*promouet*) un bateau comparable à celui d'Aulestès avec au moins 120 ou 130 personnes à bord. Cinyrus, *Ligurum ductor fortissime bello*, a sans doute lui-même un autre navire. Il paraît donc raisonnable de supposer que le corps expéditionnaire des Étrusques compte environ 4.000 hommes.

Est-ce beaucoup, est-ce peu ? On est tenté de penser que c'est peu si l'on se souvient des propos d'Évandre (8, 494-495) ; on se demandera en particulier comment il se fait que la ville où Mézence avait exercé sa tyrannie ne rassemble contre lui que 300 guerriers (182-183) alors que 1.000 hommes résolus l'avaient quittée pour suivre Mézence en son exil (7, 651-653). Virgile nous répondrait que l'important était le caractère pan-étrusque de l'expédition et qu'il était raisonnable de la proportionner aux forces de l'ennemi (Turnus, les Ardéates, les exilés étrusques) qu'elle allait affronter. Mais l'opportunité de maintenir les Étrusques en leur situation d'auxiliaires d'Énée a sûrement joué un rôle dans la limitation de leur nombre. Sur ce problème d'équilibre, cf. *supra*, p. 188.

Les navires.

Assurément, rien ne nous porte à croire qu'ils furent tous du même type. Mais ce qui doit nous retenir c'est que, puisqu'ils doivent transporter quelque 4.000 personnes, certains au moins de ces bateaux doivent transporter plus de 130 hommes. En supposant que les uns portaient 125, les autres 150 personnes, on rejoindrait assez commodément les données virgiliennes

Massicus	1.000 h	=	8 vaisseaux de 125 h.
Abas	900 h	=	6 vaisseaux de 150 h.
Asilas	1.000 h	=	8 vaisseaux de 125 h.
Astyr	300 h	=	2 vaisseaux de 150 h.
Ligures	300 h	=	2 vaisseaux de 150 h.
Ocnus	500 h	=	4 vaisseaux de 125 h.

Dans la tradition héroïque et dans l'épopée on approche rarement de chiffres aussi élevés. Dans le Catalogue d'*Iliade* 2, les navires des Béotiens portent 120 hommes (v. 510) et il en est 50 sur ceux de Philoctète (v. 719). Comme le poète ne donne pas d'autres indications, Thucydide (1, 10, 4) penche à croire qu'il a voulu indiquer les chiffres extrêmes. Pour 120 c'est peut-être en effet le cas, mais 50 est bien le chiffre normal, le plus constamment attesté. L'équipage du bateau qui doit conduire Ulysse de Phéacie en Ithaque compte 52 personnes (*Odyss.*, 8, 35 et 48) ; ce chiffre vaut aussi pour le bateau dans lequel Ulysse aborda chez le Cyclope, puis chez Circé (*Odyss.*, 10, 203-209 évoquent 46 hommes mais 6 ont été dévorés par le Cyclope 9, 289, 311, 344). Chez Euripide (*I.T.*, 1124), c'est sur un navire à 50 rameurs qu'Iphigénie a chance d'être ramenée en Grèce. Plus anciennement, lors de l'expédition de la Toison d'Or, les Argonautes étaient encore une cinquantaine (cf. Jessen, *s.v. Argonautai* dans *RE*, 1895, col. 751).

On reconnaît dans ces bateaux de légende les pentécontores dont Thucydide, parlant cette fois en historien, nous dit (1, 14, 1) qu'elles constituèrent longtemps l'essentiel des flottes grecques ; elles furent l'instrument des grandes colonisations (Rougé, *op. cit.*, p. 92) ; nous le savons de façon plus expresse à propos de la fondation de Cyrène (Hérodote, 4, 153) et du grand exode des Phocéens vers la Corse (Hérodote, 1, 164). En sus des cinquante rameurs, du capitaine et du pilote, ces bateaux ne pouvaient emporter grand monde : une trentaine de personnes, soit quatre-vingts en tout (cf. Hérodote, 7, 184), un gros maximum au jugement de J. Rougé, *op. cit.*, p. 159.

Ces chiffres sont évidemment très inférieurs à ceux que suppose le Catalogue des Étrusques ; mais le cas n'est pas isolé où nous voyons Virgile composer des données archaïques avec des éléments de date plus récente : alors que l'*Iliade* ne connaît guère que des attaques frontales, les quatre derniers livres de l'*Énéide* déploient tous les artifices de la tactique hellénistique ; autour du camp troyen ou de la ville de Latinus, la guerre de siège connaît ses techniques modernes, tortue (9, 514), tours mobiles (12, 674-675), la cavalerie tient dans les combats une place inédite, comme les régates lors des Jeux.

Bien entendu, Virgile n'a pas songé à introduire dans son poème ces navires de guerre ou ces gros transports qui dès l'époque hellénistique sillonnaient la Méditerranée en y portant plus de cinq cents personnes (cf. J. Rougé, *op. cit.*, p. 87 ; Josèphe, *Vie*, 3). Mais le bateau d'Aulestès peut être une dière et une trière a été engagée dans les courses du l. 5 (118-120) ; présentée, il est vrai, comme une sorte de ville flottante, elle porte le nom d'un monstre, triple lui aussi, *Chimaera* ; l'emphase des descriptions confirme le caractère exceptionnel de ces navires. En fait de chiffre moyen, Virgile semble avoir choisi une cote intermédiaire entre les 75 personnes emportées par la pentécontore et les 200 de la trière. Pentécontore, trière, ce sont les deux types de vaisseaux qu'on trouve chez Polybe, 1, 20, 14, dans une narration édifiante et déjà sans doute traditionnelle sur les origines de la flotte romaine. Il serait tout à fait dans l'esprit de Virgile d'avoir ici encore agencé son récit en sorte qu'un événement important de l'histoire romaine parût avoir été anticipé, préfiguré par des réalisations datant de l'époque d'Énée.

Peut-être certaines données plus concrètes, empruntées à des expéditions contemporaines, ont-elles contribué à orienter et à fixer son choix. Les *onerariae* de César, employées pour l'expédition de Bretagne, transportent 150 personnes (*B. G.*, 4, 36, 3-37, 1) ; dans la guerre contre les Vénètes, les bateaux de D. Brutus portent, en sus des rameurs, 87 ou 88 légionnaires (*B. G.*, 3, 11, 3 et 5 ; 14, 3 : il y a huit cohortes et cinquante-quatre ou cinquante-cinq bateaux, selon le nombre, cinq ou six, des tribuns militaires que Brutus a pris avec lui, cf. M. Rambaud, *Notes sur l'armée des Gaules de* 58 à 54, dans *IL.*, 18, 1966, p. 21-25). Nous rejoignons ici tout à fait les chiffres où s'est arrêtée l'imagination de Virgile.

Nous avons vu ci-dessus (p. 186) que les données acquises ici à partir du Catalogue des Étrusques contribuent à éclairer la manière dont le poète s'est représenté la migration des Troyens et leur installation en Italie.

Page 51.

229. « largue l'écoute de tes voiles ». Les *rudentes* ne sont pas ici les cargues qui tiennent les voiles serrées sur la vergue et qu'il faut larguer (ou lâcher) pour déployer les voiles (cf. 8, 708) ; nous voyons en effet qu'ici les voiles sont déjà dehors (v. 218). Il s'agit des écoutes qui fixent au bordage le bas de la voile. Les larguer a pour effet de ralentir le bateau, cf. Euripide, *Or.*, 707. Cymodocée suppose qu'Énée somnole après avoir fixé ses voiles pour prendre le vent au maximum ; elle rattrape le bateau mais, comme elle a à parler à Énée, elle lui demande d'écarter tout assoupissement et de ralentir un peu son allure. Une fois son discours terminé, elle rend vivement un bon élan au bateau qu'elle avait un temps retardé (246-248). — La formule « Veilles-tu, veille » aurait d'après Servius un caractère liturgique : quoi qu'il en soit, « veiller » est ici, purement et simplement, le contraire de « dormir ».

238. On supposera qu'une fois l'accord conclu avec Tarchon, Énée, préoccupé de la faiblesse des effectifs qui tiennent son camp, et bien qu'il ignore alors que son camp est assiégé, y aura directement envoyé (de même qu'il y avait déjà renvoyé ses deux bateaux et une partie des hommes qui l'avaient accompagné chez Évandre, 8, 548-550) tout ou partie des Arcadiens que lui avait donnés Évandre et qui l'avaient accompagné à Céré. Des contingents étrusques ont pu alors assez naturellement se joindre à eux ; l'expédition a pu passer par Pallantée.

Page 53.

280. « La présence même de Mars ». L'idée n'est pas la même qu'au v. 773. Turnus n'est pas un impie ; il veut réconforter ses troupes un peu lassées par deux jours d'affrontements incertains où l'ennemi s'est toujours dérobé ; ce n'étaient pas des combats d'hommes (*uiris*), les cris et les manœuvres y avaient

plus de part que les mains (*dextra, manibus*), Mars lui-même se réservait. Maintenant tout va changer parce qu'on va se battre réellement ; en tel cas, Mars lui-même anime les mains des hommes.

Les épisodes majeurs de la bataille (287-908).

Dans la légende ancienne, Énée arrive sur la plage laurente avec un petit nombre d'hommes ; il manifeste son intention de demeurer au pays. Après quelques bousculades, les Aborigines en prennent leur parti ; Énée épouse la fille de leur chef : voilà les dieux de Troie installés au Latium et fondée la lignée d'où naîtront plus tard les fondateurs de Rome.

Virgile, nous l'avons vu (cf. t. II, p. 186-191), a voulu dilater tout cela. Le roi des Laurentes est devenu le chef d'une confédération latine autour de laquelle s'est rassemblée, pour tenir tête aux étrangers, toute une coalition : Sabins, Falisques, Marses, Campaniens ; peu s'en est fallu que du fond de l'Apulie Diomède lui-même ne vînt s'y joindre. Symétriquement, Énée avait dû se trouver des alliés : Arcadiens de Pallantée, Étrusques accourus depuis le rempart des Alpes. Le l. 10 où tous ces peuples entrent dans la bataille voit le début de la grande guerre qui donne ses dimensions épiques, italiennes, à l'installation des Troyens.

Cette dilatation n'est pas sans poser un problème en ce qui touche l'issue des hostilités. Si nombreux qu'aient été les combattants, celle-ci ne pourra être qu'un événement assez modeste et qui, pour l'heure, n'intéressera guère que les Troyens et les Laurentes : Énée épousera Lavinia, avec la perspective de succéder un jour à Latinus. On revient, par force, dans l'horizon limité de la légende ancienne ; que faire, alors, de tous ces coalisés venus en renfort dans l'un et l'autre camp ? Ceux qui soutiennent Turnus, les vaincus, ne posent peut-être pas grand problème ; le lecteur imaginera volontiers qu'ils sont rentrés chez eux un peu penauds, mécontents de s'être laissés entraîner dans ce qui apparaît maintenant comme une mauvaise querelle, désireux de se faire oublier. Mais il n'en est pas de même des alliés, Arcadiens, Étrusques, qu'Énée a engagés de son côté ; lors de la fin d'une guerre, ceux qui ont rendu la victoire possible souhaitent généralement y être partie prenante. Comment Énée restera-t-il seul sur le devant de la scène, ayant renvoyé, renvoyant chez eux ceux qui l'ont aidé ? Les événements du l. 10 avec leurs prolongements au début du l. 11 sont destinés à résoudre ce problème, afin qu'on puisse n'y plus penser au l. 12 où l'on retrouvera Énée et ses Troyens, victorieux grâce à leurs alliés, mais désormais entièrement libres de leurs mouvements. L'action de l'*Énéide* aura mobilisé bien des peuples, mais dans la dernière scène on devra ne plus voir qu'Énée seul terrassant le méchant (cf. *supra*, p. 165).

Pour les Arcadiens, la solution a été simple : une fatale négligence d'Énée (cf. v. 362, 811 et n.), l'imprudence de Pallas, la férocité de Turnus ont supprimé l'héritier de la maison. Les cavaliers arcadiens demeureront avec Énée, mais à Pallantée ne subsiste plus qu'un vieux roi accablé qui va bientôt mourir ; l'essentiel est qu'il n'ait pas de rancune à l'égard des Troyens et Virgile y prendra grand soin. Mais désormais les Arcadiens ne comptent plus comme entité politique ; en attendant la mort d'Évandre, ils subsisteront aux confins du Latium comme vassaux du bienveillant Énée ; ensuite ils s'intégreront dans l'État fondé par Énée.

Le problème des Étrusques se présentait différemment. Énée, devenant le roi des Laurentes, ne pouvait incorporer dans sa cité ces gens de l'autre côté du Tibre, d'ailleurs si nombreux. Les légendes excluaient, même, que le pouvoir des descendants immédiats d'Énée s'étendît sur l'Étrurie à la manière dont il pouvait s'étendre sur la petite ville de Pallantée. Il fallait donc trouver un moyen de renvoyer honnêtement les Étrusques chez eux. Virgile a imaginé à cette fin un motif un peu compliqué mais en somme efficace et d'un bon fonctionnement : les Étrusques combattent aux côtés d'Énée beaucoup plus qu'ils ne soutiennent son parti. Ils poursuivent des buts de guerre qui leur sont propres et pour lesquels ils avaient pris les armes bien avant l'arrivée des Troyens : ils veulent le supplice de Mézence et corrélativement l'humiliation de ceux qui le protègent (8, 495). Ils ont vu en la personne d'Énée le chef prédestiné qui les affranchirait de la menace des oracles ; ceci reconnu, l'accord allait de soi, sans qu'il donnât lieu aux échanges affectueux où Évandre s'était personnellement intéressé à la cause d'Énée. Que Mézence soit tué, ils n'en demandent pas plus. Cette mort acquise, ils participeront en honnêtes gens aux opérations terminales ; mais il est évident pour tous qu'ils n'ont pas l'intention d'être partie prenante aux accords ; ils y assisteront en témoins puis rentreront chez eux contents.

On voit donc les nécessités de construction qui rendaient souhaitables la mort de Pallas comme celle de Mézence et recommandaient qu'on ne les différât pas trop. Contrairement à tant d'autres morts — même celle de Camille en 11, 498-915 n'est qu'un épisode, quelles qu'en soient les conséquences fatales — ces deux-là sont essentielles dans la structure de l'*Énéide.* A la suite du débarquement (287-361), elles organisent en masses égales (362-605, 689-908), comme ferait l'attraction de deux pôles, l'ample bataille et ses fluctuations.

Page 54.

302. « mais non ta poupe, ô Tarchon ». L'accident qui atteint le chef des Étrusques ne peut manquer d'avoir été imaginé en

vue d'une intention définie. C'est assurément un signe de mauvais augure ; et pourtant le débarquement dans son ensemble se passera bien ; Mézence et Turnus, les deux ennemis des Étrusques, seront tués, les buts de guerre des Étrusques seront atteints ; la cause à laquelle ils se sont associés triomphera, Tarchon lui-même se couvrira de gloire (11, 741-758). Virgile veut peut-être marquer ici qu'au Latium les Étrusques ne sont pas chez eux ; c'est pour eux, de soi, une terre étrangère (*inimicam terram*, v. 295) où le destin peut les appeler un moment (*curuo in litore*, 11, 184), mais d'où ils devront repartir. On notera dans le même sens qu'après avoir tenu beaucoup de place aux l. 10 et 11, ils sont plus rarement nommés au l. 12 et pour la dernière fois au v. 551 ; cf. 11, 725 et n.

Page 57.

362. « D'autre côté... » Sans pousser la minutie aussi loin que dans le l. 9 (cf. *supra*, p. 172), Virgile n'en a pas moins imaginé pour les combats du l. 10 une topographie définie. Tout se passe au bord de la mer (cf. 11, 184) mais la bataille s'y déploie sur un espace assez étendu. Énée a débarqué près de son camp (10, 260), c'est-à-dire près du Tibre, mais tous les vaisseaux n'ont pas pris terre au même endroit (290-292), et nous voyons ici que Pallas, après avoir voyagé sur le même bateau, s'écarte du lieu où Énée se bat. Séparation fatale, où l'honneur entraîne le jeune homme, mais qui sera cause de sa mort et qu'Énée ne cessera de se reprocher. Pallas est allé rejoindre les Arcadiens envoyés en avant dès la veille par voie de terre (238-240 et n.) ; nous voyons que Turnus, ainsi qu'il l'avait projeté (239-240), les a écartés loin du camp troyen. Ils ont pourtant atteint la mer (377-378). Dès avant le débarquement et depuis, plus encore, tout l'effort des Latins doit être de les éloigner en les chassant vers le sud-est. Les Arcadiens fuient (365-369). Pallas leur représente que cette fuite est sans espoir : la mer à leur droite leur ôte toute possibilité de manœuvre et ils s'enfoncent de plus en plus en pays ennemi ; le discours s'achève sur une exhortation pathétique : nous jeter dans les flots (hypothèse évidemment absurde) ou rejoindre nos alliés (378 et n.) en nous frayant un chemin à travers ceux-mêmes qui maintenant nous pressent (372-374). C'est ce qu'ils font (397-398). Ils ont presque rejoint le gros de l'armée quand Halésus, naguère engagé contre Énée (352), donc près du Tibre, les aperçoit, marche au-devant d'eux (411-412), commence à les repousser, mais est tué par Pallas (424-425). Halésus est relayé par Lausus, puis par Turnus que sa sœur a été chercher (439-440) ; c'est donc qu'il était ailleurs, et nous entendons qu'il était à proximité du Tibre, où il s'opposait à Énée. En conséquence, le duel de Turnus et de Pallas a lieu dans la partie sud-est du champ de bataille. Énée, resté

près du Tibre, est averti par un messager de la mort de Pallas (510-511) ; il parcourt tout le champ de bataille (513-515) pour rejoindre ce secteur (où peut-être maintenant combattent aussi des Troyens, v. 512). L'effort de la bataille se déplace à sa suite ; ce qui explique qu'à ce moment (604-605) Ascagne et les guerriers enfermés dans le camp du Tibre peuvent se dégager. Avant qu'Énée ne soit parvenu dans le secteur sud-est où Turnus continue à combattre, Junon attire son protégé sur un vaisseau qu'elle entraîne ensuite vers Ardée (606-688) ; on est ici à la limite du théâtre des combats (653-655). Jupiter ranime alors la bataille à l'autre extrémité du terrain, près du Tibre où se trouve Mézence. Énée le voit de loin (Mézence est un géant, 762-768) au bout de la longue file des combattants (769-770). Le livre s'achèvera près du Tibre, dans la partie nord-ouest du champ de bataille. On voit comme la topographie soutient discrètement la distinction des moments essentiels : mort de Pallas (362-605), mort de Mézence (689-908). Dès le début du l. 11, Énée, vainqueur grâce à ses alliés, pourra ne plus penser qu'à ses desseins propres et au roi Latinus (11, 17).

378. « ou rejoindre Troie ». Il nous paraît douteux que *Troiam* désigne ici le camp retranché autour duquel se déroulent les combats du l. 9. Les Arcadiens ne peuvent se donner comme objectif de pénétrer dans ce camp, alors solidement assiégé et avec lequel Énée lui-même n'a pas encore pu établir un contact. Ce qu'ils ont à faire, c'est rejoindre leurs alliés troyens, dont tout l'effort des ennemis tend à les séparer (v. 362 et n.) ; ils les rejoindront en direction du Tibre, sur la plage où présentement on se bat ; *Troiam* signifie *Troianos*. Nous ne croyons pas, d'ailleurs, que la ville (ou camp retranché) d'Ostie ait reçu dans l'*Énéide* un nom particulier qui en fît une entité topographique comme Tibur ou Préneste. Quelques textes du l. 10 ont pu donner à le penser (v. 27, 74, 110, 214) ; nous croyons qu'en chaque cas une interprétation métonymique est plus vraisemblable, la même qui s'impose en 7, 233 où *Troiam* désigne assurément les Troyens, mais par référence à l'antique Troie. Nous avons vu à propos du l. 3 que Virgile attribue à Énée une fidélité sans nostalgie : ce n'est pas lui qui eût comme Andromaque (ou comme les femmes égarées de 5, 633-634) imaginé autour de sa ville neuve un Xanthe et un Simoïs ; Troie est derrière lui ; maintenant sa mission, sa patrie, c'est l'Italie (4, 340-347). D'autre part, de même que la ville de Latinus est appelée à disparaître totalement et ne porte aucun nom, il n'aurait pas convenu qu'une ville spécifiquement troyenne eût existé au Latium : rien ne doit exister de décisif et de définitif avant Lavinium (cf. *infra*, p. 266).

Page 62.

499. En rapport avec les événements qui vont suivre (mort de Pallas, mort de Turnus liée directement à la possession de ce baudrier ; jeunes hommes tués ; noces ensanglantées, cf. 7, 318-319), Virgile dégage ici le caractère sinistre des scènes figurées sur le baudrier. Il s'en est remis à notre science pour ne pas trouver invraisemblable que Pallas ait revêtu un objet si menaçant. En fait, la légende des Danaïdes est partie intégrante de la généalogie d'Héraclès (cf. Eschyle, *Prom.*, 853-874) ; ce baudrier est donc une parure héracléenne, à rapporter aux liens que Virgile a imaginés entre le fils d'Amphitryon et la maison d'Évandre, cf., ici même, 460-465. Dans le contexte de la présente guerre, la scène prend encore un sens plus plein : les Danaïdes ont débarrassé leur père de neveux abusifs qui voulaient, en épousant leurs cousines, s'emparer de son royaume ; situation, précisément, de Turnus (parent *Aen.*, 12, 29-30, voire neveu Dion. Hal., 1, 64, 2, d'Amata), convoitant Lavinia. Ovide (*Héroïdes*, 14, 61-62) y a peut-être pensé en racontant l'histoire des Danaïdes en des termes qui rappellent de très près l'*Énéide* (7, 98, 256, 270, 367) : *At meruere necem patruelia regna petendo, quae tamen externis danda forent generis.*

Page 63.

518. « qu'Ufens élève tous les quatre ». Tibérius Donatus suppose ici quatre fils de Sulmo et quatre fils d'Ufens : *totidem* peut en effet désigner deux séries susceptibles de s'additionner. Mais il peut aussi désigner deux états (en nombre égal) d'une unique réalité envisagée à deux moments successifs ou sous deux rapports différents : les nymphes de la mer ne font pas nombre avec les vaisseaux de la flotte troyenne, elles les continuent *totidem* (9, 122). Ici cet échelonnement temporel (entre génération et éducation) pourrait bien se trouver marqué par la distinction de *creatos* et de *educat* (unique exemple de ce verbe chez Virgile, ce qui doit nous garder d'y voir un équivalent pur et simple de *educit*, verbe très commun pour désigner la filiation, 6, 765, 779 ; 9, 673). On sait que l'éducation des jeunes garçons hors de leur famille est un trait de mœurs archaïque. Les vers consacrés à Ufens rendent assez naturel qu'on ait pu lui confier des jeunes gens : il habite la montagne parmi des chasseurs et des brigands, peuple hirsute ; il sera dans la coalition un des plus acharnés à recruter des combattants pour la cause de l'indépendance (8, 6), Turnus interprète sa mort (12, 460) comme un sacrifice volontaire, un refus de connaître le déshonneur de la défaite (12, 641-642).

Il est des raisons de réduire à quatre le nombre des victimes qu'Énée présentement réserve au bûcher de Pallas. De toutes façons, Virgile a voulu réduire le nombre des victimes humaines

— douze — qu'Achille consacra à Patrocle (*Iliade*, 21, 27 ; 23, 175) ; cette intention une fois reconnue, quatre apparaîtra plus vraisemblable que huit. D'autre part, et à deux reprises dans ce livre, Virgile nous indique que la chance des combats reste en équilibre *anceps pugna diu* (v. 359), *aequabat Mauors funera* (755-756) ; dans le premier épisode, plus court, on voit aussitôt que l'équilibre est rendu sensible par l'évocation d'un nombre égal de morts dans les deux camps : aux v. 310-344, Énée frappe Théron, Lichas, Cissée, Gyas, Pharon, Méon, Alcanor ; aux v. 345-352, Clausus abat Dryops et deux groupes de trois frères. Mais il paraît bien en être de même dans le second épisode : après la mort de Pallas les Troyens sont en déroute (*uersis Teucris*, v. 512), Énée intervient, il met en réserve les victimes humaines dont le nombre nous occupe et tue onze guerriers, de Magus à Liger (513-605) ; après quoi les Troyens sont ragaillardis (*Teucros ouantis*, v. 690), Mézence et ses alliés interviennent et tuent quinze guerriers, de Hébrus à Thronius (691-754, cf. 747 et n.) ; pour qu'il y ait équilibre il faut qu'Énée ait mis de côté quatre (et non pas huit) victimes.

Nous aimerions savoir pourquoi c'est Sulmo plutôt que tel autre qui s'adressa à Ufens pour l'éducation de ses fils. Si ce guerrier est l'éponyme d'une cité, il est vraisemblable qu'il nous faut penser non pas à la Sulmo pélignienne, patrie d'Ovide, mais à la Sulmo volsque (ou latine), aujourd'hui Sermoneta, entre Cora et Privernum. Sulmo figurait en effet (9, 412) parmi les Rutules de la troupe de Volcens et Volcens lui-même a des attaches à Amyclae près de Terracine (10, 563-564). Il est possible que pour les gens de la plaine la montagne avec ses rudesses soit apparue comme le lieu idéal d'une éducation virile : n'est-ce pas ainsi qu'Achille avait été, dans les gorges du Pélion, élevé par Chiron, un centaure ?

Page 66.

594. Ce sont propos de dérision : « Tes chevaux couraient bien, rien n'est venu les effrayer et voilà qu'ils ont tourné bride, que ton attelage est en ma possession. Que s'est-il donc passé ? Toi seul es cause de tout. Quelle fâcheuse inspiration t'a fait sauter à bas de ton char ? » Énée s'exprime malignement comme s'il n'avait fait que mettre la main sur des chevaux abandonnés. — *Ex hostibus* se rattache à *umbrae* comme à *uertere* (quand on tourne bride on s'éloigne de ce qu'on avait devant soi et si c'est parce qu'on a peur, c'est la peur de ce qu'on avait devant soi), mais le pluriel *hostibus* a son intérêt : Énée feint d'ignorer qu'un ennemi bien défini, lui-même, a eu quelque part dans ce qui vient de se passer. Ces *umbrae* pourraient être des ombres (Bucéphale avait peur de son ombre) mais le mot désigne aussi et plus généralement — *uanae* semble ici porter dans ce sens —

toutes sortes d'apparences susceptibles d'émouvoir l'imagination, pour lui faire indûment redouter quelque danger. Ici donc aucun danger, même imaginaire, n'a pu inquiéter les chevaux.

Depuis la mort de Pallas, Énée a comme perdu son humanité, cf. v. 591 le contraste *pius... amaris* : capture des fils de Sulmo en vue d'un sacrifice humain, 517-520 ; meurtre d'un prêtre, 537-542 ; dureté inflexible ou insultes à l'égard d'un adversaire, 531-534, 557-560. Il ne se retrouvera lui-même que devant Lausus ; mais ces violences préparent le lecteur à la scène finale de l'*Énéide*.

Page 67.

619. « son bisaïeul ». *Quartus pater*. Trisaïeul, si avec Servius l'on compte les « pères » suivant une série *pater*, *auos*, *proauos*, *abauos* ; bisaïeul, si l'on compte les générations en y incluant les deux termes du calcul. Ce sens nous paraît préférable comme établissant un parallélisme entre la généalogie des Laurentes et celle des Rutules : d'un côté, Picus, Faunus, Latinus, Lavinia ; de l'autre, Pilumnus, X, Daunus, Turnus. Il est satisfaisant que Lavinia et Turnus soient approximativement du même âge, que Picus (Picumnus) et Pilumnus, liés de toutes manières l'un à l'autre dans les traditions anciennes du Latium, appartiennent à la même génération ; l'un épousera Circé, l'autre apparemment Danaé ; à la suite de ces mariages tous deux reçoivent des chevaux magnifiques (7, 282-283 ; 12, 83). Virgile, qui a laissé un blanc dans la généalogie de Turnus, n'avait aucun intérêt à en ménager deux. On notera ici le caractère exceptionnellement précis (juridique ?) de l'expression, cf. 7, 48 et n.

622. « Si cette requête... » Comme on le voit par la réponse de Junon — elle voudrait pouvoir espérer que Turnus ne mourra pas, 628-632 —, les propos de Jupiter ne sont pas sans quelque ambiguïté : *mora*, *tempus*, *caduco* peuvent bien signifier « le retard d'un moment accordé à un homme qui doit périr », mais ils n'ont pas nécessairement ce sens. *Mora* peut être un obstacle susceptible d'être décisif, cf. 9, 143 ; 10, 485 ; Val. Flacc., 6, 97 ; *tempus* peut être le moment qui apporterait une chance favorable, cf. 7, 511 ; 11, 783 ; Cic., *Att.*, 16, 16, 10 ; *De orat.*, 2, 89 ; Liv., 26, 12, 15 ; *caducus* s'applique souvent de façon générale à ce qui est sans lendemain (*uerba*, *bona*, *spes*, *fama*, *gloria*) et effectivement, depuis l'arrivée des Troyens, l'astre de Turnus ne peut que décliner, ses ambitions n'ont plus d'avenir. Il importe de ne pas méconnaître ces indécisions de la sémantique ; faute de quoi le dialogue rapporté devient incohérent.

Turnus, s'il le voulait, pourrait donc échapper à la mort. Dans l'événement miraculeux qui le soustrait au combat il pourrait voir un avertissement surnaturel, un signe envoyé par sa divine protectrice (Hélas ! il y croira reconnaître une fourberie de Vénus, 12, 52-53). Il pourrait demeurer en Ardée, signifiant par là même aux Latins et à leurs alliés qu'il convient de renoncer à une guerre désormais perdue : l'arrivée des Étrusques a sensiblement modifié en faveur des Troyens le rapport des forces, cf. p. 188 et n. *ad* 10, 213. De fait, c'est bien ainsi que les Latins paraissent interpréter la disparition de leur chef : sans tarder, ils sollicitent et obtiennent — Turnus présent, c'eût été impossible — une trêve de longue durée ; Drancès parle de Turnus comme si désormais il s'était mis hors de jeu (11, 129), ayant subi sa défaite (cf. *pulsus*, 11, 366) ; Énée lui-même ne s'exprime à ce sujet qu'en considérations rétrospectives (11, 115-118, *aequius fuerat, uixet*) ; l'arrêt prolongé des opérations militaires au lendemain d'une victoire presque décisive et qu'un rien eût suffi à confirmer (11, 14-21 et n.) montre bien qu'aux yeux des Troyens aussi la trêve doit aboutir à la paix.

Turnus ne mettra pas à profit la faveur exceptionnelle que Junon avait obtenue pour lui. Il reviendra dans la ville de Latinus pour ranimer la guerre et c'est apparemment ce retour qui explique que, dès l'achèvement de la période de trêve, Énée, à la grande surprise et consternation des Latins (11, 447-458 et n.), conduise son armée vers les murs de la ville. La guerre va reprendre et Turnus mourra.

Dans le cours des événements, l'enlèvement miraculeux de Turnus ne crée pas un retard seulement comme font les épisodes correspondants de l'*Iliade* (5, 449 ; 20, 321, 444 ; 21, 600) ; il introduit une péripétie qui pouvait être de grande conséquence. Surtout, il rend possible de faire apparaître la part personnelle que prend Turnus dans l'accomplissement de sa destinée. Le jeune chef, voué par les destins à être écarté, n'était pas pour autant voué à la mort. Les dieux sont innocents (cf. 1, 299 et n.) ; la tragédie ne naît que du cœur de l'homme, quand ses exigences de moralité, son sentiment de l'honneur, le portent à tenter ou défier les destins.

Page 69.

668. « Un tel déshonneur ». *Crimen* désigne le soupçon (déshonorant, cf. v. 681) de lâcheté qui va désormais s'attacher à la personne de Turnus (cf. 11, 351) ; ce soupçon, la possibilité d'une telle imputation est pour lui le pire des supplices : il ne le méritait pas.

689. « sous l'inspiration de Jupiter ». En accordant à Junon d'écarter Turnus du champ de bataille, Jupiter a indirectement affaibli l'armée des Latins (cf. *Teucros ouantis*, v. 690) ; en leur envoyant Mézence, il rétablit (cf. *aequabat*, v. 755) l'égalité de la fortune entre les deux partis. Mais l'intention du poète est

peut-être surtout de nous faire entendre que la puissance des dieux s'exerce souverainement sur ceux-là mêmes qui les méprisent : Mézence croit aller au combat de son propre mouvement ; il ne sait pas qu'à ce moment encore il obéit à Jupiter.

Page 71.

718. « les javelines piquées dans le cuir ». Certains éditeurs transposent les v. 717-718 entre les v. 713 et 714 ; ils se rapporteraient alors au sanglier de la comparaison. Mais il serait assez étrange qu'après une introduction qui paraît diriger l'attention sur Mézence (*uelut ille*, v. 707) aucun vers ne décrivît son attitude ; l'ordre traditionnel donne au texte un meilleur équilibre (le sanglier, 707-711 ; les chasseurs, 712-713 ; les ennemis de Mézence, 714-716 ; Mézence, 717-718) ; la conclusion de l'ensemble est plus brillante avec 717-718 qu'avec 714-716. Il faut donc que *tergo* (non sans allusion au dos du sanglier : le mot est choisi à dessein pour son ambiguïté, qui resserre l'unité du texte) désigne ici proprement le cuir du bouclier de Mézence ; sur cet emploi, cf. 9, 412 et n. Le combattant doit faire tomber de son bouclier (voire en arracher, v. 889) les traits dont le poids ralentit dangereusement ses mouvements.

Page 72.

747. « Cédicus égorge Alcathoüs... » Servius se demande comment nous pourrons dans ces vers distinguer les Troyens des Rutules. Il suffit, croyons-nous, de prendre garde aux noms des guerriers ; les uns ont une consonance hellénique, ils désignent des Troyens ; les autres ont une allure latine, ils appartiennent aux Italiens. Ce qui a sans doute déconcerté Servius, c'est que, si l'on retient le critère onomastique, les pertes de chaque camp sont extrêmement inégales : tous les Troyens sont tués sauf Néalcès, tandis que chez les Italiens Salius seul périt ; mais ce déséquilibre répond à la situation du passage dans le livre et sa réalité se trouve confirmée par ailleurs, cf. n. *ad* 518. — Il n'y a aucune raison de considérer que les Italiens nommés ici sont des Étrusques compagnons de Mézence ; leurs noms ne le suggèrent pas et il faudrait, à tout le moins, mettre à part Messapus. Mézence et Lausus, certes, ont avec eux des compagnons (7, 653 ; 10, 799, 831, 837-842) ; mais ces compagnons, croyons-nous, restent anonymes (hormis Tolumnius, cf. 11, 428-431 et n.) ; les seuls Étrusques désignés par leur nom appartiennent au parti d'Énée et de Tarchon. On comprend aisément qu'il en devait être ainsi pour ne pas embarrasser le lecteur. D'autre part, le caractère donné à Mézence recommandait plutôt de le dépeindre comme un homme seul ; il est, de fait, dans l'*Énéide*, l'unique personnage qui soit comparé à un sanglier (707-718).

Page 74.

792. « l'antique mémoire de ce haut fait ». *Vetustas* désigne le caractère qui s'attache à un fait lorsqu'un grand nombre d'années le sépare des auditeurs auxquels on en propose le récit. La *uetustas* peut confirmer la réalité d'un fait par l'assentiment qu'y ont donné les générations ou, à l'inverse, justifier le scepticisme, expliquer l'oubli ; c'est l'ambivalence de la mémoire. Au cours d'un même ouvrage, le même auteur pourra donc évoquer de façon très diverse les effets du temps écoulé ; il faut chaque fois se laisser guider par le contexte. En 7, 645-646 l'éloignement temporel semble un principe d'obscurcissement ; en 9, 79 le poète paraît nous dire que sans la garantie de la *fama*, la certitude (*fides*) d'un fait très ancien serait mal assurée ; ici la *uetustas* devient raison de croire (cf. Cic., *Div.*, 1, 34 *auctoritatem uetustatis* ; Quintil., 12, 4, 2 *uetustatis fide tuta*). Mais avons-nous besoin d'une autorité particulière pour croire que dans un combat un fils, en exposant sa vie, ait voulu sauver celle de son père ? Dans toute la tradition épique le dévouement d'Antiloque était resté célèbre et présenté comme exemplaire (en des termes que Virgile a peut-être voulu précisément rappeler ici, cf. Pindare, *Pyth.*, 6, 29-42, sans doute d'après l'*Aithiopis*) ; Scipion l'Africain, tout jeune encore, s'était illustré par un exploit comparable (Liv., 21, 46, 7-8). Il semble plutôt qu'en s'effaçant derrière l'autorité d'une longue tradition le poète requière de ses lecteurs une sympathie plus vive, comme à l'égard d'êtres réels. *Nec te* (v. 793) oriente le sentiment dans la même direction. Sur la réalité que Virgile croyait rejoindre en la personne des héros de sa fiction, cf. *Introduction*, t. I, p. XXIX-XXX.

Page 75.

811. « Où cours-tu pour y trouver la mort ? » Les circonstances de la mort de Lausus éclairent un peu la faute que Turnus peut avoir commise en tuant Pallas : Énée a fait de son mieux pour écarter Lausus du combat et ne pas le tuer (802-812) ; Turnus était venu chercher Pallas pour le tuer (439-447). De prime abord, Turnus nous semble dans son droit, tandis que nous mettons la générosité d'Énée au compte de sa piété exceptionnelle : il nous semble que quiconque participe à un combat s'expose à y être tué et même à y être recherché par l'ennemi à cette fin. Mais Virgile paraît avoir supposé (ou recueilli d'une tradition antérieure, car le problème s'est déjà posé à propos du combat d'Achille et de Troïlus, cf. 1, 475 *infelix puer atque impar congressus Achilli*) un principe de déontologie héroïque selon lequel l'homme fait doit éviter de tuer un jeune homme, autre trait de la sagesse immémoriale dont nous avons déjà relevé un autre affleurement en 9, 4. Le jeune homme, de son côté, doit

n'être pas trop agressif, trop provocant ; il doit surtout ne pas se soustraire à la garde et surveillance de l'aîné qui le protégera ; c'est dans ce rôle qu'on trouve Acétès près de Pallas (11, 30-33, 85-87), Butès près d'Ascagne (9, 647-651). On notera qu'au l. 9 les Rutules ne tuent Euryale qu'exaspérés par l'agression de Nisus (420-423) ; mais Nisus a beau proclamer en mourant qu'Euryale n'était qu'un enfant (*nihil nec ausus nec potuit* 428-429), il ne fait alors qu'avouer sa propre faute, qui a été de le laisser s'éloigner (386-391). Assurément, la conduite de Pallas sur le champ de bataille où il entasse les morts (10, 381-398) ne nous paraît pas celle d'un enfant. Pourtant c'est bien ainsi qu'Énée (11, 28 *funus acerbum* ; 11, 42 *miserande puer*, cf. 9, 181, 276 et 10, 825), Évandre (11, 166-167 *immatura mors* ; 154-157 *noua gloria, primitiae, rudimenta* ; 45, 152-153 les promesses requises), le poète lui-même (10, 160-162 l'attitude de Pallas auprès d'Énée sur le bateau ; 11, 67-71 à comparer à 9, 435-437) ont voulu voir la mort de Pallas. La fureur d'Énée en 10, 513 et suiv. (cf. *caede noua* 515, le v. 533) s'explique sans doute ainsi : Turnus n'aurait pas dû attaquer le jeune homme ; lui-même aurait dû veiller de plus près sur Pallas (cf. 10, 517 ; 11, 55). A la fin de l'*Énéide*, c'est le brusque ressouvenir du *jeune* Pallas (*Pallantis pueri*, 12, 943) qui allumera en lui dans une cruelle douleur, nourrie d'indignation et de remords, le feu des Furies vengeresses (945-946).

824. « une sorte de tendresse paternelle ». *Patriae pietatis imago.* L'épisode de Lausus illustre assurément le dévouement de la piété filiale ; pourtant *patria pietas* ne peut en latin signifier qu'amour paternel (cf. 1, 643 ; Cic., *Fin.*, 1, 23). Ici d'ailleurs on s'expliquerait mal que ce fût seulement quand meurt Lausus que la pensée de ce beau dévouement a pénétré (*subiit*) dans l'esprit d'Énée : il y était attentif dès le début de l'épisode (v. 812). En réalité, le sentiment, nouveau croyons-nous, qu'il éprouve répond à la situation nouvelle des v. 821-822. Fini, le combat d'un fils valeureux ! Énée n'a plus devant lui qu'un jeune homme qui meurt. Homme devant ce jeune homme, il se sent en situation paternelle. — Le sens d'*imago* n'est pas facile à préciser. S'agit-il d'une représentation vive s'imposant comme une présence concrète ? C'est le cas lors de la mort de Priam *subiit cari genitoris imago* 2, 560 ; c'est le cas encore au l. 9 : Ascagne, entendant Euryale évoquer la douleur que sa mort causerait à sa mère, a le cœur serré (*strinxit*) par la *patriae pietatis imago* (9, 294), c'est-à-dire par la représentation vive de l'amour qu'Énée lui porte à lui-même. Avec cette interprétation, Énée serait ici envahi par la pensée toute vive (*imago*) de l'affection qu'il porte à Ascagne, de la peine qu'il éprouverait à le voir mourant. Mais l'expression serait étrange ; il n'est pas naturel de dire qu'un esprit est envahi par la représenta-

tion (*imago*) de ses propres sentiments : *mentem subiit* devrait, ce semble, avoir pour sujet *imago filii* ou *sua patria pietas* et non pas (*suae*) *patriae pietatis imago*. Serait-ce alors, comme l'a cru J. Henry, la pensée du deuil de Mézence qui envahit ici l'esprit d'Énée ? Nous hésiterions à le croire. Mais il ne faut pas être dupe d'un sens trop étroit donné à *imago*. La réalité dont il y a *imago* peut être inégalement concrète ; corrélativement, l'*imago* de cette réalité sera différemment perçue, rendue sensible : *genitor* (2, 560) est plus concret, se prête à une représentation plus visuelle que *patria pietas* (9, 294) entendue au sens de l'affection particulière d'Énée pour Ascagne ; l'amour paternel en général ne pourrait donner lieu qu'à une *imago* plus désincarnée encore et qui, pénétrant dans un esprit (*mentem subiit*), se traduirait plutôt par une orientation donnée aux sentiments, aux attitudes (cf. 12, 560 ; Cic., *Fin.*, 1, 21 *imagines... quarum incursione non solum uideamus, sed etiam cogitemus*). C'est ce que nous supposerions volontiers ici : Énée, devant Lausus mourant, n'est pas envahi par des sentiments paternels, mais par quelque chose qui en a l'apparence (cf. Liv., 9, 38, 4 ; Sénèque, *Epist.*, 63, 3 ; Quintil., 2, 20, 6), qui en fait les gestes, *patriae pietatis imago*, « une sorte de tendresse paternelle » ; cf. Lucain, 7, 320-321 *pietatis imago ulla* « quelque sorte de piété ».

Du point de vue de la psychologie mise en œuvre, le présent passage, comme celui de 9, 294, est important : jusque dans la dureté d'un combat ou les délibérations d'un conseil, il arrive parfois — le pauvre Nisus n'a pas eu cette chance et c'est ce qui rend si affreuse la consécution des v. 9, 427-432 — que la sincérité d'un mouvement du cœur retentit dans les autres cœurs. Mais le plus surprenant est que cet écho n'est pas nécessairement conforme : Lausus se dévoue pour son père et Énée se sent lui-même père ; Euryale voudrait adoucir le chagrin de sa mère et Ascagne songe combien son propre père a d'amour pour lui. Échos harmoniques plutôt qu'unisson. Harmonie de l'unique piété.

830. « c'est par le bras du grand Énée que tu succombes ». Ces mots sont à comprendre dans leur rapport aux v. 825-826 : *quid pius Aeneas dabit ?* Ce qu'Énée eût voulu, c'est honorer la générosité, la valeur du jeune homme, quoique son ennemi ; il s'exprime exactement comme le vieil Alétès devant Nisus et Euryale (9, 252-256) ; alors eût-il été vraiment ce qu'il est, ce qu'il veut être, le bon Énée (*pius*, cf. 9, 255), celui qui donne. Hélas ! il est aussi un homme chargé d'un destin historique : il est le grand Énée et il tue. Situation et sentiments analogues en 11, 110-111 : « vous me demandez la paix pour les morts ; c'est aux vivants que je voudrais la donner », mais ici avec plus d'émotion (*quid tibi nunc...*) parce qu'entre deux individus le drame est plus personnellement ressenti. A défaut d'avoir connu l'amitié d'un homme bon, Lausus qui meurt aura été mêlé à

un événement d'une portée incalculable, la fondation du destin de Rome ; mais il est clair qu'aux yeux d'Énée la bonté (ou piété) vaut mieux que la grandeur : Énée qui s'attribue le titre de *pius* (1, 378) ou qui reçoit ce titre de la bouche d'un ami (11, 170) ne se désigne jamais (à l'inverse de la fière Didon, 4, 654) comme *magnus*, — sauf ici avec une amertume désolée (même sentiment en 11, 55 : *haec mea magna fides*). En dépit d'une certaine similitude verbale, il n'est rien de commun entre 10, 830 et 11, 688-689 ou 11, 857 (cf. n. *ad loc.*), propos tenus par des femmes, des furieuses, insultant celui qu'elle viennent de tuer et le jugeant fort honoré d'avoir péri sous leurs coups.

Page 76.

838. « rentre son cou dans ses épaules ». *Colla fouet.* On hésite à penser que Mézence, blessé à l'aine, ait besoin qu'on lui masse ou frictionne le cou. Mais le sens n'est pas clair. Le guerrier semble assis au pied d'un arbre contre lequel il s'adosse (*uolnera siccabat lymphis*, v. 834, ne nous apprend rien de la position de Mézence, car ces mots se réfèrent assurément aux soins que lui donnent ses compagnons, cf. 12, 420-422) ; en cette position, le dos jusqu'aux épaules est appuyé, soutenu, la tête peut ne pas l'être, branler ou peser douloureusement sur le cou. *Fouere* serait-il pris au sens de « prendre soin de », chercher à soulager ; en l'espèce « soulager le cou » serait « trouver un appui pour la tête » ? Ce serait une manière bien étrange de s'exprimer. Nous préférons croire qu'épuisé de fatigue le blessé laisse rentrer son cou dans ses épaules (comme s'il voulait le réchauffer, l'abriter) ; il respire mal (*anhelans*), on ne voit plus de cou mais une barbe qui descend sur la poitrine. A l'arrivée du corps de Lausus, il s'anime un peu (844-845) ; ensuite il se met debout pour faire amener son cheval (856-858).

851. « cette vie coupable ». Coupable de quoi ? Il est clair que Mézence ne se reconnaît pas coupable des crimes dont naguère le bon Évandre faisait un tableau complaisant (8, 478-488 et n.) : c'est à la seule envie (v. 852) qu'il attribue son exil ; peut-être, par une dérision amère, adopte-t-il ici le langage de ses ennemis. Le mot, d'ailleurs, a pu naître spontanément sur ses lèvres car devant le corps de son fils, sans aucune hésitation, hélas ! il se sent profondément coupable. Coupable de s'être obstiné à vivre, de n'avoir pas compris qu'il devait (*debueram*) faire la part du feu et, puisqu'on le détestait si fort, disparaître ; Lausus, alors, aurait eu le champ libre, aurait pu vivre, sans que s'étendît jusqu'à lui la malédiction de l'exil, la haine mortelle accumulée contre son père ; c'est ce qui paraît s'être produit, après la mort de son père, dans le cas, assez comparable, de Camille (cf. 11, 568 et n.). Mézence se reproche de s'être cram-

ponné à une vie qu'il aurait dû abandonner, fût-ce à travers mille morts. — Évandre, en termes presque semblables (11, 160-163), se reprochera lui aussi de n'avoir pas donné sa vie, en sorte que Pallas vécût. Les deux pères, parallèlement, s'étonnent de survivre (10, 855 = 11, 160-161). Tous deux essaieront de réparer, Mézence en mourant enfin (10, 856), Évandre en suscitant la vengeance d'Énée (11, 177-181). Cette similitude dans les sentiments, ce parallélisme des destins entre deux hommes si différents et qui se haïssaient répond à une constante de l'imagination morale chez Virgile. Vertueuses ou criminelles (6, 445-449), les victimes de l'amour se retrouvent indistinctement dans le Champ des Pleurs et y forment une compagnie ; il est des extrémités — et dès ici-bas la proximité de la mort en est une — où bien des différences s'estompent ; un regard éclairé par la piété ne voit plus devant soi que des malheureux.

LIVRE XI

Page 84.

17. « la voie nous est ouverte... » Pas plus que Turnus en 7, 467 (cf. n. *ad loc.*), Énée ici ne propose aux siens d'attaquer Latinus et sa ville ; le v. 18 le dit assez clairement : il ne s'agit pas d'engager des opérations, mais de se préparer moralement à faire la guerre, s'il est nécessaire d'en venir là. C'est que, pour l'instant (cf. n. *ad* 10, 622), il semble bien que la paix soit en vue. Les événements qui suivent confirment que telle est bien l'opinion d'Énée. Et d'abord la manière dont il accueille aussitôt la demande d'une trêve de douze jours. S'il voulait contraindre Latinus par les armes, c'est tout de suite qu'il faudrait assiéger les murs de sa ville, alors qu'auprès du camp d'Ostie l'armée latine vient d'être défaite ; il serait absurde de la part des Troyens, d'interrompre leur effort et surtout pour une si longue durée. Même après le retour de Turnus dans la ville des Latins, lorsqu'Énée, la trêve une fois terminée, fait mouvement vers la ville, comme il en avait, ici même, manifesté l'intention, le poète se garde d'attribuer aux Troyens de véritables actions de guerre dirigées contre la ville. Il semble bien que ce soient les Latins qui prennent l'initiative d'un affrontement, et ce qui nous est décrit d'abord du flux et du reflux des cavaliers s'apparente plutôt à des manœuvres d'intimidation ; à la fin du jour, les Latins comprennent qu'ils n'ont aucune chance de parvenir à repousser les Troyens ; ils renoncent à se battre (12, 1-2). On notera qu'à aucun moment l'attaque n'a été portée contre leurs murailles. Dès le lendemain, des pourparlers s'engagent, à la

grande satisfaction d'Énée (12, 109). Quand des incidents obscurs auront fait renaître les combats, l'idée d'attaquer la ville et de s'en prendre à Latinus est la dernière qui vienne à l'esprit du chef troyen ; encore faut-il que ce soit Vénus qui la lui suggère (12, 554-578). On voit comme il est peu vraisemblable d'anticiper cette résolution aux premiers vers du l. 11. A ce moment, ce qu'Énée tient à marquer devant les siens, c'est que la grande bataille du l. 10 a acquis un résultat décisif : elle a dégagé le terrain (cf. *supra*, p. 202). Les forces qui s'interposaient entre les interlocuteurs authentiques ont été dispersées, Mézence a été tué, Turnus est en fuite ; Énée peut maintenant reprendre contact avec le roi des Laurentes et chef des Latins ; il faut aller le trouver dans sa ville, non pour l'attaquer, mais pour lui manifester qu'on reste fidèle à ses intentions initiales et pour faire la paix.

Page 86.

47. « prendre un commandement suprême ». Allusion à l'invitation adressée par Évandre à Énée de se mettre à la tête des coalisés étrusques.

60. On distingue mal dans ces vers ce qui est préparatifs pour un cortège (surtout jusqu'au vers 77) et description de l'ordonnance d'un cortège (surtout à partir du v. 78). A cet égard, il est particulièrement gênant de ne pas voir où prend place la litière de Pallas. Nous croyons que cette obscurité, comme l'apparent désordre de la description, s'éclaire un peu si l'on suppose que cette pompe funéraire a été ordonnée comme une pompe triomphale (cf. v. 54) : d'abord le butin 78-80, puis les victimes du sacrifice 81-82, les trophées 83-84, les proches et les objets personnels du triomphateur 85-92a, les troupes 92b-93. On retrouve tous ces éléments, et dans cet ordre, dans un triomphe « classique » comme celui de Paul-Émile (Plutarque, *Paul-Émile*, 32-34). Malheureusement, il s'agit ici d'un cortège funèbre : la litière aurait dû figurer à la place normalement dévolue au char ou reléguer le char à une place secondaire ; aussi sera-t-elle décrite hors cortège (64-77) avec tous les détails que la pitié inspire au poète ; quant au cortège lui-même, pour triomphal qu'il soit, le désespoir d'Acétès, les larmes d'Éthon ne nous permettent guère d'oublier qu'il est triomphe d'un héros mort. *Funus triumpho simillimum*, Sénèque, *Cons. Marc.*, 3, 1.

Page 87.

83. « il ordonne que, revêtus d'armes ennemies, des troncs portent les chefs eux-mêmes ». Il s'agit, croyons-nous, de chefs (Latins ou alliés des Latins) qui ont été tués ; à défaut de pouvoir les présenter eux-mêmes dans le cortège, ils y seront figurés par des mannequins revêtus de leurs armes ; Servius glose *duces*

par *ducum spolia* et renvoie aux v. 15-16 où le trophée de Mézence est identifié à Mézence lui-même. — Mais Servius connaît encore une autre explication (inspirée sans doute par une interprétation abusive des v. 170-172) selon laquelle ce sont les chefs (Troyens, cette fois) qui portent les troncs-trophées ; ils tiennent à remplir eux-mêmes cet office, tant ils ont souci d'honorer Pallas. Il nous paraît plus vraisemblable que les chefs troyens sont à la tête des contingents envoyés en délégation.

88. « le char teint du sang des Rutules ». Servius se demande si *currus* (acc. plur.) désigne le char de Pallas ou des chars enlevés aux Rutules et figurant comme butin ou trophées.

Nous préférons la première interprétation : dans l'ordonnance du défilé funèbre, il semble que des chars conquis à l'ennemi seraient mieux à leur place dans le butin (après le v. 80) ou parmi les trophées (après le v. 84) ; entre Acétès et Éthon on s'attend plutôt à voir un objet personnel. — Dans l'*Énéide*, et mis à part le présent texte, *currus* (acc. plur.) désigne huit fois un char et quatre fois plusieurs chars ; il y a douze exemples de l'accusatif singulier ; rien n'empêche donc qu'il s'agisse ici du char de Pallas. Il est vrai qu'au l. 10, Pallas ne nous est jamais montré combattant sur un char ; mais l'argument *ex silentio* ne nous paraît pas décisif, Virgile ne s'était pas engagé à nous décrire tous les exploits de Pallas. Le même héros peut combattre à pied, à cheval, en char. Au début du l. 9 Iris invite Turnus à demander son char (9, 12), pourtant, au cours de ce livre, on ne le voit qu'à cheval (v. 58, cf. 269) ou à pied, mais rien n'empêche qu'il soit monté sur son char pour se transporter d'un point à un autre du champ de bataille et il y est peut-être fait allusion en 10, 20-22. Pallas a pu faire de même, et par exemple se servir de son char pour rejoindre les Arcadiens, cf. 10, 362 et n.

94. « Après que le long cortège... » Nous comprenons que le cortège se forme peu à peu. Les éléments de tête sont déjà en marche quand d'autres continuent à s'assembler sur place dans le camp. Vient un moment où le cortège s'est tout entier constitué et marche, y compris les mille hommes (v. 61, 92-93) qui le terminent. A cet instant, Énée, qui marchait à côté du char ou de la litière de Pallas, sort du cortège, dont la tête et la fin sont loin de lui, s'arrête pour saluer et s'en va.

Page 88.

112. « je ne suis pas venu pour cela... si les destins... » La phrase est surprenante à plusieurs égards : c'est l'unique exemple de *nisi* dans l'*Énéide*, mise à part l'expression familière *nisi fallor* 5, 49 ; surtout lorsqu'il est employé comme conjonction et suivi d'un verbe, ce mot paraît ne pas convenir tout à fait

à la haute poésie (3 ex. dans la *Thébaïde*, aucun chez Valérius Flaccus, 5 chez Silius). D'autre part, la discordance modale est difficile à interpréter ; en des phrases formellement analogues, l'indicatif sert à indiquer un état de fait qui a bien existé (d'où l'indicatif) même s'il n'a pas eu toutes les conséquences qu'on en pouvait attendre (et qui demeurent de ce fait dans le registre de l'imaginé, d'où le subjonctif), par exemple en 5, 355 : « en tout état de cause j'ai mérité la couronne (et je l'aurais reçue) si la fortune ne s'était mise en travers » ; cf. 2, 54 ; 6, 358 ; 8, 522 ; 12, 733. Ici il paraît impossible d'interpréter *nec ueni* de la même manière : Énée ne peut nier qu'il ne soit venu au Latium. S'il y a ellipse, elle est nécessairement plus complexe : « je ne suis pas venu (pour refuser la paix aux vivants, c'est-à-dire pour faire la guerre, et je ne ferais pas la guerre, je ne serais pas venu) si les destins ne m'avaient assigné ce lieu et ce séjour ». On ne croira pas, comme Servius, que Virgile ait seulement voulu éviter ici une homéotéleute : on ne voit pas qu'il les évite de façon systématique (cf. 2, 292 ; 9, 757-759 ; 10, 629 ; 11, 118, 285). Il nous paraît plutôt avoir délibérément recouru à un tour anormal, aux confins de l'anacoluthe, pour traduire l'émotion, le scandale intérieur que ressent le bon Énée : le héros ne se reconnaît pas dans la situation où il se trouve, cf. 10, 830 et n. ; son mouvement spontané le porte à s'en désolidariser, à la nier ; le membre parallèle *nec bellum cum gente gero* contribue ensuite à atténuer un peu la vivacité de ces premiers mots. La phrase *nec sic ad proelia ueni* (10, 901) nous offre un énoncé d'intention à peu près comparable, mais avec les explicitations (en particulier, le mot *sic*) qui font ici défaut.

118. Énée fait ici de la diplomatie. Tout d'abord il affirme qu'il n'en veut pas au peuple, la responsabilité de la guerre revient à Latinus qui lui a fait du tort, *nostra reliquit hospitia*, c'est-à-dire sans doute : il a été infidèle aux engagements par lesquels il nous reconnaissait comme ses hôtes. Le v. 115 pousse un peu plus loin : on ne voit pas en effet que lorsqu'une guerre a été engagée par un roi qui a choisi un général, ce soit pour ce général un devoir de justice de renvoyer ses troupes et d'affronter seul en un duel décisif le chef de l'armée adverse ; une telle proposition suggère que la guerre répond seulement aux conceptions politiques ou aux intérêts personnels du général. Mais l'insinuation reste implicite : Énée ne dit pas que Latinus s'est laissé forcer la main par Turnus, il dit même le contraire, *Turni se credidit armis* ; il ne dit pas que Turnus s'intéresse surtout à ses projets matrimoniaux et à la succession de Latinus, il dit même le contraire, *si pellere Teucros apparat*.

Drancès pourtant avait préparé le terrain à une disqualification des buts de guerre affichés par Turnus ; en sus des liens d'hospitalité, il avait rappelé que des alliances matrimoniales avaient été envisagées, *hospitibus socerisque uocatis* (v. 105) ; le pluriel *soceris* était destiné à ne pas appuyer trop explicitement sur le cas de Lavinia, il pouvait être entendu comme relatif à un *ius conubii* très général entre les deux communautés (cf. 9, 600 ; 10, 79). Dans sa réponse, Énée montre qu'il a compris l'intention : il reprend *hospitibus* par *hospitia* mais fait comme s'il n'avait pas entendu *soceris*. Drancès tiendra compte de cette volonté de réserve : quand il reviendra à la charge, il exploitera surtout les thèmes politiques ; il suggérera que Latinus se laisse conduire par ses conseillers, mais que lui-même, Drancès, pourrait le ramener à Énée (127-129) ; il insiste sur l'ambition personnelle de Turnus (v. 129). On remarquera toutefois l'emploi de termes ambigus (*iungemus, foedera*) qui peuvent s'entendre au plan des alliances matrimoniales aussi bien qu'au plan politique.

Virgile prend soin de maintenir son lecteur dans l'incertitude ; il ôte beaucoup de poids aux propos de Drancès en annonçant qu'ils sont inspirés par une vieille haine, puis en prêtant au personnage une suffisance (*iungemus*, v, 129) et une bassesse (v. 131) bouffonnes. Pourtant ses insinuations font leur chemin, d'autant que le lecteur ne manque pas de s'aviser d'une certaine correspondance entre les propos de Drancès et le sentiment d'Énée.

Nous avons indiqué déjà (p. 165) comment, à mesure que le dénouement approche, la conception générale de l'*Énéide* imposait au poète une présentation différente de la guerre latine et, corrélativement, du personnage de Turnus. Pour opérer ce changement de cap, Virgile s'est donné, a suscité le personnage de Drancès, aussi redoutable à sa manière que fut Allecto au l. 7, surgissant comme elle pour l'espace de quelque trois cents vers puis disparaissant définitivement, son œuvre une fois faite. Leur art, à l'un et à l'autre, le principe de leur pouvoir, c'est que, sans rien changer à ce qui est, ils savent le faire voir autrement. Allecto avait surtout envoûté les Latins en éveillant en eux des sentiments de défiance envers l'étranger, un orgueil ou fierté nationale, une volonté d'indépendance que le lecteur avait pris fort au sérieux, dont il comprenait que les Troyens devraient peiner beaucoup pour les surmonter, mais dont il voyait bien que le poète les tenait pour excessifs, hors de saison, contaminés de craintes, d'égoïsmes et de rancunes obscures. C'est dans cette zone d'obscurités que Drancès insinue ses interprétations : il n'entraînera pas seulement les Latins ; nous-mêmes devrons finir par voir la situation comme il la voit, avec ses yeux. Ici les paradoxes vont s'accumuler : objectivement, l'odieux Drancès aura travaillé à l'établissement de la paix ; mais inversement Virgile a voulu que Turnus ne nous apparaisse jamais plus héroïque, plus touchant que lorsqu'il est disqualifié comme héros national et que tous l'abandonnent. Malheureux héros d'épopée, suspect peut-être, il se retrouve grand au plan de sa tragédie personnelle. Pourtant le hasard, les maladresses ne cessent de le précipiter et nous ne penserons plus au héros du l. 7 — « à sa suite, une nuée noire d'hommes de pied et, sur toute l'étendue de la plaine, des colonnes toujours plus serrées derrière leurs boucliers » (793-794) —, peut-être n'aurons-nous plus qu'un vague malaise quand Énée, définitivement, l'écartera dans les solitudes qui lui reviennent, hors du chemin où se construit un avenir.

Page 89.

133. « pour douze jours ». Ces douze jours proviennent de l'*Iliade*, 24, 664-667 (trêve pour les funérailles d'Hector : une neuvaine de deuil et deux jours de cérémonies). Il semble que Virgile ait songé à une distribution analogue, en inversant toutefois neuvaine et cérémonies. Il nous apprend en effet que le troisième jour s'achèvent les ensevelissements, 210-212. Le deuil officiel commence ensuite, 213-224. C'est pendant cette neuvaine que reviennent les ambassadeurs envoyés à Diomède. Naturellement on ne délibère qu'une fois terminée la période de deuil. De son côté, Énée a fait mouvement vers la ville sitôt la trêve finie ; c'est pourquoi il y a simultanéité entre cette manœuvre et la séance du Conseil des Latins. La surprise des Latins provient de ce qu'ils ne s'attendaient pas à voir les Troyens dès la fin de la trêve prendre si rapidement et sans aucun préavis une initiative si inquiétante. Mais c'est aussi que, dans l'entretemps, Turnus, qu'on avait cru retiré à Ardée, est revenu dans la ville de Latinus, cf. 10, 622 et n.

142. « selon l'usage antique ». Il est vraisemblable que la nuit est tombée (v. 143-144) ; pourtant il ne s'agit pas d'un éclairage à des fins pratiques, car ce sont alors les Troyens qui devraient s'en être munis. *De more uetusto* indique d'ailleurs une intention cérémonielle, liturgique ; sur cet usage, cf. F. Cumont, *Lux perpetua*, Paris, 1949, p. 49 sqq. : même en plein jour on allume des flambeaux, cf. Tac., *Ann.*, 3, 4, 1 (funérailles de Germanicus). Il semble ressortir de plusieurs textes (Sénèque, *Brevit.*, 20, 5 ; *Epist.*, 122, 10 ; *Tranquill.*, 11, 7 ; *Hercules Furens*, 854-857 ; cf. P. Boyancé, *Funus acerbum*, dans *REA.*, 54, 1952, p. 275-289) que ce cérémonial s'imposait particulièrement dans les cas de mort prématurée. Cela conviendrait à la circonstance. Il est intéressant de constater qu'ici c'est aux Arcadiens de Pallantée, non aux Troyens, que Virgile rattache l'origine d'un usage romain.

Page 90.

153. « tu voulais garder quelque prudence ». Ce vers, qui rappelle les promesses de Pallas à son père, marque bien les

intentions de son engagement aux côtés d'Énée : il était parti pour faire ses premières armes, c'est-à-dire pour voir ce qu'est la guerre, plutôt que pour combattre vraiment. Puis sa vaillance, son sentiment de l'honneur l'ont entraîné plus loin qu'il n'avait été prévu (10, 362-379). D'où sa stupeur quand il voit Turnus devant lui (10, 446) prêt à le tuer et, par la suite, la douleur, les remords d'Acétès, le vieux pédagogue et écuyer qui aurait dû le surveiller, le retenir (11, 29-33, 85-87), comme Butès, en d'autres circonstances, avait fait pour Ascagne, lui aussi trop impétueux (9, 638-656). Les remords d'Énée, également oublieux de ses devoirs envers le jeune homme (11, 45-55), ne seront pas moindres.

Page 92.

217. « maudissent l'hymen de Turnus ». C'est la première fois que la guerre en cours est publiquement attribuée aux ambitions matrimoniales de Turnus. Naturellement cette imputation n'est pas inintelligible au lecteur ; mais pour comprendre il lui faut remonter très loin en arrière, au début du l. 7 : on y avait appris en effet qu'Amata souhaitait Turnus pour gendre et que dans un rêve la Furie Allecto avait tenté d'inquiéter le héros en lui montrant Énée comme un rival (421-434). Par la suite (hormis une invective de Pandarus, 9, 737), il n'avait plus été question que de résistance nationale, de combat politique, *tutari Italiam, detrudere finibus hostem* (7, 469) ; c'est une vraie guerre, engagée à des fins de politique nationale, ici pour le maintien de l'indépendance, là pour la conquête d'un peu d'espace, qui allait faire couler le sang, — non pas la rivalité de deux prétendants à la main d'une héritière, cf. 8, 9-17, 146-149 ; 10, 18-95, 148-154, 774 *praedo*, 866 *dominos* ; 11, 116-117 ; 12, 359-361. Il le fallait bien pour que toute l'Italie pût s'y intéresser.

C'est au début du l. 11 que le thème des intérêts matrimoniaux de Turnus a reparu. Il est mis en avant par l'odieux Drancès (11, 113-118 et n.) qui ici même attise, exploite le désespoir de femmes éplorées. Plus hardi désormais que devant Énée lui-même (11, 113-118 et n.), se heurtant encore au scepticisme de la plupart de ses auditeurs (222, 224), il reviendra à la charge devant le Conseil des Latins (369-373) ; Turnus ne daignera même pas relever l'accusation, se bornant à affirmer son dévouement à « son beau-père Latinus » (v. 440) ; mais cette fois dans l'assistance les avis sont partagés (v. 445). Un peu plus loin, nouveau progrès : c'est le poète lui-même qui nous dit, comme en passant, que Lavinia est bien la cause de l'affreuse guerre (v. 480 et n.). Cela étant, nous ne serons pas étonnés de voir Latinus lui-même, en des propos privés, aborder le problème en ces termes (12, 24-31). Puis Lavinia en personne paraît, rougit ; et, à son tour, Turnus qui la regarde n'ose plus refuser de voir lui aussi la grande guerre sous cet éclairage personnel. Désormais, et quoique Turnus jusqu'au bout se conduise en vrai chef de guerre (imprudent parfois, il est vrai, cf. v. 498 et n.), se décide toujours pour le parti le plus avantageux à la cause de l'indépendance italienne, le lecteur va oublier de plus en plus les grands intérêts dont il s'était fait le champion ; il ne verra plus en Turnus qu'un homme seul. Mais c'est aussi qu'autour de lui tout le monde, à ce qu'il semble, le voit ainsi, même Sacès, un fidèle cependant, un compagnon respectueux : *mussat rex ipse Latinus quos generos uocet* (12, 657-658). A croire qu'il ne s'était jamais agi que de l'hymen de Turnus ! Ce n'est certainement pas ce qu'avaient compris naguère, en prenant les armes, Messapus, Ufens et la vierge Camille. — Savamment ménagé par Virgile, rendu vraisemblable par la lassitude croissante des Latins, par la modération et par l'humanité d'Énée, ce retournement des perspectives est indispensable pour qu'à la fin de l'*Énéide* le lecteur puisse approuver que tout rentre dans l'ordre (cf. *supra*, p. 219 et, sur les dernières paroles de Turnus, n. *ad* 12, 937). Naturellement Énée ne fera jamais de la conquête de Lavinia un de ses buts de guerre ; il s'exprime toujours comme n'ayant en vue que des objectifs politiques : l'implantation des Troyens au Latium, leur union organique avec les Laurentes ; s'il parvient à les réaliser, son mariage avec Lavinia, offert et promis sans qu'il l'ait demandé, s'ensuivra par surcroît.

Page 93.

231. « Le roi Latinus perd courage ». Pour être ainsi affligé par le refus de Diomède, il faut que, dans les jours qui précèdent, Latinus ait pris son parti de la politique préconisée par Turnus. Il est, en fait, à l'écoute des signes qu'à travers les événements les dieux peuvent lui envoyer.

238. « premier par le sceptre ». Allusion peut-être à la primauté qui donne au roi des Laurentes, descendant de Saturne, une certaine prééminence sur tous les autres rois latins, cf. t. II, p. 187.

243. « Nous avons vu, citoyens... » Le mot *ciues* (cf. encore v. 305, 459) est, en un tel contexte, des plus difficiles à traduire, voire à comprendre. Le grand conseil (v. 234) de Latinus n'est certainement pas composé de simples citoyens, mais de *primi*, et ces *primi* ne sont pas seulement des concitoyens de Latinus, roi des Laurentes, mais les représentants des diverses cités du Latium (cf. v. 302) ; c'est le cas de Turnus, fils du roi d'Ardée, c'est le cas de Vénulus lui-même, un Tiburtin (cf. 741-758). Dans la Rome de l'époque républicaine — où n'existait, d'ailleurs, aucun équivalent du conseil confédéral que Virgile imagine ici —, il est à peu près sans exemple qu'un orateur s'adresse aux

membres d'une assemblée en les appelant *ciues*. Exclu de la langue officielle, ce mode d'interpellation paraît ordinairement comporter un accent affectif, le plus souvent angoissé, comme pour en appeler en cas de danger à une solidarité immédiate ; c'est bien le cas dans *Aen.*, 2, 42 ; 5, 196 ; 9, 36, 783 ; nous doutons qu'il faille ici supposer une telle intention. Mais on voit mal quel autre mot pouvait fournir le vocabulaire politique, et celui-ci était apparemment le moins inadapté au cadre institutionnel imaginé par le poète. Virgile s'est autorisé, peut-être, d'un texte d'Ennius (*Ann.*, 394-395 V.) où, dans une situation militaire comparable, un chef ou un roi (peut-être Antiochos III après la bataille de Magnésie) commence ainsi un discours : *O ciues, quae me fortuna ferocis contudit, indigno bello confecit acerbo.* Ces mots ne disconviendraient pas dans la bouche de Latinus (cf. 11, 302-313 ; 12, 34-36).

Page 94.

246. Le nom de la ville d'Arpi (Arpoi chez Dion. Hal., 20, 3, 2 ; Arpanoi sur les monnaies) semble avoir été doté par les mythographes d'une double étymologie : Argos Hippion (Strab., 215) et Argyrippa (Lycophr., 592 ; Strab., 283 ; Appien, *Annib.*, 31), « Argos des chevaux », « Chevaux d'argent (?) », par référence à un élevage qui est une des gloires de l'Apulie. Il se pourrait que ces dénominations eussent fini par entrer plus ou moins dans l'usage puisqu'on les rencontre chez les historiens et géographes. On expliqua aussi qu'Argyrippa était issu de Argos Hippion (ce que Virgile suppose ici) par une déformation qui, en s'accentuant, aurait donné Arpi (Pline, *n.h.*, 3, 104).

Page 95.

286. « deux hommes tels que lui ». C'est-à-dire Énée et un second Énée. Le texte est souvent compris comme signifiant qu'en sus d'Énée il aurait fallu deux autres Énée, soit trois en tout. Il est vrai qu'en *Iliade*, 2, 372, Agamemnon, qui vient d'entendre Nestor, regrette de n'avoir pas dix conseillers pareils ; mais dix est un nombre vague, Agamemnon voudrait que Nestor ne fût pas seul à être si sage. Tandis que dire : « il aurait encore fallu deux héros pareils en sus d'Énée » suggère la pensée peu flatteuse que, joint au premier, même un second Énée n'aurait pas suffi. — Nous croyons que par *praeterea* Diomède écarte, congédie ses souvenirs de l'affrontement physique supporté en pleine bataille (*experto*) ; il s'élève à un niveau supérieur : ce qui faisait la force d'Énée et le rendait unique, c'est sa piété, c'est l'appui des dieux, seul un héros de ce genre pouvait retourner les destins. Hector n'était qu'un guerrier (*manu*) ; et avec Énée il a pu retarder la victoire des Grecs ; mais c'est un autre Énée qu'il aurait fallu, aux côtés de celui qui, malheureusement pour

Troie, est resté seul. Les propos de Diomède rejoignent ici de la façon la plus expresse l'idée qui s'impose : *fatalem Aenean manifesto numine ferri* (v. 232).

Page 96.

309. « comme ici nous sommes serrés », — par opposition aux vastes perspectives que nous ouvrait l'alliance de Diomède, nous voilà serrés dans nos murs (cf. v. 304) ; le reste, c'est-à-dire la grande armée de nos coalisés, a été détruit dans les malheureux combats livrés autour du camp ; au v. 311 Latinus revient une troisième fois (après 304 et 309) à la même idée : il ne reste plus que cette ville, nous formons le dernier carré des combattants. On se souviendra qu'en 9, 368 Latinus avait retenu la *legio* près de la ville, d'où il ne l'a laissé s'éloigner, semble-t-il, que sur les instances de Turnus, cf. n. *ad loc.* Latinus s'exprime ici avec modération et de façon voilée ; il est clair cependant qu'il regrette l'attaque du camp, le résultat a montré qu'elle était inconsidérée, Turnus a gâché là une des chances du Latium : nous n'avons plus d'armée, nous sommes pris à la gorge (le lecteur se souvient ici d'une des possibilités évoquées par Jupiter : la bataille autour du camp a bien été livrée *fatis Italum* 10, 109, pour la perte des Italiens cf. n. *ad loc.*). On comprend qu'il ajoute aussitôt : « Je n'accuse personne » (v. 312), mais la phrase : « nous avons engagé dans la lutte toute la substance du royaume », en même temps qu'un hommage à la générosité et à l'esprit de sacrifice des combattants, est aussi un regret d'avoir d'un coup tout perdu. — Certains commentateurs voient dans *haec angusta* un féminin qui reprendrait *spes* ; nous voyons mal par rapport à quoi s'établirait alors l'opposition notée par *cetera*.

316. « je possède une ancienne terre ». Il n'est peut-être pas absolument impossible de reconnaître ce que Virgile nous a donné à imaginer ; terre riveraine du Tibre, s'étendant plus longue que large en direction de l'ouest, ce qui est assez naturel puisque le cours inférieur du Tibre est dirigé d'est en ouest et que la ville des Laurentes, d'où Latinus parle présentement, est à l'est d'Ostie ; cf. *infra*, p. 264. Terre de collines et de pinèdes cultivée par des fermiers ; la présence de colons auronces engagés comme fermiers (cf. Serv., *ibid.* et t. II, p. 210-212) s'explique particulièrement bien s'il s'agit de terres voisines de la côte ; quant aux Rutules, qui s'emploient souvent dans les armées latines, ils ont pu être lotis en ces lieux après de bons et loyaux services. On croira volontiers que la terre de Latinus (celle sans doute qu'Ascagne promettait à Nisus 9, 274) s'étendait à ces *loci Albani* où le roi tenait ses hautes étables, que Nisus avait traversés en s'échappant vers Rome (9, 386-388), où régnait l'intendant Tyrrhus (7, 483-486), où fut découverte en bordure du Tibre la

truie blanche (8, 81 et n.). Déjà les Troyens étaient sur place, leur camp avait été installé, sans qu'ils demandent avis ou permission, à l'extrémité occidentale de cette terre. Il s'agissait donc de concéder amicalement à leur *urbs* un *ager* suffisant pour que ses habitants pussent y vivre chez eux. Pour une opération de cette sorte, Virgile ne pouvait manquer de penser à ces lotissements qui tiennent tant de place dans l'histoire romaine.

Pour la période où il s'agit encore de colonisation, c'est-à-dire avant les Gracques, les lots, surtout si l'on exclut la Grande Grèce et la Gaule, sont d'étendue médiocre : 5 jugères à Grauisca en 181 (Liv., 40, 29, 2) et à Modène en 183 (Liv., 39, 55, 7), 6 à Potentia en 184 (Liv., 39, 44, 10), 7 à Véies en 392 (Liv., 5, 30, 8), 8 à Parme en 183 (Liv., 39, 55, 7), 10 à Saturnia en 183 (Liv., 39, 55, 9). Les contemporains de Virgile avaient fini par se convaincre qu'antérieurement aux funestes extravagances de la fin du IIe siècle un chiffre idéal et maximum de 7 jugères avait été arrêté comme répondant à ce que pouvait souhaiter un bon citoyen. Cincinnatus au Ve siècle avait possédé un domaine de 7 jugères (Val. Max., 4, 4, 7), de même C. Fabricius, M'. Curius Dentatus consul en 290 (Columelle, 1 préf., 14 ; cf. Val. Max., 4, 3, 5), ou Atilius Régulus pendant la première guerre punique (Val, Max., 4, 4, 6). Une *lex Liciniana* aurait consacré ce chiffre ; Columelle (1, 3, 10) la fait remonter aux débuts mêmes de la République et c'est aussi le sentiment de Pline (*n.h.*, 18, 18) qui dans une *contio* du célèbre M'. Curius relève la phrase « perniciosum intelligi ciuem cui VII iugera non essent satis ». Tel est, semble-t-il, le cadre, l'ordre de grandeur où l'imagination de Virgile a dû se déployer.

Pour établir quelque 1.500 chefs de famille (chiffre approximatif des Troyens, cf. *supra*, p. 186), dix à douze mille jugères, trois mille hectares au grand maximum, eussent largement suffi. En imaginant que Latinus, un souverain, pouvait à titre personnel disposer d'un domaine aussi étendu, Virgile n'outrepassait pas les vraisemblances qui dussent satisfaire les lecteurs de l'*Énéide* ; René Martin a montré que Columelle a écrit son traité dans la perspective de propriétés s'étendant sur plus de mille hectares, et qu'en sa lettre 3, 19 Pline le Jeune envisage pour son propre compte la constitution précisément d'un domaine de deux mille hectares (*Pline le Jeune et les problèmes économiques de son temps* dans *REA.*, 69, 1967, p. 62-97 ; *Recherches sur les agronomes latins*, Paris, 1971, p. 350). Ce n'en est pas moins pour le roi d'un très petit peuple un sacrifice considérable à la cause de la paix : en bordure du cours inférieur du Tibre, cela eût représenté une bande de 6 à 7 km de long sur 4 à 5 de large ; elle eût vers l'amont rejoint à peu près cette Ficana (à onze milles de Rome, cf. Festus, 250 M.) que plusieurs modernes croient pouvoir reconnaître en ce texte sous les mots de *finis Sicanos*. Virgile s'est réjoui peut-être de pouvoir situer le domaine de Latinus en des parages où Auguste lui aussi possédait un domaine personnel (*in agro Laurente*, Gell., 10, 2, 2 ; cf. J. Carcopino, *Virgile et les origines d'Ostie*, 2e éd., Paris, 1968, p. 224). Un texte de Caton (*ap.* Serv., 11, 316) localise la dotation des Troyens *inter Laurentum et Castra Troiana.* On voit mal ce que Caton pouvait désigner par Laurentum et il est tentant de supposer que Servius a transposé dans sa propre terminologie les indications du vieil historien : au IVe siècle, Laurentum est le Vicus Augustanus Laurentum, le Laurentum situé par la Table de Peutinger à six milles (au nord-ouest) de Lavinium ; les Castra Troiana, pour un commentateur de Virgile, sont ceux que le poète a situés à Ostie. Il y aurait donc accord entre Virgile et Caton ; comme on ne voit pas trop bien pour quelle raison Caton aurait situé si près du Tibre la dotation des Troyens, on peut se demander s'il n'existait pas là un lieu dit *Troia* ou *praedium Troianum.* Selon Servius la dotation indiquée par Caton aurait eu 2.700 jugères ; cette superficie peut correspondre à celle d'un hypothétique *praedium Troianum* ; si Caton l'a calculée d'après le nombre des compagnons d'Énée, c'est apparemment parce qu'il ne s'était pas arrêté à un nombre aussi élevé que devait faire Virgile. Cassius Hémina croyait qu'Énée n'avait pas eu plus de six cents compagnons (fr. 7 Peter, *ap.* Solin, 2, 14) ; Caton n'atteignait peut-être même pas ce chiffre. — Sur l'étendue de cette dotation, d'autres chiffres, très différents, supposent, croyons-nous, de tout autres représentations : non plus colonisation mais domaine attribué en propre à Énée (Solin, 2, 14 ; *Origo*, 12, 4 : 500 jugères) ou partage véritable, presque à parts égales, du pays « aborigine » (Dion. Hal., 1, 59, 1 : un cercle de 40 stades de rayon ; Appien, *Reg.*, 1 : un cercle de 400 stades de tour).

Cependant, tel qu'il nous est ici présenté, le projet de Latinus ne semble guère réalisable. Resserrés sur un espace assez limité, les Troyens n'auraient pu vivre qu'en utilisant très largement pour la pâture et pour le bois, des terres où ils se fussent trouvés en concurrence avec les Laurentes. Et d'autre part une communauté aussi dynamique et relativement si nombreuse aurait-elle pu vivre sans incidents aux confins d'un État de structure sociale toute différente ? Mais dans le progrès de l'*Énéide*, une imagination de cette sorte — et ce n'est pas moins vrai de l'État bicéphale ou biparti qui sera défini en 12, 190-191 — ne représente qu'une étape ; le lecteur y voit les Latins se familiariser peu à peu avec la perspective d'un établissement des Troyens. Quand le dénouement arrivera selon une formule arrêtée par Jupiter lui-même (12, 835-837 et n.), il sera fort différent sans doute, mais il aura été préparé.

Page 97.

329. « nos chantiers ». *Nauale* (Ov., *Métam.*, 3, 661 ; *Her.*, 17, 207) et plus souvent au pluriel *naualia* nous paraît n'avoir jamais d'autre sens (cf. dans l'*Énéide* même, 4, 593) et ne jamais s'employer seul pour désigner des objets employés dans la construction ou l'armement des vaisseaux ; on en jugera en se rapportant aux deux exemples allégués par les dictionnaires à l'appui de ce sens (Liv., 45, 23, 5 ; Pline, *n.h.*, 16, 52). Servius (*ad loc.*) reconnaît le fait mais n'en soutient pas moins que Virgile, transposant l'homérique νήιον, a voulu ici désigner des *res nauales* telles que poix, cire, câbles, voiles, peut-être aussi les poutres dont on construit les vaisseaux. Il est possible que les responsables de cette interprétation aient hésité à attribuer aux sujets de Latinus des chantiers de construction navale. Pourtant il ressort de ce passage même que les Latins sont capables de construire des vaisseaux (v. 326), voire de les construire à la demande puisqu'ils savent exécuter un plan (*modum*, v. 328). Il convient de se souvenir que Latinus parle ici au nom de tous les Latins (comme en 7, 261-262 cf. n. *ad loc.*) et que le Latium s'étend jusqu'à Sinuessa avec des villes comme Ardée (métropole de Sagonte, Silius, 1, 293, 667), Anxur-Terracine, Gaète. L'existence d'une flotte latine est d'ailleurs indirectement confirmée par la présence, dans un sanctuaire de la ville confédérale, de rostres pris à des navires ennemis (7, 186). Sur les marins du Latium, cf. 12, 767 et n.

334. « qui sont chez nous insignes de la royauté ». Ce serait sans doute commettre un faux sens que traduire « qui sont les insignes de notre royauté ». Latinus ne met pas en délibération l'opportunité d'associer Énée à ses propres pouvoirs soit sur les Laurentes, soit sur les Latins, mais celle de lui reconnaître un pouvoir souverain sur le territoire qui lui aura été accordé. Le statut d'Énée serait analogue à celui d'Évandre, roi lui aussi, installé sur la bordure du Latium, à cette seule différence que les relations entre Énée et les Latins seraient réglées par un traité. On s'est étonné que le vieux roi ne parlât pas du mariage de sa fille, mais c'est que pour l'équilibre de l'*Énéide* il ne convient pas encore que ce problème passe au premier plan. Énée d'ailleurs ne fera jamais de la possession de Lavinia un de ses buts de guerre explicites ; en ce moment, sa thèse est qu'il a pris les armes pour se défendre de ceux qui veulent rejeter les Troyens à la mer (v. 116) ; à cet égard, rien n'a changé depuis les requêtes qu'il avait présentées au l. 7, 229-230. L'attitude de Latinus est donc tout à fait cohérente ; sans doute se souvient-il de l'offre qu'il a faite, mais Énée l'a-t-il agréée et comment savoir ce que veulent vraiment les dieux ? En vieil homme, il pense que rien n'est sûr. Qui sait ? peut-être les Troyens voudront-ils s'en aller

d'eux-mêmes moyennant compensation (324-329). Ici pourtant Latinus paraît bien ne pas trop compter sur une éventualité qui arrangerait tout ; sinon aurait-il d'emblée envoyé à Énée les insignes d'une royauté qui va définitivement l'établir au Latium ?

335. « échangez vos avis ». Selon Tibérius Donatus, *consulere in medium est consilio reperire quod omnibus prosit.* Il existe effectivement un lien sémantique entre « mettre ses avis en commun » et « se préparer à agir en vue du bien commun ». Chez un même auteur c'est tantôt l'idée de bien commun qui émerge (Liv., 24, 22, 15), tantôt l'idée d'une délibération poursuivie en commun (Liv., 26, 12, 7). Ici un choix nous paraît difficile.

336. Drancès. — Le portrait psychologique dressé aux v. 336-341 n'a pas d'homologue dans le reste de l'*Énéide*. Les personnages s'y font connaître, quand il y a lieu, par actes et discours, ou se révèlent par leur extérieur, ou sont dépeints par un autre personnage (Fama, 4, 174-188 ; Charon, 6, 298-304 ; Allecto, 7, 323-340). Pour Drancès, on songe aux célèbres portraits de César et de Pompée dans la *Pharsale* (1, 129-157) ; Virgile doit peut-être ici quelque chose aux techniques de l'épopée historique. Certains traits, le style surtout, rappellent Salluste (*largus opum et lingua melior*, v. 338 = *sui profusus... satis eloquentiae*, *Cat.*, 5, 4) avec son goût pour la *uariatio* (aux v. 338-341, adjectifs, noms, adjectif, l'asyndète, l'anacoluthe qui donne à *dabat* et à *ferebat* deux sujets différents).

Le personnage, avec ses composantes démagogiques, fait penser d'abord à Thersite (*Iliade*, 2, 211-277) mais Thersite, en définitive, n'est qu'un bouffon, un sot que personne n'écoute, et Drancès est un personnage redoutable. La situation est aussi celle du beau parleur s'opposant au guerrier : situation d'Ulysse et d'Ajax dans le débat sur l'attribution des armes d'Achille (aux v. 378-386 on pourra comparer les propos tenus par Ajax dans Ov., *Métam.*, 13, 9-15). Vu par un guerrier, Ulysse, habile et rusé discoureur, a des traits de Thersite et les deux figures sont rapprochées par Philoctète chez Sophocle (*Phil.*, 438-444). C'est peut-être par une surimposition du personnage d'Ulysse que s'explique l'étrange parenthèse relative aux parents de Drancès ; car du côté d'Anticleia, fille d'Autolycos, Ulysse se rattachait à une illustre ascendance (cf. Ov., *Métam.*, 13, 148) ; son père Laërte n'était qu'un bonhomme et l'on racontait qu'en réalité Ulysse était fils du rusé Sisyphe (cf. *Aen.*, 6, 529 et déjà Sophocle, Euripide, etc.). Mais l'imputation d'origines sordides (souvent jointe à l'accusation d'impudence : *lingua uentosa pedes fugaces* au v. 390 comme dans Ps. Sall., *Rep.*, 2, 9, 2 ; *Cic.*, 5) a toujours fait partie, à Rome et en Grèce, de l'arsenal des luttes politiques. Le discours de Drancès, avec ses violences, a pour effet immédiat de rendre impossible une discussion raisonnable : Turnus lui répond sur le même ton ; dans ce désordre passionnel, l'approche des Troyens (cf. v. 17, 133, 450 et nn.) prend figure de menace ou de provocation ; les cris du vulgaire achèvent de troubler les esprits ; Latinus n'a plus qu'à lever la séance (v. 469) ; sans avoir rien décidé, les Latins se trouvent rejetés dans la guerre.

Tout cela, une fois admis le caractère des protagonistes, s'enchaîne de façon vraisemblable. Mais il est important de reconnaître comment cet agencement des faits concourt à l'organisation de la fin de l'*Énéide* : Virgile ne pouvait sans inconvénients instituer un débat raisonnable, aboutissant à un choix. A un moment où le dénouement s'approche, il eût été particulièrement fâcheux qu'un conseil des Latins, présidé par le vieux roi, approuvât des arguments du genre de ceux que Turnus, Camers plus tard, feront valoir, et prît de sang-froid, après mûre délibération, la décision de reprendre la guerre contre les Troyens. Mais les propositions pacifiques de Latinus en faveur d'une paix résignée, d'une paix de compromis, ne convenaient pas davantage : Virgile voulait mettre le cap sur une paix toute différente, intégrant l'une à l'autre les deux communautés des Troyens et des Laurentes ; cette paix — en somme la paix que prône Drancès — supposait le désaveu intégral de la politique de Turnus et une disqualification aussi complète que possible de sa personne ; au début du l. 11 ni les Latins ni surtout le lecteur ne sont encore suffisamment préparés à ce retournement.

Aussi, pour la bonne marche de l'*Énéide*, le conseil des Latins devait-il n'aboutir à aucune décision, comme au début du l. 12 les serments solennels de Latinus et d'Énée n'aboutiront non plus à rien. Prématurés eux aussi : chaque fois la guerre reprendra comme si rien n'avait été, avec son cortège monotone de deuils et de surprises. Pourtant, chaque fois, des mots auront été dits, des sentiments se seront manifestés : personne ne verra plus la situation des mêmes yeux, et à ce plan le poème aura progressé vers l'isolement et le rejet de Turnus, vers l'établissement d'une paix presque unanime.

Pour l'heure, les combats vont reprendre dans l'ambiguïté, comme la guerre au l. 7 (cf. v. 601-622 et n.) avait été elle-même ouverte dans l'ambiguïté. Situation informe, terriblement semblable à la plupart des situations historiques réelles, mais qui, du point de vue de l'équilibre du poème, rendra possible de s'acheminer vers une paix.

Page 98.

347. « les auspices malheureux... » Allusion aux conditions équivoques dans lesquelles la guerre fut décidée à l'instigation

de Turnus. Latinus plus tard reprendra ce thème : les malheurs qui en ont résulté prouvent que les dieux n'avaient pas agréé cette initiative (12, 32-36). — *Mores sinistros* est d'interprétation plus difficile. *Sinister* a presque toujours un sens local, d'où dérive sa valeur augurale, généralement défavorable (cf. 10, 110). De la défaveur des dieux (ou des hommes, Hor., *A.P.*, 452 ; Tac., *Hist.*, 1, 7, 2 ; 3, 52, 4) résultent des malheurs ; la tempête est fatale aux arbres (*Georg.*, 1, 444) ; les cérémonies des druides (Lucain, 1, 450), certaines lois (Stace, *S.*, 3, 4, 76) sont cruelles. La filiation qui conduit à d'autres valeurs est moins apparente : mauvaise renommée (Ov., *Am.*, 3, 14, 11), lyre endeuillée (Stace, *S.*, 5, 3, 2). Certains emplois donnent à penser qu'en rapport avec l'inégale habileté des deux mains, *sinister* pourrait signifier gauche, maladroit, mal venu (Catulle, 29, 15 ; Curt., 7, 4, 10 ; Pline le Jeune, *Panég.*, 45,5). *Mores* semble désigner ici l'ensemble de ce qui constitue le caractère, la personnalité d'un homme. Drancès ne nous dit pas que Turnus a mauvais caractère, mais bien qu'il est de ces gens qui, soit maladresse soit disgrâce congénitale, portent le malheur avec eux.

359. « les droits qui leur appartiennent ». Nous comprenons qu'il s'agit des droits que Turnus a usurpés lorsqu'il a, négligeant les refus du vieux roi, entraîné les Latins dans la guerre. Nous ne croyons pas que Drancès demande à Turnus de renoncer, par égard pour le roi et pour sa patrie, au droit qu'il aurait de réclamer la main de Lavinia, car ce serait admettre la thèse suivant laquelle Latinus aurait jadis promis effectivement sa fille à Turnus, et gratuitement faire à Turnus une concession capitale. On notera que Latinus lui-même, et s'adressant en privé à Turnus, rejette Turnus dans les *ueteres proci* et prétend n'avoir jamais envisagé d'autre gendre qu'Énée (12, 27-31). Il n'y a donc pas ici entre *patriae* et *ius proprium* une opposition comme on en pourrait concevoir entre le bien public et des intérêts particuliers ; *proprium* se prête à qualifier également les biens qui appartiennent en propre à une cité ou à une fonction publique, cf. Cic., *Catil.*, 1, 12 ; *Phil.*, 3, 29.

362. « Aucun salut ne vient par la guerre ». Il s'agit principalement de la guerre présente dont Drancès n'attend rien de bon. Mais l'aphorisme (que Turnus reprendra pour le retourner au v. 399) a par lui-même une portée universelle que les vers 359-361 (*totiens*) dégagent explicitement. Drancès est de ceux qui affectent de penser que la guerre, d'une façon générale, ne résout aucun problème et, pour ruiner dans le cas présent l'autorité de Turnus, il lui reproche d'imposer par principe aux Latins (par exemple à l'égard des Étrusques, cf. 7, 426, ou d'Évandre, cf. 8, 474) une politique belliqueuse qui fait leur malheur. On reconnaîtra là, sans doute, une allusion aux fonctions institu-

tionnelles de Turnus, cf. t. II, p. 188-189 ; comme, inversement, dans la bouche de Turnus, au v. 440, « à vous, à Latinus, j'ai dévoué ma vie », un mot qui n'a de sens que de la part d'un homme exerçant une charge officielle et proclamant son loyalisme politique.

Page 100.

400. « il vaut pour lui et pour tes affaires ». *Canere* signifie ici « annoncer à » et « prophétiser pour ».

405. Les trois vers 403-405 ne se rapportent pas, fût-ce ironiquement, à la situation de fait instituée par le refus de Diomède ; que signifierait alors l'évocation d'Achille et des Myrmidons ? Au même titre que les vers 406-407 ils font partie de l'attaque dirigée contre Drancès : comme Drancès, en son récent discours (343-375), n'a fait aucune référence à ce que les Grecs pensent ou ont bien pu penser des Phrygiens, on supposera que Turnus se rapporte à des propos antérieurs de son adversaire (401-402) ou plutôt suggère que les déclarations attribuées à Diomède par Vénulus lui ont été, en fait, inspirées par Drancès. La suite des idées se restituerait ainsi : « Tu ne cesses d'exalter aux dépens des Latins la valeur des Troyens, cette race deux fois vaincue. Maintenant, à ce que nous venons d'entendre et c'est un comble, ce sont aussi les Grecs qui tremblent devant ces Phrygiens (situation de la guerre de Troie et de ses suites immédiates, cf. 255-287) et l'Aufide rebrousse son cours. Beaux témoignages, n'est-ce pas, en faveur des Troyens ? Mais surtout mensonges délibérés, n'en doutons pas. De même, quand il prétend... »

Page 101.

429. Tolumnius, évoqué dans un contexte relatif aux renforts accourus du dehors pour soutenir les Latins, ne peut être un Rutule, ni même un Latin, pas plus que Diomède (*Aetolus*, v. 428) ou Messapus (sur le statut de Camille et les circonstances de sa participation aux combats, cf. 7, 629 ; 11, 498 et nn.). Son nom n'est pas un nom de fantaisie, susceptible d'être attribué à n'importe qui : c'est le nom d'un roi de Véies dont les dépouilles étaient conservées dans le temple de Jupiter Férétrien, reliques vénérables qui retinrent l'attention d'Auguste lui-même (Liv., 4, 17-20 ; Properce, 4, 10, 23-38). Dans l'*Énéide* Tolumnius ne peut donc être qu'un Étrusque, un des *socii* de Mézence, le seul à être nommé (cf. n. *ad* 10, 747), son augure apparemment, comme Rhamnès était, en même temps que roi, l'augure de Turnus (9, 327). En 12, 258 Tolumnius se trouve, ce semble, parmi des Rutules mais, surtout après la mort de Mézence, c'est bien là que devaient se retrouver les compagnons qui l'avaient suivi. — L'idée de Turnus, plus particulièrement aux v. 430-431, semble

être que les Latins ne resteront pas seuls ; des concours leur viendront du dehors et ils n'auront même pas à les solliciter ; les peuples choisiront, pour les leur envoyer, les guerriers les plus vaillants ; la gloire d'avoir été choisis pour telle guerre les accompagnera et fera leur force. Quelle gloire à ceux qu'on aura choisis pour défendre notre Latium et les champs des Laurentes ! Comme on le voit en particulier dans le Catalogue des Étrusques, la participation d'une cité consiste à recruter parmi les siens un certain contingent de guerriers.

435. « Si cela vous convient... » Turnus remet aux Latins la responsabilité de décider s'ils veulent que lui, leur général, affronte Énée en combat singulier. Comme le montre la suite des événements, ce parti lui répugne ; outre qu'une telle décision constituerait pour lui un désaveu (*si... bonis communibus obsto*, d'où sa pâleur en 12, 219-221), elle est périlleuse pour les Latins puisqu'ils risquent de tout perdre par la défaite d'un seul homme (cf. les propos de Camers en 12, 229-237). Même après la malheureuse bataille qui occupe la seconde moitié du l. 11, il restera dans ces dispositions et c'est pourquoi il accueille avec tant de joie la reprise des combats en 12, 325. Il a d'ailleurs nettement fait connaître au Conseil le parti qu'il préfère : des deux hypothèses présentées en 411-414 et 419-433, il est clair que c'est la seconde qu'il croit véritable. — Entre 435 et 436 il faut rétablir l'idée qui découle de 434 et 435 : « je ferai comme vous en déciderez ». Mais aussitôt il outrepasse cette déclaration implicite par un cri d'orgueil : « si vous me le demandez (je le ferai), et j'ai une telle habitude de la victoire qu'il me suffira de céder à mon goût d'aller de l'avant quand il y a en vue un grand espoir. » On rapprochera *et uocet oro*, v. 442. L'idée est que, s'il n'a pas lui-même proposé ce duel, c'est que comme chef responsable il ne l'osait. Mais aux Latins d'en juger : je vous ai dévoué ma vie ; comme homme je souhaite ce duel ; ma gloire sera d'avoir été celui dont dépendit le salut de tous, que ce fût en apaisant les dieux par mon sang ou en chassant l'odieux étranger (443-444). Il y a un peu d'ivresse dans cette conclusion : Turnus n'arrivera jamais à se désintéresser si complètement du jugement que les siens portent sur lui, du gouffre où le duel (qu'ils souhaitent par lâcheté) risque de les engloutir, livrés aux Troyens pieds et poings liés. D'ailleurs, il ne peut encore prévoir ce qui sera le pire à ses yeux — désaveu de son action, déshonneur de tous les siens — : l'entente directe d'Énée et de Latinus pour arranger à l'amiable dès avant le duel les conditions d'une paix, cf. 12, 112 et n.

Dans l'ensemble de son discours Turnus a songé surtout à défendre son honneur ; il répondait à Drancès, mais aussi il le suivait : en acceptant ce terrain, il ne pouvait que s'enferrer, donnant une couleur personnelle à un choix qu'il n'aurait dû défendre qu'au plan de la politique. De même, il est héroïque en offrant de s'exposer seul pour tous, mais là encore il semble prendre son parti de l'opinion qui le tient pour seul intéressé à la guerre. Il eût été mieux inspiré d'ignorer Drancès, d'affirmer devant le Conseil que, ne poursuivant aucun intérêt personnel, il se conformera sans répugnance aux décisions qui seront prises. Comme général, il se fût borné à mettre les Latins devant leurs responsabilités, leur marquant — ce qu'il fait, v. 419-433 — les atouts dont ils disposent encore. Surtout, il aurait dû, en chef responsable, leur rappeler les raisons pour lesquelles ils ont pris les armes et qui sont encore leurs raisons valables de se battre (cf. 12, 236-237). « Nous nous battons pour chasser les Troyens de chez nous. J'ai cru naguère que vous l'aviez décidé quand les Latins unanimes, quand tant de peuples voisins se sont coalisés contre eux. Après tout ce que nous avions déjà enduré, ce parti me semblait, quant à moi, raisonnable, mais c'est vous qui l'avez pris. Si aujourd'hui vous vous déjugez, si maintenant il vous importe peu qu'avec les Troyens, orgueilleux et dominateurs — nous avons déjà Évandre, il ne nous aime guère et il me semble que nous ne l'aimons pas beaucoup non plus —, nous ayons chez nous une nouvelle colonie d'étrangers, des Asiatiques cette fois, et tout prêts à s'entendre avec les Étrusques contre nous, si, de surcroît, vous ne voyez aucun inconvénient à ce que ces gens possèdent chez nous non seulement des terres mais un État, bien plus s'installent dans le rôle de celui qui est parmi nous le fédérateur, le président de nos cités respectives — libre à vous, j'exécuterai les décisions de l'assemblée. Chacun, en rentrant chez soi, s'arrangera pour expliquer aux siens pourquoi une insurrection si nécessaire il y a quelques jours ne l'est plus aujourd'hui, — une légèreté qui à chaque cité aura coûté bien des morts. Je n'ai sûrement pas besoin de vous ; à vous de voir si vous n'avez pas besoin de moi. »

Ce discours, qui eût été dans le droit fil du l. 7, Virgile ne l'a pas composé ici, et le lecteur qui suit le déroulement de l'*Énéide* comprend bien pourquoi : il ne convient pas que cela désormais soit dit en clair ; sinon, comment pourrait-on être persuadé *in fine* que depuis tout temps Latins et Troyens étaient faits pour s'entendre et que leur guerre naquit seulement de craintes irraisonnées et de malentendus ? La maladresse de la défense de Turnus n'est pas à mettre seulement au compte de son emportement ; elle résulte d'une nécessité qu'impose la construction du poème.

Page 102.

450. « à partir du Tibre, ils descendent par toutes les plaines ». *Descendere* est étrange ; lorsqu'on s'éloigne d'un fleuve et plus encore de l'embouchure d'un fleuve, on ne peut que monter. Injustifiable en termes d'altitude, le mot s'expliquerait bien par

un effet de perspective : considérée d'une hauteur qui la domine, une plaine semble pencher depuis l'horizon lointain vers les premiers plans à partir desquels cette hauteur s'enracine. Or nous verrons (*infra*, p. 264) que la ville de Latinus est située sur la pente ouest du Mont Albain. — Le mouvement des Troyens est inquiétant (cf. v. 133 et n.) ; peut-être n'est-ce pas proprement la reprise des hostilités, mais c'est une démonstration de force qui du côté des Latins ne peut manquer d'appeler une parade immédiate ; et quant au reste, et même à supposer que les Troyens en restent là, on ne pourra plus différer, fût-ce de quelques jours, la décision relative à leur installation au Latium. Énée n'est pas demeuré dans son camp, en l'attente d'ambassadeurs éventuels (330-334) ; c'est lui qui a fait le chemin (v. 17), comme il l'avait d'ailleurs résolu au lendemain de la grande bataille du l. 10, antérieurement à la demande d'une trêve.

461. « se ruent sur le royaume ». *In regna ruont.* Le sens est sans doute un peu plus complexe : *regna* peut désigner un pays soumis à l'autorité d'un roi (cf. 1, 244 ; 3, 115 ; 6, 417 ; etc.) mais également, à l'intérieur d'un pays, l'autorité royale elle-même (cf. 4, 591 ; 6, 566 ; 8, 507). Les Troyens, au jugement de Turnus, mènent à la fois une guerre d'agression (contre un pays) et une guerre politique (en vue de s'emparer de l'autorité suprême dans ce pays). — Dans le cas présent, Virgile n'a pas décrit les faits de telle manière que l'intention agressive fût évidente ; les premières approches donnent lieu à des mouvements alternés, réglés comme dans un carrousel : 11, 608-630 rappelle d'assez près 5, 577-595 avec le flux et reflux de la mer répondant au jeu des dauphins ; Tyrrhénus et Acontée ne se sont entre-tués que par une fausse manœuvre et, face à Rémulus, le Troyen Orsiloque a un moment d'hésitation (v. 636 et n.). Mais naturellement, la situation dégénère, et surtout du fait de la sauvage Camille.

Page 103.

471. « de n'avoir pas, d'autorité, appelé à lui... » *Acceperit ultro.* Dans la plupart de ses emplois, *accipere* désigne plutôt un procès où l'initiative du sujet se trouve réduite : il s'agit de recevoir, d'accepter quelqu'un ou quelque chose qui se présente ou est offert. Mais le rapport du verbe à *capere* rend évidemment possible, quand le contexte s'y prête (ici *ultro*), de le réactiver avec le sens de prendre à soi. C'est le cas en ce vers, croyons-nous. Au l. 7 nous avons vu Latinus déclarer à une ambassade troyenne (qui ne lui demandait rien de tel) qu'il souhaitait donner sa fille à Énée. Il a pris vis-à-vis d'Énée l'initiative de l'offre, qui sans doute a été acceptée par Énée quoique le poème n'en dise rien antérieurement à 12, 192-193 *socer... socer...* Il se

reproche ici de n'avoir pas, sans doute vis-à-vis de son entourage, pris l'initiative de la réalisation. Il a laissé passer le temps, espérant convaincre, et un jour, du fait d'une querelle meurtrière entre Troyens et Latins, la réalisation est devenue impossible : ce fut la guerre, l'insurrection de tous contre l'insolence des étrangers. — *Vrbi* : Servius glose *propter urbem* ; faut-il comprendre « associer Énée en qualité de gendre au gouvernement de la ville » ou, de la part de Latinus, « s'associer Énée comme gendre (= en faire son gendre) pour le bien de la ville » ?

480. « cause de si grands malheurs ». Notation importante, jalon important dans l'évolution qui, surtout depuis le début de ce livre, infléchit l'*Énéide* vers son dénouement. Cette fois, c'est le poète lui-même, parlant en son propre nom et non plus rapportant les propos d'un personnage suspect comme Drancès, qui nous apprend que la guerre en cours n'a d'autre « cause » que le mariage de Lavinia. Il importe de ne pas se méprendre sur le sens de ce mot : ici comme en 12, 567 (*urbem causam belli*, cf. n. *ad loc.*), *causa* désigne l'enjeu présent de la guerre, sans prétendre à rien nous dire sur ses origines déjà lointaines. Le lecteur, qui se souvient des événements rapportés au l. 7, sait d'ailleurs fort bien que la guerre a pris naissance d'une querelle sanglante survenue entre chasseurs troyens et bergers italiens (Sur le relief donné par Virgile à cet incident où Junon elle-même vient amplifier l'action d'Allecto, cf. R. Lesueur, *L'Énéide de Virgile...*, p. 351-354) ; Lavinia n'y était pour rien. Il est également évident que les suites de cet incident, son retentissement dans tout le Latium et bien au delà, manifestent au premier chef le ressentiment national de tous les Italiens, leur mécontentement de voir des intrus s'installer chez eux, s'y fortifier militairement, alléguer, pour ce faire, l'ordre des dieux. Le déploiement de la coalition ne peut s'expliquer que de cette manière.

Seulement, avec le temps, — et c'est ce que le poète nous signifie présentement par ce vers —, la situation avait changé. Il devenait chaque jour plus certain qu'on n'arriverait pas à chasser les Troyens ; les signes des dieux en leur faveur devenaient plus éclatants ; on avait appris, aussi, à les mieux connaître. Tandis que Turnus se déconsidérait un peu par des violences inutiles, une agitation brouillonne, Énée semblait prudent, efficace, raisonnable, humain. On commençait à envisager de lui faire confiance, au moins se résignait-on à l'accepter comme voisin, voire comme hôte. Le recevrait-on comme l'arbitre futur du Latium, le successeur désigné de Latinus ? Il restait encore ce problème à résoudre et c'est là que le mariage de Lavinia passait au premier plan.

Cette évolution des esprits mettait en porte à faux la politique dont Turnus avait été le symbole, qu'il continuait à défendre, qu'il soutiendrait jusqu'au bout. Mais maintenant ses appels à la fierté et à l'intégrité italiennes tombaient dans le vide et sur la question du mariage de Lavinia il lui était presque impossible de prendre position hardiment, étant suspect de poursuivre un intérêt privé (cf. 11, 217 et n.). Déjà on pressent comment l'évolution va se poursuivre : s'il ne s'agissait que d'un mariage, si les deux prétendants semblaient en somme n'être pas politiquement inacceptables, n'était-ce pas leur affaire de décider entre eux, laissant en repos, prêts à une paix, des peuples trop durement meurtris ? Turnus, bientôt, ne serait plus qu'un gêneur, isolé.

Page 104.

498. « Devant lui paraît Camille »... L'héroïne qui tient tant de place dans la fin du l. 11 n'a joué aucun rôle dans les combats des l. 9 et 10 ; on doutera que sa fougue lui eût permis d'y passer inaperçue. C'est donc que sur l'heure elle arrive tout droit de chez elle (cf. *graditur bellum ad crudele*, v. 535), ce qui justifie l'insertion du récit de Diane à cette place. On notera dans le même sens que devant le Conseil son nom a fait l'objet d'une annonce spéciale (*est et*, v. 432), alors que Messapus et Tolumnius sont seulement rappelés comme gens sur qui l'on peut toujours compter (429-430) ; on voit aussi que sa participation n'entrait pas initialement dans les plans de Turnus (463-467). Enfin c'est en cette situation de nouvelle arrivée qu'on excuse le mieux sa naïveté, sa présomption touchante et la stupéfaction de Turnus. Mais tout esprit rassis trouvera Turnus fort imprudent d'être entré aussitôt dans les vues de cette innocente (*mecum partire laborem*, v. 510) ; décidément cet homme n'était ni capable ni digne de conduire l'Italie. Cette arrivée imprévue d'une jeune guerrière à l'heure où les hommes désespèrent, les espoirs qu'elle suscite, si tôt déçus pourtant, rappelaient au lecteur antique l'arrivée de Penthésilée et de ses Amazones au lendemain de la mort d'Hector. — Il n'est pas impossible qu'à l'intérieur de son poème Virgile ait établi quelque correspondance entre l'épisode de Nisus et Euryale (9, 176-502 = 327 v.) et celui de Camille (11, 498-867 = 370 v.). Personnages sympathiques, également irréfléchis, versant le sang très volontiers, puérilement avides de butin ; ils se jettent d'eux-mêmes, impromptu, dans l'action, — et les conséquences sont considérables : avec les massacres inutiles perpétrés par Nisus et Euryale, c'est vraiment la guerre qui commence (cf. n. *ad* 9, 446) et c'est Camille qui fait perdre aux Latins toute possibilité de vaincre ; il n'y aura plus par la suite que soubresauts presque sans espoir.

Page 107.

568. « il n'aurait jamais accepté sa défaite ». On doit comprendre, sans doute, qu'en se résignant à mener une vie normale

hors de son pays, Métabus aurait eu le sentiment d'accepter un statut d'exilé et donc de s'avouer vaincu, Dans les solitudes où il se cantonne, il conserve l'illusion de rester un combattant prêt à rentrer, d'un moment à l'autre, dans sa ville et dans ses pouvoirs. Les *Tyrrhena oppida* (v. 581) sont apparemment identiques aux *urbes* (v. 567) dont il a refusé l'hospitalité. Le destin de Métabus s'éclaire par celui de Mézence : tous deux étaient rois, tous deux ont été chassés de chez eux par l'envie et à cause de leur orgueil (11, 539 = 8, 481-482 ; 10, 852) ; tous deux sont d'un naturel farouche mais prennent en charge un enfant qu'ils aiment tendrement. Mézence, Étrusque, a échappé aux siens en franchissant le Tibre et il a accepté l'hospitalité du Latin Turnus ; Métabus, Volsco-Latin, a également mis le Tibre entre ses ennemis et lui ; réfugié en Étrurie, il y mène volontairement une vie de proscrit. Le lecteur comprendra qu'après la mort de Métabus, Camille est rentrée dans sa cité et a recouvré ses droits ; sur ce point encore un parallèle peut être établi avec la destinée de Mézence-Lausus, cf. 10, 854 et n.

Page 109.

636. « n'osant pas joindre au corps l'homme lui-même ». Depuis le v. 631 les deux cavaleries se sont mêlées en une sorte de corps à corps où l'on combat de la lance et de l'épée. Orsiloque, face à Rémulus, n'ose pas affronter ce genre de combat ; avant de se trouver tout proche, il lance sa pique (*hastam intorsit* suggère une arme de jet). S'il vise le cheval plutôt que le cavalier, c'est sans doute parce que l'animal est moins bien protégé ; Énée a fait de même dans son combat contre Mézence ; *horrebat* aurait donc ici le sens atténué qui est parfois le sien à l'époque de Virgile (cf. Catulle, 14, 26 ; Ovide, *Tr.*, 1, 1,86 ; *Pont.*, 2, 2, 28). Mais le mot a intrigué Servius, et il est bien vrai qu'il désigne en principe un effroi, une peur soudaine. Est-ce cette horreur qui retient Orsiloque de viser son adversaire et détourne son coup vers le cheval ? Faut-il songer à la terreur irraisonnée qui envahit Arruns lorsqu'il voit qu'il a blessé Camille, cf. v. 808 et n. ? Ou à la crainte d'engager irrémédiablement le combat en tuant un guerrier du parti adverse, cf. v. 461 et n.

Page 113.

725. « l'auteur des hommes et des dieux ». Cette intervention personnelle de Jupiter rappelle un peu celle qui introduisit Mézence au cœur de la bataille (10, 689-690 et n.) ; pas plus ici que là, Virgile ne nous a dit les raisons de Jupiter. Ici, il convient peut-être de se souvenir de la peinture qui si souvent nous est faite de la médiocre efficacité militaire des Étrusques, cf. v. 732-740 : de fait, lorsque l'un d'eux — hormis Tarchon précisément, et Arruns qui agit par ruse — paraît nommément dans la bataille,

c'est toujours pour y être tué (11, 612, 642, 677, 700 ; 12, 290, 460) ; on se souviendra encore de l'accident survenu à Tarchon lui-même et de ce qu'il paraît signifier dans le récit (10, 302 et n.). Peut-être ici Virgile veut-il nous suggérer que dans le cas des Étrusques se réalise en vérité ce que Junon, très injustement, semblait avoir pensé des Troyens (10, 608-610) : de tels hommes ne font rien de bon à moins qu'un dieu ne les pousse en avant.

Page 116.

808. « aux traits de la vierge ». Camille est blessée mortellement, incapable de brandir une arme. Mais il est naturel qu'Arruns ne le sache pas sur-le-champ (il le saura au v. 854) ; effrayé de ce qu'il vient de tenter, il n'a plus son courage de naguère quand il suivait et guettait la jeune fille, risquant d'être aperçu ; Camille blessée, blessée par lui, lui semble devenue plus redoutable encore, comme s'il avait commis quelque sacrilège. Il nous paraît peu vraisemblable que *uirginis* désigne ici toute autre que Camille, par exemple une de ses compagnes. Il serait un peu ridicule de dire qu'Arruns a peur désormais de toutes les jeunes filles depuis qu'il en a blessé une.

Page 117.

843. « Abandonnée... » *Desertae.* Camille a été abandonnée par Diane : la déesse n'a pu défendre sa servante (cf. 584-592), follement engagée dans la lutte contre les Troyens ; le v. 842 rappelle le v. 585. Servius se demande si *desertae* ne devrait pas être joint à *in dumis* ; on objectera qu'à l'époque où elle honorait Diane dans les forêts, Camille connaissait, certes, une relative solitude, mais non point l'abandon de qui que ce fût.

Page 118.

857. Il va mourir sous les traits de Diane ; mais il n'est pas digne d'être ainsi distingué par la déesse. Aussi Opis formule-t-elle cette annonce sous une forme interrogative-exclamative : *-ne*, apposé à *tu*, indique en quoi consiste le caractère anormal, scandaleux de cette mort ; il provient de ce que *tu* es, c'est-à-dire de ton insignifiance. « Un homme tel que toi va-t-il vraiment périr sous les traits de Diane ? » *Etiam* est obscur. Le mot indique le plus souvent un surcroît, un plus. Nous comprenons qu'Arruns va être comblé : il va recevoir le juste prix de la mort de Camille, et par surcroît, lui, si médiocre, aura le privilège de périr sous les traits d'une déesse.

861. « de ses mains symétriquement disposées ». *Manibus aequis* embarrasse les commentateurs. Virgile a-t-il voulu nous dire que les deux mains faisaient un égal effort ? Mais on voit

mal comment dans le tir à l'arc il en pourrait jamais être autrement. Ou que les deux mains étaient à l'horizontale l'une de l'autre ? Mais il faudrait pour apprécier cette indication que nous fussions plus renseignés sur la situation relative et sur la distance d'Opis et d'Arruns. Nous croirons plutôt que les deux mains étaient, par rapport à la flèche, en disposition symétrique, chacune à une extrémité, la main droite à l'encoche et sur la corde (ce qui est toujours le cas) et la main gauche, celle qui tient l'arc, touchant la pointe (ce qui suppose une tension exceptionnelle). C'est l'attitude de Pandaros dans *Iliade*, 4, 122, mais Virgile a porté une attention spéciale à la place des mains. — Il nous paraît douteux que les cornes d'un arc puissent jamais se rejoindre (*coirent*) ; ou cela dépend-il de la forme de ses cornes et du mode de fixation de la corde ? Homère dit seulement que l'arc s'arrondit (κυκλοτερές). Virgile s'est-il enhardi à fermer ce cercle ? Nous croirions plutôt qu'il a voulu pour notre imagination prolonger idéalement et jusqu'à la limite ce mouvement de courbure qui traduit si bien l'effort de l'archer.

Page 119.

892. « depuis qu'elles ont vu Camille ». Il ne peut s'agir de Camille morte, spectacle plutôt déprimant ; le mot essentiel, *mortuam*, manquerait d'ailleurs. De même, il ne nous paraît pas possible d'attribuer à *ut* un sens comparatif « comme elles ont vu faire à Camille » ; là aussi le mot essentiel, *dimicare*, ou *dimicantem*, ferait défaut. Mais les mères ont vu Camille et cette vue leur a révélé ce que le véritable amour de la patrie peut inspirer même à des femmes ; elles ne songent plus qu'à devenir ses émules (v. 891). Toutefois on ne méconnaîtra pas que les v. 891-895 sont le point culminant de scènes de panique et de désordre (*ingentem tumultum*, v. 897) ; l'agitation des mères *trepidae, praecipites* suggère l'affolement d'une ville à l'envers. C'était déjà la leçon que les poètes du Cycle avaient tirée d'un épisode analogue, la vaillance de Penthésilée, l'émulation qu'elle éveille au cœur des Troyennes assiégées (cf. Quintus de Smyrne, 1, 100-104, 403-474, 652-653) : pour une femme — comme pour un jeune homme, cf. *supra*, n. *ad* 10, 811 — combattre contre des hommes est une entreprise sinistre, présage et origine de malheurs.

LIVRE XII

Mise en place des premiers rôles (1-112).

Au l. 11, nous avons vu Turnus soutenir l'opportunité d'une résistance collective aux Troyens ; il n'évoquait l'éventualité d'un duel avec Énée que pour marquer qu'il ne se dérobait pas, mais il remettait cette décision au choix des Latins (*si id placet*, v. 434-435) et leur donnait des raisons de ne pas s'y résoudre.

Ici, il a changé d'avis : les Latins, vaincus une seconde fois, ne veulent plus se battre, Turnus s'aperçoit qu'ils le regardent tous comme faisait naguère le seul Drancès. Il a donc deux raisons de recommander le recours au duel (v. 13) : sauvegarder son honneur, donner aux Latins une dernière chance, celle qui leur serait acquise si, en dépit de la victoire militaire des Troyens, Turnus tuait Énée (v. 14). Pour les Troyens et pour Énée, la sagesse serait, semble-t-il, de refuser ce duel où ils peuvent tout perdre alors qu'ils tiennent en mains le succès ; Turnus envisage et redoute cette éventualité (11-13, 75-76).

Latinus n'envisage pas favorablement le duel ; il pense (d'ailleurs à juste titre, cf. v. 229-237) que ce parti serait interprété comme une mauvaise action, une lâcheté qu'on lui reprocherait (40-42) ; il pense que les récents combats montrent que les destins soutiennent Énée (déjà en 11, 232-233 ; 305-306) et qu'en duel Turnus sera tué (peut-être s'avise-t-il aussi qu'en cas d'une victoire de Turnus il n'osera tout de même pas lui donner sa fille, 27-28) ; il se résigne à avoir Énée pour successeur et se confirme dans l'idée que la résistance nationale organisée par Turnus fut une erreur.

Il songe donc à en revenir à son projet de 11, 316-334, sans doute un peu amendé et assorti désormais du mariage de Lavinia (v. 31 ; on notera que ce thème passe de plus en plus au premier plan). Dans les propos du vieux roi, Turnus ne retient qu'un mot, *Turno exstincto*, v. 38, qui l'a blessé comme mettant en doute ses capacités de guerrier ; d'où la vivacité de sa réponse (48-53).

Le sentiment d'Amata est que s'il y a duel Turnus y sera tué ; aux v. 61-63 il y a un étrange contraste entre la généralité des éventualités qu'elle paraît considérer *qui te cumque manent... casus* et l'annonce de sa mort, qui suppose la défaite de Turnus. Mieux vaut donc faire la paix avec les Troyens (le pluriel *Teucris* v. 60 montre qu'elle n'exclut pas seulement le duel, mais aussi bien la poursuite de la guerre ; Servius l'a très justement reconnu). Donc même pronostic défavorable sur l'issue du duel ; Turnus le relève avec chagrin (72-74), non plus avec irritation car l'affection d'Amata l'a touché. Pour ce qui est des perspectives d'avenir, la différence est que Latinus ne voit pas grand inconvénient à une implantation des Troyens et envisage même de donner Lavinia à Énée (v. 31 *genero*) ; Amata voit dans la fin des hostilités un moyen de gagner du temps et d'arriver peut-être à écarter par d'autres voies le projet du mariage d'Énée et de Lavinia (v. 63).

Turnus n'écoute pas ces vieilles gens. Peut-être la subite rougeur de Lavinia (64-71 ; cf. v. 74 et n.) aura-t-elle emporté toute hésitation ; et puis comment pourrait-il reconnaître lui-même que dans un combat d'homme à homme il n'aurait aucune chance devant Énée ? Qui sait si les dieux ont dit leur dernier mot ? La dure condition de l'homme est qu'il ne peut explorer leur volonté qu'en luttant lui-même jusqu'au bout, jusqu'à la mort inclusivement. Il envoie donc son défi à Énée. On notera que Latinus n'a pris aucune part à cette initiative : il reste fidèle aux intentions qu'il a annoncées ; si Turnus est tué, Latinus en sera innocent.

Pourquoi Énée accepte-t-il avec joie (v. 109) ce duel où il peut tout perdre, alors qu'il tient en mains le succès militaire ? C'est parce que, sûr ou à peu près de l'emporter sur Turnus (*fata docens*, v. 111), il voit dans ce combat, livré entre deux hommes tandis qu'alentour les peuples les regardent, un moyen de rendre sensible aux Latins que cette guerre qui avait entraîné tant de monde, tant de deuils, n'intéressait au fond que deux hommes : ce n'était qu'une querelle personnelle où le peuple s'était laissé engager par erreur ; les Latins s'en trouveraient sentimentalement détachés de Turnus et de ce qu'ils avaient cru, à tort, être leur cause. Énée faisait aboutir la manœuvre qu'il engageait déjà en 11, 115 (cf. nn. *ad* 11, 112-118) ; les Latins semblaient prêts maintenant à mordre à cet hameçon. Qu'il refusât le duel, il rejetait les Latins dans l'allégeance de Turnus ; la victoire des Troyens lui livrait les Latins comme des vaincus, alors qu'il en devait, qu'il en voulait faire ses partenaires. Qu'il acceptât le duel alors que déjà ses armées étaient au seuil de la victoire, et il donnerait aux Latins l'impression de collaborer avec eux pour sortir, aux moindres frais, de la situation absurde où les avait entraînés l'égoïsme ou l'irréflexion d'un seul.

Dans une œuvre d'imagination, l'art de l'écrivain rend possible au lecteur de raisonner sur les mobiles, sur la psychologie des personnages comme s'ils étaient des vivants autonomes dont un historien eût percé les secrets ; c'est ce que nous venons de faire. Mais au terme on se souviendra que c'est Virgile et lui seul qui façonne personnages et situations en vue d'un effet d'ensemble. Ici l'intention du poète n'est pas très difficile à saisir : le lecteur doit peu à peu, comme les Latins, s'habituer à l'idée qu'une paix est dans l'ordre des choses et que sur la voie de la paix le seul obstacle, c'est Turnus. Ainsi l'*Énéide* s'achemine-t-elle vers un dénouement.

Page 126.

52. « ce fuyard ». Turnus se souvient de l'épisode (10, 633-688) où, poursuivant lui-même Énée (c'était en fait un fantôme suscité par Junon, mais Turnus ne l'a jamais su), il l'a vu disparaître dans un nuage, — nuage où, suppose-t-il, Vénus l'attendait cachée. On ne voit pas bien ce qui peut l'autoriser à dire

présentement que Vénus ne viendra pas encore au secours d'Énée. Peut-être pense-t-il que dans un combat singulier, sous les yeux attentifs de nombreux spectateurs, la déesse aura plus de peine à intervenir. En fait, les événements surnaturels, quoique moins évidemment miraculeux, ne manqueront pas dans le duel final. Cf. encore *Iliade*, 5, 311-346.

Page 127.

74. « Turnus n'est pas libre d'écarter la mort ». Turnus a bien compris que le projet d'Amata vise à gagner du temps, en se gardant de rien perdre définitivement. Mais, pour ce qui le concerne, il n'a pas à se placer uniquement au point de vue politique ; il a son honneur personnel, que vient de lui rappeler la rougeur de Lavinia. Il paraît comprendre que la jeune fille, plutôt que de se voir objet d'arrangements politiques, préfère que combatte pour elle, et même s'il doit mourir, celui auquel en son cœur elle se croyait donnée. — Il est clair, aussi, qu'il n'a pas perdu tout espoir de vaincre ; sinon les v. 75-76a (*haud placitura*) n'auraient aucun sens. On ne traduira donc pas : « Turnus n'est pas libre de différer sa mort » (c'est-à-dire une mort inévitable) mais « d'écarter la mort » (c'est-à-dire d'en refuser le risque lorsque les circonstances et l'honneur le demandent). Sur le sens de *mora*, cf. 10, 622 et n. De toutes façons, il serait invraisemblable que Turnus fît lui-même ce qu'il reproche à Amata d'avoir fait, en suscitant par des mots imprudents un funeste présage (72-73).

83. « Orithyie elle-même les donna à Pilumnus ». *Incongruum figmentum*, pensait-on déjà dans l'antiquité (Serv., *ad loc.*). On hésite à croire que Virgile ait inventé cet épisode de toutes pièces. Orithyie donnant à Pilumnus des chevaux de race surnaturelle rappelle (cf. 10, 619 et n.) Circé mettant aux écuries de Picus des chevaux de la race de ceux du Soleil (7, 280-283) ; mais Picus était l'époux de Circé (7, 187-191), et Pilumnus, époux de Danaé (cf. 10, 619 et n.), ne fut pas celui d'Orithyie. Supposera-t-on qu'à la fin du ve siècle, dans le contexte des grandes entreprises occidentales d'Athènes, des relations amicales entre Athènes (Orithyie) et Argos (Danaé) ont pu — comme elles ont laissé leur trace dans la tragédie contemporaine, cf. E. Delebecque, *Euripide et la guerre du Péloponnèse*, Paris, 1951, p. 413-416 — susciter une légende qui intéressât Orithyie aux fondations « argiennes » de l'Italie centrale, Faléries, Tibur, Ardée ? Faut-il songer aux traditions qui conduisirent vers Athènes des « Pélasges » venus d'Italie (Dion. Hal., 1, 28, 4 ; Strab., 226) ? F. della Corte (*La mappa dell'Eneide*, Florence, 1972, p. 228) a eu le grand mérite d'extraire de l'apparat de Servius de Thilo-Hagen (*ad* 12, 83) une notice apparemment extravagante où

l'on voit Érechthée, le père d'Orithyie, attaqué par un Agresseus (ou Egresseus) inconnu d'ailleurs, et Pilumnus se portant à son secours à cause des liens d'*affinitas* qui unissent Argiens et Athéniens ; de là, en reconnaissance, le don des chevaux merveilleux. Les notices qui rattachent les origines de Ségeste à l'histoire d'Hésione et des filles de Phoinodamas ne sont pas moins étranges quand on les lit chez les scholiastes de Lycophron (*ad* v. 472, 952). Il a existé, à n'en pas douter, des tentatives pour implanter en Italie centrale comme dans l'ouest sicilien des légendes qui, de plus ou moins loin, servaient les intérêts d'Athènes (cf. J. Perret, *Athènes et les légendes troyennes d'Occident*, dans *Mélanges offerts à J. Heurgon*, Rome, 1976, p. 791-803). Les traditions relatives au retour des Argonautes le long de la côte tyrrhénienne ont été exploitées en ce sens, par exemple la présence de Télamon à l'île d'Elbe. Or parmi ces navigateurs figurent les deux fils d'Orithyie, Calaïs et Zéthos ; pourquoi un roitelet local ne leur aurait-il pas rendu quelque service ? Dans une communication à la Société des Antiquaires de France (16 janvier 1974), R. Chevallier a présenté un certain nombre de documents figurés qui nous assurent que les légendes relatives aux Boréades, héros bondissant ou volant avec des ailes talonnières, jouissaient d'une certaine popularité en Étrurie et dans l'Italie du Sud. C'est par leur entremise, croyons-nous, que nous aurions présentement le moins de difficultés à mettre en rapport un roi ardéate avec Orithyie.

Page 128.

112. « les conditions d'une paix ». Virgile ne nous les fait pas connaître en ce contexte, mais on peut les dégager du serment d'Énée (183-194) puisque les termes en sont expressément approuvés par Latinus (197-199). Le mot important est celui de paix, en tant qu'il suppose l'instauration d'un état de choses défini et définitif ; Énée entre ici pleinement dans les vues de Latinus (38-39). Turnus, en envoyant son défi à Énée, songeait à tout autre chose, à un moyen d'ordre militaire pour qu'il y ait de façon décisive, un vainqueur et un vaincu ; le *foedus* qu'il envisageait à cette occasion ne devait avoir pour objet que de fixer les conditions matérielles du combat, et principalement sans doute (cf. v. 15, 78-80, 693-696) l'abstention des deux armées ; Énée en veut faire un traité de paix ; l'écart paraît à plein si l'on compare le projet de Turnus (13-17) et celui d'Énée-Latinus (189-191). A vrai dire, dans la perspective d'Énée et de Latinus, la paix est déjà faite, les deux peuples ont décidé de s'accepter l'un l'autre, de ne plus se battre. Par suite de ces tractations, le duel a complètement changé de caractère, ce qui explique la consternation de Turnus (219-221), puis sa joie quand il voit détruites par une reprise des hostilités toutes chances que cet accord sinistre

puisse entrer en application (324-327). Par la suite, lui-même et, si nous l'en croyons, les Latins aussi, n'auront d'autre pensée que d'effacer définitivement ce projet d'un accord élaboré de concert avec les ennemis (v. 695 et n.). Quand de nouveaux revers auront convaincu Turnus que pour les Latins l'unique chance de salut est désormais le combat singulier où leur champion tuerait Énée, il reprendra son projet d'un duel, mais dans le même esprit qu'aux v. 13-17, refusant toute entente préalable sur l'avenir des deux peuples.

120. « Vêtus de lin ». *Velati lino.* M. Gilbert Picard veut bien m'écrire que les Romains ne semblent avoir jamais porté de couronne sur un voile de tête. Puisque les serviteurs sont ici couronnés de verveine, ils n'ont pas la tête voilée et *uelati* est employé pour *amicti*. — Tous nos manuscrits donnent *lino*, c'est ce mot que lisait Servius, comme, bien avant lui, Hygin et Caper. Mais selon ces deux érudits *lino* s'était indûment introduit dans le texte ; Servius le croyait authentique dans la mesure même où effectivement il était impropre : Virgile, en habillant de lin ces auxiliaires du culte, voulait nous faire entendre que la cérémonie était irrégulière, mal venue et ne servirait pas la cause de la paix. Il est vraisemblable que Servius reprenait, pour étayer cette interprétation compliquée, les arguments avancés contre l'authenticité de *lino*. Ceux-ci supposent l'existence de règles qui excluaient le lin des vêtements de certains prêtres, le père patrat, les féciaux ; de même la flaminique ne devait pas coudre sa tunique avec du fil de lin. Mais à supposer que ces renseignements soient véritables, on ne voit pas en quoi ils peuvent concerner les auxiliaires du culte mis en scène par Virgile. Ou il faudrait admettre, allant bien au delà de ce que dit Servius en ce passage, que d'une façon générale le lin était exclu des vêtements de quiconque exerçait une fonction religieuse ; or Servius lui-même nous dit ailleurs expressément le contraire (8, 33, *quaedam sacra pure a linteatis debere fieri*) ; nous savons positivement que les Vestales avaient des voiles de *carbasus* (Dion. Hal., 2, 68, 5 ; Properce, 4, 11, 54) ; dans l'*Énéide* (8, 34) le dieu du Tibre est drapé dans un tissu de *carbasus* ; or le *carbasus* est un tissu de lin, cf. Serv., 8, 33 et J. André, éd. de Pline, *n. h.*, 19, 10. D'autre part, le lin tient une place importante dans la civilisation de l'Italie préromaine : cuirasses de lin, légion de lin, livres de lin, Falisques vêtus de lin (Silius, 4, 223) ; Pline (*n.h.*, 37, 202) célèbre l'excellence du lin italien ; Virgile a pu se souvenir de tout cela ; comme on le voit par la liturgie qu'il organise autour de l'Ara maxima, il n'y a aucune raison de supposer que le poète se croyait tenu de reporter minutieusement dans une Italie si lointaine tous les usages particuliers à la Rome de son temps.

Hygin, Caper voudraient nous persuader de corriger *lino* en *limo*. Le *limus*, nous dit Servius, est « une sorte de robe qui, prenant à la ceinture, descend jusqu'aux pieds ; elle voile les *pudenda* des popes » ; mais s'agit-il de popes dans notre texte ? Dans les inscriptions, dans les textes administratifs (cf. Gell., 12, 3), le *limus* serait une écharpe qui servait d'insigne aux appariteurs de certains magistrats. Le mot, en tout cas, n'apparaît jamais dans un texte poétique. Sa vraisemblance ici est donc extrêmement faible ; elle est nulle si l'on tient compte de l'unanimité et de l'ancienneté de la tradition qui garantit *lino*, confirmée par ceux-là mêmes qui y trouvent un sujet d'étonnement. Hygin, Caper sont de ces doctes appliqués à découvrir dans les textes — et, s'il le faut, à y restituer — des mots rares ; parfois un lapsus de copie a pu leur servir de prétexte ; ici, pour autant que Servius nous renseigne, ils semblent avoir agi de leur seule autorité.

Page 130.

158. « fais-leur tomber des mains l'accord qu'ils ont préparé ». *Concipere* (cf. v. 13) s'emploie souvent pour désigner la formulation solennelle d'un serment, d'un traité. Ici, au moment où parle Junon, le *foedus* n'est pas encore *conceptum* en ce sens ; Servius l'a bien reconnu, glosant par *placitum, animo praedestinatum ut fiat*. Le mot n'en a pas moins une incontestable résonance juridique ; et en effet l'accord préparé sera pleinement conclu : on ne voit pas ce qui pourrait avoir manqué aux cérémonies décrites aux v. 212-215. Quand les hostilités reprennent, peut-on dire que l'accord a été violé ou rompu ? Non, car aucune des parties contractantes n'a repris ou renié sa parole : l'accord portait exclusivement sur ce qui se passerait à l'issue du duel ; le duel n'ayant pas lieu, l'accord devient simplement sans objet. C'est ce que Junon dit excellemment : *excute* ; l'accord, dirions-nous, « tombe » de lui-même, il est de soi non avenu, *infectum*, comme disent les Rutules (v. 243) et comme le constate également Latinus (cf. v. 286 et n.). L'interprétation d'Énée est différente : pour lui l'accord a bel et bien été violé (*laesi*, v. 496 ; *rumpi*, v. 582). C'est que, selon toute apparence, l'accord solennel des v. 161-215 supposait un préalable : la renonciation définitive à la guerre ; c'est cette convention préalable que la reprise des combats aurait violée sans conteste. Mais on notera que de cette convention Virgile ne nous a rien dit et la comparaison avec *Iliade*, 3 donne à penser que ce fut à dessein. Les serments de l'*Énéide* relatifs à l'avenir des deux peuples répondent à ceux d'*Iliade*, 3, 264-301 ; mais dans l'*Énéide* rien ne répond à la convention préalable par laquelle Grecs et Troyens s'étaient engagés à arbitrer la guerre par un duel (3, 86-110). Si Virgile n'avait voulu que resserrer en un seul les deux moments de la procédure, il lui eût été facile de les composer dans une cérémonie

unique ; c'est précisément ce qu'il n'a pas fait. Le parti qu'il a pris étend sur les événements qui vont suivre une ambiguïté propice au développement de sentiments violents. Tolumnius quand il lance son javelot, les Latins quand ils prennent leurs armes n'ont pas le sentiment de rompre un traité, de commettre un sacrilège et ils invoquent les dieux de bon cœur (v. 260) ; en revanche, Énée, une fois dépassée la surprise, aura le sentiment d'une déloyauté qui, de sa part, justifie toutes les colères. Il est difficile de savoir ce qu'en pense Messapus (au v. 290, *confundere* peut être entendu en sens divers ; on rapprochera 5, 496 et par conséquent la situation créée dans *Iliade* 4, 72, 236 par l'intervention de Pandarus). Le lecteur, lui, sans se croire en mesure de porter un jugement bien ferme, retient surtout qu'un accord engageant l'avenir a été régulièrement conclu et il ne doute pas que les termes, ou au moins l'esprit, de cet accord inspireront la conduite d'Énée quand il se retrouvera vainqueur devant Latinus et ses Latins. Le dénouement de l'*Énéide* prend forme peu à peu.

Page 131.

194. L'engagement d'Énée. Nous avons essayé naguère de préciser le contenu de ces vers : *Le serment d'Énée et les événements politiques de janvier 27* dans *Mélanges Durry* (= *REL.*, 47 bis, 1969, p. 277-295). L'avenir envisagé est celui d'une communauté unique dont Énée réglera la vie religieuse ; les Troyens n'auront pas de royaume distinct (*nec mihi regna peto* inclut cette affirmation et *aeterna foedera* suppose une unité organique). Dans cette communauté, Énée ne revendique pas l'autorité royale (*nec mihi regna peto* dit aussi cela, cf. n. *ad* 11, 461) : les Italiens ne seront pas les sujets des Troyens ; les deux peuples originels seront égaux sous de mêmes lois *paribus legibus*. Dans cet organisme nouveau, Latinus ne peut, évidemment, conserver telles quelles ses fonctions anciennes (ni *habeto* ni *sollemne* ne suggèrent ce sens), en rapport avec l'exercice d'une autorité qui se limitait aux Laurentes et aux Latins ; mais avec l'agrandissement de son peuple, elles seront plutôt dilatées que réduites : il aura le pouvoir militaire (*arma* : le lecteur entend bien qu'il s'agit du pouvoir imprudemment confié à Turnus et qui reviendra à son possesseur légitime) ; il aura aussi l'*imperium sollemne*, moins spécialisé, plus universel, l'autorité politique dans toute son étendue et telle que la confèrent les rites. Énée organisera la vie religieuse de la communauté, *sacra deosque dabo*, mais il n'habitera même pas dans la capitale de l'État (évidemment l'*urbs Latini*) ; il se retirera dans une ville nouvellement édifiée et dont le nom, pris de celui de Lavinia, marquera son dévouement et sa piété envers Latinus son beau-père. Étant données les fonctions d'Énée, cette ville, la future Lavinium, aura certainement le caractère d'une ville sainte.

Page 132.

197. « Sur ces mêmes conventions ». Servius pense que *haec eadem* désigne « les mêmes dieux », dont la liste viendrait ensuite. Mais ce n'est pas nécessaire, car *iuro* se prête bien à introduire deux séries d'accusatifs logiquement distinctes : les conditions sur lesquelles on s'engage, puis les dieux qu'on appelle en témoins de cet engagement, cf. Tibulle, 3, 19, 15 : *hoc tibi sancta numina iuro*. Ce doit être le cas ici : les dieux invoqués ne sont pas les mêmes et de toutes façons Latinus a tenu à en composer une liste distincte ; en revanche, il est beaucoup moins explicite pour formuler les termes de son engagement : c'est qu'il entend souscrire purement et simplement aux formules énoncées par Énée, d'où *haec eadem* et *pacem hanc* ; il insiste seulement sur l'engagement de ne pas remettre en cause par les armes la décision qui aura été acquise par le duel, c'est-à-dire l'un ou l'autre des deux avenirs qu'Énée avait expressément décrits aux v. 183-186 et 187-194. On comprend aisément que Latinus ait ainsi procédé : à moins de s'astreindre à répéter les mêmes mots (et ce serait ici difficile), il est toujours périlleux d'énoncer une seconde fois les conditions d'un traité ; toute variante peut devenir litigieuse. D'autre part, Latinus, acceptant comme un tout les formules d'Énée, ratifie implicitement *socer* : il promet publiquement, mais sans le dire expressément lui-même — ce qui, peut-être, eût été inélégant —, de donner sa fille à Énée vainqueur.

218. Au moment où Énée et Turnus, l'un à côté de l'autre, s'offrent tout proches à leurs regards (*ut propius cernunt*), les Rutules s'avisent de l'inégalité physique des deux hommes (*non uiribus aequis*) et elle leur est un motif supplémentaire (*tum magis*) de tenir ce duel comme *impar*. C'est donc que précédemment ils ne s'étaient pas encore avisés de cette inégalité physique (ce qui est fort plausible) et que ce duel leur paraissait *impar* pour d'autres raisons, ou plutôt d'une autre manière. Cela étant, nous comprenons qu'au v. 216 *impar* ne désigne pas l'inégalité des deux combattants, mais l'inégalité (si l'on peut dire) du combat lui-même à la situation du moment. Ce combat est inconvenant, hypocrite ; de même, Cicéron désigne comme *impar certamen* (*Balb.*, 59) un combat politique où, plus ou moins sciemment (*iniusta contentio*), on se trompe d'adversaire. Virgile nous apprend ici que « depuis longtemps » les Rutules partageaient le point de vue, adhéraient à la thèse qui sera développée par Camers (229-237), celle que Turnus lui-même avait déjà défendue devant le conseil des Latins (11, 410-433) et selon laquelle les exigences (ou convenances) de la situation militaire, de l'honneur italien requéraient présentement, à l'exclusion d'un duel aléatoire et fallacieux, une résistance collective.

Page 133.

221. « la jeunesse de ses traits ». *Pubentes genae.* L'expression n'est pas facile à comprendre parce que *pubens* est un mot rare, exclusivement poétique, ignoré d'Horace, non attesté avant Virgile, et qui par la suite, antérieurement à Ausone, n'apparaît plus que chez Stace, *S.*, 3, 3, 129 et chez Silius, 17, 427. L'autre exemple du mot chez Virgile, *pubentes herbae*, herbes poilues, velues, (*Aen.*, 4, 514 ; cf. 12, 413), ne nous avance guère. Les difficultés où l'on achoppe en suivant cette fausse piste sont sans doute à l'origine d'une leçon *tabentes* qu'a retenue Tibérius Donatus ; mais rien n'impose non plus de s'enfermer dans ce qui n'est qu'un sens dérivé. En principe, les mots de cette famille se rapportent à l'homme fait, à l'adulte (les *pubentes rosae* de Stace sont des roses pleinement épanouies et Servius 12, 413 glose *puberibus* par *adultis*) ; plus particulièrement, l'emploi de *pubes* pour désigner l'armée, l'opposition de *puber* à *impubis* les ont affectés à désigner l'immédiat au-delà de l'adolescence, les premières années de l'âge viril. Nous comprenons donc que Turnus a le visage d'un homme jeune. La pâleur qui recouvre ses traits n'en est sans doute que plus saisissante ; peut-être aussi nous suggère-t-on que cette jeunesse ne serait pas un avantage dans un combat qui opposerait Turnus à un adversaire sans doute plus âgé : le combat de Darès et d'Entelle (5, 362-484) nous a appris déjà que le vieux peut être, en définitive, plus solide et plus adroit que le jeune. Toutefois, on se gardera ici d'outrer cette jeunesse : tout le récit de l'*Énéide* nous présente Turnus comme un homme fait (en particulier 11, 174), ayant derrière lui des années déjà d'activité politique et militaire (cf. *supra*, p. 230). On se gardera donc de mettre sur ses joues le duvet (*lanugo*, 10, 324 ; cf. 8, 160) de l'adolescence, — d'autant que les joues de l'adolescent, fût-il d'âge à se battre, sont *impubes* (9, 751) loin d'être *pubentes*, comme tout son corps est blanc et lisse (9, 432 ; 11, 39) ; — d'autant que *pubes* dans l'espèce humaine désigne le poil de l'âge adulte (Pline, *n.h.*, 34, 58 ; Celse, 7, 19) et jamais le duvet.

La pâleur (*iuuenali in corpore pallor*), normale chez un malade ou chez un vieillard, est saisissante, significative quand l'homme, comme c'est ici le cas, est dans toute sa force ; c'est ce contraste que marque le v. 221 et en particulier *iuuenali*, cf. 5, 475. Cette pâleur, comme toute l'attitude de Turnus, est interprétée communément comme l'expression d'un effroi physique : Turnus comprend qu'il va être tué. Il faut ne pas oublier qu'il a bien d'autres raisons d'être consterné : ce duel, tel qu'il a été décidé, ne peut manquer de lui apparaître comme un désaveu de sa politique, un blâme infligé à une action qui n'eût été guidée que par des mobiles personnels ; nous savons aussi qu'il y voit pour les Latins un déshonneur et une redoutable imprudence. D'autre part —

et à moins que Virgile n'ait voulu nous faire entendre que Turnus avait entièrement perdu le contrôle de lui-même —, on ne peut s'empêcher de penser qu'il y a dans son attitude (219-220) une sorte de mise en scène, le témoignage d'une désapprobation, d'une protestation dirigée contre le pacte ; la pâleur convient à cette démonstration muette. Les Rutules n'auront pas l'impression que leur champion, devenu pitoyable, a peur d'être tué, mais que leur chef les met en garde contre de grands malheurs imminents. Ils sont d'ailleurs préparés à l'entendre ainsi, puisque depuis longtemps ce duel leur semble inconvenant, contre nature (n. *ad* v. 218). Comme si souvent, Virgile a organisé son développement en trois moments dont le dernier est plus développé : sentiment des Rutules sur la convenance de ce duel, 216-218 ; confirmation (*adiuuat*) qu'y apporte l'attitude de Turnus, 219-221 ; intervention de Camers, 222-237.

237. « nous serons contraints d'obéir ». Le raisonnement est irréprochable : tant que les Latins ont la volonté (ils ne l'avaient plus en 12, 1-3) et la possibilité (ils ne l'auront plus en 12, 554-592) de se battre, le recours à un duel est à la fois une redoutable imprudence (ils risquent de tout perdre sur un coup d'épée) et une mauvaise action (ils se désolidarisent d'un des leurs et, qui plus est, de leur chef) ; *unam obiectare animam* (229-230) dit parfaitement l'une et l'autre. On comprend donc la tristesse de Turnus lors de l'échange des serments, et sa joie quand la guerre reprend.

Page 135.

286. « attestant devant tous que ce mépris d'un pacte a insulté aux dieux ». On interprète parfois *referens* comme signifiant « remportant » mais on voit mal ce que seraient ces dieux (des statues ?) que le roi devrait remporter (dans ses bras ?). D'autre part *pulsatos*, expressif, pathétique, semble convenir mieux s'il fait partie d'une citation implicite que s'il est commentaire du poète lui-même : Virgile s'abstient, nous l'avons vu (n. *ad* v. 158), de prendre parti sur la légitimité de cette reprise des combats. Latinus, au contraire, extériorise volontiers ses sentiments et ses jugements, cf. 7, 102-103 ; 12, 609-611 ; il pense à ces dieux, près d'une vingtaine, invoqués tout à l'heure de façon si solennelle et maintenant bafoués irrespectueusement, congédiés sans égards, puisque l'accord qu'ils étaient venus garantir s'envole comme paroles vaines.

Page 141.

437. « te conduire de gloire en gloire ». *Magna inter praemia ducet*. Énée distingue (*nunc... mox*) deux moments dans la vie de son fils : quand Ascagne sera devenu un homme, il devra se

souvenir des siens et par conséquent se conduire en héros; antérieurement, c'est une période de formation : il devra se laisser défendre, se laisser conduire ; il n'aura même pas à viser de buts propres, il passera, sans s'arrêter, au milieu des *praemia* acquis par l'effort et la patience d'Énée. Il ne convient pas d'entendre *praemia* en un sens trop exclusivement concret ; Énée n'affirme pas que ses efforts seront récompensés par de grandes réussites dont il offrira le spectacle à son fils ; il vient même de dire le contraire (435-436). *Praemia* inclut aussi la gloire, l'honneur, à la limite une grandeur purement morale, spirituelle, celle que les dieux reconnaissent aux hommes véritables et même au courage malheureux (cf. *Aen.*, 1, 461 ; 9, 252-254 ; — et ailleurs Ennius, *ap.* Cic., *De or.*, 3, 102 ; Cic., *Rep.*, 6, 8 ; *Sulla*, 26 ; *Mil.*, 81, 97 ; *Cato*, 64) : de toutes façons, Énée aura conduit son fils parmi les cimes.

Page 142.

451. « une nuée qui vient d'engloutir le jour ». *Abrupto sidere nimbus.* Le sens n'est pas assuré. Il arrive parfois que les nuages (3, 199), ou l'éther (Ov., *Fastes*, 2, 495), ou le ciel (Silius, 6, 608) *éclatent* pour laisser échapper des feux ou une nuée. On peut dire aussi que des feux (Lucrèce, 2, 214), des bourrasques (*Georg.*, 3, 259) *jaillissent* à la suite d'un éclatement. Mais on ne voit pas comment une constellation pourrait éclater ou jaillir. Nous supposerions plutôt un emploi comparable à celui de Stace (*Theb.*, 1, 325) évoquant la nuit qui s'étend sur Mycènes *abrupto sole* lors du festin de Thyeste : la lumière a été interceptée, interrompue et le soleil dérobé ; peut-être *sidus* désigne-t-il ici le soleil (cf. Ov., *Ars*, 1, 722 ; *Métam.*, 9, 286) ; ou s'agit-il d'un collectif : la nuée dérobe à la vue les constellations, la voûte étoilée ? Selon A. Le Boeuffle (*Le vocabulaire latin de l'astronomie*, Lille, 1973, p. 62, 151) *abrupto sidere* pourrait désigner sous un aspect plus violent la même réalité que *mutato sidere* (*Georg.*, 1, 73 ; cf. Serv., *Aen.*, 11, 259 *sidus et tempestatem significat et re uera sidus*).

Page 146.

567. « leur ville... cause de la guerre » Longtemps les prétentions d'Énée ne furent qu'à obtenir un coin de terre latine pour y installer les dieux de Troie (7, 228-230) ; c'est encore dans cette perspective que se place Latinus en 11, 314-323. Mais les propos de Drancès (11, 352-356) ont préparé le lecteur à penser que le retour à la paix suppose au moins le mariage d'Énée avec Lavinia (11, 480 et n.), c'est-à-dire, à terme, la réunion des Laurentes et des Troyens en un seul peuple. C'est le point où en est Latinus lui-même en 12, 27-39. En fait, les événements vont bientôt l'outrepasser, puisque l'accord publiquement conclu entre Énée

et Latinus prévoit, en sus de ce mariage, la fusion immédiate des deux peuples en un seul (12, 189-194 et n.). Le lecteur est préparé à ces nouveautés par l'ampleur qu'a prise la guerre, transportée sous les murs mêmes de la ville ; on conçoit mal désormais que les Troyens puissent se retirer, même avec Lavinia, en un petit coin du Latium — Drancès lui-même en était encore là en 11, 130-131 — pour y attendre la mort de Latinus ; on devra comprendre que ces arrangements ont été élaborés au cours de tractations directes entre Énée et Latinus (12, 112 et n.). Ici un nouveau pas, une fois encore, est franchi quand Énée déclare sans ambages que la guerre a pour enjeu l'attribution du pouvoir dans la ville, la maîtrise de l'*urbs Latina* ; les formules respectueuses de 12, 189-193 ne sont plus elles-mêmes qu'un souvenir.

Alors qu'Énée était à l'origine si humble, si peu exigeant, se tenant presque en position d'être remporté par les vents qui l'avaient apporté (7, 361-362 ; 11, 324-329), les événements, suscités surtout par la maladresse et le mauvais vouloir de ses partenaires, l'ont obligé à étendre, affermir son emprise, à s'imposer en maître. Symétriquement, la cause des Latins, si fière en son principe et qui avait rassemblé tant de peuples italiens pour rejeter les intrus à la mer, apparaissait, d'échec en échec, de moins en moins sûre d'elle-même, peut-être de moins en moins fondée, viciée à l'origine par des mouvements d'humeur ; elle ne serait plus bientôt que le mauvais rêve orchestré, prolongé par l'ambition personnelle d'un imprudent. Virgile a pu ainsi déployer la grande coalition de l'Italie, une vaste fresque épique où flamberaient les haines nationales, puis, le moment venu, réduire tout ceci, ramener une paix dont on finit par s'étonner qu'elle ait jamais pu être troublée. On admirerait tour à tour la fierté, la fougue, la vaillance italiennes, mais surtout l'héroïsme des Troyens, leur confiance dans les destins, leur adresse à se ménager des appuis sûrs, presque toujours leur modération. Il y aurait pourtant encore une ultime péripétie, toute surnaturelle en son principe, quand, d'ordre des dieux, les Troyens pleinement vainqueurs consentiraient à disparaître intégralement dans le corps de l'Italie (12, 836 et n.).

Page 147.

580. « il accuse Latinus ». En fait Latinus n'est pour rien dans la reprise de la guerre (ses responsabilités sont à situer plus anciennement, cf. 11, 471 et n.). Mais Énée ne veut connaître que Latinus, c'est-à-dire le chef légitime (ou le plus légitime), responsable donc à ce titre de tout ce qui se fait parmi les siens, cf. 11, 113 ; 12, 111-112. Énée est en effet un homme d'ordre, et d'autre part c'est seulement de Latinus qu'il pourra tenir la légitimité de son propre pouvoir sur les Laurentes et les Latins.

Page 149.

632. « pour commencer ». Servius se demande si *prima* est un pluriel neutre ou un féminin singulier. Le féminin n'est pas impossible : c'est bien Juturne qui la première a donné corps à un mécontentement resté jusqu'alors diffus ; mais cette notation n'aurait que peu d'intérêt. On ne peut songer à « les premiers accords » puisqu'il n'y en a pas eu d'autres, ni « le début des accords » puisqu'ils semblent bien avoir été intégralement conclus lorsque Juturne intervient. Nous comprenons donc « les accords qui ont constitué le premier acte de cette journée » ; *prima* renvoie, comme *dudum*, à un moment initial, en opposition à *et nunc* qui se rapporte au moment présent.

Page 150.

653. « tu es notre dernière chance ». Sacès est un ami, un fidèle : ceci se reconnait notamment en ce que, loin de noircir la situation, il en dissimule à Turnus les aspects les plus sombres, car en fait Amata ne s'est pas tuée « de sa main » et Latinus n'en est plus à hésiter sur le parti qu'il voudrait prendre. Il est donc douteux qu'il vienne ici presser Turnus d'accepter ce combat singulier qui délivrerait les Latins de toutes leurs tribulations. D'ailleurs, d'un point de vue dramatique, il serait désagréable que Turnus parût ne s'être décidé que sous la pression d'autrui. Tout au contraire, Sacès est envoyé par ceux qui demandent à Turnus de revenir dans la ville pour la défendre ; il apporte au héros une dernière marque de la fidélité des siens. Virgile a introduit cet épisode pour qu'il apparût bien que Turnus prenait, lui seul, la décision qu'il va prendre. Au v. 669, il émerge de son trouble intérieur, juge de la situation en homme de guerre, assume toutes les responsabilités dont il peut se charger. Cette fois, tout est clair ; ce n'est plus que les Latins se soient laissés lâchement décourager par leurs revers ou circonvenir par un Drancès : ils se sont battus de leur mieux et jusqu'au bout, mais ils ont perdu la guerre. La seule chance reste maintenant la possibilité de tuer Énée dans un duel et c'est pourquoi Turnus s'y porte avec toute sa résolution, alors que naguère il prônait une résistance collective ou ne se prêtait qu'à contre-cœur (ou dans l'ivresse de l'amour-propre) au projet d'un duel.

674. « cette tour qu'il avait lui-même assemblée ». Naturellement l'enceinte de la ville des Latins est fortifiée de tours (7, 160 ; 11, 466 ; 12, 132) ; mais il s'agit ici d'une tour mobile. Ces engins semblent avoir été employés surtout pour assiéger les villes (César, *B.G.*, 2, 30-31 ; Liv., 21, 11, 7 ; Vitruve, 10, 13, 3 ; etc.) mais lors de la guerre de 48-47 les Alexandrins en usèrent aussi contre César (*Bell. Alex.*, 2, 5). On verra dans Vitruve,

10, 13-16 comment la possibilité de prendre à tout instant, en tout lieu, sur le rempart lui-même une hauteur supplémentaire, la possibilité d'y déplacer une sorte de casemate, peut rendre service aux assiégés pour dominer ou déséquilibrer une machine adverse, arracher un bélier, etc... Il ressort du commentaire de Servius que l'utilisation de ces tours mobiles en vue de la défense des villes était bien connue du public romain. Turnus nous est ainsi présenté comme un expert en l'art de la guerre, mais l'incendie de cette machine qui était son œuvre personnelle prend également ici la sombre valeur d'un présage. — Les *pontes* sont peut-être les paliers de la tour, ou des ponts-levis destinés à établir une communication entre la tour mobile et les ouvrages fixes (cf. 9, 530 et DServ., *ad loc.*).

Page 151.

695. « racheter le pacte ». *Foedus luere.* L'expression n'est pas sans ambiguïté. Turnus est un passionné, Virgile a pu choisir à dessein des mots susceptibles de couvrir des intentions multiples et mêlées ; nous savons d'autre part qu'à l'approche du dénouement des nécessités de construction ont obligé parfois le poète à laisser dans une pénombre relative les sentiments des uns ou des autres. Ce qui est sûr, c'est que Turnus prend sur lui l'effort et les périls qui pesaient sur les siens, c'est qu'il va combattre Énée, mettre un terme aux malheurs qui ont suivi le pacte. Mais comment et à quelle fin ?

Nous ne croyons pas que Virgile ait voulu faire dire à Turnus qu'il s'offrait en victime pour expier le sacrilège commis en rompant le pacte (*rupti foederis poenas exsoluere*, Servius), sacrilège dont le poids présentement pèserait sur les Latins. — Turnus était visiblement navré que le pacte fût conclu ; il s'est réjoui de voir la guerre reprendre ; ni lui ni les Latins n'ont jamais pensé que la reprise des combats eût constitué une faute. D'autre part, *foedus* n'est pas *foedus ruptum* ; si telle était l'intention du texte, il serait étrange que le mot essentiel, relatif à la rupture, fît défaut. Enfin *decernere ferro* n'oriente pas le lecteur à imaginer une victime s'offrant en expiation.

On est sans doute plus près de la vérité en supposant que Turnus se place dans la situation présente, dominée par l'imminence de très grands périls, par les menaces et la fureur d'Énée. Dans ces malheurs on comprend aisément qu'il voie la suite inévitable du pacte désastreux qu'il a désapprouvé, qui, presqu'aussitôt, a fait honte aux Latins, dont ils ont voulu empêcher la mise en œuvre, donnant ainsi aux Troyens l'impression d'un manque de foi. Mais aujourd'hui le mal est fait et en véritable héros Turnus se proposerait de détourner l'ouragan, de prendre sur lui, pour ce qu'il en peut prendre, le poids du pacte convenu, en somme d'honorer le pacte : un duel entre Énée et lui devait en préfacer l'application ; il l'accepte. Des Masures traduisait :

« C'est mieux raison que le traité je tienne et qu'ici seul je combatte pour vous ». — A bien des égards, une telle attitude ne disconviendrait pas à Turnus ; nous y reconnaîtrions sa magnanimité, son goût de s'exposer seul (cf. 7, 470) au bénéfice de tous, sa confiance en soi. Ici, dans l'immédiat, il éviterait que la ville de Latinus ne s'effondrât dans les flammes ; en combat singulier il aurait aussi quelque chance de tuer Énée et il espère peut-être que les Troyens, découragés malgré leurs prétendus oracles, quitteraient l'Italie... Oui, mais le duel que Turnus pourrait en effet accepter, n'est, par rapport au pacte, qu'un préliminaire ; l'essentiel du pacte, et quels que soient les résultats du duel, est l'établissement définitif des Troyens au Latium, soit comme voisins des Laurentes si Énée est tué, soit comme leurs concitoyens s'il l'emporte. Peut-on imaginer que Turnus se propose ou propose aux siens d'honorer un tel engagement ? Ce serait, par rapport à ses intentions de naguère, un recul singulier. On l'imagine mal converti à cette sorte de paix et ferraillant avec Énée à seule fin d'en préparer pacifiquement les voies.

Selon nous, et nous suivons ici P. Lejay, Turnus ne se propose pas aux Latins pour « tenir le traité » à leur place, comme on libère un débiteur en payant à sa place la dette qu'il a contractée. L'acceptation du duel ne saurait y suffire et le traité lui-même fut impie. Tout au contraire, Turnus annonce aux Latins son intention de les affranchir du traité non par un commencement d'exécution (le duel), mais en le reprenant par le fer (*ferro* vaut pour le vers entier, pour *luere* aussi bien que pour *decernere*) comme on doit reprendre par le fer un engagement impudemment extorqué ; c'est ce que les Latins, dès la première surprise passée, avaient entrepris de réaliser ; Turnus va se substituer à eux pour poursuivre — plus efficacement, il l'espère — le même combat. Énée sera payé et le pacte « honoré » mais en coups d'épée. — Une telle intention ne pouvait étonner ni scandaliser le lecteur de Virgile : elle était conforme à ce qui serait plus tard l'attitude des Romains au long de leur histoire : « Jamais, depuis les origines de la Ville, on ne saurait trouver, en feuilletant les annales, qu'une partie quelconque de nos territoires ait été cédée à l'ennemi par un empereur ou un consul... Les documents anciens nous apprennent aussi que les traités passés dans des conditions déshonorantes en des cas d'extrême nécessité, après serments prêtés par les deux parties en termes exprès (*uerbis conceptis*), furent aussitôt rompus (*dissoluta*) par la reprise des hostilités (suivent des exemples) ». Ainsi s'exprime Ammien, 25, 9, 9-11. Ici le paradoxe de la situation, c'est que Turnus, en déclarant qu'il affrontera Énée pour lui faire rendre gorge et racheter, annuler le pacte, correspond objectivement aux désirs d'Énée qui réclame ce duel comme le début de la mise en œuvre du pacte. Le paradoxe, c'est que Turnus se déclare prêt à affronter un duel dont il s'est réjoui naguère de voir le projet rejeté.

Tout s'explique, peut-être, si l'on voit bien que Turnus est un ennemi irréductible de l'étranger et un homme de guerre : à ses yeux, le duel n'est qu'une technique pour obtenir une décision, et le recours à cette technique est tantôt plus risqué, tantôt plus avantageux que l'affrontement des armées. Non seulement au moment du conseil (11, 410-444), mais même après la bataille perdue à la fin du l. 11, il jugeait que le duel était plus risqué que la bataille ; il n'en avait accepté la formule que par amour-propre, il n'y allait qu'à contre-cœur. Maintenant toute possibilité de gagner la bataille lui semble avoir disparu ; le duel, si aléatoire qu'il soit, lui semble offrir la seule chance, en tuant Énée, de se débarrasser des Troyens. Il réclame donc le duel.

Et, d'autre part, ce n'est pas en revenir à la situation du pacte, car elle ne lui paraissait pas seulement inopportune alors du point de vue militaire, mais déshonorante. Latinus avait accepté que Turnus combattît pour tous, et de surcroît, avant même le début du combat, il avait fait bon accueil aux conditions de paix (*leges*, v. 112) proposées par Énée. Il avait librement accepté que le peuple laurente changeât ses dieux pour ceux des Troyens, il avait toléré que l'ennemi, campé sous les murs de sa ville, lui donnât le nom de beau-père. Pour un soldat la défaite n'est pas déshonorante, ni même la sujétion qui résulte de la défaite (cf. 14-17), mais bien la main tendue à l'ennemi présent. Ici encore, Turnus se trouve dans le droit fil de la tradition romaine : *quid esset leuius aut turpius quam auctore hoste de summis rebus capere consilium ?... non esse consuetudinem populi Romani accipere ab hoste armato condicionem* (César, *B.G.*, 5, 28, 6 ; 41, 7). Il avait personnellement une raison toute particulière de ressentir comme un déshonneur l'attitude de Latinus : en traitant avec l'ennemi, en acceptant d'avance librement l'éventualité d'une fusion amiable des Troyens et des Laurentes, le vieux roi semblait désavouer l'homme qui risquait encore sa vie pour l'indépendance, pour le salut de tous, et suggérer qu'au fond il ne se battait que pour lui-même. Oui, le pacte était bien un déshonneur que les Latins, quoi qu'il dût arriver, avaient eu raison de vouloir effacer. Les armes, la bataille rangée ne leur avaient pas été favorables ; Turnus leur restait pour jouer une dernière carte. De toutes façons l'honneur italien serait sauf.

Verius (v. 694) sera interprété d'après le sens que l'on donne au contexte : nous ne voyons pas que Turnus puisse se croire obligé en justice de *foedus luere*, comme si une faute, voire une responsabilité personnelle dans l'agencement de ce pacte odieux, lui incombait. *Verum est*, introduisant une proposition infinitive, se prête à la même multiplicité de sens que *decet* : conformité à un idéal moral, assurément, dans certains cas ; mais, aussi bien, conformité au bon sens, aux usages, aux opportunités d'une situation, cf. Cic., *Quinct.*, 48 ; *Dom.*, 21 ; *Fam.*, 2, 17, 4 ; Horace, *Sat.*, 2, 3, 312 ; *Epist.*, 1, 7, 98. Turnus se présente ici dans le rôle du capitaine qui, lors d'un naufrage, reste le dernier à son bord, debout pour conserver à tous, autant qu'il se pourra, leurs dernières chances de salut.

Les péripéties du combat (710-952).

Après un affrontement initial où les chances des deux héros semblent égales (710-724), un premier incident se produit quand l'épée de Turnus — c'était en fait celle de Métiscus, qu'il avait prise par erreur — se brise (728-741). En ce point du combat Turnus est désarmé (lance inutilement dardée de loin et apparemment irrécupérable, v. 711 ; épée brisée) ; incapable d'attaquer, il ne peut avoir d'autre objectif que d'échapper lui-même (v. 765) ; Énée lui aussi a perdu sa lance (v. 711) et son épée ne lui sert de rien parce qu'à l'intérieur du champ clos, Turnus plus agile se dérobe sans cesse (742-748). Il n'a qu'une chance d'en finir, d'éviter l'épuisement qui le guette, c'est d'interrompre la poursuite et de recouvrer sa lance en l'arrachant à la souche où elle s'est plantée. Tandis qu'il s'y efforce il serait dangereusement exposé aux coups de Turnus si Turnus était armé ; c'est ce qui rend si redoutable pour lui l'intervention de Juturne rapportant son épée à Turnus (766-785). Sans tarder, Vénus tire Énée de ce mauvais pas en lui rendant, avec sa lance, la liberté de ses mouvements, la possibilité de se garder (786-787). A partir de ce moment toutes les chances sont du côté d'Énée. Au corps à corps, à l'épée, Énée, d'ailleurs plus robuste, est pratiquement invulnérable sous l'armure forgée par Vulcain, et Turnus, instruit sans doute par sa première expérience, ne la recommencera plus, même avec l'épée, surnaturelle aussi, qu'il tient de son père Daunus (v. 90-91). S'il fuit, il n'est pas sûr qu'il échappe toujours au jet de la lance d'Énée ; il décide donc de faire face et d'étourdir de loin son adversaire, de l'écraser peut-être — c'est une des manières dont on peut venir à bout d'un combattant invulnérable, cf. Ov., *Métam.*, 12, 164-175, 205-207, 459-521 — en lui lançant un énorme rocher (896-902). Mais le rocher n'atteint pas Énée et tandis qu'après cet effort Turnus essaie de se ressaisir, Énée, toujours à distance (914-926), lui traverse la cuisse d'un jet de lance. Turnus tombe à terre ; Énée, s'approchant, le tue d'un coup d'épée dans la poitrine ; cf. pour les derniers incidents les nn. *ad* 926 et suiv.

Page 154.

769. Faunus est aussi peu marin qu'il est possible ; Servius, en notant le fait (*terreno deo*, 12, 768), s'étonne des dédicaces que lui offrent les marins rescapés d'un naufrage. Mais précisément cette dédicace au dieu des bergers et des bûcherons a pour but de les libérer complètement de leurs attaches (vêtements) et de leurs dettes envers la mer. Faunus les réintègre alors dans sa

communauté terrienne. L'olivier de Faunus remplit la même fonction que l'arc triomphal qui, en d'autres circonstances, réintègre le guerrier dans la vie civile.

Il n'est aucune nécessité que cet arbre (et corrélativement la ville de Latinus) soit proche de la mer, comme si les naufragés allaient consacrer leurs vêtements au premier arbre rencontré et susciter à cette occasion le patronage de Faunus. Un ex-voto n'est pas toujours dédié à proximité immédiate du lieu où s'est manifestée la faveur divine : l'arc de triomphe s'élève plus souvent aux portes de la capitale que sur le champ de bataille ; le *phaselus* de Catulle n'est pas consacré sur les rives lointaines de Rhodes, de Thrace où il sauva son maître, mais près de la demeure sûre, loin de la mer.

Page 155.

799. « fallait-il s'en saisir pour la rendre à Turnus ? » — On suppose parfois que *ereptum* se rapporte au moment où Turnus a pris par erreur l'épée de son écuyer : le destin lui aurait alors « arraché » son infrangible épée. Mais la juxtaposition d'*ereptum* et de *reddi*, la place de la parenthèse relative à Juturne semblent suggérer que les deux procès, approximativement simultanés, sont ensemble l'œuvre de la nymphe. Les faits, croyons-nous, se laissent assez aisément restituer. Quand Turnus a repris les armes (v. 326, *poscit... arma*), la confusion évoquée aux v. 735-737 (Turnus prend l'épée de Métiscus) ne peut manquer d'avoir eu sa contre-partie (Métiscus prend l'épée de Turnus), faute de quoi Métiscus, cherchant en vain son épée, se fût aperçu de l'erreur commise par Turnus. Pour rendre son épée à Turnus, Juturne doit donc « arracher » à Métiscus, mort sans doute ou mal en point (469-470), l'épée qu'il porte au côté.

Page 156.

830. « Tu es la sœur de Jupiter... » *Locus de obscuris,* écrit Servius qui nous propose de voir dans le v. 831 une explication du v. 830 : « Tu es bien la sœur de Jupiter et je le reconnais à la vivacité de tes ressentiments ». Ce cynisme ne nous paraît pas virgilien. Nous comprenons que Jupiter rappelle à Junon de quelle autorité elle jouit parmi les dieux, quelle est sa majesté : elle n'a pas besoin de se mettre en colère. Junon entend ici de la bouche de Jupiter ce que l'Héré homérique disait elle-même à Zeus : « Moi aussi je suis déesse et ma naissance n'est pas moindre que la tienne... Allons, cédons-nous ici l'un à l'autre et les autres immortels suivront » (*Iliade,* 4, 58-64). Les v. 830-831 sont donc un hommage qui, sous la forme d'un reproche affectueux, doit désarmer le courroux de Junon.

Page 157.

836. « Les Troyens, mêlés à eux de corps, viendront seulement les renforcer ». Le sens le plus naturel de *subsido* nous paraît être ici celui de *uenire in subsidium*, cf. Varr., *L.L.*, 5, 89 à propos des *triarii* qui soutiennent la ligne des *hastati*. Il nous paraît difficile de croire que, *corpore* (et *tantum*) portant sur *subsident*, aucune détermination ne vienne appuyer *commixti* ; cela étant, on rattachera *corpore* à *commixti* ; il s'agit, croyons-nous, des mariages qui suivront naturellement la fusion des deux peuples (v. 821, 838) ; une interprétation « mêlés dans le corps (au corps) de l'État » (pour ce sens de *corpus*, cf. 11, 313, mais avec la détermination *regni*) nous semble moins vraisemblable. *Tantum* peut porter sur *commixti corpore*, ou sur *subsident*, ou sur les deux ensemble ; il marque un effacement de la composante troyenne, effacement qui deviendra encore plus explicite dans la phrase suivante. Lors de l'échange des serments, Énée, abandonnant à Latinus tout le pouvoir militaire et politique, se réservait pourtant l'autorité religieuse *sacra deosque dabo* ; désormais, c'est Jupiter qui en prendra la responsabilité (*adiciam*). Ainsi, tandis que les Troyens affirment de plus en plus leur présence dans le Latium (cf. *supra*, n. *ad* v. 567), on les voit aussi, d'ordre des dieux, de plus en plus résolument se fondre dans le peuple latin ; non seulement le nom de Troie aura disparu, mais les Troyens perdront le sentiment de leur identité distincte : au même titre que les indigènes, ils se proclameront Latins (*uno ore* exprime une unanimité, cf. Sénèque, *Ep.*, 81, 31). Virgile achève ainsi son récit de la greffe troyenne de manière à exclure toute idée d'intrusion, colonisation ou métissage et, sans le dire, il explique pourquoi les Romains, quand ils remontent dans leur passé, ont le sentiment de n'y rencontrer jamais que des Italiens.

Page 160.

926. « elle traverse le milieu de la cuisse ». Il n'existait évidemment aucune tradition sur les circonstances de la mort de Turnus. La solution la plus simple eût été, ce nous semble, qu'Énée du premier coup le blessât à mort, ainsi qu'Achille frappa Hector (*Iliade*, 22, 317-329). On s'interrogera sans doute indéfiniment sur les raisons qui ont déterminé Virgile à écarter cette issue ; il a préféré qu'Énée revînt près du blessé incapable de se défendre et le tuât ; ainsi naguère avait-il fait avec Mézence.

Peut-être le poète a-t-il voulu nous montrer le pieux Énée lui-même saisi à son tour par les Furies de la violence (v. 946) ; voulut-il nous dire que, surtout pour l'homme chargé d'un destin historique, il n'est jamais de réussite qui soit pure et ne jette dans l'avenir la semence de nouveaux malheurs ?

Ou peut-être, dans cet assaut en deux temps, Turnus blessé,

Turnus égorgé, le poète a-t-il voulu distinguer deux plans et c'est ce qu'il nous donnerait à entendre aux v. 938-944. Au plan de la politique, Turnus a avoué son échec, quitté la partie, il s'est donc retiré, effacé lui-même ; qu'il survive ou qu'il meure, la décision politique est acquise, le sort du Latium est fixé. Pour l'intelligence des idées morales qui soutiennent l'*Énéide*, il est sans doute important de noter que, la défaite de Turnus étant acquise, Énée ait incliné plutôt à épargner sa vie. Le fait est d'autant plus remarquable qu'antérieurement — le plus souvent, il est vrai, dans des discours depuis 11, 118 — les textes n'avaient pas manqué pour suggérer que ce duel serait un duel à mort. L'hésitation qu'Énée manifeste à ce moment ne relève pas seulement d'un trait personnel de sensibilité (Turnus lui-même n'écartait pas, ce semble, la possibilité que ce parti de la clémence fût retenu, cf. v. 935) ; elle témoigne pour l'auteur du poème d'un état de la pensée politique qu'on pourrait exprimer ainsi : il n'est pas toujours nécessaire de tuer les vaincus. Toutes les civilisations n'ont pas pensé de la sorte.

Pourtant, devant ce blessé qui, du point de vue politique, n'est plus rien et qui attend, Énée doit choisir de faire quelque chose ; des mobiles d'un ordre tout différent s'imposent alors à son esprit : ce blessé, c'est l'homme qui a tué Pallas, l'ami, le protégé d'Énée, et qui sans doute continue à s'en faire gloire puisqu'il porte encore le baudrier de sa victime. *Pallantis pueri* (v. 943), cette notation du poète nous rappelle les circonstances affreuses qui ont enlaidi ce combat, Turnus a commis alors une sorte de crime (cf. n. *ad* 10, 811). Toutefois nous hésiterions à dire qu'Énée est ici présenté en figure de justicier frappant un coupable ; les vers 945-951 ne nous semblent pas porter en ce sens. *Spoliis indute meorum*, voilà ce qui, dans l'instant, éblouit Énée. Ainsi l'*Énéide*, poème politique, s'achèvera-t-elle sur la conclusion d'une vengeance personnelle. Cette coexistence en une même situation de ces deux ordres de réalités, leur imbrication même, devait étonner les Anciens moins que nous. La guerre de Troie naît du ressentiment d'un époux trahi, Achille reprend le combat pour venger Patrocle, Turnus lui-même voulait à la fois l'indépendance de l'Italie pour tous les Italiens et la succession de Latinus pour lui-même ; Octave a poursuivi en Brutus et Cassius les meurtriers de César plus encore que les chefs du parti « républicain ».

Ce qui surprend le lecteur, ici, et cause sa gêne, c'est que ce douloureux combat de Turnus et de Pallas, Énée (comme tous les autres acteurs de la guerre, les dieux comme les hommes) semblait en fait l'avoir oublié. Aussi bien lorsqu'il reçoit les députés des Latins (11, 113-118) que lors du pacte, lors des combats qui reprennent ensuite, voire au moment d'engager le duel terminal, il semblait qu'Énée ne vît en Turnus que le chef ou le champion du parti adverse. Aux derniers vers de l'*Énéide*, Virgile nous impose l'évidence d'un souvenir oublié qui rejaillit et qui, en un sens opposé à tout ce qu'on pouvait raisonnablement prévoir, entraîne tout. Et certes l'effet dramatique est puissant, d'autant que la fin du poème s'ensuit aussitôt. Mais le lecteur reste perplexe : devant des surprises de ce genre, la sagesse ne commande-t-elle pas de se tenir sur ses gardes ? Énée, en se laissant emporter, ne s'est-il pas dégradé ? Virgile nous dirait peut-être qu'il n'a pas voulu faire d'Énée un homme irréprochable (sur le héros qui doit n'être ni tout bon ni tout méchant, cf. 9, 446 et n.). Ou qu'en certaines circonstances urgentes, vouloir réfléchir, se ressaisir, c'est déjà choisir et peut-être avoir choisi le mauvais parti. A-t-on toujours tort de suivre son humeur ? La docilité à des principes abstraits est-elle toujours plus sûre ? Qui sait si la pleine réalisation de l'humanité n'inclut pas quelque mobilité du sang ? Auguste était un homme sensible, impressionnable, capable de colères comme d'amitiés.

En tout état de cause, il importe de ne pas sous-estimer l'ambiguïté dans laquelle Virgile a entendu envelopper cette scène finale ; les Furies qui enflamment Énée, l'indignation de Turnus au dernier vers le marquent en suffisance.

931. « J'en ai fini ». *Merui*. L'interprétation de ce mot difficile dépend de la manière dont on croit comprendre les intentions de Virgile en cette scène finale, conclusion de tout un récit mouvementé, dernier trait apporté à la peinture d'un caractère.

S'agit-il de la reconnaissance d'une culpabilité : « j'ai bien mérité (ce qui m'arrive) ». Mais Turnus, à aucun moment, ne paraît avoir été effleuré par une idée semblable (cf. en dernier lieu les v. 648-649) et l'on croira difficilement que, fût-ce à l'approche de la mort, Virgile ait imaginé un si total retournement de son personnage ; il nous semble même que le mot prend avec ce sens une vulgarité presque insoutenable (la situation en 4, 547 *ut merita es* est toute différente). D'ailleurs, de quoi Turnus (qui sans doute ne pense pas pour l'instant à la mort de Pallas) pourrait-il se sentir coupable ? Ambition personnelle ? — mais dans la perspective de l'épopée ce serait plutôt une vertu (cf. 4, 232-233). Obstination, cécité devant les signes du destin ? — hélas ! la seule manière d'explorer le destin n'est-elle pas d'aller jusqu'au bout de ses forces ?

A la suite de R. D. Williams, nous croirions plutôt que Turnus, guerrier éprouvé, ayant choisi en toute liberté le parti de se battre (cf. v. 695 et n.), accepte comme un sort normal la défaite qu'il vient de subir ; le coup qui l'abat n'est pas de ceux contre lesquels il y ait à protester ; dans un combat régulier rien n'advient à l'un ou à l'autre qu'il n'ait « mérité ». Mais d'autres composantes ont pu intervenir : un sort mérité est un sort où l'on peut se reconnaître ; dans la défaite même, un brave peut saluer une situation digne de lui (cf. 2, 431-434 ; 11, 415-418), tandis que le fait d'être soustrait, même involontairement, aux risques du combat apparait comme un supplice immérité (cf. 10, 668-686). On se souviendra encore que *merere* signifie souvent « accomplir son service militaire », le plus souvent au sens propre (Cic., *Mur.*, 11 ; César, *B.G.*, 7, 17, 5 ; Liv., 5, 7, 13 ; 24, 18, 9), parfois au sens figuré (Ovide, *Am.*, 2, 9, 23) ; il est naturel qu'à Turnus, chef d'armée, chef de guerre, sa vie apparaisse sous cet aspect et qu'il recoure à un mot du vocabulaire militaire ; l'emploi du perfectum (cf. *uixi*, 4, 653) signifierait que désormais son service est terminé. Le sentiment rappellerait celui de Camille mourante et obligée de déposer des responsabilités imprudemment assumées : *hactenus, Acca soror, potui.* Mais Camille meurt entourée de visages amis.

Il est vrai que le v. 930 avait bien semblé suggérer une sorte d'effondrement psychologique (*dextram precantem*), d'ailleurs en un singulier contraste avec les paroles qui suivent aussitôt : *nec deprecor.* Mais convient-il d'attacher valeur significative à la manifestation d'une détresse dans les yeux, dans les gestes d'un homme qui vient d'être gravement blessé ? A deux reprises, Mézence blessé avait eu besoin, lui aussi, de retrouver son souffle (10, 788, 899) et un moment Énée avait pu dans son attitude trouver occasion de railler ce grand courage abattu. On rapprochera *humilis supplex* (12, 930) et *ubi nunc Mezentius acer et illa effera uis animi* (10, 897-898) ; de même *oculos... protendens* (12, 930-931) rappelle *auras suspiciens hausit caelum* (10, 898-899). Comme Mézence encore (10, 900-902), Turnus, dès qu'il peut parler, dissipe toute équivoque : « Use de ta chance, je ne demande pas de grâce. » Il serait donc imprudent de voir dans le v. 930 une intention qu'aurait eue Virgile de « dégonfler » Turnus à nos yeux, pour nous le montrer *in extremis* comme un faux brave plein de vent. On reconnaîtra plutôt ici un trait de réalisme, repris sans doute de la psychologie stoïcienne : l'homme courageux répond de sa résolution et ce sont ses paroles, ses actes qui l'expriment ; il n'a pas à répondre de sa pâleur, de ses larmes ou de ses tremblements. Devant la douleur de Didon, Énée souffre, peut-être même pleure-t-il, mais il reste ferme (4, 393-396 ; 441-449) ; dans son duel avec Énée, vient un moment où Turnus se sent presque perdu, l'effroi glace ses membres, ses cheveux se dressent ; Énée croit (ou feint de croire) qu'il a peur, qu'il songe à se dérober ; Turnus n'en saisit pas moins une énorme pierre pour tenter d'écraser son ennemi (12, 867-902).

Turnus ne demande pas grâce de la vie ; il n'évoque cette éventualité que comme un possible à l'intérieur de ce qui relève de la responsabilité d'Énée (*utere sorte tua*) ; quant à lui, il pense sûrement, comme Mézence, qu'il n'y a aucun crime à tuer (10, 901). Il demande seulement, comme avait fait Mézence, d'être rendu aux siens. Énée pouvait en effet lui refuser la sépulture (comme il fit à Tarquitus 10, 550-560), mutiler ou déshonorer son cadavre (comme on fit à Mézence lardé de coups après sa mort, cf. 11, 9-10 et Serv., *ad loc.* ; à Hector, *Iliade*, 22, 371 ;

à Nisus et Euryale, à Amycus et Diorès décapités, *Aen.*, 9, 465-467 ; 12, 511-512) ou, le gardant en vie, le tuer à l'occasion de quelque cérémonie expiatoire (comme fit Énée aux fils de Sulmo, 10, 517-520), le traîner en un triomphe, le faire mourir de faim ; les possibilités ne manquaient pas.

Supposera-t-on que par les mots *ulterius ne tende odiis* Turnus appuie seulement une prière relative au sort qui lui sera fait ? Nous ne le croyons pas. Dès le milieu du v. 936, il porte son attentions sur les suites politiques du combat où il vient de succomber, il parle encore en chef de son peuple ; ses derniers mots ne formuleront pas une demande personnelle mais un avertissement à Énée : il rappelle au vainqueur son devoir de dominer une colère que les efforts de la lutte pouvaient seuls excuser. Maintenant que le Troyen est le maître absolu, qu'il soit pour les Laurentes, les Latins, un bon maître, un véritable concitoyen. Cette recommandation, qui témoigne, en somme, de quelque estime ou confiance, nous laisse entrevoir que Turnus pourrait ne pas disparaître totalement désespéré.

Page 161.

937. « Lavinia est ton épouse ». Ce serait restreindre (cf. n. *ad* v. 931) la portée de ces mots que d'y voir seulement l'adieu de Turnus à ses espérances personnelles. Lavinia n'est pas une personne privée ; l'épouser, c'est devenir à court terme le successeur de Latinus. Il n'est plus question pour les Troyens de s'installer petitement en bordure du Latium comme de pauvres exilés qu'on tolère (cf. 7, 228-230), voire d'être reçus parmi les Latins à égalité de droits avec les autres confédérés (cf. 11, 330-334 ; 12, 567 et les notes) ; époux de Lavinia, leur chef sera bientôt le roi des Laurentes, le premier en dignité dans tout le Latium, un personnage considérable aux yeux de l'Italie entière. Formellement, les v. 936-937 ne disent donc pas autre chose que les v. 17 et 80.

Il n'en est pas moins vrai que dans le contexte de la défaite de Turnus et dans sa bouche, l'évocation de Lavinia rappelle vivement l'intérêt personnel qui a inspiré, au moins pour une part, ses entreprises guerrières. Nous avons vu que dans les deux derniers livres Virgile songe à rendre plausible, entre les belligérants de la veille, l'établissement d'une paix sans amertume ; à cette fin, il s'efforce de changer notre regard en même temps que sur le terrain, dans les esprits surtout, change la situation elle-même : de plus en plus, nous devrons voir comme la suite d'une querelle personnelle, égoïste somme toute, la résistance opposée par les Italiens aux prétentions d'Énée et des siens. Les propos de Drancès (11, 371-374), les récriminations de la foule (11, 215-219 et n.), les objurgations du sage Latinus (12, 24-31) doivent préparer pour nous l'entrée dans ces perspectives. Pourtant, presque toujours, quand il s'affirmait si éloquemment, si vaillamment, en actes et en paroles, comme le champion de la résistance italienne, le personnage de Turnus tenait bon ; dès qu'il paraissait, nous ne pouvions manquer de le croire. Ici, quand tout va finir, le poète a-t-il voulu que l'adversaire d'Énée semblât, dans l'inflexion d'une dernière parole, donner lui-même aux accusations de ses ennemis quelque apparence qu'elles eussent été fondées ? Pour faire place nette à l'avenir, il fallait — et toute la tradition l'imposait — que Turnus fût sacrifié dans sa vie. Pour que les événements ne parussent pas trop scandaleux, nés de la seule violence, gros d'un avenir trop fragile, il fallait que Turnus, dans le projet auquel il avait sacrifié sa vie, fût isolé. — Il n'est pas moins important de noter qu'en cette dernière scène c'est Turnus, non pas Énée, qui parle de Lavinia ; et Énée semble ne pas l'entendre. Il fallait qu'Énée tuât Turnus et Virgile a voulu que ce fût dans un mouvement de colère ; encore fallait-il que cette colère ne parût pas infectée de bassesse. Le souvenir de Pallas a pour but peut-être, pour effet en tout cas, d'écarter l'idée qu'Énée, même affolé par les Furies, ait vu en Turnus un « rival » à tuer.

952. « indignée ». Cette notation originale a paru déjà lors de la mort de Camille (11, 831) et le fait est sûrement important puisque dans l'*Iliade* le modèle de ce vers, mais sans l'équivalent de *indignata*, ne paraît aussi que deux fois, pour rappeler la mort de Patrocle lors de celle d'Hector (*Iliade*, 16, 856-857 ; 22, 362-363). A la simple lecture de l'*Énéide*, on reconnaît, certes, que Camille et Turnus ont plus d'un trait commun (cf. *REL.*, 45, 1967, p. 348 et nn.), mais de quoi peuvent-ils bien s'indigner en mourant et est-ce de la même chose ? Camille est une jeune fille : à ses yeux, l'ordre normal était apparemment de tuer elle-même, sans être tuée. Mais Turnus ? On notera que l'indignation est un sentiment qui paraît lui être familier ; depuis 7, 577-579 les occasions ne lui en ont pas manqué. Ici s'indigne-t-il parce qu'il ne comprend pas en quoi la mort de Pallas justifiait ce talion furieux ? Ou parce qu'Énée, toujours *ferox* (v. 895), maintenant la proie des Furies (v. 946), lui paraît décidément indigne de sa victoire ? Personnellement, Turnus peut s'indigner de mourir vaincu, entraînant avec lui sa cause sous les ombres : indignation contre les dieux qui l'ont égaré puis l'ont laissé ignorer leurs arrêts, finalement l'ont destitué, même, de sa vigueur physique (865-868, 895, 913-914) ; indignation contre un destin qui, en amenant au Latium les Troyens plus forts et plus adroits que les Italiens, a brisé les projets légitimes qu'il avait formés pour lui et pour sa patrie. Sa situation à cet égard rappelle un peu celle de Didon desservie par les destins (4, 657-658), trahie par les dieux ; mais avec cette différence qu'Énée a eu des torts véritables à l'égard de Didon — ne fût-ce que son

inconscience — ; aussi Didon peut efficacement maudire les Troyens, Turnus n'y songe pas, il emporte avec lui une indignation muette qui ne sera sans doute que pour son tourment.

Si Virgile était un philosophe, nous devrions peut-être nous rappeler ici que pour les doctrinaires l'indignation d'un mortel au moment de mourir est une faiblesse, un illogisme misérable (Sulpicius Rufus, *ap.* Cic., *Fam.*, 4, 5, 4 ; Lucrèce, 3, 870, 884, 1045) ; ce serait donc un trait encore dont il aurait chargé ce pauvre sot de Turnus. Mais nous ne sommes pas sûr que Virgile ait partagé ces théories un peu simplistes : elles s'accordaient mal avec la sensibilité dont il nous donne tant d'exemples. Après tout, il n'est peut-être pas si insensé de se scandaliser qu'on doive mourir.

Nous croirions plutôt qu'au dernier vers du poème et à propos de la mort d'un personnage de premier plan souvent dessiné avec ferveur, cette indignation où se rassemble toute une expérience de vie, en même temps qu'elle nous rappelle la naïve mais touchante Camille, doit émouvoir chez le lecteur une méditation sur le destin de l'homme. Nous en avons presque oublié que la paix va renaître au Latium, que l'œuvre romaine est engagée. Au terme de cette journée interminable (depuis le v. 113), où les faits semblaient s'engendrer dans le bruit et la fureur, dans le tintamarre de passions mal dominées, dans l'accident et le contingent, Virgile, au dernier vers, nous entraîne, d'un mot, brusquement, sur une cime comme absolue. N'en doutons pas : l'*Énéide* n'est pas inachevée.

Où chercher la ville de Latinus ?

Les indications les plus précises nous sont données lors de l'équipée de Nisus et Euryale (9, 176-472 et nn. ; cf. encore p. 173). Nous avons vu que les deux Troyens ont traversé tout le campement rutule de l'ouest-sud-ouest vers l'est-nord-est. C'est au moment où ils en sortent qu'ils sont remarqués par des cavaliers qui venaient de la ville de Latinus et arrivaient tout juste au campement rutule établi devant Ostie (9, 367-374 et n.). Ceci paraît suggérer que pour aller du campement d'Ostie vers la ville de Latinus on devait, au sortir du campement, prendre la direction de l'est-nord-est, en gros remonter le Tibre.

Nous savons d'autre part que la ville ne se trouve pas dans la vallée du Tibre qui est toujours restée ouverte à la circulation des Troyens (chasses d'Ascagne, 7, 475-495 ; explorations de Nisus vers Pallantée 9, 243-245 ; navigation d'Énée 8, 57-101 ; itinéraire projeté par Nisus 9, 195-196), mais on peut, en venant d'Ostie, y accéder soit par des plaines (11, 449-450 et n.), soit par les collines (11, 511-514) ; la ville elle-même est dans une plaine (11, 605, 866, 903 ; 12, 116, 136, 383, 444), ou mieux au bas du versant d'une large vallée où un cours d'eau (12, 256,

886) se dilate en marais (12, 745). Ville et plaine sont dominées par des montagnes (11, 513-514, 522-531). La ville n'est pas très éloignée du camp troyen d'Ostie ; il semble bien, en effet, que dans une même journée les députés troyens s'y soient rendus à pied et en soient revenus à cheval (7, 152-157, 274-285).

Tout ceci nous paraît rendre très plausible la thèse soutenue par F. della Corte (*La mappa dell'Eneide*, Florence, 1972, p. 251) selon laquelle la ville se trouve dans les vallonnements boisés (7, 172) qui s'étendent à l'ouest du mont Albain en direction du Tibre. F. della Corte proposait Castel di Decima sur la route n° 148 en un site assez séduisant (plaine, cours d'eau, escarpements) ; on y a retrouvé récemment une métropole du VIIIe/VIIe siècle (cf. F. Zevi e A. Bedini, *La necropoli arcaica di Castel di Decima* dans *SE.*, 41, 1973, p. 27-44). Peut-être au temps de Virgile quelques vestiges ou traditions subsistaient-ils en cet endroit et donnaient à rêver aux inventeurs d'antiquités. Le texte de l'*Énéide*, toutefois, recommanderait plutôt une localisation un peu plus éloignée d'Ostie, plus engagée dans la montagne, par exemple aux entours de Mandriola sur la via Laurentina, à 5 km à l'est de Castel di Decima ; une tradition exégétique pourrait avoir existé en ce sens : Servius (1, 3) localise « Laurolauinium », c'est-à-dire en son langage la ville de Latinus, à huit milles (12 km) de la mer. Rien n'empêche que Virgile ait bâti ses descriptions à partir d'éléments empruntés à des lieux divers, de même qu'il surimpose au rocher de Cumes des précisions relatives à l'oracle de Delphes (cf. t. II, p. 162-166).

Une chose en tout cas semble à peu près sûre : la ville de Latinus n'est pas à chercher en bordure de la mer. On notera d'abord que l'horizon marin, un élément pittoresque si important, ne tient aucune place dans les combats des l. 11 et 12, à l'inverse des l. 9 et 10 où l'action est centrée autour d'Ostie. En second lieu, les villes du littoral, bâties sur la terrasse qui domine la mer, ne sont pas (comme la ville de Latinus) dominées par des hauteurs. D'autre part, si la ville de Latinus était sur la côte, Turnus au début du l. 9 l'aurait inévitablement traversée ou longée quand il fait mouvement d'Ardée vers Ostie ; le texte l'aurait vraisemblablement signalé ; surtout on s'expliquerait mal pourquoi dans la soirée Turnus éprouve le besoin d'envoyer un message à la ville et comment la *legio* des Latins a pu ne pas suivre l'armée en marche vers l'ennemi (9, 367-370). Enfin, et c'est ce qui nous paraît le plus décisif, si les cavaliers latins envoyés en liaison de l'*urbs latina* vers Turnus (*ibid.*) étaient arrivés au campement de Turnus par la route de la mer, ils n'auraient eu aucune possibilité de rencontrer Nisus et Euryale au moment où ceux-ci s'éloignent de ce campement en remontant le cours du Tibre. Plus précisément, ils seraient arrivés par cette partie du campement où les deux Troyens ont pénétré tout d'abord (9, 236-238) et dont leur itinéraire n'a cessé de les éloigner.

On a parfois supposé que la ville de Latinus aurait pu être Lavinium. A toutes les raisons qui valent contre une ville de la côte, on peut ici en ajouter une autre, particulière. L'*Énéide* envisage la fondation de Lavinium comme l'événement qui scellera l'union des Troyens et des Latins, étant bâtie par les Troyens, recevant le nom de la fille de Latinus devenue l'épouse d'Énée (12, 190-194). Supposera-t-on que la fondation de Lavinium aurait consisté seulement à imposer ce nom (ou un nom nouveau) à la ville préexistante de Latinus ? Mais cela est positivement exclu par le texte même de l'*Énéide* où Énée, après avoir défini les pouvoirs de Latinus, continue : *mihi moenia Teucri constituent urbique dabit Lauinia nomen* (12, 194-195) ; on imagine mal d'ailleurs Énée allant s'installer dans les meubles du beau-père ou destituant ce beau-père du nom de sa ville.

Le véritable problème posé par la localisation de la ville de Latinus est celui des raisons pour lesquelles Virgile, si capable et si soucieux parfois de descriptions topographiques précises (Cumes, Rome, Ostie), nous laisse ici dans le vague. Il y faut joindre le fait, évidemment corrélatif, qu'il s'est gardé d'attribuer à cette ville un nom — même un nom de fantaisie comme il a fait pour Rome-Pallanteum — qui eût été le sien : elle n'est jamais désignée que par des périphrases *urbs Laurens* ou *Latini* ou *Latina* ou *Latinorum*. On ne peut douter d'une intention délibérée.

Cette intention nous est rendue intelligible à partir de l'idée que Virgile s'est faite de l'œuvre d'Énée et nous venons d'en dire un mot à propos de l'impossibilité que la ville de Latinus soit Lavinium. C'est Énée qui doit faire exister l'Italie par la greffe du rameau troyen sur le plant indigène : cela se réalise à la suite d'un mariage par la fondation d'une ville originelle, la ville sainte pour toujours, où demeureront les Pénates de Troie, même quand ils seront devenus les Pénates de Rome. Antérieurement à cette fondation de Lavinium, rien ne peut avoir existé sur le sol italien que de provisoire et voué à l'effacement, une ville sans nom, la ville de Latinus, un camp au bord du Tibre (7, 157-159), sans nom lui non plus (cf. 10, 378 et n.), où les Troyens, encore séparés, auront demeuré quelque temps. Car peu importe, évidemment, qu'à la périphérie de ce terroir sacré des villes existent déjà avec leur nom, Tibur, Préneste, Anagni, vouées à être, dans la suite des temps, intégrées dans l'unité dont Énée a posé la première assise. Mais Virgile n'a pas voulu désigner nommément ou situer de façon ferme une ville qui eût été là, centre d'un système politique, avant qu'Énée ne vînt. La ville de Latinus, si nécessaire à la matérialité de l'action narrative avec ses temples, sa curie, ses remparts, devait, une fois accomplie l'œuvre éternelle d'Énée, s'évanouir totalement comme emportée par un souffle. Cherchons-la, s'il nous plaît, dans les vallonnements de la forêt ; il est dans l'esprit de l'*Énéide* qu'elle doive toujours nous rester insaisissable.

INDEX NOMINVM

INDEX NOMINVM

(*Nominibus lectionis incertae asteriscus praepositus est.*)

TABLE DES MATIÈRES

Benacus l.
Timavus
Patavium
Padus
Mantua
Vesulus m.
Athesis
Mincius
Padus
Pisae
Arnus
Populonia
Corythus
Clusium
Nursia
Cosa
ROMA
Tiberis
Garganus m.
Circei
Caieta
Arpi
Aufidus
Capua
Cumae
Tarentum
Palinurus prom.
Petelia
Lacinion
Scyllaceum
Caulon
Locri
Pelorum prom.
Lipara
Eryx m.
Drepanum
Acesta
Aetna m.
Selinus
Symaethus
Acragas
Megara
Carthago
Gela
Camerina
Pachynum prom.
0
100
200
300
400

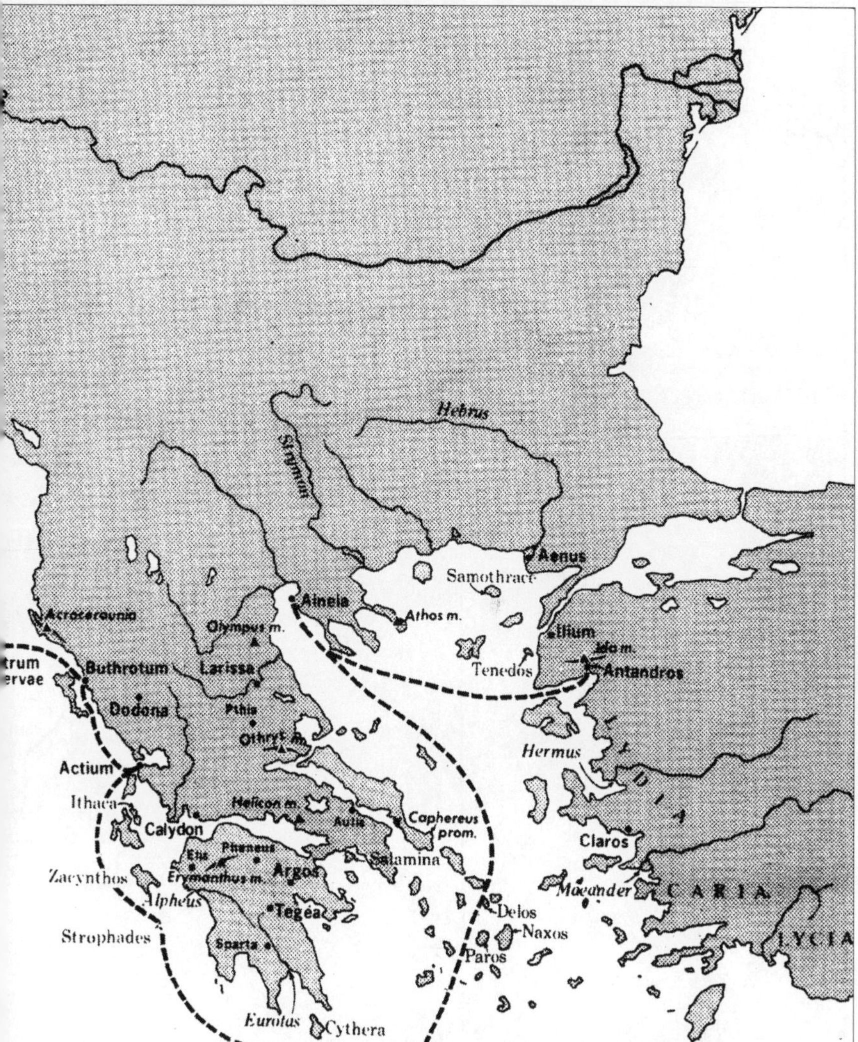

Hebrus
Strymon
Aenus
Samothrace
Aineia
Athos m.
Acroceraunia
Olympus m.
Ilium
Ida m.
Tenedos
Antandros
Buthrotum
Larissa
Dodona
Pthia
Othrys m.
Hermus
Actium
Ithaca
Helicon m.
Aulis
Caphereus prom.
Calydon
Claros
Elis
Pheneus
Salamina
Erymanthus m.
Argos
Zacynthos
Maeander
CARIA
Alpheus
Tegea
Delos
Naxos
Strophades
Sparta
Paros
LYCIA
Eurotas
Cythera
Carpathos
Cnossos
Pergamea
Ida m.
Gortyna
km

12°
Tiberis
Velinus
Nar
Rosea
Cosa
Ciminus m.
Reate
Falerii
Tarquinia
Mutusca
Soracte m.
Graviscae
Minio
Capena
Fabaris
Cures
Flavinium
Eretum
Allia
Carseo
42°
Veii
Nomentum
Pyrgi
Caere
Crustumerium
Fidenae
Antemnae
Tibur
Collatia
Roma
Gabii
Praeneste
Tiberis
Labicum
Ficana
Albanus m.
Bola
Ostia
Albunea
Aricia
Lavinium
Numicus
Cora
Ardea
Pometia
Castrum Inui
Antium
Astura
1500m
200m
marais
0
10
50
100km
12°

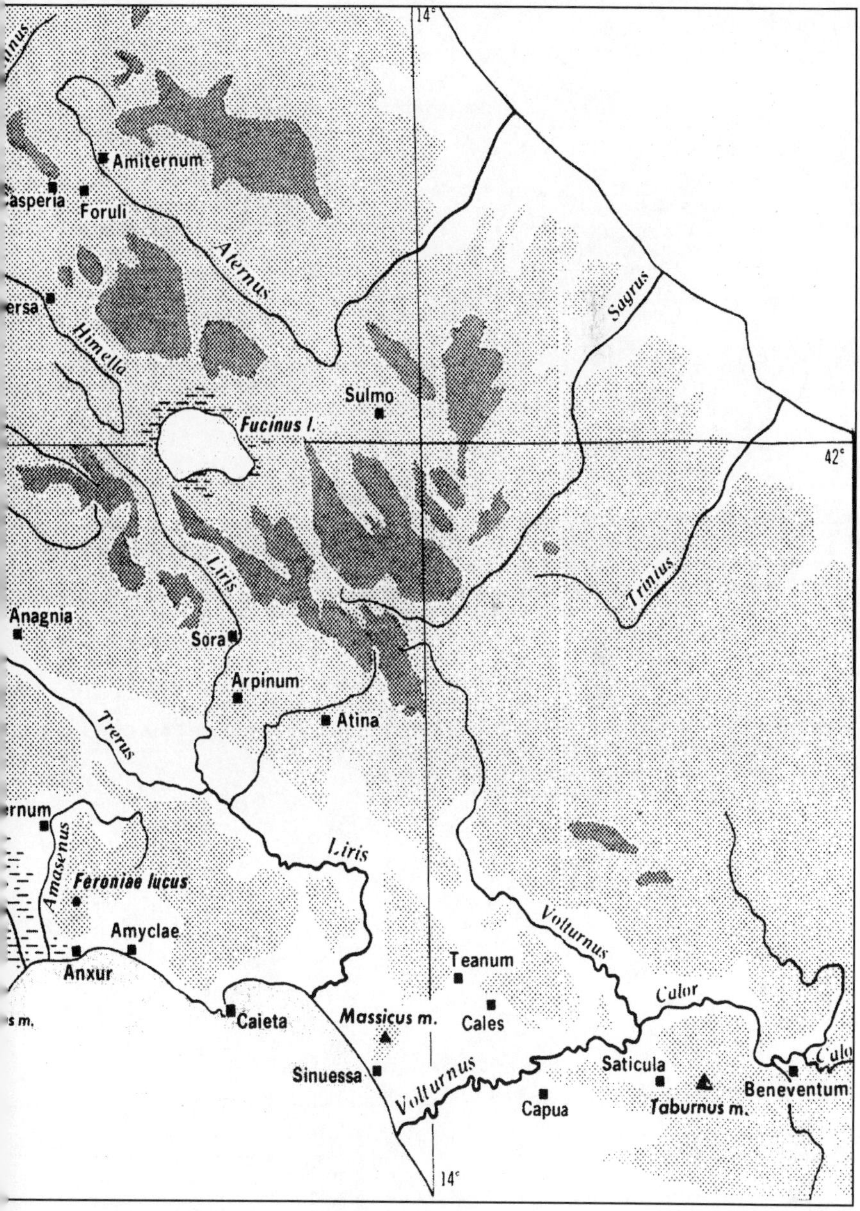

14°
Amiternum
Casperia
Foruli
Aternus
Sagrus
Himella
Sulmo
Fucinus l.
42°
Liris
Trinius
Anagnia
Sora
Arpinum
Atina
Trerus
Liris
Amasenus
Feroniae lucus
Amyclae
Anxur
Volturnus
Teanum
Calor
Caieta
Massicus m.
Cales
Sinuessa
Volturnus
Saticula
Capua
Taburnus m.
Beneventum
14°

*Ce volume,
le quatre-vingt-onzième
de la série latine
de la Collection des Universités de France,
publié aux Éditions Les Belles Lettres,
a été achevé d'imprimer
en avril 2023
par La Manufacture Imprimeur
52202 Langres Cedex, France*

*N° d'éditeur : 10637
N° d'imprimeur : 230353
Dépôt légal : mai 2023*